新曲綫 New Curves | 用心雕刻每一本......
http://site.douban.com/110283/
http://weibo.com/nccpub

用心字里行间　雕刻名著经典

萨缪尔森微观经济学（第19版）

学习指南

［美］保罗·萨缪尔森　威廉·诺德豪斯　著

萧琛　翟菲菲 等　译

萧琛　李权 审校

人民邮电出版社

北　京

图书在版编目（CIP）数据

萨缪尔森微观经济学（第19版）学习指南 /（美）萨缪尔森，（美）诺德豪斯 著；萧琛 等译．
—北京：人民邮电出版社，2014.7（2020.5 重印）

ISBN 978-7-115-35088-6

Ⅰ．①萨…　Ⅱ．①萨…②诺…③萧…　Ⅲ．①微观经济学－高等学校－教学参考资料　Ⅳ．①F016

中国版本图书馆 CIP 数据核字（2014）第 057850 号

Paul A. Samuelson, William D. Nordhaus

Study Guide online access for Economics, 19e

ISBN 0-07-734927-X

北京市版权局著作权合同登记号：01-2011-6997

萨缪尔森微观经济学（第19版）学习指南

◆ 著　　　［美］保罗·萨缪尔森　威廉·诺德豪斯
译　　　萧　琛　翟菲菲 等
审　　校　萧　琛　李　权
策　　划　刘　力　陆　瑜
责任编辑　王涧秋
装帧设计　陶建胜

◆ 人民邮电出版社出版发行　北京市丰台区成寿寺路 11 号
邮编　100164　电子邮件　315@ptpress.com.cn
网址　http://www.ptpress.com.cn
电话（编辑部）010-84931398　（市场部）010-84937152
三河市少明印务有限公司印刷
新华书店经销

◆ 开本：850 × 1092　1/16
印张：14.5
字数：478 千字　2014 年 7 月第 1 版　2020 年 5 月第 7 次印刷

著作权合同登记号　图字：01-2011-6997

ISBN 978-7-115-35088-6/F

定价：39.00 元

本书如有印装质量问题，请与本社联系　电话：(010) 84937152

内容提要

本书是萨缪尔森第19版《微观经济学》教材配套的学生指导用书，书中的每一章与教材一一对应。每章的内容包括概述、学习目标、关键概念复习、小结与提纲、学习提示、习题和答案，帮助学生在学习教材之后辅以习题巩固和自测。本书的内容编排贴近教材，是学生学习微观经济学的必备辅导书。

目 录

第1章

经济学基本概念

一、概述

在本章开头部分，我们讨论经济学的基本概念。第一部分旨在给出经济学原理的轮廓，其主要目的是让你对经济学有一个基本的把握，并说明为什么人们总会觉得自己与经济学有着紧密的联系。为此，我们需要从广义或一般意义上考察如何学习经济学。

本章第二部分提出并讨论了经济组织中的三大问题。第二部分的最后讨论了每个社会都会面临的生产可能性边界问题。总之，第二部分有助于阐述所有经济在面临稀缺问题时的各种约束条件。

本章末有一个附录，集中于经济分析中图的使用。附录列出了与图的使用和解释有关的基本方程式。与教材类似，《学习指南》的第1章也有附录，以便于对照。

二、学习目标

在你读完教材第1章后，完成本书的习题，你将能够：

1. 认识到，虽然经济问题与经济决策的具体例子不胜枚举，但它们所体现的都是经济学的基本定义：经济学研究的是社会如何使用拥有多种用途的稀缺的生产性资源，以生产各种各样的商品，并将它们分配给不同的人。
2. 理解经济决策中生产什么、如何生产以及为谁生产。
3. 界定在生产中的三种基本投入要素：土地、劳动和资本。
4. 区分微观经济学和宏观经济学。
5. 在经济学推理中，理解并避免常见的谬误。
6. 区分实证经济学与规范经济学。
7. 理解生产效率的概念，以及它是如何与**投入**（input）和经济学的基本定义联系起来的。
8. 运用**生产可能性边界**（production-possibility frontier）来阐述社会面临的选择。
9. 理解**机会成本**（opportunity cost）的概念，并解释它与生产可能性边界的关系。

三、关键概念复习

在B栏中寻找与A栏术语相应的解释，并将序号填在术语前边。

A	B
__ 稀缺	1. 经济学的一个分支，研究经济的总体绩效。
__ 效率	2. 企业在生产过程中所使用的商品或服务，如土地、劳动或资本。
__ 免费品	3. 根据放弃的那个次优选择的价值衡量的成本。
__ 经济品	4. 最有效地利用社会资源以满足人们的愿望和需要。
__ 宏观经济学	5. 描述经济事实和经济行为。
__ 微观经济学	6. 对局部来说正确的东西，对总体来说也正确的假定。
__ 规范经济学	7. 人们需要的物品和资源供给是有限的。
__ 实证经济学	8. 生产过程中创造的物品和劳务。
__ 自由放任	9. 政府不对经济决策施加任何影响的市场经济。
__ 投入	10. 假设因为先发生，所以前一个事件导致后一个事件。
__ 产出	11. 供给有限的物品。

__ 后此谬误 12. 涉及经济的伦理信条和价值判断。

__ 合成谬误 13. 物品和资源的供给是没有限制的。

__ 机会成本 14. 经济学的一个分支，研究市场、企业、家庭等单个实体的行为。

四、小结与本章提纲

本节对教材第 1 章的关键概念进行总结。

A. 为何学习经济学?

1. 经济学作为一门学科存在，是因为生活中我们需要的“东西”并不是无限制供给的。这些“东西”包括（但不只限于）原材料和资源、干净的空气、水，以及各种制造品和服务。如果世界上的每一个人都能得到他们所希望的东西，那么经济学就没有存在的必要了。
2. 经济学是研究社会如何利用稀缺资源来生产有价值的商品，并将它们分配给不同的个人。
3. 为了满足人们的需要（尽管有的无法实现），经济体就必须努力有效地生产物品与服务。当一个经济体实现有效率的生产时，它如果不减少一种产品的生产就不能再生产更多的另一种产品。
4. 在经济学研究中，必须区分两种行为，即一方面是经济中的个体（个人、家庭、企业、行业等）行为，另一方面是经济的总体运行。前者被称为**微观经济学**（microeconomics），主要研究大系统下的小的组成部分。例如，如何确定蔬菜价格？人们如何在订立劳动合同时进行谈判？这些问题都属于微观经济学研究的范畴。
5. 与微观经济学相对应，**宏观经济学**（macroeconomics）集中研究范围更广的各种问题。失业率与通货膨胀率之间呈什么样的关系（如果有的话）？我们应该如何看待庞大的联邦政府预算赤字？这些都是典型的宏观经济学问题。
6. 在课本中所讲的微观经济学和宏观经济学之间的区别在现实生活中并不那么明显。例如，失业不仅仅是一个国家问题，而且还是一个家庭问题。当一个行业足够大时，有关它对税收的反应的研究就是一个宏观问题，而不是微观问题。区分两者的界限并不十分重要，重要的是我们要认识到，微观经济学与宏观经济学对世界运行的解释必须保持一致。
7. 尽管经济学是一门社会科学，但经济学家们在处理经济问题时，经常会运用科学的方法。为了接受或驳斥经济学理论，他们找出经济问题，形成理论，收集并分析数据，以及采用统计的专业分支——**计量经济学**（econometrics）。在任何一项科学调查中，必须努力控制与所考虑问题相关的其他因素。例如，如果我们对解释消费者购买的 CD 的价格与数量之间的关系感兴趣，那么我们就应该假定这位消费者的收入不变。在通常情况下，我们认为产品价格上涨时，需求的数量就会下降。但是，正像公司提高 CD 价格那样，消费者也可能同时会得到一份薪水更高的工作，或者遇到加薪的情况。因此，如果我们没有假定收入不变，就有可能得出价格上涨、消费者会需要更多 CD 的结论。
8. “*Post hoc*”是拉丁语，意为“在这之后”。仅仅因为一件事发生在另一件事之前，就想当然地认为前者是后者产生的原因，这就是*后此谬误*。**合成谬误**（fallacy of composition）指对局部正确的东西，对总体来说不一定正确。例如，一家公司利用降价从竞争对手那里抢夺顾客，从而获取更多利润。另一方面，如果所有的公司都降低价格，那么它们就无法从竞争对手那里吸引到顾客，也会因为收益下降而陷入亏损。

B. 经济组织中的三个问题

1. 由于我们面临稀缺性以及人们的欲望问题，所以每一个社会必须决定生产什么物品与服务。没有哪一个国家有足够的资源来满足*所有*公民的*所有*欲望。稀缺性意味着必须做出选择。
2. “如何生产”主要涉及生产过程。一般而言，生产某一特定的产品可能有好几种不同的方法。例如，一名油漆工为给一幢建筑物涂漆，可以采用压缩机和喷枪。他还可以雇几位工人用刷子来完成这项工作。哪种方法是最有效的，取决于**投入**（input）的可得性（和成本）。**技术**（technology）或者用于组合投入的知识也是决定*如何*生产的一个重要因素。
3. 最后，社会必须决定谁得到这些生产出来的产品。这就是经济学问题中的“为谁生产”的部分。这是一个非常困难的决策，在决定如何分配一国产出时，经常会碰到公平与平等的问题。
4. 社会运用了两种不同的方法解决了这三个问题。在**市场经济**（market economy）中，个人和私人企业对于生产什么、*如何*生产以及*为谁*生产做主要决策。在**指令经济**（command economy）中，这些决策由政府决定。当代社会中没有任何一个社会完全属于上述两种极端中的一个。相反，所有的社会都属于**混合经济**（mixed economy），既带有市场成分也带有指令成分。

C. 社会的技术可能性

1. 企业利用**投入**生产物品和服务，这些物品和服务称为**产出**（output）。投入有三大要素：**土地**（land）、**劳动**（labor）和**资本**（capital）。
2. 土地包括土地本身以及所有我们能够获得的宝贵的（而且稀缺的）**自然资源**（natural resource）。在今天这个拥挤的世界上，我们必须拓宽“土地”的定义，不能局限于土地就是自然资源。实际上，土地还包括**环境资源**（environmental resource），如空气、水和气候。这些环境资源同样变得越来越稀缺，经常受生产决策的不利影响。
3. 劳动包括所有用于生产过程中的人们的时间。有熟练工人和非熟练工人；有管理者和流水线工人；有医生、律师、工程师和经济学家。对于一个发达国家来说，劳动是最熟悉和最重要的生产要素。资源和资本可以从别国进口——但每一个国家都有自己的劳动力。
4. 资本资源是一个经济体为生产其他物品与服务而生产出来的耐用物品。资本品包括工厂、卡车、计算机、洗衣机、压缩机和刷漆用的喷枪等。
5. 经济学家经常利用图来解释经济概念。生产可能性边界（*PPF*）用于解释稀缺性概念与社会所面临的生产选择。

   生产可能性边界上的点代表资源的充分利用。在社会资源既定的条件下，边界外的点是不可行的；边界内的点代表资源的未充分利用。由于更多的资源被发现，或者技术创新提高了既有资源的效率，因此生产可能性边界会随时间而改变。商业周期和环境退化导致的浪费致使经济向生产可能性边界以内移动。
6. **机会成本**（opportunity cost）是根据所放弃的次优选择衡量做某事的成本。上大学的机会成本就是4年（或更长）工作经验，还加上学杂费的最佳利用方法。假定社会只生产两种物品，多生产一种物品的机会成本就是必须放弃的另一种物品的数量。因为经济资源稀缺，社会必须做出选择。这些选择的成本可以用机会成本来衡量。

五、学习提示

1. 所有的经济问题最终都要归结为稀缺性这一概念。因为我们面临着稀缺性，我们必须做出各种选择。回顾一下教材第1章开头所提到的8个定义/例子，确定你已明白它们是如何与稀缺性概念相联系的。
2. 在某种程度上所有的决策都与经济学相关。就个人而言，你的时间（类同于收入）是一种稀缺资源，并且你会一直都在决定如何更好地使用它。多花一个小时在床上或上课或学习或吃早餐的决定，最终都归结为稀缺性和选择的概念。你越早掌握这种经济学的最基本观点，你（还有你的老师）就会感到越轻松！
3. 投入经常被称为**生产要素**（factors of production），这两个概念经常混用。
4. 资本是对经济学家有特殊意义的概念之一。对于非经济学家来说，“资本”经常与资金同义使用。商业人士在谈到投资项目时经常会用到资本。但是，对于经济学学生来说，资本就是生产要素。它本身来自前一个生产过程的产出。请记住，资本是有形的东西，比如一组设备，企业用之作为投入以生产物品与服务。资金并不是资本。
5. 产出与物品和服务经常混用。
6. 经济学家经常利用图（比如生产可能性边界，*PPF*）来简化和解释一个概念。*PPF* 描述的是当社会生产一种物品而不生产另一种物品时所面临的替代关系。当然，在现实生活中，经济体生产成千上万种物品。在 *PPF* 三维图中，加上Z轴表示三种物品的替代关系。尽管我们不能画出四维图，但在概念的解释上，二维图与四维图的效果是一样的。
7. 经济学不像自然科学那样能在一个受控制的环境下进行实验，从这个意义上讲，经济学不是一门精确的学科。在经济学中，我们要明确知道所讨论的对象，而且要明确哪些变量假定不变；还要注意区分后此谬误与合成谬误。
8. 在经济分析中，**机会成本**（opportunity cost）是一个很重要的概念。经济学家经常衡量成本与收益，权衡经济决策的正反面。机会成本为衡量一项经济决策的成本提供了一种有效的方法。请记住，机会成本通常用所放弃的次优选择的价值来衡量，而不是用货币衡量。机会成本的概念在经济学中被反复运用。

六、选择题

下列问题按照教材中的顺序安排，从各选项中选出一个最佳答案。

A. 为什么要学习经济学？

1. 经济学主要涉及：
   a. 货币。
   b. 决定公司的利润与亏损。
   c. 稀缺资源的分配。
   d. 平衡你的支票簿。
   e. 所有以上选项。
2. 对于萨缪尔森教授和诺德豪斯教授在教材中所写的“相对于无限需求，物品总是有限的”这句话，你理解为：
   a. 人在本性上是贪婪的，不愿与人分享。
   b. 政府需要重新分配产出。
   c. 现有的生产方式是无效率的。
   d. 对于稀缺性和人的欲望的无限性这一经济学的基本问题，并没有简单的解决方案。
   e. 以上选项都不是。

B. 经济组织中的三个经济问题

3. 下列哪一项是经济品？
   a. 大西洋的海水。
   b. 爱荷华州的农场。
   c. 加利福尼亚的海岸线。
   d. 所有以上选项。
   e. 除了 a 项，以上均是。
4. 下列哪种情况会产生后此谬误？
   a. 一个问题发生在另一个问题之后。
   b. 局部正确的东西对整体来说也是正确的。
   c. 很多变量同时在变化，你没有根据变化进行调整。
   d. 仅仅因为一件事发生在另一件事之前，就想当然地认为前者是后者的原因。
   e. 不同学派的经济学家探讨同样的经济问题。
5. 下列哪种情况会产生合成谬误？
   a. 一个问题发生在另一个问题之后。
   b. 局部正确的东西对整体来说也是正确的。
   c. 很多变量同时在变化，你没有根据变化进行调整。
   d. 仅仅因为一件事发生在另一件事之前，就想当然地认为前者是后者的原因。
   e. 不同学派的经济学家探讨同样的经济问题。
6. 下列哪种情况会造成不能保持其他条件不变？
   a. 一个问题发生在另一个问题之后。
   b. 局部正确的东西对整体来说也是正确的。
   c. 很多变量同时在变化，你没有根据变化进行调整。
   d. 仅仅因为一件事发生在另一件事之前，就想当然地认为前者是后者的原因。
   e. 不同学派的经济学家探讨同样的经济问题。
7. 下列关于经济组织中的三个经济问题的描述，哪一项是正确的？
   a. 与稀缺性这一概念密切相关。
   b. 在现在不如文明伊始时重要。
   c. 生产什么、如何生产以及为什么生产。
   d. 土地、劳动和资本。
   e. 所有以上选项。
8. 下列关于生产什么这一经济问题的描述，哪一项是正确的？
   a. 是单个企业寻求利润的问题，并不是社会整体的问题。
   b. 可以描述为在生产可能性曲线上选择一点的问题。
   c. 只有在生产资源储备很少时发生。
   d. 只有在所有的生产投入达到专业化，只能生产一种物品而不能生产另一种物品时发生。
   e. 以上选项都不是。
9. 出现下列哪种情况，关于如何生产这一经济问题就不会存在？
   a. 如果所有商品所需的投入比例固定不变，那么生产中一种投入就不可能替代另一种投入。
   b. 如果生产没有达到充分就业水平。
   c. 如果资本存量相对于劳动较少。
   d. 在技术先进的社会里，合适的技术已能做到为生产每一种物品采用最佳方法。
   e. 在任何情况下，如何生产的问题都是一个技术问题，而不是经济问题。
10. 下列哪种陈述符合混合经济的特征？
   a. 混乱的、缺乏组织的。
   b. 在各个生产期间资源的分配变化。
   c. 现实中不存在真正混合经济的真实例子。
   d. 混合经济既带有市场经济的成分，又带有指令经济的成分。
   e. 以上选项都不是。

C. 社会的技术可能性

11. 下列关于资本的描述，哪一项是正确的？
    a. 与货币同义。
    b. 经济规划的总指挥。
    c. 既包括投入，又包括产出。
    d. 所有以上选项。
    e. 以上选项都不是。
12. 下列关于土地、劳动和资本的描述，哪一项是正确的？
    a. 数量有限。
    b. 用来生产产出。
    c. 生产的基本要素。
    d. 在生产过程中与技术联系在一起。
    e. 所有以上选项。
13. 下列哪一种陈述不符合生产可能性边界（*PPF*）？
    a. *PPF* 与稀缺性概念密切相关。
    b. 投入的数量在图中以坐标轴表示。
    c. *PPF* 会随着时间而发生移动。
    d. 资源的分配发生变化，曲线上的点会沿着曲线移动。
    e. 技术会改变 *PPF* 的形状。
14. 下列哪一项解释了经济体的产出水平处于生产可能性边界以内的原因？
    a. 适合于某一种产出的现有资源并不一定适合于另一种产出。
    b. 现有技术知识体系没有得到充分利用。
    c. 社会更愿意生产两种产出中的一种。
    d. 在现实社会中，经济体生产成千上万的物品，而不仅仅是两种。
    e. 再也没有其他边界。
15. 当一个经济体处于它的生产可能性边界时，下列哪种陈述是错误的？
    a. 无法在不减少一种物品产量的前提下，生产出更多的另一种物品。
    b. 资源得到了充分利用。
    c. 该经济体的生产是有效率的。
    d. 消费者将拥有他们所需的全部东西。
    e. 工人的罢工会导致产出水平处于 *PPF* 以内。
16. 下列哪一种陈述可用来解释一国生产可能性边界的向外移动？
    a. 技术改进。
    b. 该国人口增加。
    c. 该国决定增加投资，推迟当前消费。
    d. 在海洋里发现新的自然资源。
    e. 所有以上选项。
17. 下列哪一项代表生产可能性边界的坐标轴？
    a. 生产性投入或资源的数量。
    b. 产成品的数量。
    c. 产成品的价值。
    d. 所有以上选项。
    e. 以上选项都不是。
18. 生产可能性图中的每一个点（不管是否在曲线上）都代表生产两种物品的某种组合。在投入量既定的情况下，其中的一些点是可以达到的，而其他点不能达到。具体而言，对于生产，经济体能够在下列情况下运行：
    a. 在曲线上的任何地方，而且仅在曲线上。
    b. 在曲线上的任何地方，或在曲线内部（在左下方）。
    c. 在曲线上的任何地方，曲线内部或曲线外部。
    d. 所有以上选项。
    e. 以上选项都不是。
19. 为了把 *PPF* 向外移动（向上向右），一个经济体应该：
    a. 增加投入量。
    b. 精简政府机构。
    c. 消除垄断势力滥用资源的情况。
    d. 所有以上选项。
    e. 以上选项都不是。
20. 如果一个经济体增加了投入量，或者它确实发现了新的生产技术，那么生产可能性曲线会：
    a. 保持不变。
    b. 向里、向左移动。
    c. 向外、向右移动。
    d. 所有以上选项。
    e. 以上选项都不是。

参照图 1－1 回答题 21～24。

21. 在实线 *ABCD* 的生产边界上，哪一点与一国最重视食物相对应？
    a. *A* 点。
    b. *B* 点。
    c. *C* 点。
    d. *D* 点。
    e. *E* 点。

图 1－1

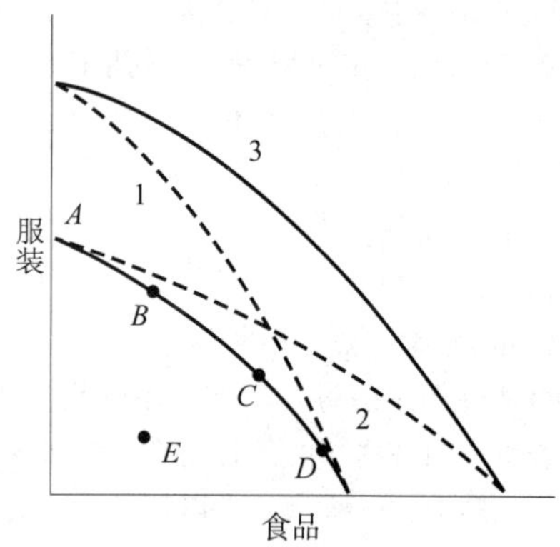

22. *PPF* 移动到 1 的位置表明：
    a. 该国人口的喜好发生了变化——想要更多的食物，更少的衣服。
    b. 只在服装行业利用了新的资源。
    c. 两个行业的技术都得到改善。
    d. 生产组合变化包括服装产出的增加和食物产出的减少。
    e. 只在食品行业改进了技术。
23. 如果 *PPF* 移动到 2 的位置，问题 22 的选项中哪一项是正确的?
    a. 该国人口的喜好发生了变化——想要更多的食物，更少的衣服。
    b. 只在服装行业利用了新的资源。
    c. 两个行业的技术都得到改善。
    d. 生产组合变化包括服装产出的增加和食物产出的减少。
    e. 只在食品行业改进了技术。
24. 如果 *PPF* 移动到 3 的位置，问题 22 的选项中哪一项是正确的?
    a. 该国人口的喜好发生了变化——想要更多的食物，更少的衣服。
    b. 只在服装行业利用了新的资源。
    c. 两个行业的技术都得到改善。
    d. 生产组合变化包括服装产出的增加和食物产出的减少。
    e. 只在食品行业改进了技术。

参照图 1－2 回答题 25～27。

25. 如果一国的经济从 *A* 点移动到 *B* 点，那么：
    a. 它放弃了 8 个单位的住房而获得了 40 个单位的食物。
    b. 它放弃了 8 个单位的食物而获得了 40 个单位的住房。
    c. 闲置资源得到了充分利用。
    d. 经济变得更加有效。
    e. 技术有所突破。

图 1－2

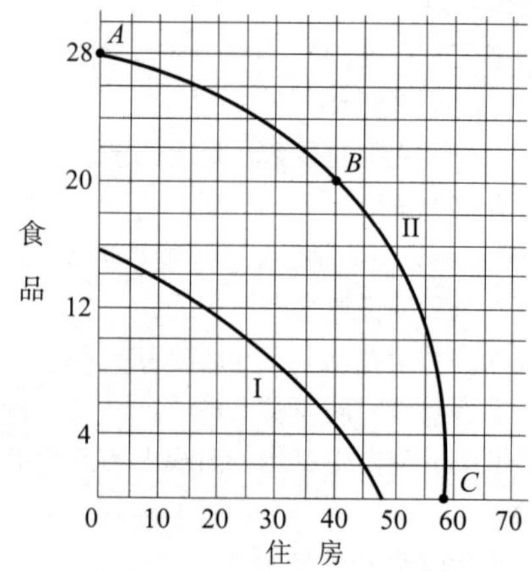

26. 如果一国的经济从 *B* 点移动到 *C* 点，那么：
    a. 它放弃了 20 个单位的食物而获得了 17 个单位的住房。
    b. 它放弃了 20 个单位的住房而获得了 17 个单位的食物。
    c. 闲置资源得到了充分的利用。
    d. 经济变得更加有效。
    e. 技术有所突破。
27. 假定技术进步是 *PPF* 从Ⅰ移动到Ⅱ的原因，这表明：
    a. 技术对食品和住房行业具有相同的影响。
    b. 技术对食品行业的影响相对较大。
    c. 技术对住房的影响相对较大。
    d. 技术实际上受到了损害。
    e. 以上选项都不是。
28. 机会成本的概念指：
    a. 仅在讨论生产可能性边界时有用。
    b. 用来衡量次优选择的成本。
    c. 用美元或美分计量。
    d. 仅被经济学家使用。
    e. 以上选项都不是。

29. 在镇上修理道路的机会成本可能是：
    a. 增建一所学校。
    b. 购买新的铲雪机。
    c. 从志愿组织向全职消防部门的转变。
    d. 以上选项都是，取决于哪一项是次优选择。
    e. 以上选项都不是。

七、解答题

下列问题旨在帮助你运用教材中提到的概念。

A. 为什么要学习经济学

1. 以下列出的一些研究题目，旨在帮助你加深对微观经济学和宏观经济学之间的区别的理解。根据标题所显示的内容，你认为哪些主要与微观经济有关，哪些主要与宏观经济有关？用字母 MI 代表微观，用 MA 代表宏观。
    a. 长期经济增长和资本积累
    b. 工会的工资议价能力
    c. 亚洲和拉丁美洲通货膨胀率的差别
    d. 汇率对美国竞争力的影响
    e. 对电信业放松管制的议题
    f. 儿童护理补贴和婚姻市场

B. 经济组织中的三个问题

2. 本题针对规范经济学与实证经济学之间的区别而设计。指出下列哪一项是规范经济学（用 N 表示）的陈述，哪一项是实证经济学（用 P 表示）的陈述。
    a. 税收应该是累积的。
    b. 税收打击了工作积极性。
    c. 当失业率较低时，通货膨胀趋于上涨。
    d. 通货膨胀的危害小于失业的危害。
    e. 污染控制减少就业。
    f. 污染控制物有所值。

C. 社会的技术可能性

资本对于任何现代经济来说都是至关重要的。在当今世界，一个成功的发达国家的特征是都离不开资本。

3. 画出下列有资格作为资本的选项：
    a. 炼油厂。
    b. 通用汽车发行的股票。
    c. 业主保险柜的现金。
    d. 木工的螺丝刀。
    e. 企业为了扩大经营范围而向银行贷的款。
    f. 一家钢铁公司拥有的钢锭存货。
    g. 汽车制造商未售出的汽车。
    h. 超市未售出的食品存货。
4. 任何一个发达国家都拥有大量的资本存量，每一天的生产活动都在为资本的保值和增值而做出努力。因此，今天保值和增值的生产活动是为了满足（**昨天的/今天的/明天的**）需要，而消费品实际上是今天消费掉（**昨天的/今天的/明天的**）的劳动。
5. 画出下列你认为正确的表达：
    a. 资本存量越多，消费品的产出就有可能越多。
    b. 在生产可能性边界上，增加资本存量会使 *PPF* 向上向外移动。
    c. 关于是否生产更多资本品的决策并不在生产什么的决策之列。
    d. 在充分就业的经济体，生产更多的资本品必须同时减少消费品的生产。

图 1－3

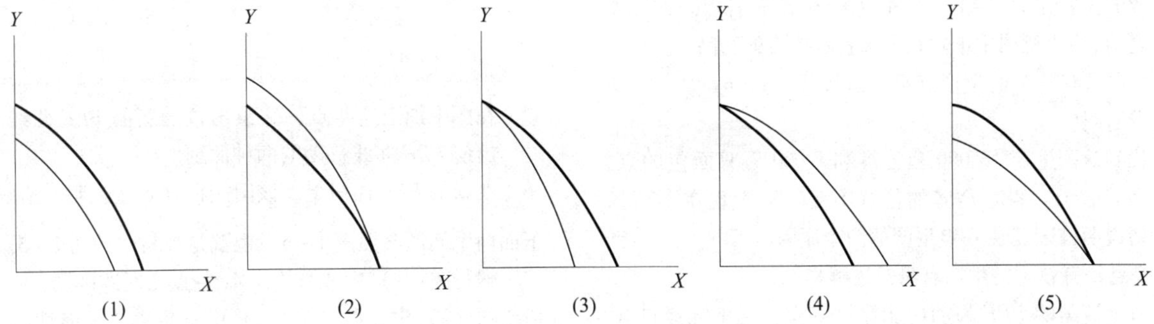

参照图 1－3 的生产可能性边界，运用不同的 *PPF* 回答题 6～10。在每一种组合中，细的曲线表示初始曲线，粗的曲线表示经济发生变化后的曲线。

6. 假定科学发明提高了只用于生产 *X* 的资源的生产率，那么哪一个图最准确地反映了这一发展？______
7. 很多科学家认为，我们正在用尽自然资源。假定用于生产物品 *X* 的资源正在被用尽，但至少到目前为止，还没有影响到物品 *Y* 的生产。______
8. 假定劳动力增加，新的工人经过专业培训生产物品 *Y*。______
9. 技术进步，两个行业都或多或少地从新技术中受益。______
10. 战争用尽了用于生产物品 *X* 的一些资源。______

八、讨论题

回答下列问题，并解释你这样回答的原因。

表 1－1 列出了某国两种商品的生产可能性：公寓和面包。在表中的每一个点，该国所有的资源被充分利用，而且所有的技术知识都被派上了用场。

表 1－1　某国的生产可能性

公寓（单位：千套）		面包（单位：百万个）
0	A	30
6	B	29
12	C	26
18	D	22
24	E	16
30	F	0

1. 在图 1－4 中标出各点，并画出该国的 *PPF* 曲线。在 *PPF* 上标出表 1－1 中的 *A*、*B*、*C*、*D*、*E*、*F* 各点。在开始之前，请留意图中纵轴和横轴各自代表的物品。
2. *C* 点是有效率的生产点吗？请解释。*A*、*B*、*D*、*E*、*F* 点是吗？
3. 找到该国生产 16 000 套公寓和 1 000 万只面包的点，用 *G* 表示。假定 *PPF* 的位置不变（至少现在不变），请说明该国能在 *G* 点生产的两个原因。
4. *G* 点是有效率的生产点吗？请解释。
5. 假定该国的 *PPF* 移动后能穿过 *G* 点，但不能穿过 *A*、*B*、*C*、*D*、*E*、*F* 各点。画出新的 *PPF*，解释是什么原因导致了 *PPF* 的这种移动。
6. 找到该国生产 50 000 套公寓和 5 000 万个面包的点，用 *H* 表示。假定当前的 *PPF* 的位置不变，该国能生产这种组合吗？请解释原因。

假定该国的经济发生了一些变化，出现了新的生产可能性组合。表 1－2 列出了新的产品组合。

图 1－4

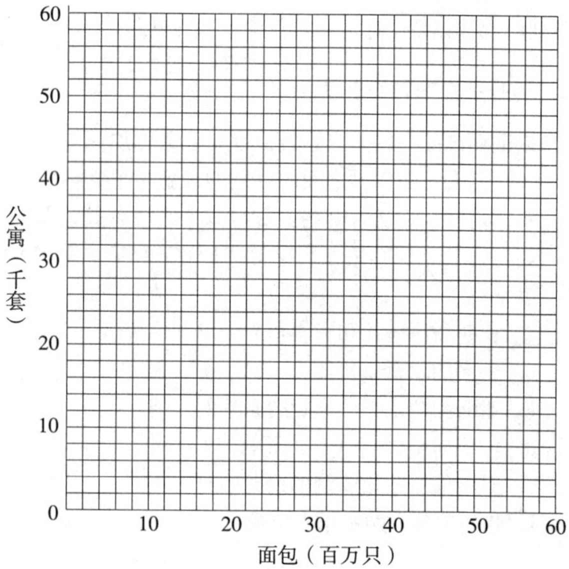

表 1－2　该国新的生产可能性

公寓（单位：千套）	面包（单位：百万个）
0	50
6	48
12	46
18	40
24	40
30	34
36	16
42	0

7. 在图中加上这些点，并绘出该国新的 *PPF* 曲线。给出使 *PPF* 曲线移动的两种原因。
8. 在新的 *PPF* 曲线上，该国能在 *H* 点生产吗？请解释。

下面两个问题参照图 1－5，也就是教材中的图 1－5。

9. 解释图（a）中 A_1、A_2、A_3 各点之间的区别。
10. 图（a）中三点与图（b）中三条生产可能性曲线有什么关系？

图 1－5

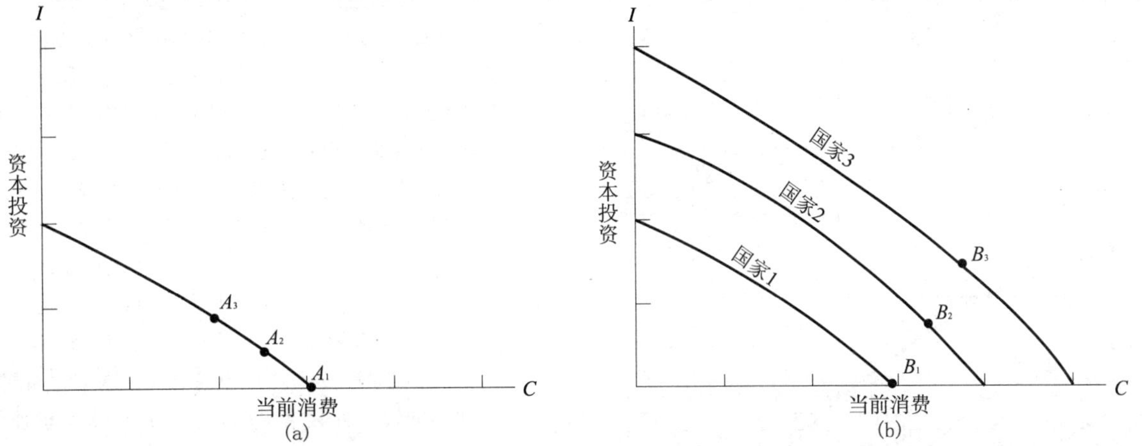

11. 当一个经济体决定增加资本品的生产时，它必须（至少是在现在）减少生产消费品吗？请解释原因。
12. 列出上 4 年大学的机会成本。解释你是否应该将住宿和伙食列入在内的原因。

九、答案

三、关键概念复习

7	稀缺
4	效率
13	免费品
11	经济品
1	宏观经济学
14	微观经济学
12	规范经济学
5	实证经济学
9	自由放任
2	投入
8	产出
10	后此谬误
6	合成谬误
3	机会成本

六、选择题

1. C　2. D　3. E　4. D　5. B　6. C　7. A
8. B　9. A　10. D　11. C　12. E　13. B　14. B
15. D　16. E　17. B　18. B　19. A　20. C　21. D
22. B　23. E　24. C　25. B　26. A　27. B　28. B
29. D

七、解答题

1. a. MA　b. MI　c. MA　d. MA　e. MI　f. MI
2. a. N　b. P　c. P　d. N　e. P　f. N
3. a，d，f
4. 明天的，昨天的
5. a，b，d
6. (3)
7. (4)
8. (5)
9. (1)
10. (4)

八、讨论题

1.

图 1－4

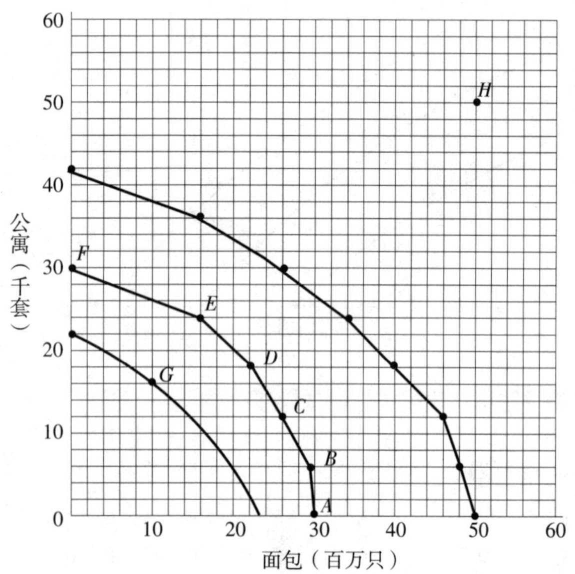

2. A、B、C、D、E、F 点都是有效率的生产点。社会处于生产边界上，资源得到了充分利用，而且多生产一种物品势必会减少另一种物品的生产。
3. 该国可以处于 G 点，可能是因为资源未得到充分利用，或其他无效率的原因，如罢工或政治动乱。
4. 由于 G 点在生产可能性边界之内，它代表无效率的点——社会可以做得更好。
5. 如果社会用尽了资源，*PPF* 就会向左移动。
6. 就目前而言，H 点是无法达到的。该国不具备资源，也不具备技术在 H 点生产。
7. 如果技术进步，或找到、获得更多的资源，*PPF* 就会向右移动。
8. H 点仍然无法达到，该国要么生产 42 000 套公寓不生产面包，要么生产 5 000 万个面包不生产公寓。
9. 当该国从 A_1 移到 A_3 时，它为了获得更多的资本品而放弃了当前消费品。资本品的增加会使该国在未来生产更多的物品与劳务。图 1－5（a）中的所有点都代表着充分就业和现有技术的有效利用。
10. 在图 1－5（a）中，如果该国将更多的资源分配给资本投资，那么它在未来就能获得更多的经济增长。A_1、A_2、A_3 各点代表着拥有相同资源禀赋的三个国家的三种不同选择。国家 1 将所有的资源用于当前消费，它的经济就不会获得增长，图 1－5（b）中的 *PPF* 类似于图 1－5（a）中的 *PPF*。国家 2 和国家 3 将更多的资源分配给资本投资。用于资本投资的资源越多，经济就会增长得越快，未来 *PPF* 就会向右移动得越多。
11. 是的。资源稀缺，替代经常发生。在资本品上分配更多的资源，能促进该国的经济增长，在未来就会生产出更多的消费品和资本品，但它必须牺牲某些当前消费。这不是一个大问题。由于资本品的生产（至少部分）由储蓄支持，居民户就向生产者发出信号：目前他们不需要消费品。资本投资能使经济体生产更多，因此他们将当前消费推后到了未来。
12. 上大学的机会成本包括对这 4 年时间的次优选择，例如，没有做市场工作而损失的收入；也包括对学费、书本费、杂费的次优选择，你也许可以用这笔钱来做金融投资。用在住宿和伙食上的花费不是机会成本。不管你怎么度过这 4 年，生活开支都是必需的。当然，如果上大学的生活开支与不上大学的生活开支大相径庭，那么一些多出的部分应该算作机会成本。

第 1 章附录

如 何 看 图

一、概述

经济学大量运用图形和图表，教材中几乎每一章都有图形和图表。教材第 1 章的附录讲述了关于图形和图表的基本知识，本附录拟对此进行展开。

图形和图表是说明基本概念、并用以进行推理的工具。一图胜千言。如果不了解图表的话，你在学习中就会处于劣势，就像在打篮球时，你把两只手紧紧放在身后进行防守那样。

本附录旨在简要介绍基本的图形分析，并对其用途进行拓展。即使你对图形已经有所了解，也仍然需要浏览本附录所讨论的内容。经济学中用图的基本目的是为了说明一些数字与另一些数字之间的关系。

二、学习目标

在你读完教材第 1 章附录，并完成《学习指南》的练习后，你将能够：

1. 解释图表中的经济关系。
2. 利用（经济）数据，自己绘图。
3. 算出各曲线的斜率。
4. 理解图中各变量之间的关系。
5. 利用方程式描述两个变量之间的线性关系。

三、关键概念复习

在 B 栏中寻找与 A 栏中术语相应的解释，并将序号填在术语前边。

A	B
__ 斜率	1. 与曲线上的一点相切而非相交的直线，用来计算这条曲线在该点的斜率。
__ 截距	2. 表明两个变量同方向变动（同时增加或减少）的直接关系。
__ 原点	3. 表示某一特定变量如何随时间的变化而变动的图，图中横轴表示时间。
__ 正斜率	4. 图中一条线与纵轴的交点所对应的纵坐标值。
__ 负斜率	5. 可以根据斜率算出，它表示一个变量的变化如何关联到另一个变量的变化。
__ X 轴	6. 图中的纵轴，沿着该轴的度量是由下至上进行的。
__ Y 轴	7. 横轴上变量的每单位变化所引起的纵轴上变量的变化。
__ 网格线	8. 用来形象揭示两个变量之间关系的一系列点组成的图。
__ 切线	9. 表明两个变量反方向变动的相反的或间接的关系（当一个变量增加时，另一个变量减少，反之亦然）。
__ 散点图	10. 图中的横轴，沿着该轴的度量是由左至右进行的。
__ 时间序列图	11. 图中用于参照开始点，在左下角。

学生们请注意：由于本附录的重点在于看图练习，所以我们改变了通常的格式，以便你能更多地练习使用图例。

四、例子

例一：学习时间与闲暇时间

假定你要计划一天的活动时间。一天 24 小时中很大一部分要用在睡觉、吃饭和听课上。假定这些事情每天占用 14 小时，那么还剩下 10 小时可以用做学习或闲暇时间。

这 10 小时有无数种分配方式。一种极端方式就是将这 10 个小时全部用于闲暇而不学习。这种特殊的分配方式并不能让人满意，因为在某种程度上它可能导致与教务主管人的不愉快的谈话，但这确实是一种可能的分配方式。另一种极端就是将这 10 小时全部用于学习而不用于闲暇，例如临考前的一周。在这两种极端之间存在一系列的选择，如表 1A－1 所示。

表 1A－1

	A	*B*	*C*	*D*	*E*	*F*	*G*
闲暇时间（小时）	10	8	7	6	4.5	2.5	0
学习时间（小时）	0	2	3	4	5.5	7.5	10

表 1A－1 列出了两组数字。一组是学习时间的分配，另一组是相应的闲暇时间的分配（闲暇时间与学习时间总共有 10 小时）。换句话说，这两组数字紧密相联，每一学习时间都有与之相应的闲暇时间。图表通常显示了这两种时间的配对过程，而其中每一闲暇/学习权衡的对应关系都是实例中的一组数据。表 1A－1 中所有的数字组都呈现出一种关系：用于学习的时间与用于闲暇的时间之和必须等于 10。

所有这些点都在图 1A－1 中的线段 *AG* 上（假定不允许出现小时负数）。请注意图 1A－1 中左边的垂直线和下边的水平线，是如何通过横轴与纵轴绘出的。每一个点都对应着表中的一组数值：学习时间（用横轴表示）和闲暇时间（用纵轴表示）。

连接这些点的倾斜线段 *AG* 绘出了闲暇时间与劳动时间的实际关系。该线段上的每一点与表 1A－1 中的组合相对应。以 *B* 点为例，表 1A－1 中的 *B* 点为 2 小时学习时间和 8 小时闲暇时间的组合。图 1A－1 中的虚线代表着同样的意思。在 *B* 点向横轴引垂直线，得到 2 小时学习时间；在 *B* 点向纵轴引水平线，得到 8 小时的闲暇时间。表 1A－1 和图 1A－1 表达了同样的意思，不论是对于 *B* 点而言，还是对于线上所有其他点而言。

1. 在图 1A－1 中，*B* 点代表 2 小时（**学习/闲暇时间**）和 8 小时（**学习/闲暇时间**）。

图 1A－1

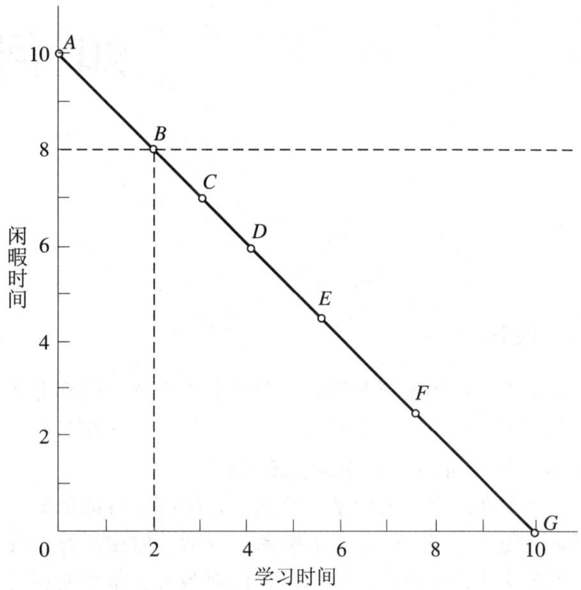

2. 在图 1A－1 中，（**纵轴/横轴**）代表闲暇时间，（**纵轴/横轴**）代表学习时间。
3. *D* 点代表______小时闲暇时间和______小时学习时间；9 小时学习时间和 1 小时闲暇时间处于点（***A*** **和** ***B*** **之间，*D*** **和** ***E*** **之间，*F*** **和** ***G*** **之间**）。
4. 每牺牲 1 小时学习时间可换来______小时闲暇时间。
5. 本图中线段 *AG* 的斜率是______。
6. 在由 *AG* 和两条坐标轴围成的三角形内取任意一点，该点的横坐标值和纵坐标值之和：
   a. 一定大于 10。
   b. 一定小于 10。
   c. 一定等于 10。
   d. 可能大于 10 或小于 10。
7. 在第 6 题中的哪一个选项正确描述了在 *AG* 线段之外的点（右上方）？（**a/b/c/d**）
8. 假定有 11 个小时而非 10 小时，我们重新来看这个例子，线段 *AG* 会有什么变化（线段 *AG* 仍旧表示所有可能的组合）？
   a. 向外移动（即向右上方移动），与现在这条线平行。
   b. 向里移动（即向左下方移动），与现在这条线平行。

c. 位置不变。

d. 以 *A* 点为轴心向外旋转。

例二：货币、苹果和橘子

假定某人喜欢吃苹果和橘子，他手中有 40 美元，要么买苹果，要么买橘子，或两样都买。假定苹果价格为每蒲式耳 2 美元，橘子价格为每打 1 美元。表 1A－2 列出了他考虑要买的苹果和橘子的所有可能组合。注意：他如果用全部的钱来买苹果，就能买 20 蒲式耳（表 1A－2 中的 *A* 点）；如果用全部的钱来买橘子，就能买 40 打（表 1A－2 中的 *G* 点）。表 1A－2 中其他中间的组合也是可能的，不要忽略这些组合！事实上，中间的这些组合比只消费一种水果更让人偏好。

图 1A－2

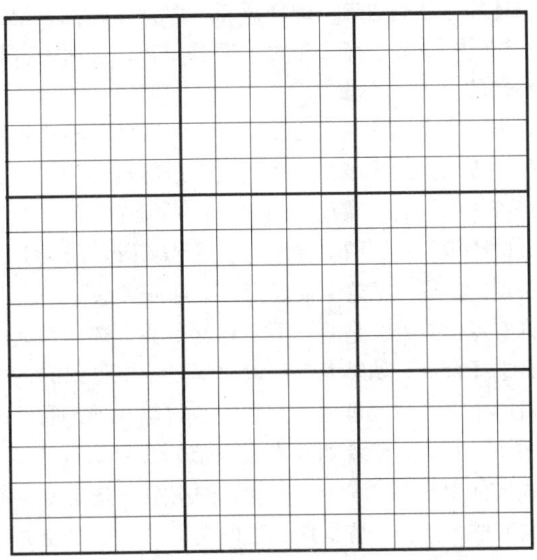

表 1A－2

	A	*B*	*C*	*D*	*E*	*F*	*G*
苹果（蒲式耳）	20	18	15	10	5	2	0
橘子（打）	0	4	10	20	30	36	40

图 1A－2 是空白的具有横纵坐标的网格图，用来帮助你找到表中数据对应的点。在图 1A－2 上绘出一条表示表 1A－2 中各点的图形。首先标出横坐标和纵坐标，然后在坐标上标出单位刻度，也就是说，选择多大距离表示 1 蒲式耳苹果，多大距离表示 1 打橘子。标了刻度之后，在图上标出表 1A－2 中的七个点，每一个点用字母标出。同图 1A－1 一样，这些点应呈直线分布。当你确信这些点呈直线分布时，可将各点连接成一条直线。这条“光滑的”直线反映了在你有足够的时间和耐心的情况下所有的苹果和橘子的组合（包括分数）——用 40 美元购买的所有橘子和苹果组合。上文提到的观点值得我们重提一下。回头看图 1A－1，在线段 *AG* 之外，你不可能找到这样的组合：该组合由两个和为 10 的正数组成）。线段 *AG* 代表所有可选的组合，而且，它还代表另一层意思：不满足两者之和等于 10 的点在线段 *AG* 上根本就找不到。换句话说，线段 *AG* 在某种程度上是“两者之和等于 10 规则”的图形化展示，因为：（1）它包括所有满足这条规则的点；（2）它仅包括满足这条规则的点。同样，你在图 1A－2 上画的这条线包括了所有价值 40 美元的苹果和橘子的组合，而且仅仅包括这些点。

9. 在这个例子中，这位爱吃水果的男士想要买 20 蒲式耳苹果和 20 打橘子，他（**能/不能**）这样做，因为他的钱（**够/不够**）。
10. 如果要买第 9 题所说的组合，即 20 蒲式耳苹果和 20 打橘子，他需要花______美元。
11. 在学习时间—闲暇时间的例子中，学习时间和闲暇时间的比率是每牺牲 1 小时闲暇时间，换来______小时的学习时间。在本例中，少买 1 蒲式耳苹果，可多买______打橘子。

例三：黄油和大炮

教材第 1 章的第 1 个图就是关于黄油和大炮的。表 1A－3 列出了一些组合（与教材中表 1A－1 相同）。

表 1A－3

	A	*B*	*C*	*D*	*E*	*F*
黄油（百万磅）	0	1	2	3	4	5
大炮（千门）	15	14	12	9	5	0

黄油和大炮是最基本的稀缺性案例之一。一个经济体的机器、劳动，以及所有生产所需物品（如黄油或大炮）的资源是有限的并且是固定的。这些资源中的一些可以被用来生产两者之一。例如，劳动就可以从大炮的生产转向黄油的生产，反之亦然（在允许培训时间——劳动力熟悉新岗位的条件下）。如果劳动从生产大炮转向生产黄油，那么黄油的产出增加，相应地，大炮的产出

减少。从这个例子延伸开来，在资源充分利用的条件下，增加一种产品的生产将不得不以减少另一种产品的生产为代价。

“黄油或大炮”这个隐喻起源于纳粹德国。20 世纪 30 年代末，希特勒政府把众多德国工业都转向军备生产，因而造成一些民用物品的短缺，黄油就是其中之一。已故但无人悼念的赫尔曼·戈林当时为了安抚公众的抱怨，发表了一次著名的演讲。在演讲中他宣称：“我们必须在大炮和黄油之间做出选择！”确实，他们做出了选择。

继续我们的做图练习，在图 1A－3 中运用表 1A－3 的数据画出大炮与黄油的关系图。像之前一样，首先标出两个坐标轴，用纵轴表示大炮的数量，用横轴表示黄油的数量（与教材保持一致）。一般地，你想尽可能利用图内空间。在图 1A－3 中，黄油数量的最大值应该为 5（百万磅），因此图的右下角应该是 5。横坐标上有 15 个小方格，如果 5 在第 15 个小方格处，那么我们必须在第 3 个小方格处标 1，在第 6 个小方格处标 2，依次类推。我们再来看大炮，大炮的最大值为 15（千门），因此图的左上角应该是 15，并向下依次递减。注意，（就图的距离来说）两个数值的刻度应该不一样。在这里，衡量 500 万磅黄油（横轴）和衡量 15 000 门大炮（纵轴）的距离相等。

图 1A－3

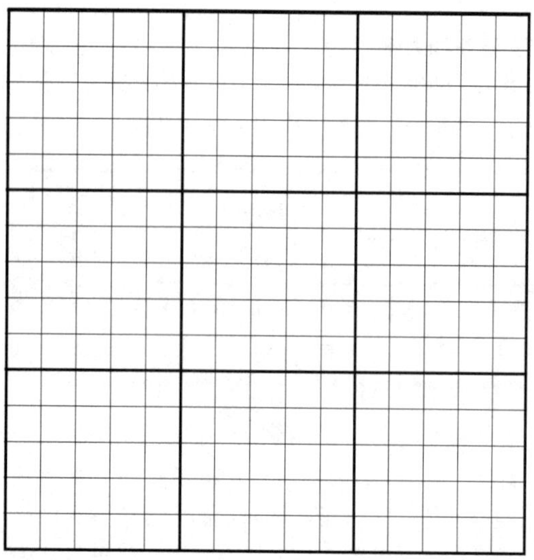

在标好数值之后，在图中描出表 1A－3 中的 6 个点（这就是所谓的描点），用字母标识，并把这些点用一条光滑的曲线连接起来。这样，你就绘制出了大炮—黄油的生产可能性边界（*PPF*）。你能从图中学到什么？为什么我们要花大力气讨论这个问题？以下是四个不同的观察结果：

a. 边界（曲线 *ABCDEF*）的右上方区域代表更加理想但不能到达的区域。该区域内的点代表着比目前边界上的点更大的大炮—黄油组合，但它们是无法到达的，除非该经济体拥有更高生产率的机构，或利用现有资源开发更好的技术。经济增长的过程可以表示为生产可能性边界不断向外移动的过程。

b. 边界（曲线 *ABCDEF*）的左下方区域是完全可以到达的。如果该区域的点代表经济中大炮—黄油的实际产量，那么这意味着（a）经济体没有充分利用现有资源；（b）尽管充分利用了现有资源，但不知什么缘故，它没有发挥出这些资源的最大优势。我们假定在不打乱社会秩序、不对生产机构施压的前提下，该经济体能够达到边界上的任意点，而且人民也希望生产达到这一边界。那么相对于需求而言，这两种物品是稀缺的。

c. 如果不考虑无法到达的边界以外的区域和不希望到达的边界以内的区域，那么只剩下边界这一种情况。该经济体的人们（或他们的领导）必须做出关于生产什么的决策，在图中就表现为选择 *ABCDEF* 曲线上的哪一点的问题。把这个描述为“大炮或黄油”的决策或许有点误导人，它的言下之意就是要么选择大炮，要么选择黄油。如果大炮和黄油都是希望得到的，最有可能出现的情况是把 *A* 点和 *F* 点排除在外，取而代之的是一些中间点（如 *C* 点或 *D* 点）更可取。

d. 在实际生活中，关于生产什么的决策一直是需要考虑的问题，而且以后也是。这种决策并不是曾经决定过以后就会因为偏好的变化或生产条件的变化而被遗忘。相反，它是一个更加现实的问题。经济体目前是在 *D* 点生产，举个例子来说，该经济体可能打算花费“和平红利”（peace dividend）向黄油稍微做一些移动。这意味着该经济体的生产从 *D* 点移至 *E* 点。

12. 表 1A－3 中大炮和黄油的数字表示某假定的社会在某一单位时间内生产的这两种物品的（**最大/最小**）组合。这些数字代表大炮和黄油的（**货币值/实际产量**）。

13. 如果所有可用资源或投入都被用于生产黄油，那么黄油产出将是______百万磅，大炮产出将是______千门。如果该经济体希望在每一个时期生产 9 000 门大炮，那么黄油的产出不可能超出______百万磅。

14. 假定该经济体生产 100 万磅黄油，如果它决定增加 100 万磅黄油的生产，那么，大炮必须减少______千门。如果该经济体目前正在生产 400 万磅黄油，它还想增加 100 万磅黄油的生产（即总共为 500 万磅）那么，大炮必须减少______千门。
15. 假定该经济体目前生产 15 000 门大炮，并考虑将大炮的生产减少到 14 000 门。这一变化将带来______百万磅黄油生产的增加。或者，如果该经济体目前生产 9 000 门大炮，并考虑将大炮的生产减少到 5 000门，那么这一变化将带来______百万磅黄油生产的增加。如果大炮的生产从 9 000 门增加到 10 000 门，所增加的 1 000 门大炮必然会带来大约______百万磅黄油产出的减少。

注意：第 14 题中两个答案是不同的，这表明放弃大炮生产黄油的成本会随着黄油生产的数量增加而有所变化。这一概念将在以后重点讨论。

贯穿经济学思想的一个最基本的区别就是沿着曲线的移动和曲线的移动。表 1A－3 中大炮—黄油的例子已经指出了这一点：打算生产更多黄油的经济体会从一个点（如 *D* 点）移至另一个点（如 *E* 点）。但是，请注意：这种变动很清楚地表明黄油生产增加，大炮生产减少。*D* 点表示生产 300 万磅黄油和 9 000 门大炮，*E* 点表示生产 400 万磅黄油和 5 000 门大炮。如果资源没有增加或技术得不到改进，这种沿着 *PPF* 的移动是该经济体的惟一选择。

但是，在构建原曲线的条件发生变化之后，整条曲线就会移动。例如，假定按照表 1A－3 生产大炮和黄油的经济体发现了更好的生产黄油的方法——应用了更少的用来生产大炮的资源。表 1A－4 反映了这种变化。

比较表 1A－3 和表 1A－4。表 1A－4 所表现出的技术进步意味着，在任何大炮产出水平上（最大值除外），黄油的生产都增加了一倍。

表 1A－4

	A′	*B′*	*C′*	*D′*	*E′*	*F′*
黄油（百万磅）	0	2	4	6	8	10
大炮（千门）	15	14	12	9	5	0

提示：一般来说，如果对于某些问题的分析很重要的变量发生了变化，而且不是由图中的坐标轴来衡量量，那么，这将带来曲线的移动。在我们所举的例子中，技术发生了变化。（注意，技术没有在 *PPF* 的坐标轴上表现出来，两个坐标轴衡量的仅仅是大炮和黄油。）既然技术与我们的分析密切相关，那么，*PPF* 将会随着技术的变化发生移动。相应地，大炮或黄油的变化不会引起 *PPF* 的移动；但如果拿大炮来换黄油，我们就会沿着 *PPF* 移动。

根据表 1A－4 中的数据，在图 1A－4 中绘出生产可能性边界。（我们建议用 1 个小方格表示 1 000 门大炮，用 1.5 个小方格表示 100 万磅黄油，但你可以根据自己的判断作图。一定要标出坐标轴。）在图中标出这些点并连成一条光滑的曲线。把表 1A－3 所代表的生产可能性边界复制在这张图上。我们发现在每一大炮产出水平上边界均向外移动（从表 1A－3 移到表 1A－4），只有一点例外，在该点上，黄油的产量为零，大炮的产量为 15 000 门。不要忽视这个点，因为黄油生产的新技术为经济带来了更多的机会，除了这种情况：它忽略黄油生产的新技术，而且只生产大炮。从 *D* 点到 *E* 点的移动不再必要。*D* 点移至 *D′*点表明黄油的生产增至 400 万磅，而大炮的产量保持 9 000 门不变。

图 1A－4

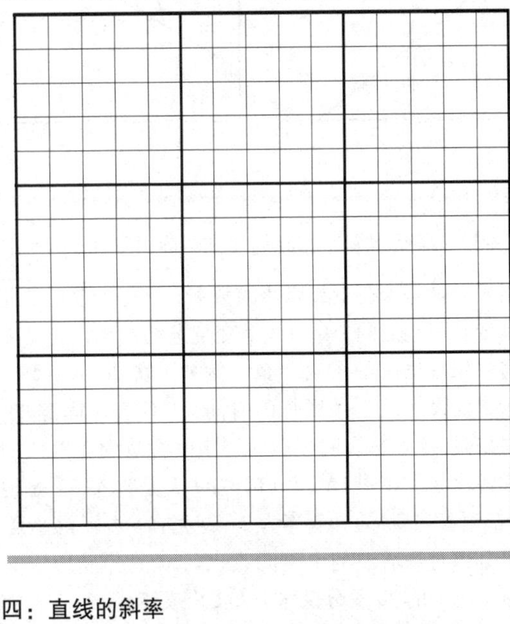

例四：直线的斜率

描述某一变量 *X* 和另一变量 *Y* 之间的线性关系的一种方法，就是先确定 *X* 与 *Y* 之间的联系，从而考察当 *X* 发生变化时，*Y* 相应发生什么变化。以变量 *X* 和变量 *Y* 为例，我们通常会问："如果 X 的位置（即 X 的值）发生变化，Y 将如何变动？"或许以一种更有用的方式，我们会问："如果 X 增加或减少 1 个单位，Y 将如何变动?"

为了使这个问题更加形象，我们考虑以下情形：以直线上的某一点为起点，将该点向右的轻微移动分成两个阶段。在此，我们用严格意义上的一段水平移动来表示 X 的值增加 1 个单位。由于这种移动是水平的，所以 Y 值没有发生任何变化。然后考虑表示 Y 方向的垂直上升或下降变化：垂直距离等于该点回到这条直线所需的移动量。例如，图 1A－5 的两幅小图都画出了直线 *ABDE*，但是，从 *B* 点到 *D* 点的移动可以被认为分成了两个部分。首先，从 *B* 点移至 *C* 点（1 单位 X 的变化使这一点暂时脱离直线 *ABDE*），然后，将 *C* 点修正移至 *D* 点（X 的变化引起 Y 相应的变化，最终要回到直线 *ABDE*）。如果 *BC* 的长度表示 1 单位 X 的增加，那么，*CD* 的长度必定表明这条直线上 Y 的变化相应于 X 变化的比率。在这个例子中，这种变化的垂直距离就是直线 *ABDE* 的斜率。

图 1A－5

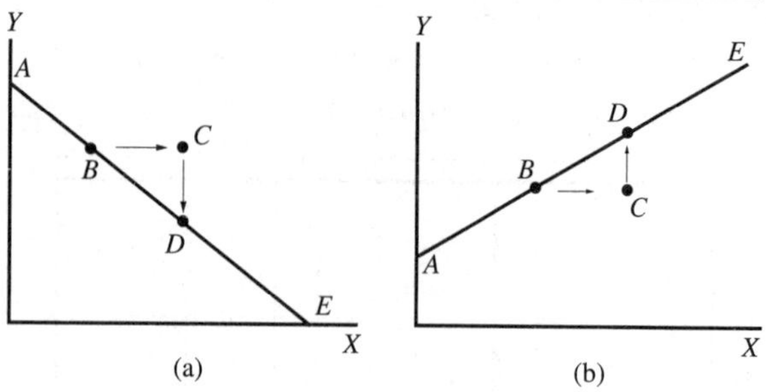

关于一条线的斜率，我们应该明确以下几点：

1. 斜率总是一个衡量变化率的数字。它是 1 单位变量 X 的变化引起的同一条直线上变量 Y 的变化量。具体而言，斜率也表示了边际值。例如，在图 1A－5（a）中，假设 X 代表了锻炼的时间，Y 代表胆固醇水平，斜率是－2。这说明多运动一小时将减少 2 单位的胆固醇水平。在图 1A－5（b）中，X 是收入，Y 是税收（都用美元衡量），斜率为 0.3 表示了边际税率是 30 美分：对每增加的 1 美元收入，30 美分成为应交税款，剩下的 70 美分供你个人支出或储蓄。
2. 如果是直线，那么，这条直线的斜率只有一个。这恰恰又说明了一条直线的方向是不发生变化的。
3. 如果 X 与 Y 的变化相反（如 X 增加，Y 减少），那么斜率肯定为负。学习—闲暇时间（图 1A－1）和苹果—橘子（图 1A－2）这两个例子都具有这个性质，图中直线的斜率都为负。在图 1A－5（a）中，直线向右下方倾斜，因此斜率为负；图 1A－5（b）刚好相反，直线向右上方倾斜，因此斜率为正。

现在更加全面地考虑一下用图衡量和表示直线斜率的方法。我们已经说过，图 1A－5 中任一条直线 *ABDE* 的斜率可以用 *CD* 的长度来衡量。这其中包含一个假定，即 *BC* 的长度等于 1 单位 X。因此，正确的说法应该是斜率用分数 *CD/BC* 来衡量，*CD* 和 *BC* 的长度用它们所代表的数字来表示。由于 *BC* 的长度等于 1，因此 *CD/BC* 可以简化为 *CD*。将斜率定义为 *CD/BC* 的惟一缺陷在于它使用不便。但是，将斜率用更一般的分数 *CD/BC* 来衡量，这本身就暗示着 Y 的变动（*CD*）只是与变量 X（*BC*）的变化量相关。

一些人认为把"高度除以长度"当做斜率会大有裨益。"高度"指垂直距离，在图 1A－5 中，*CD* 是高度。"长度"指水平距离，在图 1A－5 中，*BC* 是长度。因此，在本例中，运用"高度除以长度"规则，我们可以得出斜率等于 *CD/BC*。

我们通常将斜率与直线上升或下降的陡峭程度联系在一起，一条比较陡的直线通常斜率值较大，不管是正值还是负值。有时，这一结论是正确的，但是不要忽视以下事实：图中直线上升或下降的陡峭程度部分取决于坐标轴的刻度。图 1A－6 中（*a*）和（*b*）都表示出了同一对关系。但是，请注意：（*b*）中的横轴刻度与（*a*）相比变大了。这样就让人感觉（*b*）中的直线比（*a*）中的直线要平缓，尽管这两种情况下的斜率都等于＋1/2。

只有当刻度相同时，直线的相对陡峭程度才能准确地反映相对斜率。因此，如果一幅图中有两条直线，你就能肯定地说较陡的那条斜率较大（当然是绝对值）。如果两条线的斜率为负且向下倾斜，那么较陡的那条负值更小；如果两条线的斜率为正且向上倾斜，那么较陡的那条正值更大。举个例子，在图 1A－6（*c*）中，直线Ⅰ的斜率为 4，直线Ⅱ的斜率为 2，很显然直线Ⅰ比直线Ⅱ要陡。在图 1A－6（*d*）中，直线Ⅰ的斜率为－4，直线Ⅱ的斜率为－2，数字 4 比数字 2 要大，且－4 比－2 更小，因此直线Ⅰ还是比直线Ⅱ陡。

图 1A－6

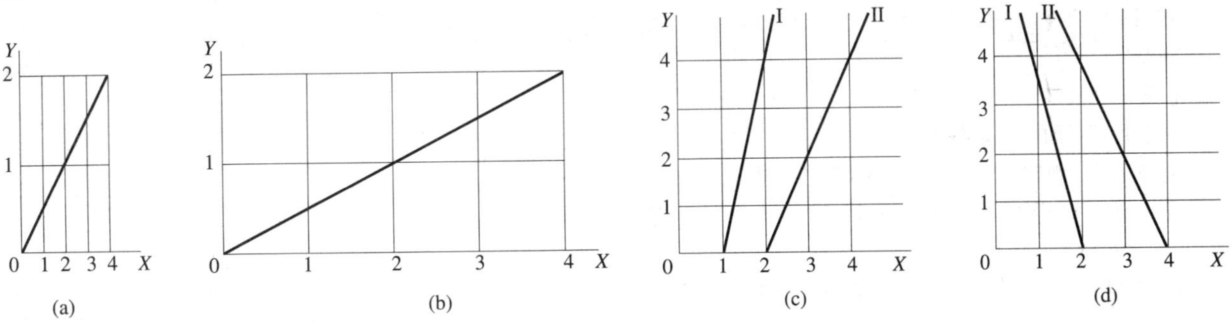

图 1A－7

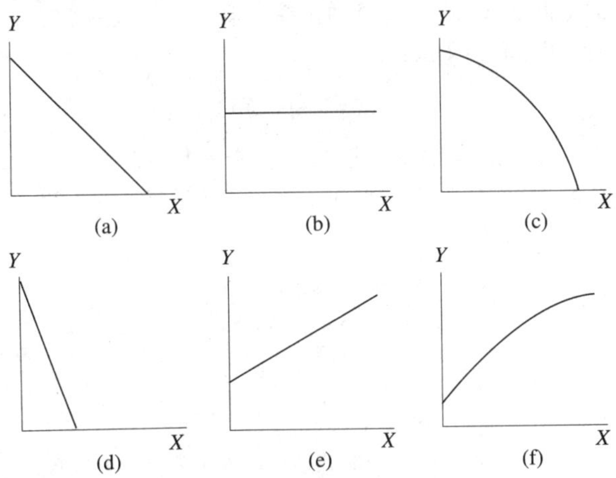

图1A－7包含了6幅不同的图。在每幅图中，变量 *X* 表示用横轴衡量的量值，变量 *Y* 表示用纵轴衡量的量值。第16～25题用这几幅图来回答问题。有些问题不止有一个正确答案。

16. 图（**a/b/c/d/e/f**）表示 *X* 与 *Y* 的反向关系。
17. 在图（**a/b/c/d/e/f**）中，*Y* 的变化相对于 *X* 的变化是0。
18. 图（**a/b/c/d/e/f**）表示 *X* 与 *Y* 的正向关系。
19. 在表示 *X* 与 *Y* 的反向关系图中，斜率为常数的图有（**a/b/c/d/e/f**）。
20. 图（**a/b/c/d/e/f**）最适宜于反映成人每天卡路里摄取量（用 *X* 轴表示）与体重（用 *Y* 轴表示）的关系。(有两个正确答案)
21. 图（**a/b/c/d/e/f**）最有可能反映小孩年龄（*X*）与身高（*Y*）的关系。
22. 图（**a/b/c/d/e/f**）最有可能反映考试前你投入的学习时间（*X*）与你期望获得的分数（*Y*）之间的关系。
23. 假定在图（*d*）中的直线与 *Y* 轴相交于10单位，与 *X* 轴相交于5单位（你可以在图中标出这些数字）。1单位 *X* 的增加一定会引起（**0/0.5/1/2/4/10**）单位 *Y* 的（**增加/减少**）。
24. 在图（*b*）中，假定直线与 *Y* 轴相交于4单位。当 *X* 值为0时，*Y* 值一定为（**0/1/2/4/无法判断**）。同样，当 *X* 值为10时，*Y* 值一定为（**0/1/2/4/无法判断**）。
25. 在图（*e*）中，假定该直线上有一点代表当 $X=0$ 时，$Y=4$。该点被称为（**截距/原点/斜率**）。假定直线中还有一点代表当 $X=3$ 时，$Y=5$。这两点表示一种关系，即 *X* 值每增加1单位一定会引起（**0.25/0.33/1/3/4**）单位 *Y* 值的（**增加/减少**）。

注意： 如果你发现自己不能理解其中一些问题，或者说如果你没有正确回答问题，也不用过于着急，毕竟熟能生巧嘛！有必要的话，回头复习一下前面所学的内容，直到弄清楚每一个问题为止。

26. 斜率是衡量（**0单位/1单位/同一数字**）*X* 的变化引起 *Y* 值变化的比率。
27. 如果一条线在所有的点时都有相同的斜率，那么这条线是（**曲线/上升的/直线/下降的**）。
28. 我们可以通过在线的上方或下方作出一个直角三角形来表示或衡量该条线的斜率。斜率是这个三角形的（**垂直/水平**）边的长度与（**垂直/水平**）边的长度之比。
29. 如果 *X* 与 *Y* 呈反向的关系，那么，图形就像是当一点向右移动时，该点（**下降/上升**）的路径。在这组关系中的斜率为（**正/0/负**）。

30. 在图 1A－7（b）中，直线的斜率为（**正/负/0/无法判断**）。

31. 假定一条直线上两点的 X 值分别为 5 和 7。当 Y 值处于下列情况时，斜率各为多少？
    a. 5 和 7，斜率为（**－3/－2/－1/0/1/2/3/无穷大**）。
    b. 4 和 2，斜率为（**－3/－2/－1/0/1/2/3/无穷大**）。
    c. 2 和 －2，斜率为（**－3/－2/－1/0/1/2/3/无穷大**）。
    d. 4 和 4，斜率为（**－3/－2/－1/0/1/2/3/无穷大**）。
    e. －2 和 －8，斜率为（**－3/－2/－1/0/1/2/3/无穷大**）。
    f. －8 和 －2，斜率为（**－3/－2/－1/0/1/2/3/无穷大**）。

例五：直线方程式

虽然一图胜千言，但一个方程式能清楚地表示两个变量之间的线性关系。假定有两个线性相关的变量 X 和 Y，下列方程式被用来描述它们之间的关系：

$$Y = a + bX$$

在这一关系中，a 为这条直线的截距，b 为其斜率（不妨回想一下，截距就是直线与 Y 轴或纵轴的交点所对应的纵坐标值）。举个例子，回头看看表示闲暇时间与学习时间之间关系的图 1A－1。该直线在 Y 轴的截距为 10，斜率为 －1。因此，这条直线的方程式可以写为：

$$Y = 10 - 1X$$

32. 回头看看表示苹果与橘子之间关系的图 1A－2，写出表示这一关系的方程式。（这道题与闲暇时间和学习时间的例子不同，斜率不再为 －1。因此，可能有两个正确答案，取决于你将哪种水果作为纵轴。）

____

33. 回头看看图 1A－7（e）。假定 Y 轴截距为 3，直线的斜率为 2，写出该直线的方程式。

____

34. 回头看看图 1A－7（b）。假定截距为 4，写出该直线的方程式。（提示：该直线的斜率为多少？）

____

除了可以根据图写出方程式之外，你还可以根据表中的数据归纳出方程式。一旦推导出方程式之后，你就很快能画出这条线。假定有一张关于 X 与 Y 的表：

表 1A－5

Y	X
22	20
25	25
28	30

在这种情况下，我们既不知道这一线性关系的斜率，也不知道它的截距。但是，我们能看出它们是正向相关（X 与 Y 同时增加）。

首先我们需要做的事情是找出斜率。从上往下看，Y 总是增加 3 单位，X 总是增加 5 单位。因此，斜率就是 Y 的变化量与 X 的变化量的比率，即 $+3/5$，或 $+0.6$。这时，我们可以得出：

$$Y = a + 0.6X$$

为了求出截距 a，我们可以选择表 1A－5 中任何一组数据。例如，选择 28 和 30，将这两个数字代入方程式，解出 a。

$$28 = a + 0.6 \times 30$$
$$28 = a + 18$$
$$28 - 18 = a$$
$$10 = a$$

现在，表 1A－5 中的数据可以表示为下列方程式：

$$Y = 10 + 0.6X$$

这是一个多么有用的方程式！即使该表只有三组数字，只要你知道与 Y 相对应的 X 的值，你就能求出 Y 的任意值。

35. 如果 $X = 85$，Y 就等于______。除非你有一张很大的表或一张很大的图画纸，否则没有这个方程式，你就很难得出正确答案。

例六：曲线的斜率

曲线的斜率不断变化，也就是说，1 单位 X 的变化引起的 Y 的变化量根据起始变化的位置而变化。以图 1A－8 中曲线 $ABCDEF$ 为例，假定我们现在处于 B 点。如果我们知道在该曲线上每一点的 X 值和 Y 值，那么要得出从 B 点到 E 点 X 和 Y 的变化量就没有任何困难。而且，我们可以在 B 点和 E 点之间的线段下方作一个直角三角形，两

个角分别在 B 点和 E 点。通过这个三角形，我们可以得到斜率的值——这个值被称为从 B 点到 E 点的弧形斜率。

图 1A-8

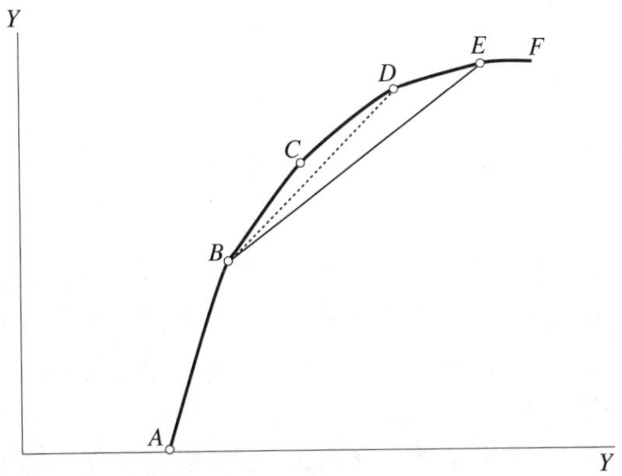

但是，弧形斜率不是曲线本身的斜率，它实际上衡量的是从 B 点到 E 点的直线斜率。如果我们从 B 点移动到 D 点，又会得出不同的斜率，而且比从 B 点到 E 点的直线斜率要大。从 B 点移动到 C 点，又会得出一个不同的值。

出于某些目的考虑，我们知道从 B 点到 E 点，或从 B 点到 D 点，或从 B 点到 C 点的弧形斜率就够了。但是，如果还要解决其他问题，就有必要知道在曲线某一确定点（如 B 点）的斜率值。

将一条线的斜率精确到一个点上有意义吗？可以肯定地说，在 B 点，若被孤立地考虑，它既没有斜率，也没有方向。当 B 点是作为曲线 $ABCDEF$ 的一部分时，它的斜率就是另外一回事情了。根据两个坐标轴的刻度，该曲线的斜率衡量它运动的方向。现在假设 $ABCDEF$ 是一辆汽车沿着一条曲线走过的路径。汽车的方向不断在变换（因为它是沿着这条曲线在运行），但我们说在任一特定的时刻，这辆汽车都处于一个特定的方向，就像它经过 B 点那样。我们可以在汽车仪表板上放一个指南针，指南针的准确读数告诉我们汽车处于哪一方向。

但是在 B 点的方向如何在一张图纸上表示出来呢？答案十分简单：根据该曲线上 B 点切线。根据定义，曲线的切线本身就是一条直线，它并不穿过曲线，它与该曲线仅交于一点。例如，在图 1A-9（a）中，我们很清楚地看到切线 FJ 的斜率就是该曲线在 B 点的斜率；同样，GH 是 D 点的斜率。理所当然地，接下来我们要运用画直角三角形的一般方法来计算每一条直线的斜率。

图 1A-9

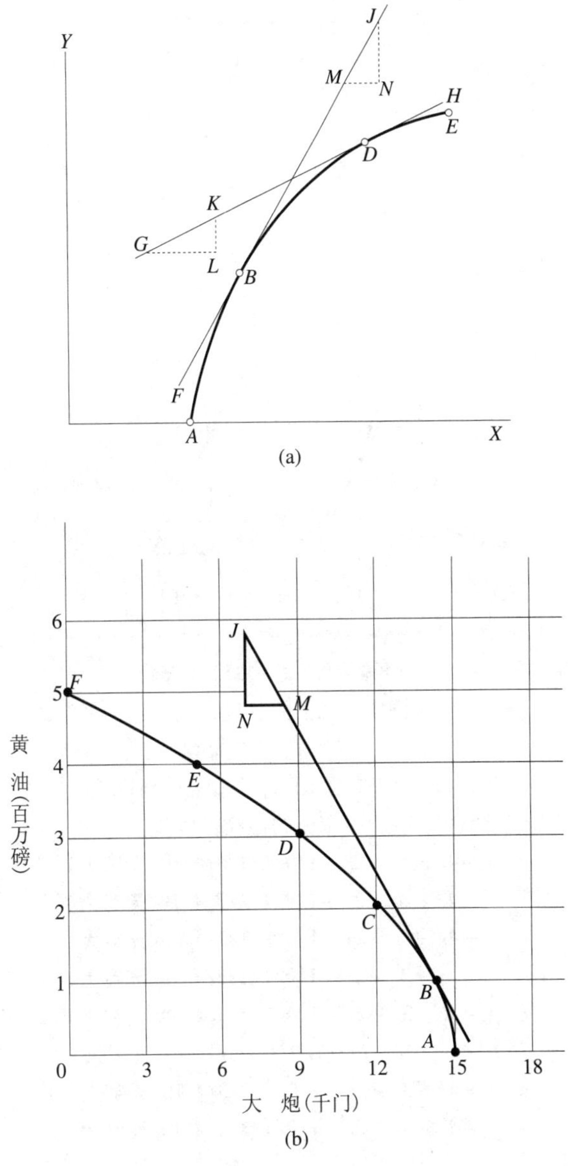

这个斜率意味着什么？图 1A-9（b）根据表 1A-4 中的数据重新画出了黄油—大炮的生产可能性边界。在 B 点，已经做出了切线，而且这条切线的斜率（JN/MN）代表了表 1A-3 中 B 点的斜率。直观上看，该斜率反映了需要牺牲多少门大炮才能换来增加 1 磅而不是 100 万磅黄油的生产。在现实中，B 点切线的斜率表示为增加少量黄油的生产而牺牲的大炮数量，当然，1 磅相对 100 万磅简直是小巫见大巫。（注意，我们也可以用曲线某点切线的斜率来度量曲线在该点的边际值。）

图 1A－10

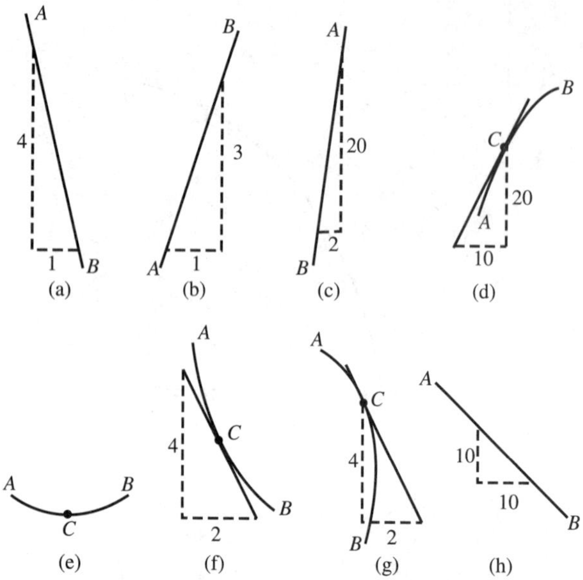

36. 图 1A－10 有 8 幅图，每一幅都代表着一条线的一部分。在每幅图中，线段的长度由其旁边的数字表示。下列从（*a*）～（*h*）括号中的数字表示线段 *AB* 的斜率。如果 *AB* 是曲线，那么 *C* 点的斜率就表示该曲线的斜率。找出每幅图的正确答案：

    a. （**−4/ −3/ −2/ −1/0/1/2/3/4/10/无穷大**）
    b. （**−4/ −3/ −2/ −1/0/1/2/3/4/10/无穷大**）
    c. （**−4/ −3/ −2/ −1/0/1/2/3/4/10/无穷大**）
    d. （**−4/ −3/ −2/ −1/0/1/2/3/4/10/无穷大**）
    e. （**−4/ −3/ −2/ −1/0/1/2/3/4/10/无穷大**）
    f. （**−4/ −3/ −2/ −1/0/1/2/3/4/10/无穷大**）
    g. （**−4/ −3/ −2/ −1/0/1/2/3/4/10/无穷大**）
    h. （**−4/ −3/ −2/ −1/0/1/2/3/4/10/无穷大**）

例七：一幅图中有两条或两条以上的线

到目前为止，我们讨论了一幅图中有一条线的情况。但是，在教材中，大多数图都包括了两条或两条以上的线，通常相交于一点或多个点。教材第 3 章中的供求图就是很好的例子。需求线，或者说需求曲线，通常都是通过两组数字画出来的。表 1A－6 就是一条需求曲线的例子。

表 1A－6 表示在某一市场上，如果小麦价格属于表中这 5 种价格水平中的任一种时，小麦买者所需求（即打算购买）的数量。

表 1A－6

	小麦价格（每蒲式耳）	需求量（百万蒲式耳/月）
A	$5	9
B	4	10
C	3	12
D	2	15
E	1	20

不管这是现实中的市场，还是一个假想的市场，这都没有关系。表中的确切数字也不是很重要。这张表只是为了说明当小麦价格下降时，买者可能会增加购买数量。换句话说，购买小麦的数量应该与小麦的价格呈反向关系。

我们还得准备另一张表，表明小麦卖者（小麦生产者或小麦供给者）在既定价格下愿意供给的小麦数量。在这种情形下，我们很自然地就会想到如果价格上升，供给者就会增加供给的数量，因为高价格会给他们带来高的回报。相反，如果小麦价格下降，他们就会选择减少供给量。表 1A－7 列出了这一与表 1A－6 不同的关系，它清楚地表明小麦供给量与小麦的价格呈正向关系。

表 1A－7

	小麦价格（每蒲式耳）	需求量（百万蒲式耳/月）
A	$5	18
B	4	16
C	3	12
D	2	7
E	1	0

在这一阶段，你完全理解由需求表和供给表所传达的概念并不是很关键。最重要的是，你在这一结构中找到了某些熟悉的东西：需求曲线包括两组正相关的数字，而供给曲线包括两组负相关的数字。这表明每一组数字都能体现在同一幅图中。

为什么这么说呢？尽管它们有不同之处，但这两张表还是存在着根本的相似。尽管它们代表两个不同群体的态度或意图，但是这两张表互相匹配，因为一栏中的数据代表价格，而另一栏中的数据代表数量。正是因为这一点它们互相匹配，所以能体现在同一幅图中。如果我们在一幅图中画两条或两条以上的线，那么它们就必须指代同一事物，而且衡量的单位也必须相同。

在图 1A－11 中，画出这两张表相对应的线（即描出这 5 个点，并用一条光滑的曲线将它们连接起来）。标出哪一条是需求曲线（*DD*），哪一条是供给曲线（*SS*）。这两条线必须相交于一点而且仅交于一点：表示价格为每蒲式耳 3 美元和数量为 1 200 万蒲式耳的那一点。这一点的意义就是在这一价格水平上，而不是别的价格水平上，买者的意图和卖者的意图相匹配。因此，3 美元的价格被称为“均衡价格”，1 200 万蒲式耳的数量被称为“均衡数量”。在 3 美元的价格水平上，买者想要购买 1 200 万蒲式耳小麦，而这恰好是卖者愿意供给的数量。

图 1A－11

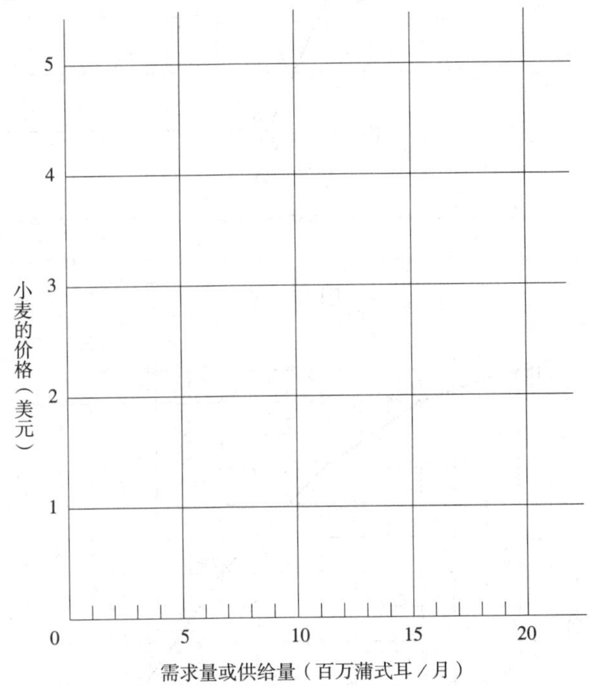

五、复习

37. 图中有一点代表 $X=4$，$Y=10$，还有一点代表 $X=5$，$Y=8$。如果用一条直线把这两个点连接起来，那么这条直线的斜率等于______。
38. 一条直线的斜率等于 -3。该直线上从一点移动到另一点，*Y* 从 10 增加到 16，那么相应的 *X* 应该如何变化？它一定（**增加/减少**）（**6/3/2/1/0.5**）。
39. 假定图中有一个半圆：起始于原点，开始上升，随后下降，最后落在横轴上。下面哪一个陈述正确说明了它从原点到右边终点的斜率？
    a. 斜率一直在变化，但是始终为正。
    b. 斜率开始时为负（在左边时），随着向右方的移动斜率的值越来越大，但最终斜率将变为正。
    c. 斜率开始时为正，随着向右方的移动斜率的值越来越大，但最终斜率将变为负。
    d. 斜率开始时为正，随着向右方的移动斜率的值越来越小，斜率在半圆的顶点时为零，随后斜率变为负。
40. 在图 1A－11 中，*DD* 曲线的斜率为（**负/正**），它的斜率值始终（**不变/变化**）。*SS* 曲线的斜率为（**负/正**），它的斜率值始终（**不变/变化**）。

六、结论

图是用来帮助理解概念的，画图既不费时间也不费精力。但是，如果你想要利用好图形，你就必须学会以下规则，还必须学会问正确的问题：

1. 图中的两个轴各自代表什么？每个轴上的刻度是什么？图中的每一条线都表示两组数字之间的某种关系或联系。
2. 这条线的方向是什么？它是向右上升还是向右下降？如果它向右下降，那么这两组数字呈反方向关系（即一个增加，另一个减少）；如果它向右上升，那么这两组数字呈同方向关系，且直接相关。
3. 这条线是直线还是曲线？如果是直线，*Y* 值的变化与 *X* 值的变化的比率是不变的；如果是曲线，那么这一比率就会发生变化。
4. 如果一幅图中有两条或两条以上的线，那么其背后肯定会存在两张或两张以上的表。每一张表包含的是哪一种关系？为什么把这些表体现在一幅图中很重要？通常情况下，这两条线会交于一点，这个交点很重要，因为在这一点上，两张表互相匹配。
5. 如果你所考察的变量发生了变化，你应该是沿着曲线移动还是使曲线发生移动？一般而言，如果是图中任一个轴代表的数值发生了变化，那么你就应该沿着曲线移动；如果其他一些相关变量发生了变化，譬如说 *PPF* 分析中的技术进步了，那么曲线就会发生移动以体现这一变化。我们要再三强调理解这一点（沿着曲线的移动和曲线的移动之间的区别）的重要性。

七、答案

三、关键概念复习

7	斜率
4	截距
11	原点
2	斜率为正
9	斜率为负
10	X 轴
6	Y 轴
5	边际值
1	切线
8	散点图
3	时间序列图

四、例子

1. 学习时间，闲暇时间
2. 纵轴，横轴
3. 6，4，F 和 G 之间
4. 1
5. －1
6. b
7. a
8. a
9. 不能，不够
10. $60
11. 1，2
12. 最大，实际产量
13. 5，0，3
14. 2，5
15. 1，1，0.33
16. a，c，d
17. b
18. e，f
19. a，d
20. e，f
21. f
22. e

图 1A－2

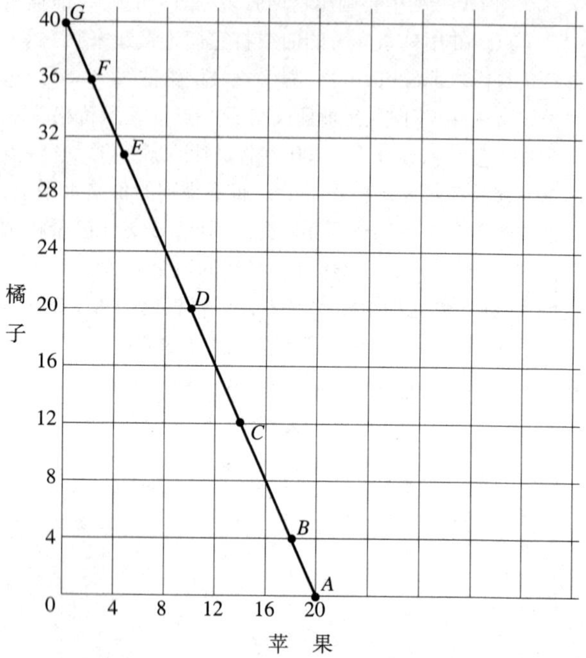

图 1A－3

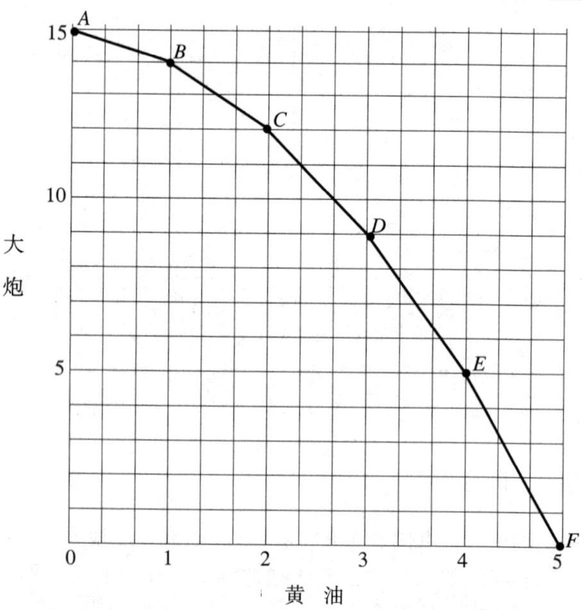

图 1A－4

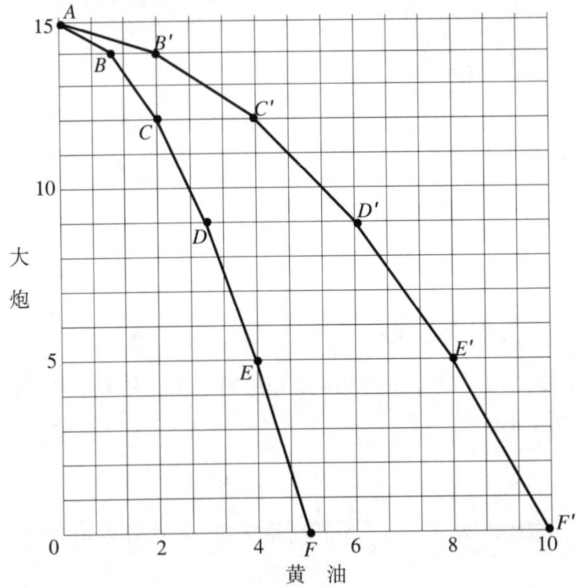

23. 2，减少
24. 4，4
25. 截距，增加，0.33
26. 1 单位
27. 直线
28. 垂直，水平
29. 下降，负
30. 0
31. a. 1　b. －1　c. －2　d. 0　e. －3　f. 3
32. 如果苹果（AP）在纵轴，那么：AP＝20－0.5×OR。
    如果橘子（OR）在纵轴，那么：OR＝40－2.0×AP。
33. $Y=3+2X$
34. $Y=4$
35. 61
36. a. －4
    b. 3
    c. 10
    d. 2
    e. 0
    f. －2
    g. －2
    h. －1
37. 2
38. 减少，2
39. d
40. 负，变化，正，变化

图 1A－11

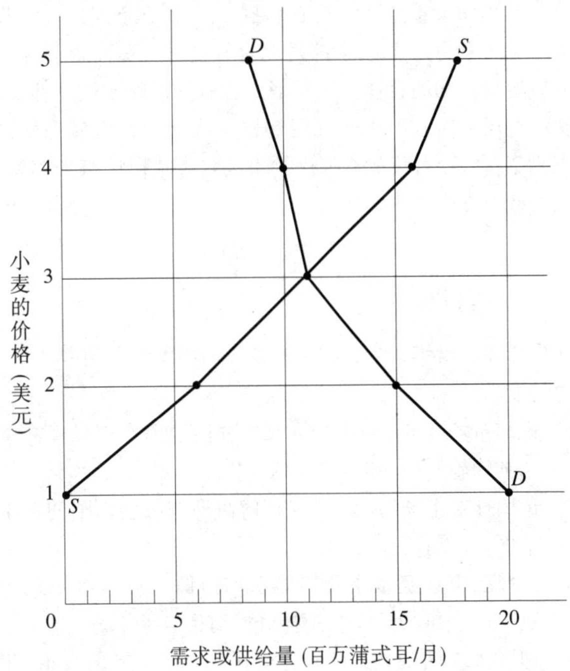

第 2 章

现代混合经济

一、概述

本章介绍了一些基本观点和概念，这些观点和概念界定了发达经济中经济问题的实质和经济机会的来源。这些观点和概念很重要，因为它们构成了市场经济分析的基础。世界上每一个国家都是混合经济——私人企业部门和政府部门的混合体——只是二者所占份额不同。例如，在有些国家，政府干预和管制占主导地位；而另一些国家则奉行最小程度的政府干预市场。本章讨论市场体系，还有政府在经济中的作用。

二、学习目标

在你读完教材第 2 章，完成学习指南中本章的习题之后，你将能够：

1. 说出**市场**（market）的含义，并能说出在市场经济中达到**均衡**（equilibrium）的过程。
2. 运用你对市场均衡的定义，解决所有社会面临的三个基本经济问题。
3. 解释在市场经济中价格体系如何像一只“**看不见的手**”（invisible hand）那样分配物品与劳务。
4. 理解（a）专业化；（b）劳动分工；（c）货币；（d）生产要素；（e）资本与产权在现代经济运行中的重要性。
5. 运用**流程图**（circular-flow diagram）来表示现代经济中市场主体和市场之间的关系。
6. 理解在混合经济中，政府为了促进**效率**（efficiency）、**平等**（equity）、**宏观经济增长**（macroeconomic growth）和**稳定**（stability）而进行干预的条件。
7. 解释福利国家的含义是什么，并理解这种潮流的由来及其中的症结。

三、关键概念复习

在 B 栏中寻找与 A 栏中术语相应的定义，并将序号填在术语前边。

A	B
__ 市场机制	1. 一种商品只有一个企业供给的市场结构。
__ 市场均衡	2. 收入分配中涉及到“公平”的事宜。
__ 完全竞争	3. 生产投入包括所有耐用产成品，耐用产成品反过来又用于生产。
__ 看不见的手	4. 买者和卖者相互作用并共同决定商品交换的价格和数量的机制。
__ 专业化和劳动分工	5. 在现有投入和技术既定的情况下，利用经济资源使满意水平达到最大化。
__ 资本	6. 市场上供给与需求达到平衡。
__ 效率	7. 一种针对老年人、穷人和失业者的社会安全网体制。
__ 公平	8. 生产或消费对其他群体产生的积极或消极影响。
__ 垄断	9. 每一组人都集中在一起完成特定任务的一种组织生产的方法。
__ 外部性	10. 市场中每一个人都追逐私人的利益，市场体系使每个人都受益。

__ 财政政策　　11. 市场中没有哪一个企业或消费者大到能够影响市场价格。

四、小结与本章提纲

本节对教材第 2 章的关键概念进行总结。

A. 市场机制

1. 市场经济的核心是买者和卖者互相交换物品与服务的行为。指导这些经济主体行为的不是其他更高的权威，而是市场上“看不见的手”，由它来分配最终物品和服务，以及生产要素。
2. 买者和卖者通过价格来接收对方的信号。如果买者想要购买更多的物品，那么价格就会上升，卖者就会因此而增加供给量。如果买者想要减少购买量，那么价格就会下降，卖者就会因此而减少供给量。这就是“看不见的手”的含义。价格随着人们行为的改变而自然上升或下降；不需要更高的权威来控制。价格信号告诉卖者应该如何控制其生产水平。
3. 买者想要购买的数量正好是卖者想要供给的数量，这种情况下的价格就达到了市场均衡。
4. 市场机制要求经济体同时解决三大经济问题，即生产什么、如何生产以及为谁生产。消费者通过他们购买物品或服务的意愿来表现他们对于生产什么的偏好，企业则通过考虑能带来最大利润（即销售收入与生产成本之间的差额）的最终产品组合来加以回应。由于企业生产成本由用于生产过程中的投入和技术决定，这必然涉及到如何生产的问题。这两个问题都解决之后，为谁生产就是指为那些支付货币购买物品和服务的消费者而生产。

B. 贸易、货币和资本

1. 现代经济运用复杂的贸易体系，目的是为了积聚经济体中人们想要消费的大量的物品和服务。人们生产他们能最有效率生产的物品和服务，之后将多余的物品和服务与其他人进行交换，获得他们所需的其他物品和服务。
2. 货币不是一种投入或生产要素。消费者和企业使用货币是为了更有效地进行市场交易；它是一种润滑剂，让经济体这台机器能以最小的摩擦进行运转。
3. 在本课程中，资本一词并不是指货币。事实上，资本指的是本身被制造出来的生产性投入。资本的言下之意应该是指如熔铁炉、厂房、机床、电钻、轻型凿岩机等这样一些耐用品。资本还包括半成品，半成品是指将成为消费品，但仍属于在生产过程后期被使用的制造品投入。
4. 资本积累是经济增长的一个重要决定因素。一个已经具备强大资本基础的经济体在生产要素——资本——方面做出了很大的投资，从而使其他要素变得更具生产效率和有用。在市场经济中，资本被私人所拥有，因此，个人能对其应用做出决策。因为这些个人能直接从资本的利用当中获益，他们自然就会有动力使自己所拥有的资本得到有效利用。

C. 政府的经济职能

1. 在现实世界中，市场并不尽如人意。市场的不完善带来一系列的问题，因而政府就会介入市场解决这些问题。
2. 政府干预市场经济是为了促进效率。
   a. 市场配置只有在完全竞争的条件下才是有效率的。这意味着没有企业或消费者大到足以影响投入或产出的市场价格。当一个市场存在很多小企业时，竞争就迫使所有的企业以尽可能低的成本和价格运营。
   b. 当存在外部性时，市场配置就变得缺乏效率。外部性是指企业或个人对行业之外的其他人造成的积极影响或消极影响。例如，当人们接受教育时，学校和学生获益，但他们所在社区中的其他人也会受益。
   c. 当存在公共品时，市场配置通常不能正常运行。公共品具有非排他性（即我消费该物品并不排斥你对它的消费），而且公共品能被共同消费（即我们可以同时享用）。正因为很难或需要花费很大成本排除他人消费，或者说需要很大的代价才能做到，所以公共品一般由政府提供。其中一个例子是铲雪。一旦街上的雪被铲除干净之后，街区里的任何人都可以享用，然而，在每个人经过该街区时向他们收费却是不现实的。
3. 政府干预市场经济是为了促进资源和收入分配方面的公平。对于公平没有一个统一的概念，所以理解起来比较困难。市场将物品与服务分配到那些有钱购买它们的人的手中，并不是分配给那些最需要它们的人的手中。
4. 政府干预市场经济是为了促进宏观经济增长和稳定。

政府的财政政策（税收和支出的权力）和货币政策（调整货币供给和利率的权力）是用来帮助经济朝着稳定的方向运行，避免过度的通货膨胀和失业。

5. 经济效率要求市场和政府之间有恰当的平衡。市场可以对中央计划的低效率进行提升，而政府干预则可以遏制资本的无节制行为，编织社会安全网和发挥其他作用。现代混合经济不可偏废地需要这两大部分。

五、学习提示

1. 近些年来，世界发生了翻天覆地的变化，因而市场经济也发生了变化。苏联解体，俄罗斯和新兴独立国家正处于市场改革之中。这些之前中央计划经济占主导的大经济体，发现旧的（指令）体制在缓解稀缺性问题上做得并不令人满意。
2. 市场并不是经济问题的惟一解决方案。事实上，有些经济体就利用意愿或指令方式鼓励资源由集体共同所有。例如，以色列的基布兹（kibbutz，以色列人的聚居区——译者注）体系鼓励集体消费和生产方式的集体所有。这些小型经济共同体（按照群体标准）能够有效而平等地满足其公民的需求。
3. 我们很容易认为，当市场经济有效运行时，它同时也提供了对收入和机会进行公平分配的有效方式。然而，现实情况并不是这样。在美国，一些人从他们的亲属那里继承财富和产权，而另外一些人却什么也继承不到。同样，一些人有机会就读名牌大学，而另外一些人甚至高中还没有毕业就不得不参加工作。这些因素不总是由市场决定，有时市场会导致人们收入分配的不公平。

六、选择题

下列问题按照教材中的顺序安排，从各选项中选出一个最佳答案。

A. 市场机制

1. 市场在下列情况下出现：
   a. 同一产品的买者和卖者能互相交流时。
   b. 只有在买者和卖者拥有用于交换的货币时。
   c. 只有在政府介入并管制买者和卖者的行为时。
   d. 所有以上选项。
   e. 以上选项都不是。
2. 如果像花生这样的商品存货过多，卖者将：
   a. 提高价格，目的是为了弥补销量过低。
   b. 提高价格，目的是为了增加对花生的需求。
   c. 降低价格，以吸引更多的买者进入市场。
   d. 降低价格，目的是为了鼓励竞争对手之间的竞争。
   e. 在明年种植更多的花生，以弥补今年的损失。
3. 市场均衡在下列情况下发生：
   a. 政府已经平衡了供求双方的力量时。
   b. 买者想要购买的价格和数量正好等于卖者想要出售的价格和数量时。
   c. 价格和数量都相等时。
   d. 价格上升时。
   e. 价格下降时。
4. 三个经济问题，即生产什么、如何生产以及为谁生产：
   a. 主要适用于集权或中央计划的社会，这些社会（体制）直接导致了计划问题的产生。
   b. 只适用于（或主要适用于）自由企业或资本主义社会，在这些社会里，选择问题是最尖锐的问题。
   c. 只适用于（或主要适用于）欠发达社会，因为只有发展才能解决这三个问题。
   d. 适用于所有社会，不管其发展阶段和政治组织形式。
   e. 并不一定适用于上述情况，因为它们属于个别的企业或家庭问题，而不是社会问题。
5. 如果______，就不一定是生产什么的问题。
   a. 生产资源的供给很少，所以我们不得不从一组必需品中选择一些进行生产。
   b. 生产还没有达到收益递减规律发生作用的阶段。
   c. 生产资源的供给足以使生产一些奢侈品成为可能。
   d. 每一项生产投入都是专业化的，以至于它只能生产一种物品，而不能用来生产其他物品。
   e. 在生产成本下降或保持不变（而不是成本上升）的条件下进行生产。
6. “看不见的手”指的是：
   a. 政府在市场中的作用。
   b. 将财富从富人手中重新分配到穷人手中的税收制度。
   c. 这样一个事实：市场经济中个人在追逐自己利益的同时，使社会上所有人的利益都达到最大。
   d. 每个人执行最适合他的任务的一种生产体系。
   e. 每一个国家生产与特定资源相匹配的产品的一种

生产体系。

B. 贸易、货币和资本

7. 以下哪一项是生产专业化的例子？
   a. 在美国生产小麦，用来交换在日本生产的汽车。
   b. 美国产的西红柿大部分是在爱达荷州和缅因州种植的，因为这两个州的土壤和气候比较适宜西红柿的生长。
   c. 一所大学的教师教授各自专业领域的课程。
   d. 所有以上选项。
   e. 以上选项都不是。
8. 在现代经济中，专业化（或劳动分工）是无止境的，因为它能利用给定的资源供给使产出增加。专业化的结果包括（多选题）：
   a. 物品交换。
   b. 使用货币。
   c. 社会之间的相互依赖性。
   d. 加剧稀缺。
   e. 社会成员之间可能在一定程度上的疏远感。
9. 按照经济学的意义，资本应该包括下列各选项，除了：
   a. 杂货商的存货。
   b. 100 美元现钞。
   c. 10 台新计算机，现在正在被你所在大学的会计系使用。
   d. 木匠买的一把新锤子。
   e. 学生食堂中心新买的一个锅炉。
10. 货币不算做资本，因为它：
   a. 对生产很重要。
   b. 在生产中不起作用。
   c. 在生产中没有实际发挥出作用，尽管在购买生产所需的实际投入时货币很重要。
   d. 被算做劳动的一部分。
   e. 以上选项都不是。
11. 当有人谈到“资本主义经济”时，说话者可能指的是一个经济体：
   a. 大多数资本品归私人所有。
   b. 资本存量与该经济的人口高度相关。
   c. 在共产主义或社会主义的意识形态下，资本的产权流向政府。
   d. 正经历着高且逐渐上涨的通货膨胀率。
   e. 利用有限的经济资源进行生产。
12. 美国国会于 1991 年通过了《空气清洁法》，部分原因是 20 世纪汽车的过度使用。从根本上来说，该法案的目的是为了：
   a. 鼓励专业化生产。
   b. 更好地界定空气使用的产权。
   c. 禁止美国能源生产部门的劳动分工。
   d. 消除空气使用的产权。
   e. 以上选项都不是。
13. 全球化的例子应该包括（多选题）：
   a. 空中客车飞机使用美国制造的飞机引擎。
   b. 对其他国家的物品征收进口税。
   c. 对进口到美国的物品使用配额。
   d. 意大利公民在德国工作。
   e. 日本金融机构为美国企业贷款。

C. 政府的经济职能

14. 自由放任指的是：
   a. 政府通过中央计划委员会来控制经济。
   b. 允许经济中的企业实行垄断以获取高额利润。
   c. 利用物物交换代替货币来完成所有交易。
   d. 政府利用税收和支出政策对收入和财富进行再分配。
   e. 政府尽量不干预经济事务。
15. 政府在现代经济中的职能是：
   a. 确保效率。
   b. 纠正不公平的收入分配。
   c. 促进经济增长和稳定。
   d. 所有以上选项。
   e. 以上选项都不是。
16. 完全竞争指的是：
   a. 所有的物品和服务都有价格，并在市场上进行交易。
   b. 没有企业或消费者大到能够影响市场价格。
   c. 每个行业都由一个垄断企业所控制。
   d. a 和 b。
   e. 所有以上选项。
17. 很多政府为基础性研究提供补贴，其原因是基础性研究对所有公民都有益，即使是对那些不积极参与到研究中的人而言也是如此。这使基础性研究是（具有）：
   a. 负的外部性。
   b. 私人品。

c. 公共品。
d. 有效物品。
e. 权益。

18. 旨在更加公平地分配资源的政府政策包括：
a. 减少转移支付。
b. 取消累进税。
c. 提供全国性的医疗保险。
d. 为低收入家庭提供住房补贴。
e. 以上选项都是，取决于该国对公平的定义。

19. 控制污染政策是用来促进（改善）：
a. 公平
b. 效率
c. 收入分配
d. 稳定
e. 以上选项都不是

七、解答题

下列问题旨在帮助你运用教材中学到的概念。

A. 市场机制

1. 确定下列事件是否会导致商店货架**存货不足**或**存货过多**，并解释它对市场经济中的价格的影响。
a. 中西部发生洪灾，大面积的玉米受损。商店货架的玉米存货会（**不足/过多**），玉米的价格将（**上升/下降**）。
b. 你所在大学的篮球队赢得了 NCAA 篮球比赛冠军。商店货架运动衣的存货会（**不足/过多**），运动衫的价格将（**上升/下降**）。
c. 科学家发现在电影院出售的爆玉米花对我们的健康有害。电影院的爆玉米花存货会（**不足/过多**），爆玉米花的价格将（**上升/下降**）。

2. 在下面空白处画一个流程图，以表示居民户与企业在物品市场和投入市场之间的相互关系。运用这幅图解释市场经济是如何回答所有社会都面临的生产什么、如何生产以及为谁生产这三个问题的。

B. 贸易、货币和资本

3. 判别以下论断是否正确。
a. 劳动分工使生产单位的技能和专长多样化。____
b. 苹果音乐播放器 iPod 是一个全球产品，在世界各地进行生产。____
c. 货币的价值通常是稳定的，这解释了它作为交换的促进者的吸引力。____
d. 资本的形成允许社会将现有消费与将来消费进行交易。____
e. 私人产权只授予实体商品。____

C. 政府的经济职能

4. 考虑下列事件，它们表示接近自由放任还是远离自由放任？
a. 委内瑞拉总统乌戈·查韦斯解雇了国内罢工的空中交通管制员。（**接近/远离**）
b. 美国总统巴拉克·奥巴马支持全国医疗保险。（**接近/远离**）
c. 美联储采取措施减少货币供给，因而使利率上升。（**接近/远离**）
d. 政府要求所有的汽车制造商在新产的汽车中安装安全带。（**接近/远离**）
e. 美国联邦贸易委员会（FTC）解散谷歌，其原因是该公司的垄断力量过强。（**接近/远离**）

八、讨论题

回答下列问题，解释你这样回答的原因。

1. 在过去的几十年中，政府一直在采取保护环境的措施。最近，一项新的政策又出台了，该政策主要是运用经济学基本概念为污染者减少污染提供激励。市场上已经出现了可以交易的“污染权”。政府官方根据各个地方的情况规定企业可以排放到空气中的污染物的限额，然后将这些权力分配给这一区域的各个企业，只要拥有排放权力的企业就能够排放污染物。
a. 利用这一信息，解释“污染权”的市场是如何产生的。产权如何确立？为什么确立产权很重要？
b. 为什么这一政策并不能达到理想的效果，即不能激励企业将污染物排放减少到最低程度？请解释。

2. 既然经济学家没有把货币归为资本一类，为什么我们在经济生活中还要用货币呢？货币的主要作用是什么？请解释。

3. 讨论在经济中推崇自由放任的正反面作用。你赞成自由放任吗？为什么？

4. 解释公平的含义。为什么经济学家们很难找到资源的公平分配的确切定义？请解释。

5. 解释累进税的含义。它是如何在更公平地分配收入中发挥作用的？

九、答案

三、关键概念复习

4	市场机制
6	市场均衡
11	完全竞争
10	“看不见的手”
9	专业化和劳动分工
3	资本
5	效率
2	公平
1	垄断
8	外部性
7	福利国家

六、选择题

1. A　2. C　3. B　4. D　5. D　6. C　7. D　8. A，B，C，E　9. B　10. C　11. A　12. B　13. A，D，E　14. E　15. D　16. B　17. C　18. E　19. A

七、解答题

1. a. 不足，上升
   b. 不足，上升
   c. 过多，下降
2.

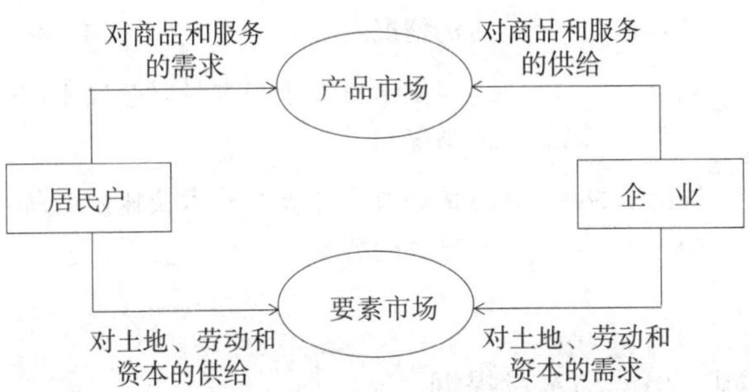

3. a. F　b. T　c. F　d. T　e. F
4. a. 远离　b. 远离　c. 远离
   d. 远离　e. 远离

八、讨论题

1. a. 一个行业中的每一个企业都拥有一定限额的污染空气的权力。如果一个企业排放的污染物超过了它被允许的限额，政府就要对其罚款。从根本上来说，每一个企业都“拥有”一定数量的空气。如果一个企业污染的空气超过了它所“拥有”的空气总量，它就要遭到惩罚。但是，如果它没有超过限额，它就能把剩余的部分出售给其他企业。通过这种方式，减少污染物排放的企业就要受到奖励，超额排放的企业则受到了惩罚。通过确立对空气的产权，企业受到激励，从而保管好自己所“拥有”的东西。
   b. 只要企业被授予一定数量空气的产权，它们就不会受到激励而将污染物的排放降至低于规定的水平。从根本上来说，企业排放一定数量的污染物是免费的。
2. 货币是一种非常有用的交换媒介。当卖者将货币当成一种支付手段时，这就表明买者没有必要提供其他卖者想要而自己又没有的物品。卖者能用收到的货币来购买他们所需的物品。
3. 正面：职业和生产方面的选择自由；低税率意味着能成功地保住个人收入的大部分；由社会而不是政府来决定如何分配资源。
   反面：经济稳定的无计划性；不能提供公共品的生产；消费者保护减少；对外部性缺乏监督。
4. 平等与公平相关。经济学家很难定义公平这一概念，因为我们的品位、偏好、需求和能力都各不相同。个人是应该根据他们的努力程度还是需要来获得报酬？这个问题的答案涉及到主观评价。
5. 累进税是一种随着收入上升，适用税率也相应上升的税制。富人通常会支付最高比例的税率。这些税收收入通过政府重新分配给那些最穷困的家庭，这样就使收入分配变得更加公平。

第3章

供给与需求的基本原理

一、概述

本章讨论市场经济中买者和卖者之间的相互作用，为你以后的学习打下基础。从根本上说，几乎所有的经济问题都能从供求的角度来分析，因为资源有限，但人的欲望却是无限的，而市场的魔力就在于给消费者和生产者提供信号。我们隐含的假定是价格能够在买者和卖者之间传递信息，因此，价格是决定市场双方行为的最重要因素。

二、学习目标

在你读完教材第3章之后，完成本书的习题，你将能够：

1. 运用文字、表格和图形来定义市场中的**需求**（demand）。
2. 描述由除了价格之外的其他因素引起的**需求的移动**（shift in demand），这些因素影响消费者的购买意愿。
3. 解释需求的变动和需求量变动之间的区别。
4. 运用文字、表格和图形来定义市场中的**供给**（supply）。
5. 描述由除了价格之外的其他因素引起的**供给的移动**（shift in supply），这些因素影响企业生产和销售的意愿。
6. 解释供给的变动和供给量变动之间的区别。
7. 运用**短缺**（shortage）和**剩余**（surplus）的概念来描述市场向均衡移动的自然趋势。
8. 运用图形描述供给或需求的移动的影响。

三、关键概念复习

在B栏中寻找与A栏中术语相应的解释，并将序号填在术语前边。

A	B
__ 有效的需求	1. 劳动供给增加的原因之一。
__ 供给的增加	2. 除了价格之外的一种改变供给的因素。
__ 消费者收入	3. 除了价格之外的一种改变需求的因素。
__ 技术	4. 供给曲线向上倾斜的一种原因。
__ 替代品价格	5. 其他条件保持不变，每单位时间内在既定的价格水平上一种物品的需求量。
__ 移民	6. 这个因素的增加会使需求向右方移动。
__ 边际收益递减规律	7. 既没有剩余也没有短缺的价格和数量。
__ 均衡产出水平	8. 当一种产品的价格下降时会发生的情况。
__ 剩余	9. 当供给量大于需求量时会发生的情况。
__ 供给量的减少	10. 最近由于计算机技术快速发展所导致的情况。

四、小结与本章提纲

本节对教材第3章的关键概念进行总结。

有很多因素都能推动产品价格的上升或下降：人们爱好和偏好的改变，收入的变化，生产成本的变化，替代品价格的变化，政府政策的变化，等等。例如，如果

Jonas Brothers 乐队的音乐不再流行，如果音乐爱好者的收入减少，如果吉他的价格翻倍，如果 Hannah Montana 乐队演出的票价下降，或者如果政府决定对门票收入征税，那么他们演出的票价就会下降。

为了评价这些事件中所产生的影响，我们需要将这些因素分成两组：对市场需求方有初始影响的因素和对市场供给方有初始影响的因素。

A. 需求表

1. 当经济学家提到需求向下倾斜规律时，他们指的是所考察的买者中某一特定行为，而且很少有例外，所以才能被定义为行为“规律”。
2. 记住需求曲线是一条**条件曲线**（conditional schedule），这一点很重要；它回答的是“如果这样，那么那样”类型的问题。它尤其表明，当某种物品的价格处于某一特定水平时，消费者愿意购买相应数量的物品。
3. 从需求曲线上读到的一种物品或劳务的数量，并不取决于在既定价格下供给这一数量是否可行。它反映的仅仅是只关心自己的偏好和是否能够买得起的消费者的购买意愿。
4. 记住价格并不是影响消费者购买决策的惟一因素。平均收入、买者的数量、相关商品的价格和可获得性、爱好和偏好等都能影响市场中买者的行为。这些因素的任何变动都能导致需求曲线的移动。

B. 供给表

1. 供给表（以及供给曲线）表示的是其他条件保持不变的情况下，一种物品的市场价格和生产者愿意生产和销售的数量之间的关系。
2. 从供给曲线读到的一种物品或劳务的数量，并不取决于消费者是否想要购买这一数量。它反映的仅仅是只关心成本和预期利润的供给者的目标。
3. 技术、投入价格、相关物品的价格、政府政策等都能影响卖者的行为。因此，这些因素的任何变动都能导致供给曲线的移动。

C. 供给与需求的均衡

1. 买者和卖者的划分几乎是很绝对的。除非有极个别的情况，经济因素要么直接影响市场上的需求方，要么直接影响市场上的供给方，但不会两个都影响。
2. 当供给量与需求量相等时，就会出现市场出清的均衡价格。
3. 当需求量超过供给量时，所发生的短缺会推动价格上涨并向均衡价格移动。另一方面，当需求量低于供给量时，所发生的剩余就会引起价格下降。
4. 当我们在画需求表和供给表时，我们是在描述某一物品的需求量或供给量与其相对价格之间的关系。当相对价格发生变化时，消费者或生产者就会改变他们的行为，这会发生沿着需求曲线和供给曲线的移动。只有当除了物品自身价格以外的其他因素发生变化时，需求曲线和供给曲线才会发生移动。

五、学习提示

理解需求和供给曲线图对于理解市场经济的运行至关重要。仅仅记住适用于不同市场情形的曲线的变动和移动是不够的。作为一名学生，你应该善于思考问题，并与实际结合起来。不管怎样，下面提出的一些指导方法对于你研究市场还是有帮助的。

1. 每当你遇到供给和需求的问题时（不管是在选择题中还是在判断题中），你可以画出相应的图形，并用图形来解释你预期市场将发生的变化。图形法会帮助你弄清哪些变量变了，哪些没有变（一个是需求方，一个是供给方）。同时，你也能避免犯一些错误，如将需求量或供给量的变化（沿着需求曲线或供给曲线的移动）与需求曲线或供给曲线的变化（需求曲线或供给曲线的移动）相混淆。
2. 在任何一幅图中，如果纵轴或横轴上的任一变量发生了变化，曲线都不会发生移动。你只需沿着曲线移动就能反映出该变量的变化。例如，在需求与供给图中，价格是由纵轴来衡量的。根据这一规则，如果价格发生变化，曲线不会发生移动。别忘了，为了先画出需求曲线和供给曲线，我们必须知道在每一价格水平上的需求量或供给量。如果其他任何变量发生了变化且与市场有联系，曲线将会发生移动。
3. 当需求曲线和供给曲线发生移动时，要想到是向左移还是向右移，而不是上下移动。通常而言，向上移动意味着增加而不是减少。因而，若供给曲线向上移动，则在每一价格水平上的供给量就会减少。为了避免这一陷阱，我们还是应用左右移动这样的术语。
4. 当市场达到均衡时，这表示市场出清。也就是说，所有对某种产品的市场价格有支付意愿的消费者都能够买到该产品，生产者也能卖掉在市场上出售的所有该产品。然而，市场均衡并不一定就意味着所有的消费者或生产者对这个均衡位置感到满意。一些消费者可能有购买这种产品的意愿，却支付不起市场出清的价格。例如，我想买一辆 Infinity 汽车，但是我现在被市场“出清”了，原因是我支付不起那个价格。另一方面，汽车制造商也想生产更多的豪华汽车，但他们没有这么做，因为他们认为现有市场上的价格太低。

5. 超额需求与短缺同义。
6. 超额供给与剩余同义。

六、选择题

下列问题按照教材中的顺序安排，从各选项中选出一个最佳答案。

A. 需求表

1. 装饰品的需求曲线表明：
   a. 人们的支出模式是如何随着收入的变化而变化的。
   b. 当装饰品的价格上涨时，人们会花更多的钱来购买。
   c. 在其他影响需求的因素不变的情况下，在每单位时间内每一价格水平上人们购买装饰品的数量。
   d. 当价格上涨时，企业在每一单位时间内愿意供给更多的装饰品。
2. 随着机票价格的上升，会出现：
   a. 机票的需求增加。
   b. 机票的供给减少。
   c. 机票的需求量减少。
   d. 机票的供给量减少。
3. 需求向下倾斜规律意味着：
   a. 物品的剩余会引起价格下降。
   b. 人们一般会在他们的收入增加时购买更多的物品。
   c. 一种物品的价格下降，消费者一般都会增加购买。
   d. 一种物品由于过时，或者被其他质量更好的物品替代，它的购买量将会减少。

利用图 3－1 回答题 4～7。

4. 一个病人必须购买一定数量的药品（不多，也不少），无论药品的价格是多少，他都必须支付这一价格。哪一幅图最能体现这条需求曲线？
   a. (*a*)
   b. (*b*)
   c. (*c*)
   d. (*d*)

图 3－1

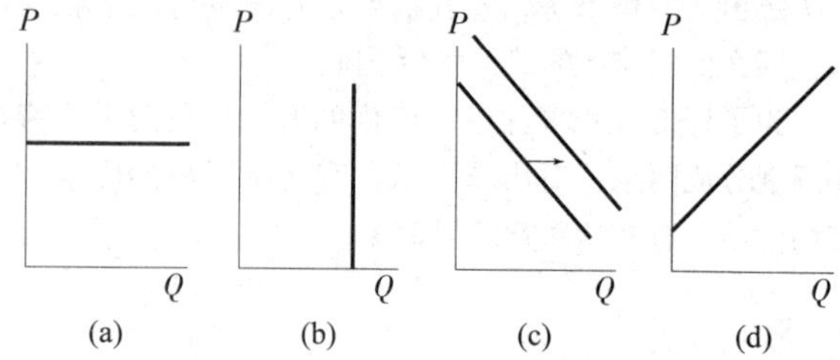

5. 政府宣布，以每盎司 410 美元的价格购买国内金矿供给的所有黄金。哪一幅图最能体现这条需求曲线？
   a. (*a*)
   b. (*b*)
   c. (*c*)
   d. (*d*)
6. 消费者的货币收入的增长会使他们增加对任何价位的物品的需求。哪一幅图最能体现这条需求曲线？
   a. (*a*)
   b. (*b*)
   c. (*c*)
   d. (*d*)
7. 我能在就近的超市购买到价格固定为每磅 40 美分的任意数量的糖。不管我买多少，我总是支付相同的价格。哪一幅图最能体现这条供给曲线？
   a. (*a*)
   b. (*b*)
   c. (*c*)
   d. (*d*)
8. 以下哪一项不是导致 Wheaties 牌麦片需求增加的原因？
   a. 用于生产麦片的小麦价格下降。
   b. 美国卫生署的一个新报告指出小麦有助于治疗晒伤。
   c. 在 Wheaties 牌麦片的包装盒上印有著名球星迈克尔·菲尔普斯的照片。
   d. 它的竞争对手 Cheerios 牌麦片的价格上涨。
9. 假定商品 *X* 的需求曲线向左移动，引起这一变化的合理解释是：
   a. *X* 的供给因为某种原因减少。
   b. *X* 的价格已经上涨，因此人们决定减少对它的购买。
   c. 消费者的品位发生了变化，更加青睐这种商品，并且他们想在任意价格增加对它的购买。

d. X 的价格已经下降，因此人们决定增加对它的购买。

e. 以上选项都不是。

10. 下面 5 个事件中有 4 个能合理解释牛肉的需求移到了一个新的位置。哪一项不是合理的解释？
   a. 牛肉的替代品的价格上涨。
   b. 牛肉的价格下降。
   c. 牛肉消费者的货币收入增加。
   d. 牛肉生产者的广告攻势增强。
   e. 人们对牛肉的品位发生变化。
11. 我们在分析 X 商品的需求时，经常会说“其他条件保持不变”。“其他条件保持不变”的意思是：
   a. X 的价格保持不变。
   b. 买者的收入和 X 的价格保持不变。
   c. 买者的收入、品位和 X 的价格保持不变。
   d. 所有可能会影响 X 需求的因素都保持不变，包括 X 的价格。
   e. 以上选项都不是。
12. 如果 IBM 生产的计算机和康柏生产的计算机互为替代品，IBM 计算机的价格下降则会引起：
   a. 康柏计算机的需求减少。
   b. IBM 计算机的需求增加。
   c. IBM 计算机的供给增加。
   d. 康柏计算机的供给增加。
13. 正常品的需求曲线将向右移动，如果：
   a. 价格上涨。
   b. 收入增加。
   c. 生产成本增加。
   d. 以上都不是。

B. 供给表

14. 供给曲线描述的是：
   a. 价格与供给量的反向关系。
   b. 收入与供给量的直接关系。
   c. 消费与储蓄的循环关系。
   d. 价格与供给量的直接关系。
15. 若生产雪橇的原材料的成本增加，那么这会引起雪橇市场的如下变化：
   a. 需求曲线向右移动。
   b. 供给曲线向左移动。
   c. 需求曲线和供给曲线都向左移动。
   d. 两条曲线都不会移动。
16. 以一个生产皮鞋和皮包的厂家为例。皮鞋价格的上升会引起：
   a. 皮包供给的减少。
   b. 沿着皮包供给曲线的移动。
   c. 皮鞋需求曲线的移动。
   d. 皮鞋供给曲线和皮包供给曲线都向左移动。
17. 由于越来越多的人喜欢滑雪板运动，因而最近滑雪板的需求增加。这会引起滑雪板的供给曲线：
   a. 向左移动。
   b. 向右移动。
   c. 保持不变。
   d. 第二年减少。
18. 一般而言，供给曲线的“斜率为正”。这句话的意思是指：
   a. 生产成本的任何增加都会引起沿着供给曲线向上移动。
   b. 价格越低，消费者能够购买的数量越多。
   c. 价格越高，供给者希望出售的数量越多。
   d. 供给者出售的数量越多，为了能够把产品卖出去，他们的报价越低。
   e. 以上选项都不是。
19. 下列哪一项不能决定供给曲线的位置？
   a. 技术。
   b. 资源成本。
   c. 消费者收入。
   d. 政府税收。
20. 既定价格下，商品 X 的供给增加是由于：
   a. X 的价格上升。
   b. 生产这种商品所需的关键要素的价格上升。
   c. 生产这种商品所需的关键要素的价格下降。
   d. 以上都不是。

C. 供给与需求的平衡

21. 市场均衡指的是：
   a. 供给量等于需求量时的价格。
   b. 每一个想要购买的买者在均衡价格购买，每一个想要出售的卖者在均衡价格出售。
   c. 价格没有变化的倾向。
   d. 所有以上选项。
   e. 以上选项都不是。
22. 在繁荣时期，商品 X 的均衡价格和数量可能同时上升。这种情况：

a. 是需求向下倾斜规律的一个例外。

b. 正是需求向下倾斜规律所说的内容。

c. 是需求曲线从西南向东北方向运动的结果。

d. 不能通过一般的供给和需求曲线分析来解释。

e. 是由于一条向右移动的需求曲线和一条稳定的供给曲线而引起的。

23. 牛肉生产国发生旱灾，牛肉供应急剧下降。消费者转向将猪肉作为牛肉的替代品，因为他们认为这两种肉都对健康有益。在牛肉市场上，这两种现象用供给和需求来表示就是：

a. 需求曲线向左移动。

b. 供给曲线向左移动。

c. 需求曲线向右移动。

d. 供给曲线向右移动。

e. 供给曲线和需求曲线都会向左移动。

24. 在问题 23 中哪一个选项能正确反映猪肉市场的情况？

a. 需求曲线向左移动。

b. 供给曲线向左移动。

c. 需求曲线向右移动。

d. 供给曲线向右移动。

e. 供给曲线和需求曲线都会向左移动。

25. 假定一种物品的价格为 5 美元。在这一价格水平上，如果买者希望每周购买 4 000 单位，而卖者希望出售 5 000 单位，那么：

a. 价格在未来会上涨。

b. 企业产出在未来会增加。

c. 价格和产出在未来保持不变。

d. 价格在未来会下降。

e. 这种情况不会发生。

图 3 - 2 表示的是去年家用燃油的市场情况。市场的初始均衡位置为 P_1（价格）和 Q_1（数量）。请用它来回答题 26 ~ 27。

26. 根据以往的气象记录，今年东北部还会异常的寒冷，并且会有暴风雪。家用燃油市场上新的均衡点将为：

a. *A* 点。

b. *B* 点。

c. *C* 点。

d. *D* 点。

图 3 - 2

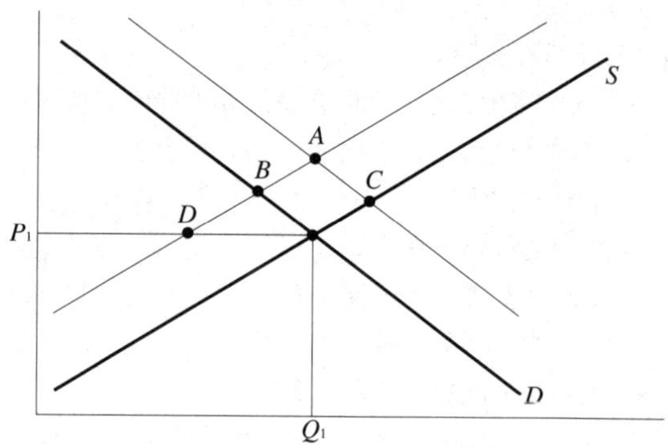

27. 在旧的均衡点，现在存在着：

a. 短缺。

b. 剩余。

c. 均衡。

d. 超额供给。

表 3 - 1 列出了山地车市场的一些数据。请用这些数据回答题 28 ~ 29。

表 3 - 1

价格（$）	供给量（每周）	需求量（每周）
100	1 000	4 000
200	2 000	3 500
300	3 000	3 000
400	4 000	2 500
500	5 000	2 000

28. 该市场的均衡价格为：

a. $100。

b. $200。

c. $300。

d. $400。

29. 该市场交易的均衡数量为：

a. 2 000 辆。

b. 3 000 辆。

c. 4 000 辆。

d. 5 000 辆。

30. Doc Martens 鞋和靴子在大学生中日益流行。这一时尚对锐步运动鞋的市场带来了很大的冲击，因为它是 Doc Martens 鞋的替代品。我们可以预期：

a. 锐步的均衡价格下跌，交易的均衡数量增加。

b. 锐步的均衡价格和均衡数量都上升。

c. 锐步的均衡价格和均衡数量都下降。

d. 锐步的均衡价格上升，均衡数量减少。

31. 如果消费者在某种正常品上的开支增加，那么这种商品的均衡价格将会：

a. 上升。

b. 下降。

c. 保持不变。

d. 信息不足，难以回答。

七、解答题

下列问题旨在帮助你运用教材中提到的概念。

1. 判断下列陈述，若陈述正确就在横线上标 T，若是错误就标 F，若不确定就标 U。

A. 需求表

__ a. 替代效应告诉我们，如果价格下跌，人们就会购买更多的物品，因为他们的购买力增加了。

__ b. 由于在过去 50 年内汽车的价格下跌了，因而汽车的需求增加了。

__ c. 当需求减少、价格下跌时，供给曲线向左移动。

B. 供给表

__ d. 在过去几年中，CD 播放机的价格下跌了，同时，CD 播放机的供给增加。在这个例子中，供给规律失效。

__ e. 技术进步能引起供给曲线向右移动。

__ f. 如果百事可乐的价格上涨，很有可能可口可乐的市场供给曲线会向右移动。

__ g. 如果汽车工人的工资增加，那么汽车的供给曲线就会向左移动。

C. 供给与需求的平衡

__ h. 物品市场是通过决定价格和产出水平的供给者的行为来决定的。

__ i. 如果市场的实际价格超过均衡价格，我们就会预期产出和价格下降。

__ j. 在市场经济中，物品通过价格体系分配到那些有支付能力的人手中。

2. 表 3－2 列出了一些使需求曲线或供给曲线移动的因素。在每一种情况下，确定哪条曲线会移动，并在横线上填上**需求**或**供给**；然后再填上这条曲线是**向右**还是**向左**移动。此外，还要确定均衡价格和均衡产出是**上升**了还是**下降**了。第一种情况已经填出。

表 3－2

移动因素	需求或供给	移动	向左或向右	价格将	产出将
a. 人口增加	需求	移动	向右	上升	上升
b. 投入价格增加	___	移动	___	___	___
c. 关税取消	___	移动	___	___	___
d. 平均收入下降	___	移动	___	___	___
e. 技术进步	___	移动	___	___	___
f. 产品越来越畅销	___	移动	___	___	___

3. 本题涉及到需求和供给曲线的移动。图 3－3 列出了 4 种不同的需求或供给曲线的移动。仔细考虑一下每一种移动。

图 3－3

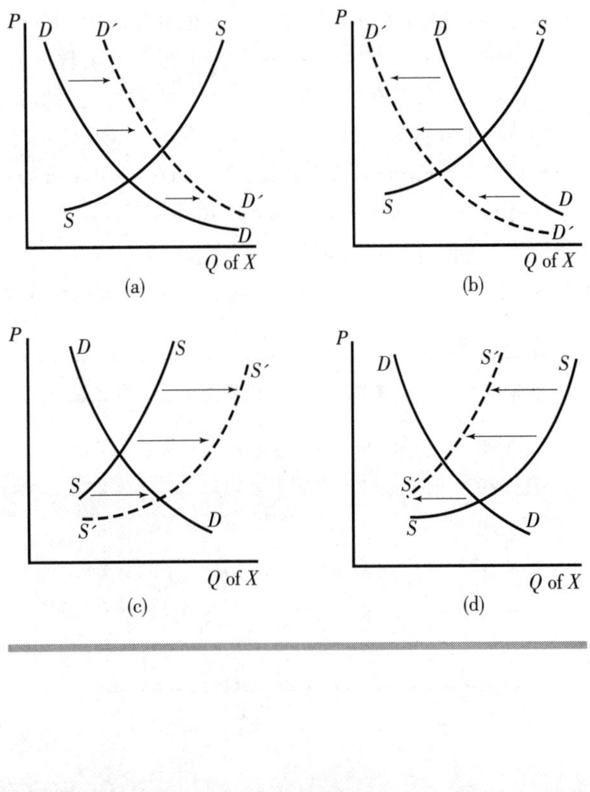

表 3-3

市场的变化	图	变动因素	价格将	产出将
a. X 物品是样式过时的服装	b	品位的变化使 DD 曲线向左移动	下降	下降
b. 对供给者征收污染税	___	___________	_____	_____
c. 对外国购买者开放市场	___	___________	_____	_____
d. 替代品的价格下降	___	___________	_____	_____
e. 市场结构需要更多的广告	___	___________	_____	_____
f. 所得税全面减免 10%	___	___________	_____	_____
g. 机器人使生产变得更富效率	___	___________	_____	_____

表 3-3 考虑了 7 种不同的市场中的变化。你认为（a）、（b）、（c）或（d）各适合于哪一种市场。然后列出导致曲线移动的变动因素。最后，确定均衡价格和产出是升高了还是下降了。第一种情况已经填出。

4. 本题涉及到鱼市场和教皇保罗六世（Pope Paul VI）于 1966 年颁布的法令，该法令授予当地天主教的主教准许罗马教徒在周五食肉的权利。我们将运用假设的数据来分析这一法令对鱼市场的影响。（具体的分析请参阅：Frederick W. Bell，"The Pope and the Market for Fish." American Economic Review 58 [December 1968]，pp. 1346-1350。）

表 3-4

价格（$）	需求量	供给量	新数量
3.00	0	15	0
2.40	2	12	0
1.80	4	9	2
1.20	6	6	4
0.60	8	3	6
0	10	0	8

表 3-4 列出了每磅鳕鱼的市场价格（单位：美元）与在这些价格水平上的需求数量和供给数量（单位：千磅）。（现在，暂时不考虑右边"新数量"那一栏。）

a. 鳕鱼价格每磅下降 60 美分，需求量将增加________________________。

b. 鳕鱼价格每磅下降 60 美分，供给量将减少________________________。

c. 在图 3-4 中，画出市场需求曲线和供给曲线。

d. 市场均衡价格和均衡数量各为多少？

____

e. 现在假设颁布了教皇法令，哪一条曲线将会受到影响？

____

f. 哪一个变动因素会导致这条曲线的移动？

____

图 3-4

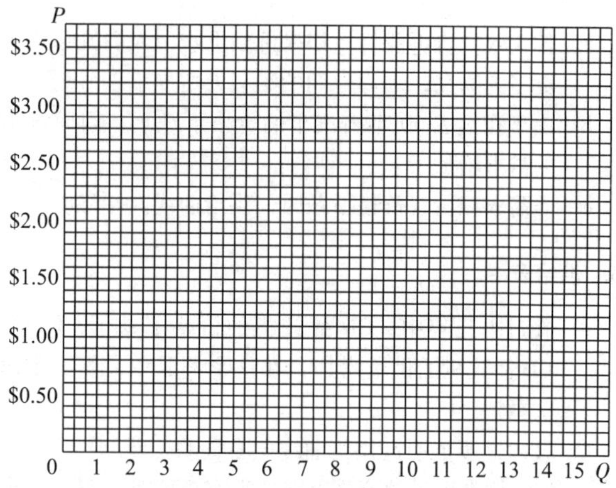

假定表 3-4 中标有"新数量"的一栏代表市场中的变化。

g. 在图 3-4 中画出新的曲线。（对于那条曲线移动有疑问吗？）

h. 均衡价格和均衡数量的大致位置在哪里？

____

i. 什么类型的变化会引起沿着需求曲线的移动而不是它本身的移动？

____

j. 颁布法令会引起供给曲线的移动吗？鳕鱼的供给数量

将发生变化吗？请解释。______________________

____

5. 在经济衰退时期，如果家庭收入减少，那么二手车的价格将会发生什么变化？表 3－5 中的前 3 栏列出了经济衰退前的价格、供给量和需求量的数据。

表 3－5

价格（$）	需求量	供给量	新数量
500	100	400	____
600	150	300	____
700	200	200	____
800	250	100	____
900	300	0	____

a. 在图 3－5 中画出该市场的供给曲线和需求曲线。

b. 确定均衡价格和均衡产出。

____

c. 在什么价格下供给数量将降至零？

____

d. 供给曲线在纵轴上的截距是多少？

____

e. 供给曲线和需求曲线的斜率各为多少？

____

图 3－5

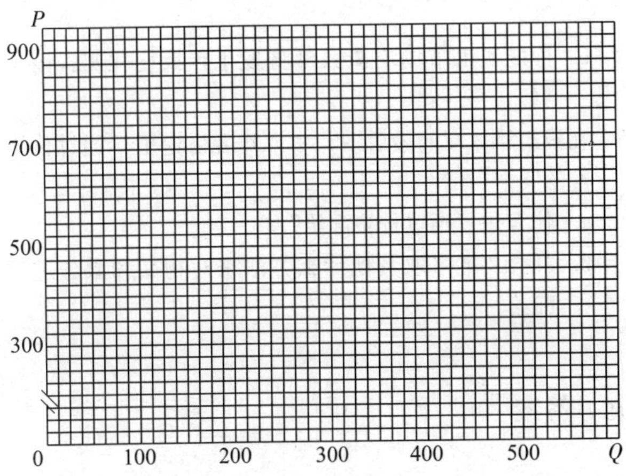

该市场的一个特征就是居民户或消费者既是二手车的供给方，也是需求方。当经济进入衰退后，价格和数量就会出现一组新的关系。假定新的关系如表 3－6 所示。

表 3－6

P（$）	Q
500	55
700	155
900	255

f. 把这些数字填入表 3－5 中的最后一列，注意有一些空没有数据。

g. 计算空白处的数字并填上。

h. 在图 3－5 中画出新的曲线。

i. 新的均衡价格和均衡产出的大致位置在哪？

____

j. 为什么曲线要发生移动？

____

____

k. 你能想出曲线会向相反的方向移动的原因吗？

____

____

l. 假设最后由于经济不景气，一些家庭决定购买一辆二手车而不是新车。进一步假定一些原本打算购买二手车的家庭推迟了购买决定。第二个假设占主导地位，或者强于前面提到的第一个假设。在图 3－5 中画出这种变化，并解释它对市场价格和产出的影响。______________________

____

____

6. 另一个重要市场是劳动市场。我们可以用工人的供给和需求来描述和分析它。劳动、土地和资本被认为是企业用来生产物品或提供服务的基本生产要素。生产要素的交换发生在要素市场。另一方面，物品和服务在产品市场上进行交易。为了能正确理解这些市场的各自功能，建议你仔细阅读教材中的图 2－1。

在劳动的要素市场上，个人和企业的作用与他们在产品市场上刚好相反。在要素市场中，个人是劳动的供给方，而企业是劳动的消费者，也即需求方。在其他条件保持不变的情况下，在较高的价格或工资水平下，工人将提供更多的服务；而当工资下降时，企业将需要更多的服务。

图 3 – 6 画出了完全竞争市场中的劳动需求和供给曲线。如图所示，均衡市场工资为 5 美元（每小时）。

图 3 – 6

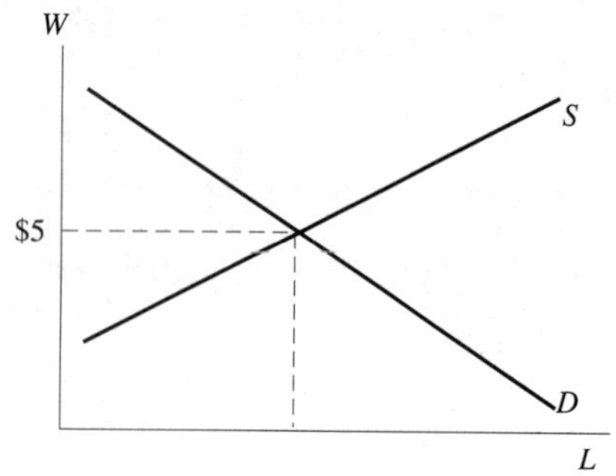

a. 如果工资低于均衡工资，你认为是需求曲线还是供给曲线会发生移动？请解释。

b. 如果工资低于均衡工资，什么因素会促使工资向均衡工资移动？

c. 假定政府通过了一条法令，规定该行业所有工人的工资不得低于每小时 6 美元。你认为是需求曲线还是供给曲线会发生移动？请解释。

d. 假定没有其他变化，描述这条法令对这一市场的工资、就业和失业的影响。

e. 该市场的劳工移民增加会对工资产生什么影响？劳工市场上对劳动力的需求增加时，如何描述移民劳工进入劳工市场的结果？

八、讨论题

回答下列问题，解释你这样回答的原因。

1. 解释任何商品的市场供给曲线的斜率都为正的原因。
2. 解释任何商品的市场需求曲线的斜率都为负的原因。
3. 解释在供求分析中，“假定其他条件保持不变”概念的重要性。

图 3 – 7

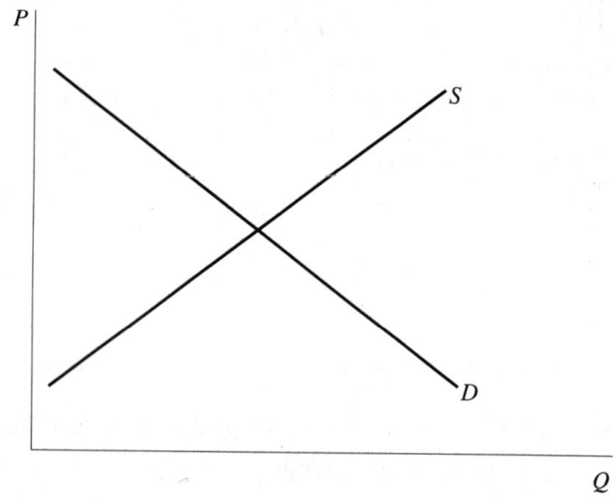

4. 假定我们正在研究玉米片市场。进一步假定下一个夏天将发生以下事件：(1) 农场地带的天气异乎寻常的热，而且雨水较少；(2) 一项新的研究发表并广为人知：吃玉米片有益于人体健康，还能延年益寿。图 3 – 7 画出了玉米片市场的初始均衡位置。
   a. 在图上画出上述两个事件给玉米片市场带来的变化。
   b. 你能说出市场均衡价格将发生什么变化吗？请解释。
   c. 你能说出市场均衡数量将发生什么变化吗？请解释。
5. 在教材第 3 章的最后一节中，作者讨论了“通过价格配给”。
   a. 什么是“通过价格配给”？
   b. 社会还能采取其他什么方法来对物品和服务进行配给？

九、答案

三、关键概念复习

5 有效需求

10　　供给增加
3　　消费者收入
2　　技术
6　　替代品的价格
1　　移民
4　　边际收益递减规律
7　　均衡产出水平
9　　剩余
8　　供给量的减少

六、选择题

1. C　2. C　3. C　4. B　5. A　6. C　7. A
8. A　9. E　10. B　11. E　12. A　13. B　14. D
15. B　16. A　17. C　18. C　19. C　20. C　21. D
22. E　23. E　24. C　25. D　26. C　27. A　28. C
29. B　30. C　31. A

七、解答题

1. a. F　b. F　c. F　d. F　e. T
   f. F　g. T　h. F　i. T　j. T
2. b. 供给，向左，上升，下降
   c. 供给，向右，下降，上升
   d. 需求，向左，下降，下降
   e. 供给，向右，下降，上升
   f. 需求，向右，上升，上升
3. b.（d）成本增加引起 *SS* 曲线向左移动，上升，下降
   c.（a）买者数量增加引起 *DD* 曲线向右移动，上升，上升
   d.（b）替代品价格下降引起 *DD* 曲线向左移动，下降，下降
   e.（d）成本增加引起 *SS* 曲线向左移动，上升，下降
   f.（a）收入增加引起 *DD* 曲线向右移动，上升，上升
   g.（c）技术进步引起 *SS* 曲线向右移动，下降，上升
4. a. 2（千磅）
   b. 3（千磅）
   c. 见图 3－4
   d. P_1 = 1.20（美元/磅）　Q_1 = 6（千磅）
   e. 需求曲线将会向左移动
   f. 消费者的品位和偏好将会受到该法令的影响
   g. 见图 3－4
   h. P_2 大约为每磅 0.96 美元
      Q_2 大约为 4.8 千磅

图 3－4

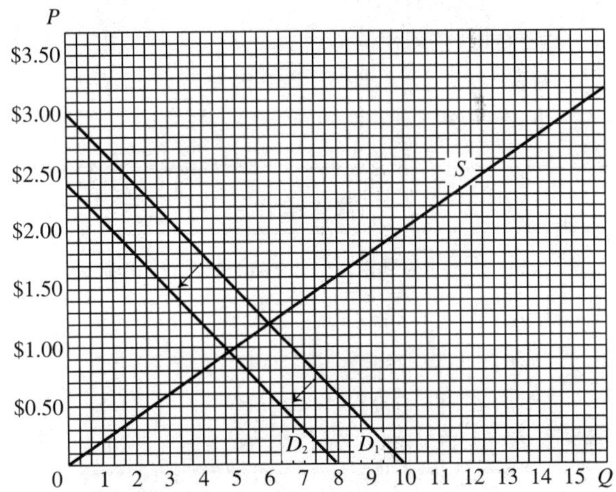

   i. 如果鳕鱼的价格发生变化，消费者将沿着需求曲线移动。
   j. 教皇的法令会引起需求曲线的移动，但不会引起供给曲线的移动。生产者将沿着现有供给曲线移动，直到与新的需求曲线相交。结果价格下降，生产者的利润减少，迫使一部分企业退出该行业。当这种情况发生时，供给曲线就会向左移动。但是教皇的法令并不直接影响供给曲线的位置或形状。
5. a.

图 3－5

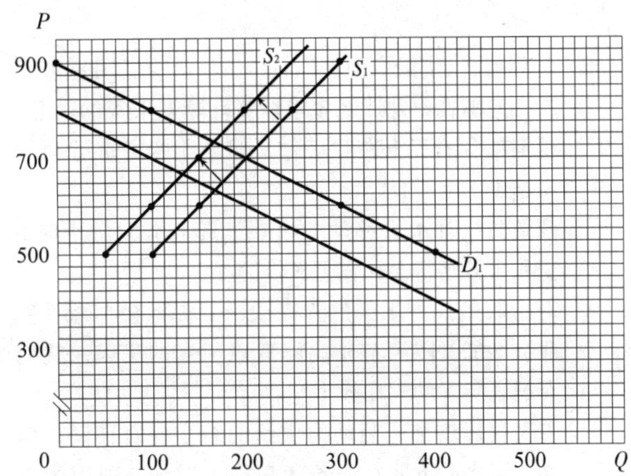

   b. P_1 = $700　Q_1 = 200

c. \$300
d. \$300
e. 供给曲线的斜率 = 2
需求曲线的斜率 = −1
f. 见表 3−5
g. 见表 3−5

表 3−5

价格	需求量	供给量	新数量
\$500	100	400	55
600	150	300	105
700	200	200	155
800	250	100	205

h. 见图 3−5
i. P_2 大约为 \$730
Q_2 大约为 162
j. 在经济衰退时期，汽车所有者会延长拥有汽车的时间。或许因为他们的收入减少了，或者他们失业了。
k. 如果居民户的收入急剧下降，人们就会被迫卖掉汽车换钱。（在经济萧条时期，这种情况有可能发生。）
l. 见图 3−5。需求曲线向左移动。市场价格和产出都会下降。

6. a. 两条曲线都不会移动。由于工资是用纵轴来表示的，那么你就会沿着这条曲线移动直到均衡工资水平。
b. 对劳动将会存在超额需求。企业希望雇用更多工人，但却找不到那么多求职者。随着工资的上涨，越来越多的工人在找工作，但企业的需求就会越来越少。
c. 两条曲线都不会移动。如果工资上涨为每小时 6 美元，劳动将会存在超额供给。
d. 对于那些找到工作的人来说，工资将会上涨。失业会增加，因为企业会解雇以前雇的工人，就会有越来越多的人在找工作。
e. 若仅移民增加，劳动力供给曲线会向右移动，均衡工资水平下降。而若劳工需求增加，则均衡工资将不再以同样的幅度下降，相反甚至还有可能上升。在这种情况下，移民就不会“导致”工资变动，但较高的工资水平能够吸引移民进入某些劳工市场。

八、讨论题

1. 如果企业生产更多的产出，它们就会占用其他行业的资源，这些产出的成本就会增加，因此生产的产出越多，其成本也就越大。
2. 当消费者购买商品时，他们从每增加的一单位中得到的满意度逐渐下降。因此，他们对该商品的购买意愿同样也会减少。
3. 如果我们不保持其他条件不变，就很难解释经济是如何运行的。如果多于一个以上的条件同时发生变化时，我们就不可能解释其中的因果关系。
4. a.

图 3−7

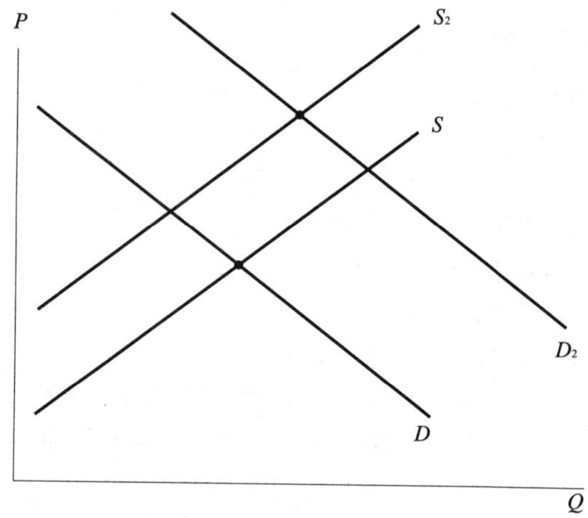

b. 由于人们意识到玉米片有益于人体健康，而且由于供给减少，所以价格就会上升。
c. 对均衡数量不太肯定。消费者的需求增加，而企业的供给减少。哪一条曲线移动的幅度大，就决定着产出变化的方向。
5. a. 在市场经济中，物品与服务通过市场来进行配给。消费者拥有货币“选票”，并决定生产什么。
b. 配给计划还有一个实施方式，就是通过政府来执行。这就是指令经济。请记住：所有的社会都面临着稀缺，它们必须以某种方式对物品和服务进行配给。

第4章

供给和需求的应用

一、概述

人们普遍认为经济学问题“最终都归结为供给和需求的问题”。对于大多数经济学问题来说，这种说法是正确的。合理的框架应该是：大多数经济学问题从本质上而言都能运用我们在第3章学过的基本市场分析加以解决；合理的解释应该是：几乎任何涉及到资源分配问题的答案都能通过供求机制来解释。

在第3章，我们已经学过供给与需求规律，而且我们已经知道供求变化对市场价格和交易数量所产生的影响。例如，我们发现，当市场需求增加时，价格就会上升，交易数量就会增加。

这自然就会引起一个相关的问题：“上升或增加多少?”对于市场的这种变化有多大反应？这种反应依赖于什么？本章提供回答这些问题的工具，以及帮助你理解这些工具在政策制定方面的应用。

二、学习目标

在你读完教材第4章之后，完成本书的习题，你将能够：

1. 定义**需求的价格弹性**（price elasticity of demand）。
2. 讨论决定需求的价格弹性是**富有弹性**（elastic）、**单位弹性**（unitary-elastic）还是**缺乏弹性**（inelastic）的因素，并比较消费者的短期行为和长期行为。描述需求曲线上的富有弹性和缺乏弹性区域。
3. 运用**平均法**（method of averages）计算需求的价格弹性，并解释得出的结果。
4. 通过图形解释总收益与需求的价格弹性之间的关系。
5. 定义**供给的价格弹性**（price elasticity of supply）。
6. 讨论决定供给的价格弹性是富有弹性、单位弹性还是缺乏弹性的因素，并比较生产者的短期行为和长期行为。
7. 运用平均法计算供给的价格弹性，并解释得出的结果。
8. 将供给、需求和弹性的概念运用到下列情形和市场：（a）农业市场；（b）税收；（c）价格上限和价格下限。

三、关键概念复习

在B栏中寻找与A栏中术语相应的解释，并将序号填在术语前边。

A	B
__ 需求的价格弹性	1. 税收的最终经济影响或负担。
__ 供给的价格弹性	2. 政府限制的卖者出售物品或劳务的法定最高价格。
__ 富有弹性的需求	3. 价格的微小变化会导致需求量或供给量发生无穷大的变化。
__ 缺乏弹性的需求	4. 产品价格和销售数量的乘积。
__ 单位弹性的需求	5. 需求量变动的百分比除以价格变动的百分比。
__ 完全弹性	6. 政府限制的卖者接受物品或劳务的最低价格。
__ 完全无弹性	7. 需求量变动的百分比小于价格变动的百分比。
__ 总收益	8. 需求量或供给量对价格变化不做任何反应。

__ 税收归宿 9. 需求量变动的百分比大于价格变动的百分比。

__ 价格上限 10. 供给量变动的百分比除以价格变动的百分比。

__ 价格下限 11. 物品价格变化时总收益保持不变。

四、小结与本章提纲

本部分对教材第 4 章的关键概念进行总结。

A. 需求和供给的价格弹性

1. 你在经济分析中碰到的所有弹性都是用百分比来衡量的某一经济变量对变化的反应程度。所有的弹性都可以回答“变动多少”的问题。例如，我们从需求规律得知，如果价格下降，需求量就会增加。需求的价格弹性描述的是一种产品的价格变动百分比引起的需求量变动百分比。因此，需求的价格弹性有助于我们理解沿着需求曲线的移动。由于它是通过百分比来衡量的，而不是用具体的量化指标，所以它能用来比较不同物品在不同价格水平上的消费者的反应程度。
2. 需求曲线上两点间的需求的价格弹性通过以下公式计算：

$$E_D = \text{需求量变动的百分比}/\text{价格变动的百分比} = \frac{[(Q_2 - Q_1)/(Q_2 + Q_1)/2]}{[(P_2 - P_1)/(P_2 + P_1)/2]}$$

   注意：分子和分母都是用数量和价格的变动的百分比来表示的，而不是用绝对变化表示。通过取一个绝对变化除以一个参照值就可以得到变动百分比。例如，为了得到需求量变动的百分比，我们先在需求曲线上找到初始数量和最终数量的两点，然后用最终数量与初始数量之差除以你所取的参照值，在这个例子中，我们用平均数量来表示参照值。按照这种办法我们得到了需求量变动的百分比。采取同样的方法，我们得到价格变动的百分比：用价格的绝对差除以平均价格。把这些值代入上述公式，我们就能算出需求曲线上两点间的需求价格弹性。

   注意：这一系数总为负数。也就是说，只要需求曲线是向下倾斜的，价格与需求量就呈反向的关系。因此，当我们解释这一系数时，只是看它的绝对值，不考虑负号，即只考虑这一系数是大于、小于还是等于 1。
3. a. 当需求量变动的百分比大于价格变动的百分比时，需求就被定义为是富有弹性的。($E_D > 1$)
   b. 当需求量变动的百分比小于价格变动的百分比时，需求就被定义为是缺乏弹性的。($E_D < 1$)
   c. 当需求量变动的百分比等于价格变动的百分比时，需求就被定义为是单位弹性的。($E_D = 1$)
4. 若一种物品存在很多替代品，或者它被认为是奢侈品而不是必需品，或者购买它需要考虑很长的时间，那么它的需求弹性较大。大多数物品的需求在长期比在短期更富有弹性，因为消费者在长期可以有更多的时间寻找替代品。
5. 平缓的需求曲线比陡峭的需求曲线相对来说更富有弹性。然而，线性需求曲线在上部是富有弹性的，在中点处是单位弹性的，在下部是缺乏弹性的。注意：当物品的价格较高时，相同的百分比变动意味着价格的绝对变化较大。例如，假定一种物品的价格为 \$1.00，价格上涨 10%，那么新的价格为 \$1.10。又假定另一种物品的价格为 \$100，价格同样上涨 10%，那么新的价格为 \$110。消费者一般会对于 \$10 变化的反应比对 \$0.10 变化的反应要更敏感。
6. 供给的价格弹性描述的是当一种产品的价格上升时该产品的供给数量会增加多少。它有助于我们理解沿着供给曲线的移动。
7. 供给曲线上两点间的供给的价格弹性通过以下公式计算：

$$E_S = \text{供给量变动的百分比}/\text{价格变动的百分比} = \frac{[(Q_2 - Q_1)/(Q_2 + Q_1)/2]}{[(P_2 - P_1)/(P_2 + P_1)/2]}$$

   供给的价格弹性的一般形式与需求的价格弹性相同。同样，这里的分子和分母用变动的百分比来表示，而不是用绝对变化表示。我们用平均供给量和平均价格作为参照值。
8. 若一种物品在生产过程中有很大的灵活性，可以在投入品成本无明显增加的情况下提高产出，或者可供考虑的时间较长，那么它的供给弹性较大。

B. 应用于主要经济问题

1. 弹性有助于确定政府政策的影响，因为它描述了经济主体对于变化的反应程度。
2. 当政府决定征税时，税收归宿描述的是由谁来最终承担经济负担，是买者还是卖者。税赋的较大部分由对价格变动缺乏弹性的一方承担。例如，如果需求相对缺乏弹性，当价格上涨时，消费者也不会显著地改变他们的购买模式。因此，卖者就有机会将税赋转嫁给消费者，而不用担心销售额的大幅减少。如果需求富有弹性，卖者就会担心因价格上涨而引起销售额减少。

3. 价格有时通过法律来固定。价格下限是法定的最低价格；是人为地将价格保持在均衡价格之上以保护卖者。例如，政府规定的最低工资将工资定在均衡水平之上，目的是为了实现政策目标。价格上限是法定的最高价格；是人为地将价格保持在均衡价格之下以保护买者。例如，在汽油市场中，政府将汽油价格规定在较低水平以保护消费者。

五、学习提示

1. 弹性对于经济学的研究做出了很大的贡献。正如我们所知道的，它有助于确定对变化的反应程度。随着你对课程的深入，你将会发现弹性的概念有很多有趣的用途。
2. 需求弹性不是指需求曲线的斜率。我们知道，需求曲线的斜率衡量的是曲线上两点间价格的绝对变化除以需求量的绝对变化。而弹性衡量的是需求量变动的百分比除以价格变动的百分比。这两个概念存在一定的联系，但是指的不是同一个事物。
3. 线性需求曲线上的需求弹性并不是固定不变的。记住：当沿着这条需求曲线向下移动时，相同的百分比变动引起较小的绝对变动。消费者对于价格的较小变动的反应程度要低于对于价格的较大变动的反应程度。
4. 经济学最有趣和富有挑战的一个领域是它在政府政策方面的应用。通过运用经济学的一些基本概念，我们就能理解税收和价格管制的政策影响。还有，要记住政策制定者通常都要确定为之努力的规范性经济目标。例如，在本章运用实证经济学的概念，我们可以理解规定最低工资就会提高工资和增加企业的成本，同时也会限制就业。这似乎是低效率的。然而，一些工人的工资确实提高了；作为反贫困的一种斗争，这可能达到了预想的效果。关键在于理性的政策制定者要同时考虑实证经济学和规范经济学两个方面。
5. 记住：实际把税赋上交给政府的人（生产者或消费者）并不一定是实际承担这一税赋的人。税收负担由供给曲线和需求曲线的相对弹性来确定。例如，汽油税通常由供给方征收后上缴政府。然而，当政府决定要征新税时，汽油的价格通常会上涨，这表明消费者至少部分地承担了新征的税赋。

六、选择题

下列问题按照教材中的顺序安排，从各选项中选出一个最佳答案。

A. 需求和供给的价格弹性

1. 需求的价格弹性等于：
   a. 需求曲线上两点间价格的绝对变动除以需求量的绝对变动。
   b. 收入的百分比变动除以价格减少的百分比。
   c. 收入的百分比变动除以需求量增加的百分比。
   d. 需求量变动的百分比除以价格变动的百分比。
   e. 需求曲线的斜率。
2. 假定盖雷先生拿一笔固定的钱购买鸡蛋。在一定的价格范围内，无论价格是多少，他既不会增加也不会减少这笔钱的支出。在这一价格范围内，他的需求应该被描述为：
   a. 处于均衡。
   b. 具有完全弹性。
   c. 完全无弹性。
   d. 高度缺乏弹性，但不是完全无弹性。
   e. 单位弹性。

利用以下信息回答题 3 和 4。Dark 电影院将爆米花的价格从每桶 $2.00 提高至每桶 $2.30。这引起了每天销售的桶数从 100 降到了 80。

3. 在这种情况下，爆米花的需求价格弹性应该为：
   a. －0.52。
   b. －1.00。
   c. －1.59。
   d. －1.90。
   e. －66.67。
4. Dark 电影院销售爆米花的总收益将：
   a. 增加。
   b. 减少。
   c. 增加一倍。
   d. 保持不变。
   e. 降到零。
5. 在讨论需求曲线时用到“总收益”一词，它指的是：

a. 供给方从所出售的物品或劳务中赚取的扣除成本以后的利润。
b. 在任何特定价格下，消费者花费在某一物品上的货币总额。
c. 供给方从政府那里获得的总收入。
d. 与任何特定价格有关的一种物品的数量。
e. 什么都不是；“总收益”一词与需求曲线无关。

图 4－1

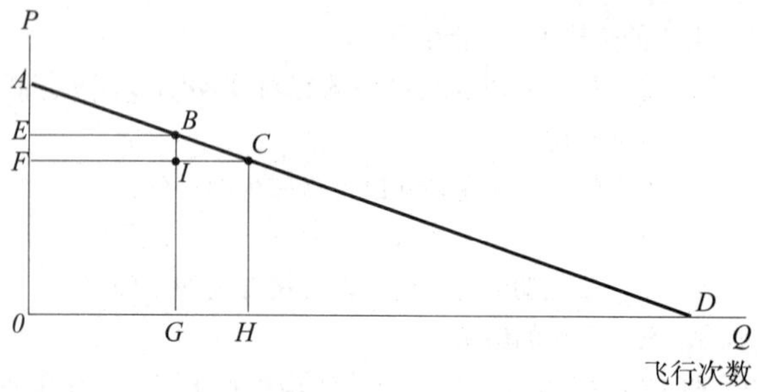

图 4－1 表示的是对纽约市与芝加哥之间的空中旅行的需求。用它来回答题 6～7。

6. 在 *B* 点，总收益用哪一块区域表示？
a. *EBGO*。
b. *AOD*。
c. *FCHO*。
d. *AEB*。
e. *EBIF*。

7. 在 *B* 点和 *C* 点之间，需求：
a. 相对富有弹性。
b. 相对缺乏弹性。
c. 具有完全弹性。
d. 完全无弹性。
e. 具有单位弹性。

8. 如果某一种商品的价格下跌 10%，人们用于购买该商品的货币支出增加 5%，则需求曲线在这一区域内的需求价格弹性为：
a. 富有弹性。
b. 具有单位弹性。
c. 缺乏弹性，但不是完全无弹性。
d. 完全无弹性。
e. 以上情况都有可能是，所给的信息不足以判断。

9. 如果价格下降 10% 引起销售量增加 5%，那么需求曲线上这一区域内的需求价格弹性为：
a. 富有弹性。
b. 具有单位弹性。
c. 缺乏弹性，但不是完全无弹性。
d. 完全无弹性。
e. 以上情况都有可能是，所给的信息不足以判断。

10. 下列哪一选项表明一种物品的需求是缺乏弹性的？
a. 该物品对大多数人来说是必需品而不是奢侈品。
b. 该物品不存在替代品。
c. 必须在很短的时间内对价格变化做出反应。
d. 所有以上选项。
e. 以上选项都不是。

11. 贝蒂注意到不管她买多少个纸杯，纸杯的价格总是不变。这表明她所碰到的供给曲线是：
a. 完全无弹性。
b. 具有完全弹性。
c. 具有单位弹性。
d. 富有弹性，但不一定是完全弹性。
e. 不一定是以上选项。

12. 一条完全无弹性的供给曲线在图上表示为：
a. 一条垂直线。
b. 一条水平线。
c. 直线，但不是垂直线，也不是水平线。
d. 一条曲线。
e. 以上都不是。

13. 问题 12 中哪一个选项对于一条完全无弹性的需求曲线是正确的？
a. 一条垂直线。
b. 一条水平线。
c. 直线，但不是垂直线，也不是水平线。
d. 一条曲线。
e. 以上都不是。

14. 如果一条需求曲线在整条线上都具有单位弹性，那么这条需求曲线是：
a. 一条直线，在所有价格水平上，买者的总支出都相等。
b. 不是一条直线，买者的总支出随价格的下降而减少。
c. 一条直线，买者的总支出刚开始随价格的下降而增加，后来随价格的下降而减少。
d. 不是一条直线，买者的总支出随价格的下降而增加。
e. 以上都不是。

图 4-2

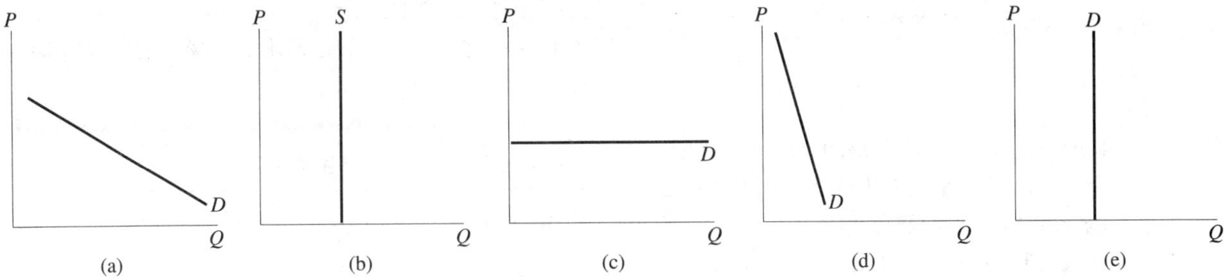

参照图 4-2 回答题 15 ~ 16。

15. 一个病人必须购买确定数量的某种药品（不多也不少），并且愿意支付任意价格。图 4-2 中哪一幅可以表示这一情形？
    a.（a）
    b.（b）
    c.（c）
    d.（d）
    e.（e）
16. 在刚刚过去的世纪里，尽管技术的巨大进步引起食品的实际价格下降，美国的食品消费并没有明显的增长。图 4-2 中哪一幅图可以表示这一情形？
    a.（a）
    b.（b）
    c.（c）
    d.（d）
    e.（e）
17. 假定消费者在 10 美元的价格下会购买 100 单位的小器具，在 5 美元的价格下则会购买 200 单位，那么在这个价格区间的需求价格弹性是：
    a. 富有弹性。
    b. 缺乏弹性。
    c. 单位弹性。
    d. 还不足以判断。

B. 应用于主要经济问题

18. 对于农民来说，20 世纪的技术进步让人忧喜参半。这是因为农民知道：
    a. 农产品的供给大幅增加，其价格也大幅增加。
    b. 农产品的需求大幅增加，其价格也大幅上升。
    c. 农产品的供给大幅增加，但其价格大幅下降。
    d. 农产品的供给小幅减少，但需求大幅增加；这两个变化因素相互抵消。
    e. 以上选项都不是。

图 4-3

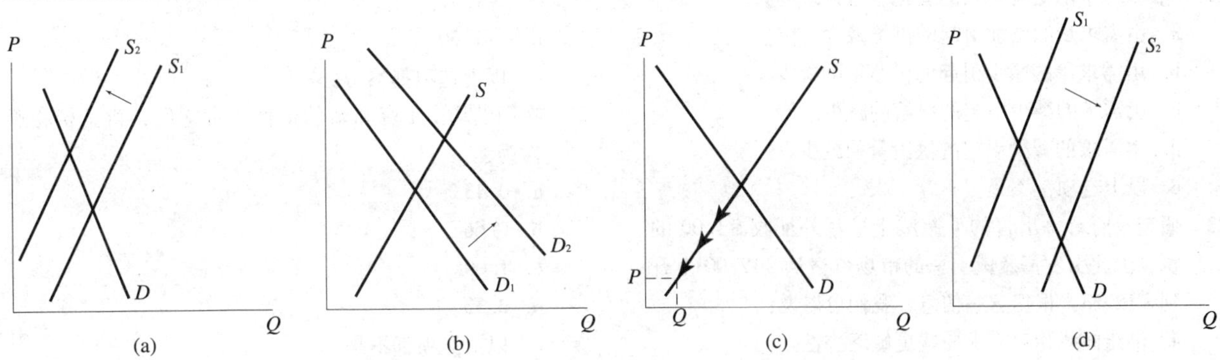

19. 图4－3中哪一幅表明了种植限制对于农产品市场带来的影响？
   a. （a）
   b. （b）
   c. （c）
   d. （d）
20. 在某一竞争行业，政府对卖者每售出的一单位征税5美分。供给曲线和需求曲线对于价格具有某种弹性。当这一税收在供求图上表现时，整条：
   a. 供给曲线向上移动正好5美分，但是（除非需求是完全有弹性的）市场价格保持不变。
   b. 供给曲线向上移动不到5美分，但是（除非需求是十分富有弹性的）市场价格正好上升5美分。
   c. 供给曲线向下移动不到5美分，市场价格下降。
   d. 供给曲线向上移动正好5美分，但是（除非供给是完全有弹性的）市场价格上升不到5美分。
   e. 需求曲线向上移动正好5美分，但是市场价格上升不到5美分。
21. 假定小麦的需求曲线是完全无弹性的。如果规定每出售1蒲式耳征税50美分，并由生产者征收，那么小麦的价格将：
   a. 上升，但是上升不到50美分，购买和出售的数量在某种程度上会减少。
   b. 正好上升50美分，但是购买和出售的数量不会减少。
   c. 上升，但是上升不到50美分，购买和出售的数量不会减少。
   d. 正好上升50美分，购买和出售的数量肯定会有所减少。
   e. 下降，但是下降不到50美分，购买和出售的数量在某种程度上会减少。
22. 问题21中由征税带来的变化也可以理解为：
   a. 由需求量的增加引起的供给减少。
   b. 由需求量的减少引起的供给量的减少。
   c. 由需求的减少引起的供给的减少。
   d. 由需求的减少引起的供给量的减少。
   e. 以上选项都不是。
23. 假定政府对每出售的1瓶威士忌额外征收 \$1.00 的税，由此引发每瓶威士忌的市场价格从 \$12.00 上升到 \$12.63。根据这一信息，我们可以说：
   a. 供给曲线相对需求曲线更缺乏弹性。
   b. 需求曲线相对供给曲线更缺乏弹性。
   c. 需求和供给的价格弹性相等。
   d. 卖者承担了全部税收负担。
   e. 以上选项都不是。

图4－4描述的是一个假定的木匠市场，请回答题24～26。

图4－4

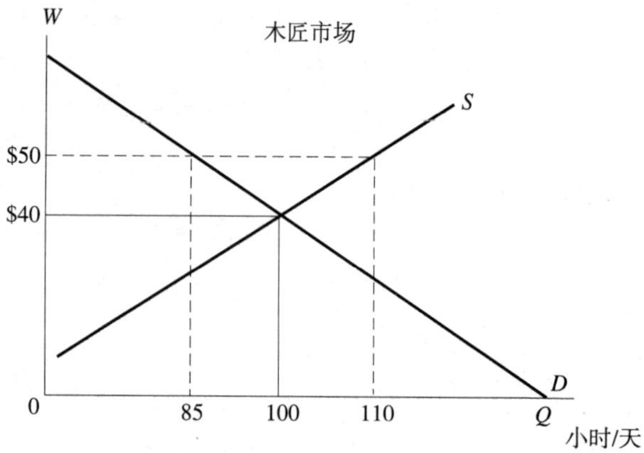

24. 假定政府以法律的形式规定木匠的工资每小时不能低于 \$50。这种价格管制称为：
   a. 价格上限。
   b. 价格下限。
   c. 工资补贴。
   d. 税收。
   e. 均衡价格。
25. 在旧的均衡工资和新的最低工资之间，需求价格弹性为：
   a. －0.66。
   b. －0.73。
   c. －1.37。
   d. －1.50。
   e. 以上选项都不是。
26. 在旧的均衡工资和新的最低工资之间，供给价格弹性为：
   a. 0.43。
   b. 0.66。
   c. 1.00。
   d. 2.33。
   e. 以上选项都不是。
27. 能源价格管制是一种：

a. 税收。
b. 价格下限。
c. 补贴。
d. 价格上限。

28. 假定小麦的需求缺乏弹性，而一场虫灾毁掉了 1/4 的小麦种植，那么这场虫灾将如何影响农民的总收益？
a. 增加。
b. 减少。
c. 不变。
d. 已有信息还不足以回答。

七、解答题

下列问题旨在帮助你运用教材中提到的概念。

A. 需求和供给的价格弹性

1. 请正确回答下列问题：
a. 如果我们说“需求非常富有价格弹性”，这意味着价格下降会引起购买相对（**大幅/小幅**）（**增加/减少**），价格上升会引起购买相对（**大幅/小幅**）（**增加/减少**）。
b. 我们说“供给明显缺乏价格弹性”，这意味着价格上升会引起供给量相对（**大幅/小幅**）（**增加/减少**），价格下降会引起供给量相对（**大幅/小幅**）（**增加/减少**）。

表 4－1

价格（$）	需求量	总收益（$）	需求的价格弹性
8	0	______	______
7	2	______	______
6	4	______	______
5	6	______	______
4	8	______	______
3	10	______	______
2	12	______	______
1	14	______	______
0	16	______	______

2. 表 4－1 列出了沙姆汽车餐馆的汉堡包在价格为 $8～$0 之间的需求量。
a. 用表 4－1 中的数字在图 4－5 中画出需求曲线。
b. 计算沙姆在每一价格水平上的总收益，将数字填入表 4－1 中。
c. 在图 4－5 中画出总收益曲线和需求曲线。
d. 计算表 4－1 所列出的价格中点的需求弹性。结合图 4－5，解释价格、需求弹性和总收益之间的关系。

图 4－5

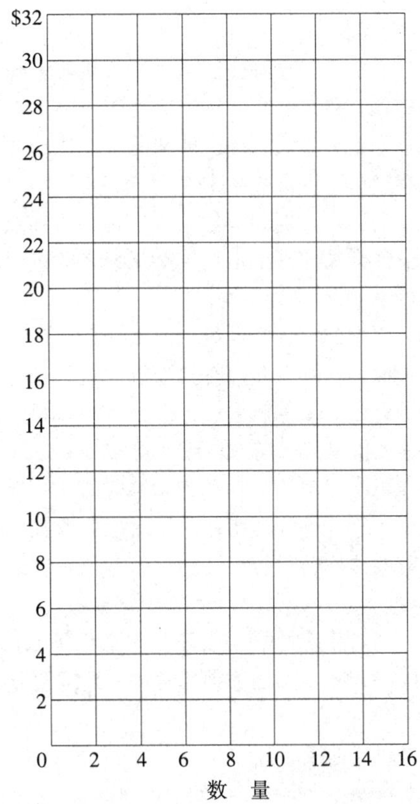

3. 利用问题 2 的答案完成下列问题：
a. 当沿着需求曲线向下移动时，注意观察一下总收益曲线的形状。当价格下降时，总收益（**保持不变/一直下降/起先上升，到达最大值，随后下降/起先下降，到达最小值，随后上升**）。
b. 如果价格从 $7 降至 $6，总收益将（**增加/保持不变/减少**）。当价格下降时，原先以 $7 购买的单位现在要以 $6 购买，上述情形是如何发生的呢？价

格为 \$7 时需求量为 2 单位，减少 \$1 的价格引起收益减少 \$2。价格下降意味着需求量增加。从出售新增单位那里获得的收益能足以抵消刚才提到的初始损失吗？当价格降至 \$6 时，需求量增加到 4，那么收益增加______。在这种情况下，所出售的新增单位带来的收益的增加（**足以/不足以**）抵消初始损失。

c. 现在假定价格从 \$4 降至 \$3。\$4 价格下的需求量以 \$3 价格出售引起收益损失______。与此相联系的需求量的增加引起收益增加______。损失（**超过/正好等于/低于**）所得，因此总收益（**减少/保持不变/增加**）。

4. 完成下列问题：

a. 如果需求突然增加，而且供给方手头上没有储备的存货，那么不管价格是否上涨，要马上增加供应量是不可能的。在这种情况下，供给曲线应该被描述为（**完全有弹性/完全无弹性**）。

b. 假定有一小段时间，供给方通过加班加点能够应付突如其来的需求增加。由此带来的供给增加是新的（**长期/短期**）均衡。

c. 如果需求的移动继续维持下去，那么现有和潜在的供给者就有更多的时间来修建新的厂房和购置新的设备。供给就会进一步增加。最后，均衡价格表明的是（**长期/短期**）均衡状态。

d. 注意以上是对于供给的价格弹性方面的陈述。它表明供给对于价格变化的反应程度取决于供给方拥有的调整时间的长度。时间越长，供给的价格弹性（或弹性系数）就（**越大/越小**）。弹性与时间之间的关系同样（**能/不能**）来解释需求。

5. 假定图 4－6 表示的是美国任意一所州立大学运动衫市场的供给曲线。

a. 这条供给曲线的斜率为______。

b. *A* 点与 *B* 点之间的供给的价格弹性为______；
B 点与 *C* 点之间的供给的价格弹性为______；
C 点与 *D* 点之间的供给的价格弹性为______。

c. （高级问题）这条供给曲线的方程为：______________________________。

d. （高级问题）曲线上任意一点的斜率与该点的弹性的关系描述如下：______________________________。

图 4－6

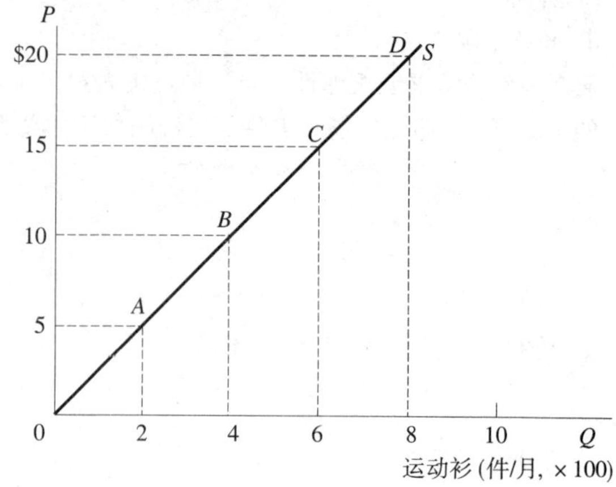

B. **应用于主要经济问题**

6. 在美国以及其他一些国家，课税最重的消费品之一就是香烟。图 4－7 表示的是一个假定的香烟市场。

图 4－7

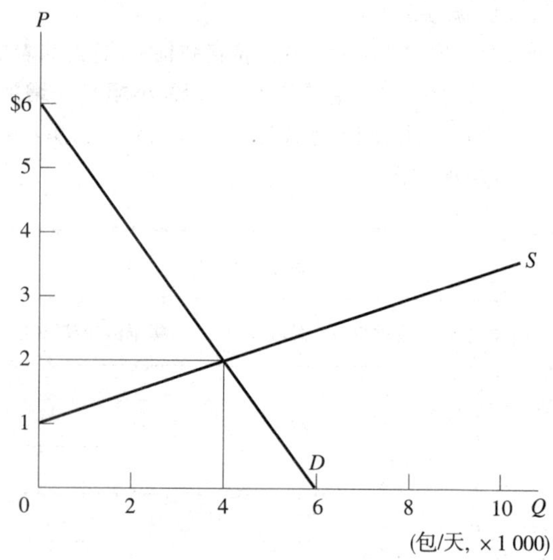

a. 起初，香烟的均衡价格为______，均衡数量为每天______包。

b. 为了给美国医疗体系提供资金，联邦政府正在考虑增加对香烟的征税。假定政府决定每包香烟征税 \$1。在图 4－7 中画出这一决定对香烟市场的影响。

c. 在征税之后，均衡价格大约为______，均衡数量大约为每天______包。

d. 在这种情况下，买者为新的税赋大约支付______，卖者必须支付大约______。政府每天收税______。

e. 在价格范围内，仔细比较一下供给与需求的相对价格弹性。你如何解释 d 中的税收在买者和卖者之间的分配。

7. 许多政府都运用价格管制，目的是为了达到政策目标。譬如，有时政府对乳制品行业进行价格支持，其目的就是为了保护卖者的收入。在租金管制的情况下，政策制定者的目的是保护买者免遭较高的价格。以图 4－8 为例。X 物品的均衡价格为______，均衡数量为______单位。假定政府正在考虑将消费限定在 500 单位，达到这一目的有好几个选择。首先，它可以设定的价格（**上限/下限**）______，此时的需求量为______单位，但供给量为______单位。在短期内，将（**短缺/剩余**）______单位。第二，政府可以将生产配额限定为 500 单位，供给者出售的每一单位的价格为______。最后，政府还可以发行配给券，并规定每张券另加不超过 5 美元，能购买 1 单位的 X 物品。如果这些配给券能够买卖，那么它们的价格可能为______。请解释你的答案。

图 4－8

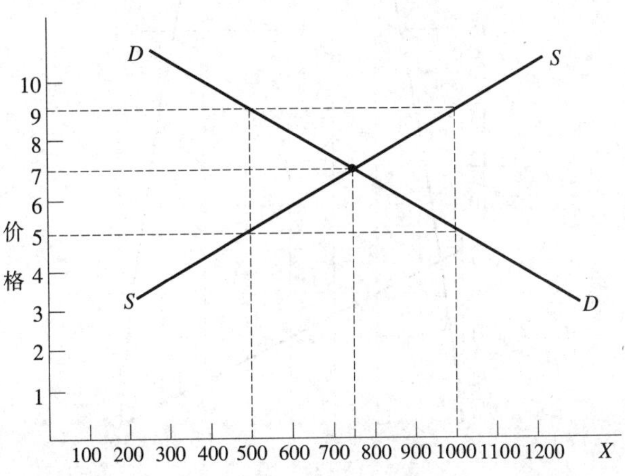

八、讨论题

回答下列问题，解释你这样回答的原因。

1. 判断下列陈述是否正确。

a. 如果需求富有价格弹性，那么价格上升 10% 会引起需求量的减少超过 10%。这意味着数量减少的速度超过价格上升的速度，因此总收益会减少。(**T/F**)

b. 如果需求显示出具有单位价格弹性，那么价格上升 10%，需求量也正好增加 10%。这意味着总收益保持不变。(**T/F**)

c. 如果需求缺乏价格弹性，那么价格上升 10% 会引起需求量减少不到 10%。这意味着总收益实际上会随着价格的上升而增加。(**T/F**)

2. 根据下列关于需求情况的陈述，在下列空白处填上 **E**（富有弹性）、**U**（单位弹性）或 **I**（缺乏弹性）。

__ a. 价格从 $6 下降为 $5，收益从 $60 减少为 $55。

__ b. 价格从 $6 下降为 $5，收益保持不变。

__ c. 价格从 $5 上升为 $6，购买的数量从 80 减少为 60。

__ d. 价格从 $6 下降为 $5，需求量没有变化。

__ e. 价格从 $300 上升为 $301，需求量没有减少。

__ f. 价格上升 $10，收益也增加 $10。

__ g. 价格从 $5.00 上升为 $5.01，人们完全停止了对该物品的购买。

3. 尽管我们已经讨论过需求的完全无弹性的极端情况，但实际情况当中例子很少。为什么？请解释。

4. 请详细解释为什么线形需求曲线有富有弹性、单位弹性和缺乏弹性的区域。有鉴于此，以及弹性和总收益之间的关系，你认为下列两个公司中哪一个最有可能提高产品的价格？(a) 罐装汤的生产者，需求的价格弹性为 －0.5；(b) 皮大衣的生产者，需求的价格弹性为 －3.8。

5. 在教材中，有一个讨论需求的价格弹性与航空定价政策关系的例子。文中提到，对低弹性的商务乘客收取的票价高于高弹性的度假乘客。解释这种定价政策可能会采取哪一种措施。你能想到其他市场吗？在这个市场中，对于不同需求价格弹性的消费者存在价格差异化。

6. (a) 用图形表示价格上限对于黄油市场的影响。政府政策制定者为什么会采纳这样一种计划？你能想出该政策出台的时机吗？

(b) 用图形表示价格下限对于黄油市场的影响。政府政策制定者为什么会采纳这样一种计划？你能想出该政策出台的时机吗？

7. 洪灾在美国部分地区（例如在中西部）发生频繁。洪水会严重影响农业用地，且不说它在其他方面的影响。假定农产品的市场需求相对缺乏弹性，利用供求图说明洪灾带来的影响。现在假定农产品的市场需求相对富有弹性，利用供求图说明洪灾带来的影响。解释这两者的区别，并对遭受灾害之后的农民收入做出预测。

九、答案

三、关键概念复习

5 需求的价格弹性
10 供给的价格弹性
9 富有弹性的需求
7 缺乏弹性的需求
11 单位弹性的需求
3 完全弹性
8 完全无弹性
4 总收益
1 税收归宿
2 价格上限
6 价格下限

六、选择题

1. D 2. E 3. C 4. B 5. B 6. A 7. A
8. A 9. C 10. D 11. B 12. A 13. A 14. E
15. E 16. D 17. C 18. C 19. A 20. D 21. B
22. E 23. B 24. B 25. B 26. A 27. D 28. A

七、解答题

1. a. 大幅/增加 大幅/减少
   b. 小幅/增加 小幅/减少
2. a和b的答案见表4－1。
   c. 见图4－9。
   d. 在需求曲线富有弹性的部分，随着价格的下降，总收益增加。在需求曲线缺乏弹性的部分，随着价格的下降，总收益减少。
3. a. 最初上升，到达最大值，随后下降
   b. 增加，$12，足以
   c. $8，$6，超过，减少

表4－1

价格	需求量（$）	总收益（$）	需求的价格弹性
8	0	0	×××
7	2	14	15.00
6	4	24	4.33
5	6	30	2.20
4	8	32	1.29
3	10	30	0.77
2	12	24	0.45
1	14	14	0.23
0	16	0	0.07

图4－9

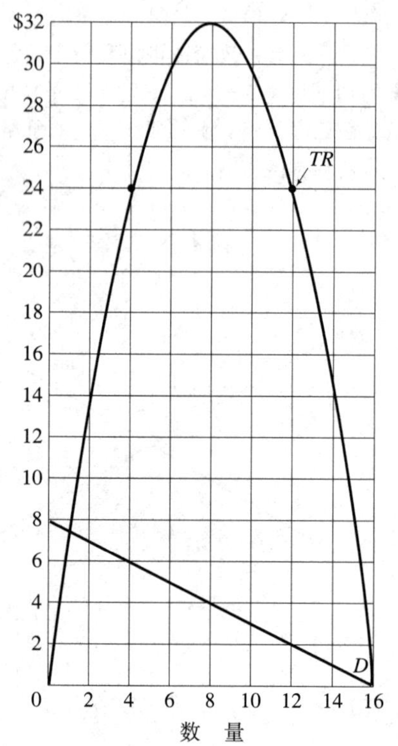

4. a. 完全无弹性
   b. 短期
   c. 长期

d. 越大，能

5. a. 2.5

   b. 1，1，1

   c. 价格 =2.5 × 数量

   d. 弹性 =（1/斜率）×（P/Q）

6. a. ＄2.00，4 000

   b. 供给曲线向左移动，移动的量为 1 美元。

   c. ＄2.75，3 000

   d. ＄0.75，＄0.25，＄3 000

   e. 需求相对更缺乏弹性，因此买者承担更多的税。

7. ＄7.00，750，＄9.00，下限，500，1 000，剩余，500，＄9.00，＄4.00。买者愿意为 500 单位的购买量支付的价格是＄9，如果现价为＄5，则人们还愿为配给券支付＄4。

八、讨论题

1. a. T　b. F　c. T

2. a. I　b. U　c. E　d. I　e. I　f. I　g. E

3. 对于大多数物品和大多数消费者来说，价格最终会达到某一水平，在这一水平之上将不会有进一步的消费。

4. 在较高的价格水平下，同样的价格百分比变动所对应的绝对值变动比较大。因此，人们更容易对此做出反应。罐装汤的生产者更有可能提高价格。因为需求缺乏弹性，价格的上涨会带来总收益的增加。

5. 度假旅行者为了要得到打折的机票，就必须在飞机上度过周六晚上。在电影院，成年人的票价比儿童的票价高。

6. a.

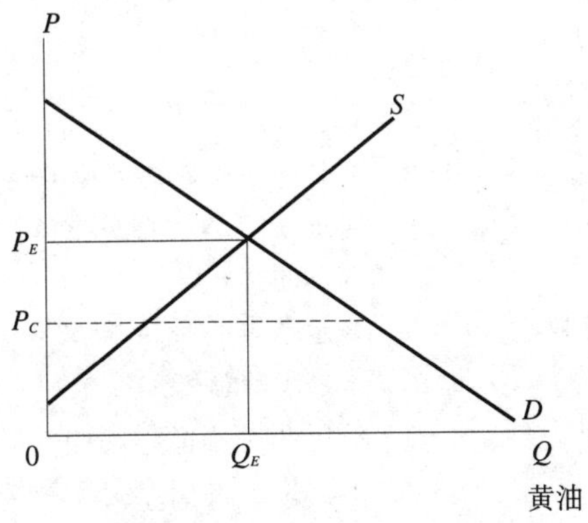

如果政府尽力保护买者免受高价之苦，那么黄油市场上的价格上限就是适宜的。这项政策可以在第二次世界大战时采用，当时一个国家的大部分生产能力都直接用于军事设备，而不是用于消费品。

b.

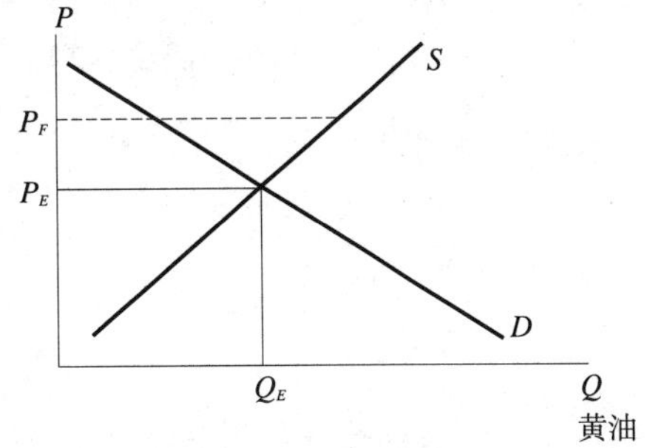

如果政府尽力保护卖者免受低价之苦，那么黄油市场上的价格下限就是适宜的。这项政策可以在最近一段时间被采用，因为乳制品行业的新技术威胁到黄油价格的进一步下降和农民收入的进一步减少。

7.

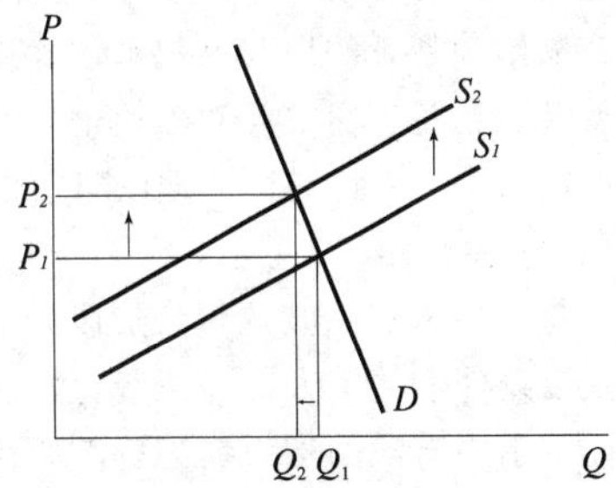

相对缺乏弹性的需求

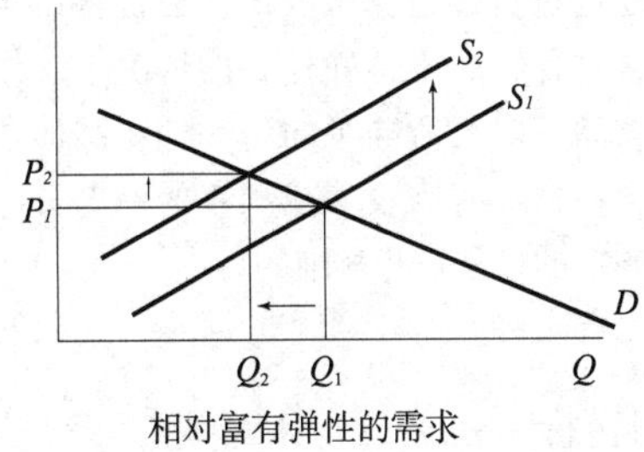

相对富有弹性的需求

7. 在任何一种情况下，供给的显著减少都会引起价格上涨和交易物品数量的减少。如果需求富有弹性，价格变化会相对较小，而数量变化则相对较大。如果需求缺乏弹性，价格变化会相对较大，而数量变化则相对较小。对于那些没有受水灾影响的农民来说，只要需求是缺乏弹性的，他们的收入就会增加。

第 5 章

需求和消费者行为

一、概述

你对市场行为的基本知识已经有所了解，那么现在我们来进一步深入分析需求曲线。本章会问道：“是什么在引导消费者?”你会有机会将消费理论运用到实际情况当中。在市场经济中，消费理论非常重要。我们只需想想销售一大堆产品给消费者的厂商的数量，就可以得知消费理论的重要性了！各厂商之间激烈竞争，为的就是追逐消费者手中的货币。本章讲述的理论对于你理解这一竞争实质会提供一些思路。

消费理论将一些人们熟知的行为加以归纳。你、你的同学、朋友以及他们的家人都是消费者。在一定的时期，他们只能用手中有限的货币购买所需的物品。每一种物品都有一个市场价格，通常情况下，这个市场价格是不能够通过讨价还价而改变的。在价格既定，而且你清楚自己喜好什么、不喜好什么的情况下，你必须决定购买什么物品，以及所购买的每一种物品的数量，每一次购买都会耗掉你有限收入或预算的一部分。本章拟对这一决策制定的过程进行详细的讨论。

二、学习目标

在你读完教材第 5 章之后，完成本书的习题，你将能够：

1. 定义**总效用**（total utility）和**边际效用**（marginal utility），而且解释这两种衡量消费者满意度方法之间的区别。
2. 解释**边际效用递减规律**（law of diminishing marginal utility）及其在经济分析中的重要性。
3. 说明在消费者的收入固定和他所面临的各种物品的市场价格既定的条件下，当花费在任何一种物品上的最后 1 美元所得到的边际效用，正好等于花费在其他任何一种物品上的最后 1 美元所得到的边际效用的时候，该消费者就会得到最大的效用。
4. 用等式说明效用最大化法则，并能说明它是如何与边际效用递减规律一起作用，引起需求曲线向下倾斜的。
5. 区分序数效用和基数效用。
6. 定义**替代效应**（substitution effect）和**收入效应**（income effect），而且能够解释它们的共同作用决定了各种物品的需求曲线的主要特征——向下倾斜。
7. 解释**市场**（market）需求曲线是如何从**个人**（individual）需求曲线推导出来的。
8. 描述**价值悖论**（paradox of value），并通过运用效用最大化法则解决这一问题。
9. 讨论**消费者剩余**（consumer surplus）的含义，并通过实例和一条需求曲线来表述这一概念。

三、关键概念复习

在 B 栏中寻找与 A 栏中术语相应的解释，并将序号填在术语前边。

A	B
__ 效用	1. 在其他条件保持不变的情况下，需求量变动的百分比除以收入变动的百分比。
__ 边际效用	2. 表示在每一种价格水平下的个人需求的总和。
__ 功利主义	3. 给定两种物品，其中一种物品的价格上升引起另一种物品的需求减少。
__ 边际效用递减规律	4. 解释为什么一颗钻石的价格高于 1 加仑水的价格。

__ $MU_1/P_1 = MU_2/P_2 = \cdots = MU_{花费每1美元}$ 5. 当某一物品的价格上升时，消费者倾向于用其他物品来替代变得较为昂贵的该种物品，从而以较低的价格获得满足。

__ 市场需求 6. 衡量一种物品或劳务令人满足的程度。

__ 收入弹性 7. 给定两种物品，其中一种物品的价格上升引起另一种物品的需求增加。

__ 替代品 8. 消费品的数量增加，该物品的边际效用趋于下降。

__ 互补品 9. 新增 1 单位物品的消费所带来的总效用的增加。

__ 序数效用 10. 一种物品的总效用与其总市场价值之间的差额。

__ 替代效应 11. "最大多数人的最大利益"。

__ 收入效应 12. 物品价格变化通过对消费者实际收入的影响，进而影响消费者对该物品的需求数量。

__ 有害品 13. 描述使消费者达到最大满足的一篮子物品。

__ 价值悖论 14. 它的消费被认为是有害的物品。

__ 消费者剩余 15. 消费只需要确定它们对于各种可能的商品组合的偏好排序。

四、小结与本章提纲

本部分对教材第 5 章的关键概念进行总结。

A. 选择和效用理论

1. 效用衡量的是一种物品或劳务带来的满足程度。边际效用是指多消费 1 单位物品时所带来的新增的或额外的效用。与其他边际的概念一样，边际效用衡量的是增加 1 单位物品的消费所带来的总效用的变化量。
2. 边际效用递减规律是：当某物品的消费量增加时，该物品的边际效用趋于递减。也就是说，随着个人消费越来越多的某种物品，他从中得到的新增的或边际效用量是下降的。这与本章后面讨论的价值悖论紧密联系在一起。人们不情愿为新增的 1 加仑水多付费，因为他们已经拥有太多的水，以至于新增 1 加仑水的边际效用很低。但是，当水变得更加稀缺时，譬如遭受旱灾或在沙漠里时，水的价格就会上涨。在这些情况下，人们就会对新增的 1 加仑水赋予更高的价值。
3. "效用"对于经济学家来说是一个很重要的概念，但却没有基数度量方法，也就是说，没有一个被广泛接受的度量单位。相反，我们依赖于序数效用，只考察消费者对商品组合的偏好顺序。例如，不说我从吃一个苹果中得到了 10 尤特尔的效用，也不说从吃一根香蕉中得到了 5 尤特尔的效用，只能说我从苹果那里得到的效用比从香蕉那里得到得多。经济学家要将效用理论运用到理解消费者行为中，这种序数衡量方法已经足够。

B. 需求曲线的推导

1. 在既定的预算约束下，如果所有物品的边际效用与价格之比相等，则效用达到最大。也就是说，如果花费最后 1 美元的边际效用相等，而不管这 1 美元是在哪里花费的，此时的效用达到最大。用公式表示，效用最大化要求物品 X 和物品 Y：

$$MU_X/P_X = MU_Y/P_Y$$

2. 效用理论有助于解释为什么需求曲线一般都是向下倾斜的。需求曲线的形状在第 3 章和第 4 章讨论过。当物品 X 的价格下降时，X 的消费量就会*增加*，因而 MU_X 会随着价格的下降而下降。
3. 序数效用是指消费者偏好的排序（例如，她更为喜欢的是商品组合 A 而不是商品组合 B），而基数效用却能给出特定的数值（例如，她喜欢商品组合 A 的程度是商品组合 B 的 2 倍）。效用的最大化条件并不取决于效用能否被精准度量。只要人的偏好能够被排序，那么效用理论就会适用。

C. 另一种分析方法：替代效应和收入效应

1. 替代效应和收入效应同样也有助于解释价格与需求量之间的负相关关系。替代效应描述的是当价格沿着需求曲线发生变动时，消费者会用相对较便宜的商品替代较贵的商品，构成新的消费组合。收入效应描述的是货币收入既定的情况下，当价格沿着需求曲线变动时，消费者的实际收入或者说是购买能力发生了变化。这意味着消费者在较高价格时不能购买更多的物品。

例如，假定苹果价格从每个 50 美分降到了 25 美分，一位消费者原先购买 4 个，而现在购买了 6 个。她购买苹果的数量增加，用以替代原有消费组合中现在变得相对较为昂贵的橘子、香蕉或其他水果（这就是替代效应）。她的实际购买能力增强了，使她可以购买更多的苹果。当价格为 50 美分时，她买了 4 个苹果，共花了 2 美元。现在同样 4 个苹果只需花 1 美元！她还有 1 美元的购买力，可以用来购买苹果或其他物品，即使她的实际预算并未增加（这就是收入效应）。

D. 从个人需求到市场需求

1. 市场需求曲线反映的是，在任何价格水平下的总的需求数量。市场需求曲线是个人需求曲线的“水平加总”。
2. 我们在第 3 章讲过，除某种物品的价格之外的任何因素发生了变化，那么该物品的需求曲线就会移动。当货币收入发生变化时，需求曲线就会移动；移动的幅度取决于*收入弹性*，收入弹性指需求量变动的百分比除以收入变动的百分比。当其他物品的价格变化时，需求曲线就会移动；移动的幅度取决于*需求的交叉弹性*，需求的交叉弹性指物品需求量变动的百分比除以另一种物品价格变动的百分比。
3. 物品可以分为*良品*（正常物品）和*劣品*。对于良品，当收入增加时，需求增加（或需求曲线向右移动）。对于劣品，当收入增加时，需求减少（或需求曲线向左移动）。例如，对于一些人来说，汽车和立体声音响属于良品，而用过的布料和网上垃圾邮件就是劣品。但是，请记住：良品和劣品的定义是主观性的，取决于个人的偏好。
4. 物品之间存在两种不同的联系。*互补品*是指要在一起进行消费的物品，而*替代品*是指能够代替另一种物品消费的物品。当一种物品的消费不依赖于或者不影响另一种物品的消费时，这两种物品就是独立的。
5. 有害品是指它的消费被认为是有害的物品。有时候政府会干预有害品的消费。例如，美国政府就禁止某些使人上瘾的物品的销售和使用，如海洛因和可卡因。

E. 价值悖论

1. 价值悖论描述的是某些反直观的现象：尽管水是生命之源，钻石只是装饰性物品，但水却比钻石的价格低。这只能通过水相对丰富因而供给充足，而钻石相对稀缺的事实来解释。请注意：水的总效用比钻石的总效用要高。

F. 消费者剩余

1. 消费者剩余指消费者对一定数量的某种商品的总意愿支付（每个单位商品分开支付）同他们的实际支付（所有单位按照市场同一价格支付）之间的差额。记住，需求曲线表示的是消费者愿意而且能够为某种物品的每一个单位所支付的最高数额。还要记住，从模型当中可以看出，我们所交易的每种物品只有一个市场价格（价格的离中趋势将在以后章节中讨论）。这意味着一般而言，消费者都会有“剩余”；也就是说，一些消费者从某种物品或劳务中获得了高于他们所支付数额的价值。

弹性的符号能为你提供重要的信息。正的收入弹性意味着该物品是良品，但负的收入弹性意味着该物品是劣品。正的交叉价格弹性意味着两种物品是替代品，但负的交叉价格弹性意味着两种物品是互补品。

五、学习提示

1. 如果我们能够衡量效用（或者消费者满意度），那么效用理论就会更加具体。设想一下，在消费者进入杂货店或购物中心之前，我们要求他们在腕上戴上“尤特尔表”，而且他们只需简单地购买那些“尤特尔表”读数最高的物品就可以了。例如，一个消费者在杂货店的“曲奇”的通道旁，他要在 Oreos 和 Chips Ahoy 之间选择，他就应该看看“尤特尔表”，哪种读数高就选择哪种。

   这固然很好，但是这种用基数来衡量效用的方法是不存在的。效用是一个很主观的概念，它会随着时间的流逝而发生变化。你现在喜欢某些东西，可能你在孩童时代并不喜欢它们。（例如，咖啡或啤酒）如果我说，“我从最后一块曲奇中得到了 200 单位边际效用。”但对你而言，你并不能理解这 200 到底意味着多少。所幸的是，我们能够采用序数效用来衡量，也就是说，我们可以说“比起 B 来，我更喜欢 A”，或者说“比起 A 来，我更喜欢 B”，或者可以说“A 和 B 我同样喜欢”。这种衡量方法对于经济学家来说是合适的。
2. 以一盒曲奇、一袋炸土豆片或其他一些你喜欢吃的东西为例，仔细思考一下总效用、边际效用和边际效用递减规律的概念。譬如，曲奇的边际效用是你从新增一块曲奇的消费中得到的新增的满意度。总效用是从每一块曲奇中得到的边际效用之和；也就是说，当你吃完之后，总效用就是你得到的满意度的总和。边际效用递减规律应该可以理解为，随着你吃的曲奇越多，最终你的边际效用会下降。这个规律对你来说适用吗？

3. 收入弹性和交叉价格弹性与我们在第 4 章学过的供给与需求的价格弹性相似。然而，它们之间还有一些重要的差别。供给与需求的价格弹性衡量的是沿着供给曲线或需求曲线的移动，因为价格是用 Y 轴表示的。收入弹性和交叉价格弹性衡量的是需求曲线的移动，其原因是价格之外的因素发生了变化。这就是两者的重要区别。
4. 请注意，收入弹性或交叉价格弹性的符号能为你提供重要的信息。正的收入弹性意味着该物品是良品，但负的收入弹性意味着该物品是劣品。正的交叉价格弹性意味着两种物品是替代品，但负的交叉价格弹性意味着两种物品是互补品。

六、选择题

下列问题按照教材中的顺序安排，从各选项中选出一个最佳答案。

A. 选择和效用理论

1. 一种物品的边际效用是指：
   a. 对该物品最后一次的使用。
   b. 等于该物品的价格。
   c. 消费该物品的总效用与消费所有其他物品的总效用之比。
   d. 多消费 1 单位该物品所获得的额外的或新增的效用。
   e. 与消费该物品得到的总效用是同一回事儿。
2. 如果一种物品的边际效用为零，那么：
   a. 它的总效用达到最大化。
   b. 该物品没有效用，也就是说，没有消费者想要消费它。
   c. 一定存在价值悖论。
   d. 消费者对于该物品的购买达到了均衡状态。
   e. 该物品的总效用也一定为零。
3. 边际效用递减规律指的是：
   a. 随着消费某物品的数量增加，该物品的总效用趋于递减。
   b. 随着消费某物品的数量减少，该物品的总效用趋于递减。
   c. 随着收入的增加，边际效用趋于递减。
   d. 随着消费某物品的数量增加，该物品的边际效用趋于递减。
   e. 当一种物品的价格上涨时，边际效用趋于递减。

运用下列信息回答题 4 ~ 5。

爱尔伯特吃了 5 块奥利奥曲奇。第 1 块的边际效用为 10 尤特尔；第 2 块的边际效用为 12 尤特尔；第 3 块的边际效用为 8 尤特尔；第 4 块的边际效用为 3 尤特尔；第 5 块的边际效用为 -2 尤特尔。

4. 当爱尔伯特吃了 5 块曲奇时，他得到的总效用为：
   a. -2 尤特尔。
   b. 1 尤特尔。
   c. 31 尤特尔。
   d. 35 尤特尔。
   e. 信息不充分，无法做出判断。
5. 在第______块之后，边际效用开始递减。
   a. 一。
   b. 二。
   c. 三。
   d. 四。
   e. 五。
6. 如果总效用实现了最大化，则：
   a. 边际效用最大化。
   b. 边际效用为零。
   c. 边际效用为负。
   d. 此时的数量是消费者应该购买的数量。

B. 需求曲线的推导

7. 在收入和价格既定的条件下，当消费者达到效用最大化时，则：
   a. 从每一种物品中获得的总满意度必须等于从其他物品中获得的总满意度。
   b. 从一种物品中获得的总满意度与其价格之比，必须等于从其他物品中获得的总满意度与其价格之比。
   c. 从一种物品的最后 1 单位中获得的满意度，必须等于从其他物品的最后 1 单位中获得的满意度。
   d. 从一种物品中获得的总满意度与其总支出之比，必须等于从其他物品中获得的总满意度与其总支出之比。

e. 以上陈述都不正确。

8. 一个消费者将预算全部花费在了物品 A 和物品 B 上，其达到均衡的条件为：

a. $MU_A = MU_B$。

b. $MU_A/P_B = MU_B/P_A$。

c. $MU_A/P_A = MU_B/P_B$。

d. $P_A = P_B$。

e. 以上选项都不正确。

9. 假定你每周有 20 美元，可以用来购买你喜欢的物品 A 和物品 B。你要购买的这两种物品的价格、数量和大致的效用都列在表 5－1 中。你现在要花完你手中的钱。

表 5－1

	价格（$）	数量	总效用	边际效用
A	0.70	20	500	30
B	0.50	12	1 000	20

为了达到效用最大化，你应该购买：

a. 更少的 A，更多的 B。

b. A 的数量一定，更多的 B。

c. 更多的 A，更少的 B。

d. 更多的 A，B 的数量一定。

e. 相同数量的 A 和 B。

10. 假定物品 X 的价格为 1.50 美元，物品 Y 的价格为 1.00 美元。如果一个消费者认为 Y 的边际效用为 30 尤特尔，而且希望通过购买 X 和 Y 达到效用最大化，那么他或她必须考虑 X 的边际效用为：

a. 15 尤特尔。

b. 20 尤特尔。

c. 30 尤特尔。

d. 45 尤特尔。

e. 信息不充分，无法做出判断。

11. 如果第 10 题中的 30 尤特尔为物品 Y 的总效用而非边际效用，那么下列哪一个选项代表了物品 X 的总效用？

a. 15 尤特尔。

b. 20 尤特尔。

c. 30 尤特尔。

d. 45 尤特尔。

e. 信息不充分，无法做出判断。

12. 霍默周日不用上班，他正在考虑如何打发下午的时间。他可以看电视，也可以和巴特一起打棒球。从每一项活动中获得的总效用都是独立于另一项活动的，在表 5－2 中列出。

表 5－2

小时数	总效用	
	看电视	打棒球
1	16	10
2	24	18
3	31	24
4	37	30

如果霍默有 4 个小时在看电视和打棒球之间进行分配，那么以下哪个组合能使他的效用最大化？

a. 打 4 个小时的棒球。

b. 看 3 个小时的电视，打 1 个小时的棒球。

c. 看 2 个小时的电视，打 2 个小时的棒球。

d. 看 1 个小时的电视，打 3 个小时的棒球。

e. 看 4 个小时的电视。

13. 在第 12 题中，当看电视和打棒球组合达到效用最大化时，看电视和打棒球的边际效用分别为：

a. 8，8。

b. 24，18。

c. 40，28。

d. 31，24。

e. 无法确定。

C. 另一种分析方法：替代效应和收入效应

14. 下列经济现象中哪一项存在收入效应？

a. 如果货币收入减少，人们会减少对某种物品的购买。

b. 一种物品的价格下降与收入增加的效果相似，这会激励人们增加对该物品的购买。

c. 当人们的收入增加时，某种物品的销售数量实际上减少了。

d. 人们的收入增加以后，他们会从收入中拿出更多的部分进行储蓄，因此，实际上他们花费的收入比例减少了。

e. 如果一种物品的价格下降，相对来讲，所有其他物品的价格上升了，因此，人们会减少对其他物品的购买。

15. 假定你认为物品 X 和物品 Y 为替代品。如果 X 的价格上涨，而且两种物品都不属于劣品，那么收入效应就会使你：
   a. 只有 X 的价格低于 Y 的价格，才会购买更多的 Y。
   b. 购买更少的 Y。
   c. 购买同样数量的 Y。
   d. 只有 X 的价格高于 Y 的价格，才会购买更多的 Y。
   e. 以上选项都不正确。
16. 如果把第 14 题中的收入效用改成替代效应，那么哪一个选项是正确的？
   a. 如果货币收入减少，人们会减少对某种物品的购买。
   b. 一种物品的价格下降与收入增加的效果相似，这会激励人们增加对该物品的购买。
   c. 当人们的收入增加时，某种物品的销售数量实际上减少了。
   d. 人们的收入增加以后，他们会从收入中拿出更多的部分进行储蓄，因此，实际上他们花费的收入比例减少了。
   e. 如果一种物品的价格下降，相对来讲，所有其他物品的价格上升了，因此，人们会减少对其他物品的购买。
17. 如果市场价格或收入发生了某些变化，那么一个消费者相应地会达到一个新的均衡水平。在这一均衡水平下，各种物品的边际效用均低于原来的均衡水平之下的边际效用。品位或偏好都未发生改变。该消费者：
   a. 在新的均衡水平下，情形变差了。
   b. 在新的均衡水平下，情形变好了。
   c. 如果收入而不是其他因素发生了变化，那么在新的均衡水平下，他的情形变差了。
   d. 如果价格而不是其他因素发生了变化，那么在新的均衡水平下，他的情形变好了。
   e. 在新的均衡水平下，情形可能变好，也可能变差；所给的信息不充分，所以不能做出准确的判断。
18. 假设商品 X 的边际效用为 10，价格为 \$5。商品 Y 的边际效用为 25，价格为 \$25。若消费者要实现效用最大化，则：
   a. 买更多的 X，更少的 Y。
   b. 买更多的 Y，更少的 X。
   c. 这是一个均衡点，所以购买数量不变。
   d. 信息不充分，无法做出判断。

D. 从个人需求到市场需求

19. 市场需求曲线是指：
   a. 个人需求曲线的垂直相加。
   b. 个人需求曲线的水平相加。
   c. 在一个给定的时间点上，市场上交易的均衡价格和均衡数量。
   d. 个人需求曲线相对缺乏弹性的部分。
   e. 个人需求曲线上具有最大弹性的部分。

图 5－1

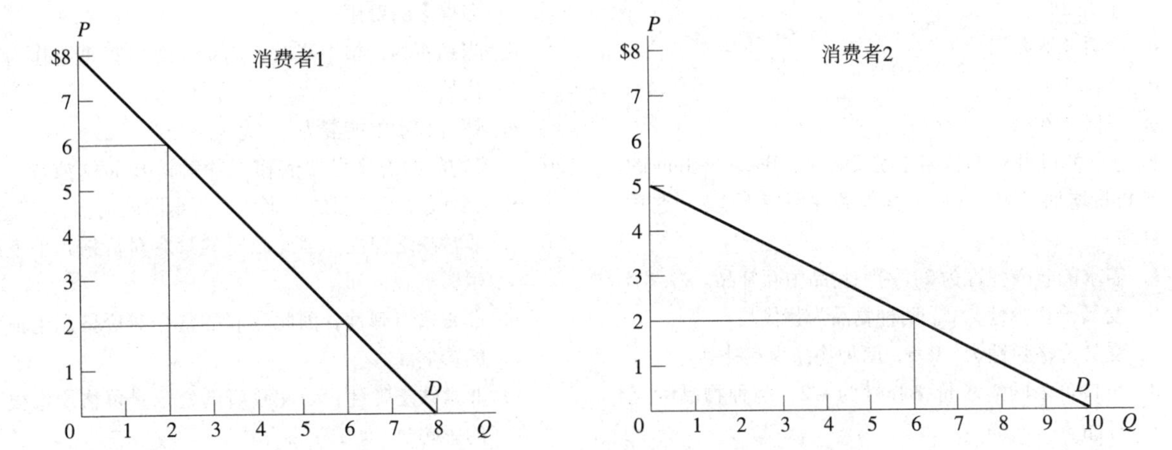

图 5 -2

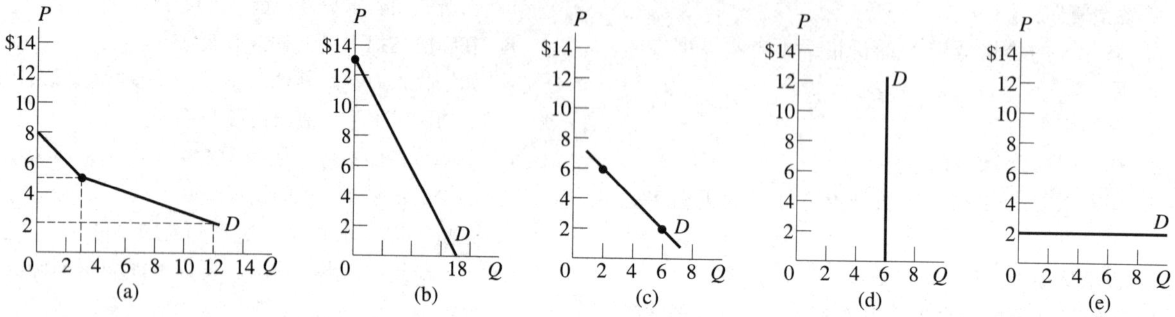

20. 假定市场上只有两个消费者，他们的需求曲线见图 5 -1。在图 5 -2 中，哪一幅是市场需求曲线？
    a. (a)
    b. (b)
    c. (c)
    d. (d)
    e. (e)
21. 当出现下列哪种情况时，某种物品的消费者需求曲线最有可能向右移动？
    a. 替代品的价格上涨，或者互补品的价格下降。
    b. 替代品或者互补品的价格上涨。
    c. 替代品的价格下降，或者互补品的价格上升。
    d. 替代品或者互补品的价格下降。
    e. 以上选项都不是。
22. 假定新房需求的收入弹性为 2.3。如果消费者的收入上涨了 2%，那么你预期新房的数量会：
    a. 上升 2.3%。
    b. 上升 2%。
    c. 上升 4.6%。
    d. 下降 1%。
    e. 下降 4.6%。
23. 假定当可口可乐的价格上涨 2% 时，Bacardi Rum 的销售量增加了 4%（假定其他条件保持不变）。这意味着：
    a. 需求的收入弹性为 2，两种物品为互补品。
    b. 交叉价格弹性为 2，两种物品为替代品。
    c. 交叉价格弹性为 -0.5，两种物品为互补品。
    d. 可口可乐的需求价格弹性为 -2，两种物品为互补品。
    e. Bacardi 的需求价格弹性为 0.5，两种物品为替代品。

E. 价值悖论

24. 价值悖论发生的原因是：
    a. 商品的价格并不总是与它们为我们带来的总效用成比例。
    b. 不可能只通过需求要素或只通过供给要素来解释一种商品的价格。
    c. 不可能解释人们为什么会选择某些品位，也不可能解释为什么人与人之间的品位存在差别。
    d. 商品的价格总是能充分反映它们的价值。
    e. 以上选项都不是。
25. 以下哪一个选项最能够反映价值悖论？
    a. 钻石的需求量会随着价格的下降而增加。
    b. 其他条件保持不变，当价格上升时，供给者愿意而且能够提供更多的水。
    c. 尽管在大多数人看来，水是必需品，钻石只是奢侈品，但消费者在购买钻石时，必须支付比水要多得多的费用。
    d. 当钻石的价格下降时，消费者可以把钻石作为替代品。
    e. 钻石和水不能混为一谈。
26. 上瘾物品的需求强烈依赖以往对该物品的消费。对于大量吸食可卡因的人来说，可卡因的需求：
    a. 非常缺乏弹性，因此政府的禁令对价格几乎不产生影响。
    b. 非常富有弹性，因此政府的禁令对价格产生很大的影响。
    c. 非常缺乏弹性，因此政府的禁令对价格产生很大的影响。
    d. 非常富有弹性，因此政府的禁令对价格几乎不产生影响。

e. 具有完全弹性，因为他们可以以市场价格得到想消费的量。

F. 消费者剩余

27. 消费者剩余的定义为：
    a. 一种物品的总效用与消费者愿意支付的最大额度之间的差额。
    b. 一种物品的总效用与市场价格之间的差额。
    c. 一种物品的总效用与其市场价格之和。
    d. 生产者从所销售的物品中获得的总收益。
    e. 一种物品的所有消费者的边际效用之和。
28. “消费者剩余”这个概念反映的是：
    a. 消费者通过购买所获得的利益大于供给者从销售中所获得的利益。
    b. 购买数量很多的商品对于消费者而言确实是值得做的买卖，因为消费者为了得到这些商品而愿意支付的数额往往大于他们实际的支付。
    c. 消费某一产品的第 1 单位的边际效用大于产品的总效用。
    d. 当消费者的收入增加时，或者商品的价格下降时，总效用增加了。
    e. 当需求缺乏价格弹性时，买者能以较少的支出得到较多的数量。

运用图 5 – 3 回答题 29 ~ 30。

图 5 – 3

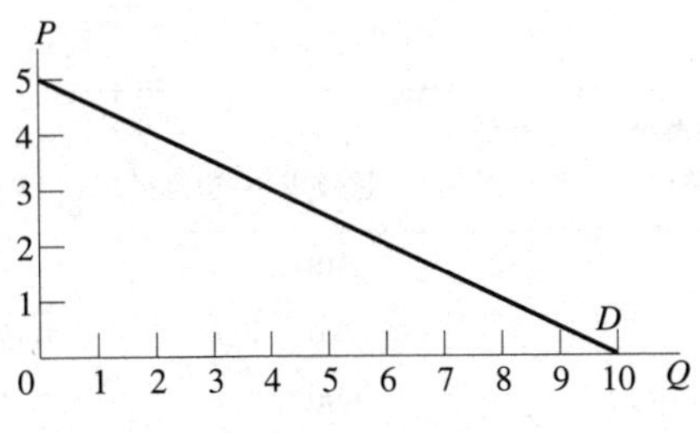

29. 如果该物品的价格为 0，那么消费者剩余为：
    a. 5 美元。
    b. 10 单位。
    c. 16 美元。
    d. 25 美元。
    e. 50 美元。
30. 如果该物品的价格为 2 美元，那么消费者剩余为：
    a. 2 美元。
    b. 9 美元。
    c. 12 美元。
    d. 25 美元。
    e. 50 美元。

七、解答题

下列问题旨在帮助你运用教材中提到的概念。

A. 选择和效用理论

1. a. 如果消费 1 单位、2 单位和 3 单位的物品 B 的总效用分别为 100、160 和 200，那么相应的边际效用分别为______、______和______。
   b. 如果消费 1 单位、2 单位、3 单位和 4 单位的物品 B，那么下列哪一个总效用数字的组合表示了边际效用递减规律？
   （1）200，300，400，500。
   （2）200，450，750，1100。
   （3）200，400，1600，9600。
   （4）200，250，270，280。
   c. 如果再次消费 1 单位、2 单位、3 单位和 4 单位的物品 B，那么下列哪一个边际效用数字的组合表示了边际效用递减规律？
   （1）200，150，100，50。
   （2）200，300，400，500。
   （3）200，200，200，200。
   （4）200，250，270，280。

图 5 – 4

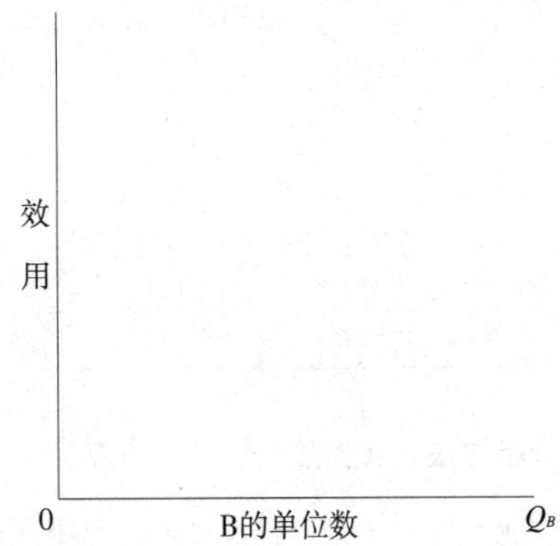

d. 在图 5－4 中，利用在（c）中选择的边际效用数字的组合作出总效用曲线和边际效用曲线。

B. 需求曲线的推导

2. 在表 5－3 中，三组总效用的值表示的是贝蒂·怀特消费用苹果、香蕉和樱桃做成的沙拉而获得的效用。假定这三组效用值相互之间并无联系。也就是说，从苹果中获得的效用数量并不受从香蕉或樱桃中获得的效用数量的影响。但在现实生活中，这不一定是真的。例如，苹果和香蕉就有可能成为相近的替代品。在这里，假定它们之间没有联系，仅为了清楚、简明。

表 5－3

总单位	苹果（总效用）	苹果（边际效用）	香蕉（总效用）	香蕉（边际效用）	樱桃（总效用）	樱桃（边际效用）
1	10	____	100	____	6	____
2	19	____	150	____	12	____
3	27	____	175	____	18	____
4	34	____	187	____	24	____
5	40	____	193	____	30	____
6	45	____	196	____	36	____
7	49	____	197	____	42	____
8	52	____	197	____	48	____

a. 在表 5－3 的横线上填写苹果、香蕉和樱桃的边际效用。

b. 假定贝蒂每周在这三种水果上能花 15 美元，市场上只有这三种水果销售，或者说至少市场上销售的水果中只有这三种是她喜欢的。再假定苹果的价格为每单位 1 美元，香蕉的价格为每单位 2 美元，樱桃的价格为每单位 1 美元。贝蒂应该购买怎样的组合才能达到最大的满足？详细解释你的推理过程。

c. 假定所有的价格和贝蒂的预算都涨了 1 倍，也就是说，现在苹果的价格为每单位 2 美元，香蕉的价格为每单位 4 美元，樱桃的价格为每单位 2 美元，贝蒂有 30 美元。她的效用最大化决策又如何发生变化？请解释。

____

____

____

____

____

C. 另一种分析方法：替代效应和收入效应

3. 两种"效应"解释了当一种商品的价格下降时，为什么购买的数量增加了；当价格上升时，为什么购买的数量减少了。在本题和下一题中，我们用边际效用的概念来详细考察这两种效应的实质。

a. 具体而言，这两种效应是指（**替代/机制**）效应和（**妒忌/收入**）效应。

表 5－4 列出了消费商品 X 和商品 Y 的总效用水平（以效用单位进行衡量）。假定市场上只能买到这两种商品，或者说市场上只有这两种是你喜欢的。请计算出 X 和 Y 的边际效用。

表 5－4

消费的单位	X 的边际效用	X 的总效用	Y 的边际效用	Y 的总效用
3	32	348	20	130
4	____	376	____	148
5	____	400	____	164
6	____	420	____	178
7	____	436	____	190
8	____	448	____	200
9	____	456	____	208
10	____	461	____	213
11	____	464	____	216

b. 假定 X 和 Y 的价格分别为 2.40 美元和 1.00 美元，你每次只有 20 美元可以购买它们。在表 5－4 中，哪一组合使你达到了均衡或得到了最大的效用？即，你将购买______单位的 X 和______单位的 Y，你从购买 X 和 Y 中得到了______尤特尔的总效用。

c. 现在假定 X 的价格从 2.4 美元下降至 1.00 美元，Y 的价格不变，你还是只有 20 美元。新的均衡位置在哪？即，你现在可以购买______单位的 X 和______单位的 Y。

在这种新的情况下，X 的数量（**增加/减少**）了。这不足为奇，因为 X 的价格下降了。Y 的数量（**增加/减少**）了。发生这种情况的原因并不让人一目了然。Y 的价格没有下降，事实上，相对于 X 的价格，Y 的价格上升了。

d. 为什么会发生这种情况呢？在（b）中，你花在 X 上的钱要多于花在 Y 上的钱。在（c）中，X 的价格下降类似于你的收入大大增加；事实上，你的总效用也从原先的 600 尤特尔增加到了（620/664/670/674）尤特尔。为什么呢？因为你拥有了更多的收入来购买更多的 X 和更多的 Y。

当 X 的价格下降时，有两种效应开始对你购买 X 和 Y 的欲望起作用。如果 X 和 Y 为替代品，你会购买（**更多的/更少的**）Y 和更多的 X。但起相反作用的是之前我们讨论的收入效应，这驱使你购买（**更多的/更少的**）X 和（**更多的/更少的**）Y。在这个例子中，收入效应的作用大于替代效应。如果 X 和 Y 为替代程度很高，那么你购买 Y 的数量应该减少而不是增加了。

表 5－5

价格（$）	A	B	C	市场需求
8	2	0	0	___
7	3	0	1	___
6	4	0	3	___
5	5	0	5	___
4	6	1	7	___
3	7	3	10	___
2	8	5	14	___

D. 从个人需求到市场需求

4. a. 表 5－5 列出了 3 个人（A、B、C）在物品 X 不同价格下的需求量。假定市场上只有这 3 个人购买 X，完成表中的空。

b. 在图 5－5 中，画出每个消费者的需求曲线，然后画出市场需求曲线。

F. 消费者剩余

c. 根据图 5－5，你可以看出当市场价格为 4 美元时，A 的消费者剩余为______美元，B 的消费者剩余为______美元，C 的消费者剩余为______美元。

d. 如果市场价格上升至 5 美元，市场总消费者剩余从______美元变化至______美元。

八、讨论题

回答下列问题，解释你这样回答的原因。

1. 假定一个消费者每周有 50 美元花在商品 X 和商品 Y 上，X 和 Y 的价格分别为 5 美元和 4 美元。下面有 4 种情况，请你指出该消费者是否达到了“均衡”，即得到了最大的满意度。如果你觉得信息不充分，难以判断，请说出理由。如果你认为该消费者没有达到均衡，请你为他指明应该怎样变化以达到均衡（如“购买更多的 X 和购买更少的 Y”，“购买更少的 X 和更多的 Y”，“两个都应该增加购买”，等等）。
   a. 假定购买 2 个 X 和 10 个 Y。这时，X 的总效用为 500 尤特尔，Y 的总效用为 400 尤特尔。
   b. 假定购买 6 个 X 和 5 个 Y。这时，X 的总效用为 400 尤特尔，X 的边际效用为 60 尤特尔。Y 的总效用为 800 尤特尔，Y 的边际效用为 30 尤特尔。
   c. 假定购买 6 个 X 和 5 个 Y。这时，X 的边际效用为 25 尤特尔，Y 的边际效用为 20 尤特尔。
   d. 假定购买 6 个 X 和 4 个 Y。这时，X 的边际效用为 25 尤特尔，Y 的边际效用为 20 尤特尔。
2. 我们在谈及效用时意指它的“序数”含义，而不是“基数”含义，为什么？杰里米·边沁在功利主义方面做出了哪些贡献？
3. Economist 先生说，“消费者总是能找到消费品的最佳组合，这时每一种物品的最后 1 单位的边际效用都是相等的。”你同意他的观点吗？

图 5 – 5

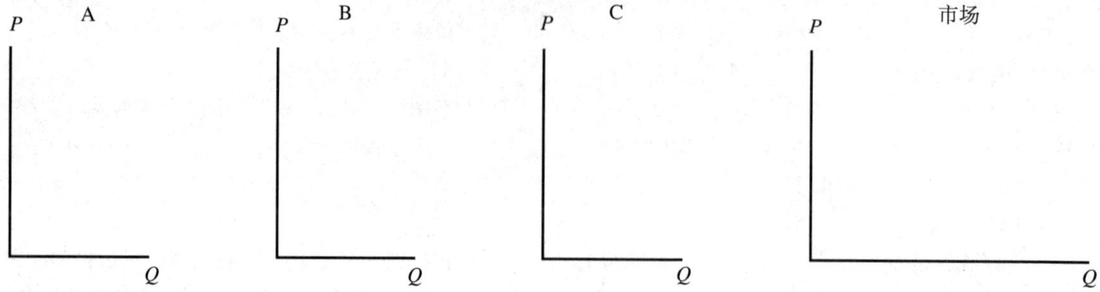

4. 《经济学》教材中的表 5 – 2 和表 5 – 3 列出了若干物品的需求价格弹性和收入弹性的估算情况。
   a. 汽车的收入弹性为 2.5。如果收入上涨 5%，汽车的需求数量将会发生什么变化？汽车是劣品吗？
   b. 人造黄油的收入弹性为 – 0.2。如果收入下降 2%，人造黄油的需求量将会发生什么变化？人造黄油是什么类型的物品？
   c. 医疗保险的需求价格弹性为 0.31。如果需求量下降了 10%，价格发生了什么变化？医疗保险是什么类型的物品？
5. 由于环境污染的问题日益严重，各社区不得不为清洁的空气和干净的水支付越来越多的费用。这意味着价值悖论再也不合理了吗？
6. 最近几年，加州在对待大麻的买卖问题上一直马马虎虎，就像一些欧洲国家（如荷兰）一样。假定你对消费者需求和上瘾物品有所了解，你会建议政府改变政策吗？为什么？
7. 消费者剩余被定义为消费者为一种物品或劳务愿意支付的部分与实际支付的部分之间的差额。为什么厂商没有抓住这个剩余？也就是说，为什么厂商没有让人们支付他们愿意支付的最大数额，反而是按市场决定的价格销售？

九、答案

三、关键概念复习

6	效用
9	边际效用
11	功利主义
8	边际效用递减规律
13	$MU_1/P_1 = MU_2/P_2 = \cdots MU_{花费每1美元}$
2	市场需求
1	收入弹性
7	替代品
3	互补品
15	序数效用
5	替代效应
12	收入效应
14	有害品
4	价值悖论
10	消费者剩余

六、选择题

1. D 2. A 3. D 4. C 5. B 6. B 7. E 8. C 9. C 10. D 11. E 12. C 13. A 14. B 15. B 16. E 17. B 18. A 19. B 20. A 21. A 22. C 23. B 24. A 25. C 26. C 27. B 28. B 29. D 30. B

七、解答题

1. a. 100，60，40
b. （4）
c. （1）
d. 见图 5 – 4

图 5－4

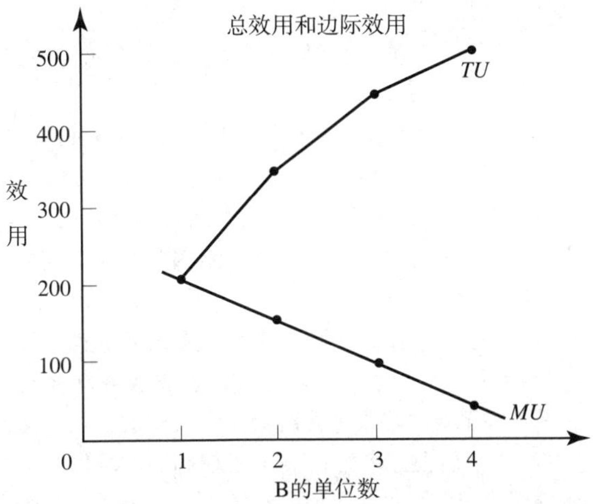

2. a. 见表 5－3
   b. 贝蒂使每种水果的边际效用与价格之比都相等，就会得到最大的满足。因此，她要购买 5 单位苹果、4 单位香蕉和 2 单位樱桃。
   c. 如果所有的价格和贝蒂的预算都涨了 1 倍，贝蒂的效用最大化决策不会发生变化。尽管每种水果的边际效用与价格之比会下降，但收入的增加允许她购买更多的商品。
3. a. 替代，收入
   b. 5，8，600 尤特尔
   c. 10，10，增加，增加
   d. 674，更少的，更多的，更多的

表 5－3

总单位	苹果（总效用）	苹果（边际效用）	香蕉（总效用）	香蕉（边际效用）	樱桃（总效用）	樱桃（边际效用）
1	10	10	100	100	6	6
2	19	9	150	50	12	6
3	27	8	175	25	18	6
4	34	7	187	12	24	6
5	40	6	193	6	30	6
6	45	5	196	3	36	6
7	49	4	197	1	42	6
8	52	3	197	0	48	6

4. a.

表 5－5

价格（$）	A	B	C	市场需求
8	2	0	0	2
7	3	0	1	4
6	4	0	3	7
5	5	0	5	10
4	6	1	7	14
3	7	3	10	20
2	8	5	14	27

   b. 见图 5－5。
   c. 14，0，9
   d. 23，13

八、讨论题

1. a. 信息不充分难以判断，还需要边际效用的数据。
   b. 没有达到均衡，购买更多的 X 和更少的 Y。
   c. 达到了均衡，两种商品的边际效用与价格之比相等。
   d. 没有达到均衡，虽然两种商品的边际效用与价格之比相等，但收入没有完全用完。
2. 序数衡量的是排序，而基数衡量的是基于精确的、统一的刻度得出的绝对数字。吉米·边沁提出社会应该是一个有组织的机体，以促进“最大多数人的最大利益”。这促进了旨在为社会带来最大效用的社会政策的发展。

图 5－5

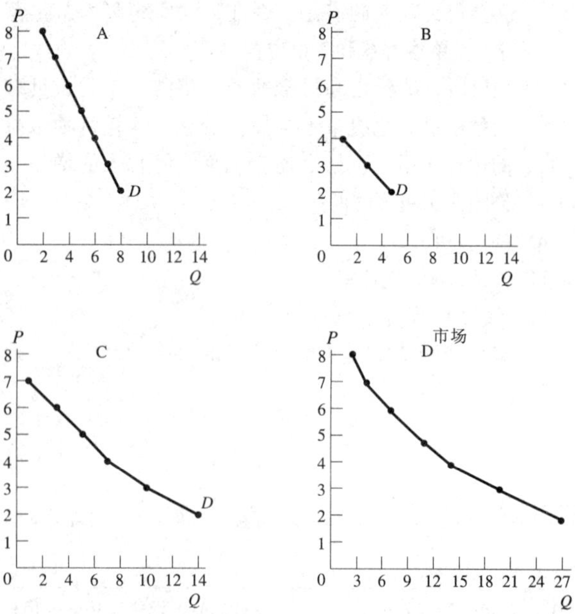

3. 不同意。当一种物品的边际效用与其价格之比同其他所有物品的边际效用与其价格之比相等时，才能实现消费品的最佳组合。
4. a. 汽车的需求量会上升 12.5%。汽车不属于劣品，因为收入增加时，汽车的消费增加了。

   b. 人造黄油的需求量会上升 0.4%。人造黄油属于低档物品。

   c. 价格一定上涨了 32.26%。医疗保险是必需品。
5. 不是的。水和空气的价格上涨，是因为洁净空气和水的边际效用上升了。
6. 由于很多吸食大麻的人属于偶尔吸食的人（尚未上瘾且很容易找到替代品，他们的需求非常富有弹性），因此，如果政府禁止吸食就会提高大麻的价格，从而"鼓励"他们去寻求替代品，如烟和酒。所以，将大麻的买卖定为合法化会使价格下浮一点点，但是需求量会急剧上升。
7. 厂商很难抓住消费者剩余，因为他们不能确定消费者愿意为一种物品或劳务支付多少数额。

第 5 章附录

消费均衡的几何分析

一、概述

本附录的出发点与教材中第 5 章的附录相同：解释在消费者个人偏好既定的情况下，在面临不同的市场价格时，他们如何最有效地利用自己手中固定的收入。本章同样以消费者的两难问题开始，即消费者利用有限的预算来达到最大效用，并得出了同样的结果。事实上，只是描述的方式不同而已。效用最大化的问题受到预算限制的约束，这可以在图上表现出来。

为什么要如此麻烦呢？图形只涉及两种物品，而几何分析却能够更加简洁地反映出：在面临稀缺的情况下，在众多物品中进行选择的一般规律。换句话说，几何分析的内容并不限于我们以前在图中讨论的两种物品的情况。

更重要的是，几何分析方法使我们从基数效用的假定中解脱出来，而基数效用假设也不受经济学家们的欢迎。相反，几何分析方法假定人们仅根据各种物品的排序来列出他们的偏好。几何分析方法只需消费者能够表达出不同商品组合的优先顺序即可，也就是说，说出哪种商品组合是他们想要的。一种以消费者的偏好排序为需求理论背后推动力的方法，远比那种依靠消费者的能力将消费组合量化的方法更好理解和消化。

二、学习目标

在你读完教材第 5 章附录之后，完成本书的习题，你将能够：

1. 定义**无差异曲线**（indifference curve）和**无差异曲线图**（indifference map）。
2. 解释每一个人的无差异曲线各不相同的原因。
3. 反映正常偏好的无差异曲线不可能是向上倾斜的曲线。
4. 描述**预算约束**（budget constraint）的含义。
5. 解释当收入发生变化时，或者两种物品中一种物品的价格发生变化时，预算约束将会如何移动。

三、关键概念复习

在 B 栏中寻找与 A 栏中术语相应的解释，并将序号填在术语前边。

A	B
__ 无差异曲线	1. 在两种物品价格既定的情况下，消费者用给定的收入可能购买的各种商品组合点的轨迹。
__ 替代规律	2. 当沿着无差异曲线向下移动时，它的斜率会下降。
__ 替代率	3. 一种物品越是稀缺，它的相对的替代价值就越大；相对于已经变得充裕的物品，它的边际效用会上升。
__ 预算约束	4. 给消费者带来相同效用的两种物品的组合。
__ $MU_A/P_A = MU_B/P_B$	5. 在既定的无差异曲线的区域内，为了保持效用不变，消费者为了获得一单位 X 而必须放弃的物品 Y 的数量。
__ 无差异曲线的凸状	6. 在市场价格和收入既定时，描述消费者效用最大化的最优组合。

四、小结与本附录提纲

本部分对教材第 5 章附录的关键概念进行总结。

A. 无差异曲线

1. 无差异曲线表示的是能带来相同满意度的两种物品的组合。无差异曲线的形状与斜率取决于个人的偏好，并反映出效用的主观性。
2. 通常情况下，无差异曲线是向下倾斜的。原因是，如果总满意度保持不变，那么一种物品数量的增加必定会引起另一种物品数量的减少。换句话说，两种物品的增加（且没有任何牺牲）通常会增加效用；曲线由原点向外的的移动，一定会与满意度的增加有关。
3. 无差异曲线图包含一族无差异曲线，每一条都代表着不同的效用水平。它们互不相交，因为每一条无差异曲线只表示一种效用水平。

B. 预算线或预算约束

1. 预算约束表示的是消费者用给定的收入可能购买的各种商品组合点的轨迹。它的斜率反映了相对价格，因此，当一种商品的价格发生变化时，预算线就会以一个点为中心旋转移动，而当收入变化时，预算线会平行移动。
2. 消费者可以购买预算线上或以内区域内的各个商品组合。预算线上的商品组合表示总预算刚好全部用完；预算线以下的组合表示支出低于总预算；而预算线上方的组合则表示商品价格对该消费者过于昂贵。

C. 消费者均衡

1. 当无差异曲线与预算线相切于一点，两者的斜率相等时，效用达到最大。这意味着两种物品的边际效用之比与它们的价格之比相等。
2. 当收入发生改变时，预算线会平行移动，到达新的消费组合。当其中一种商品的价格发生变化时，预算线会旋转移动，到达新的消费组合。无论属于哪种情况，都会出现一个新的切点，反映一个面临不同约束的消费者的新的最佳物品组合。

五、学习提示

1. 有时候，无差异曲线很难理解，因为效用是一个比较灵活的概念。我们要牢牢抓住无差异曲线只反映偏好这一点。它反映的是消费者如何在两种物品之间进行选择。
2. 无差异曲线的一般特性如下：大多数物品的无差异曲线都是向下倾斜的，反映效用不变的情况下两种物品之间的权衡；无差异曲线凸向原点，反映边际效用递减规律；无差异曲线离原点越远，表明效用水平越高，因为能购买更多的数量；无差异曲线互不相交，如果相交，表明偏好不确定。
3. 无差异曲线的形状能大致说出消费者偏好的情况。如果图中曲线相对陡峭（见图 5A－1），那么在效用保持不变的情况下，消费者为了多得到 1 单位 x 愿意放弃较多单位的 y。这意味着消费者比较偏好 x。还有一种情况，如果图中曲线相对平坦，那么在效用保持不变的情况下，消费者为了多得到 1 单位 x 愿意放弃较少单位的 y（见图 5A－2）。这意味着消费者比较偏好 y。

图 5A－1

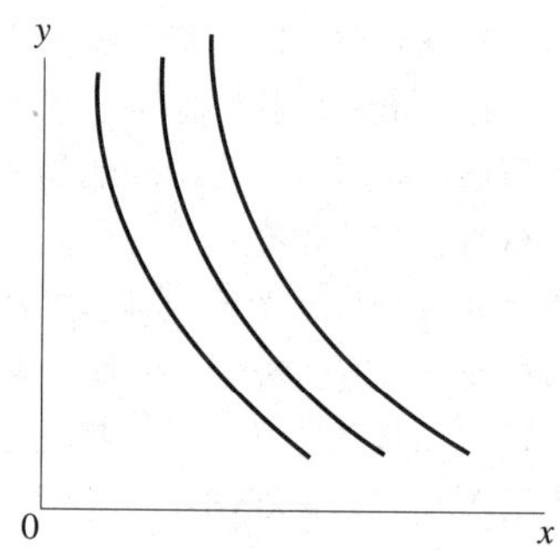

图 5A－2

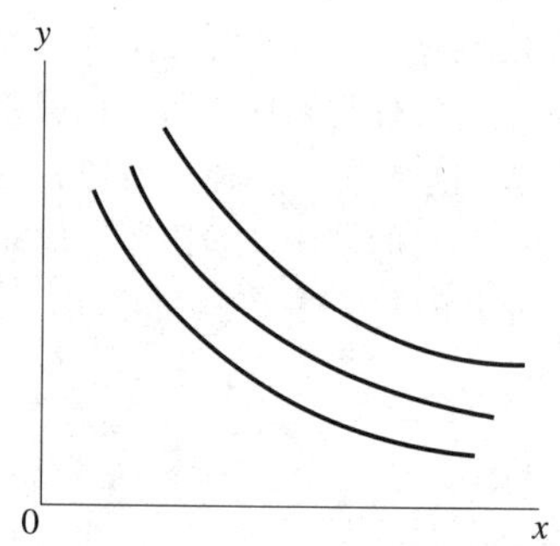

4. 我们还可以从另外一个角度来解释切点。在两种物品边际效用之比既定情况下的主观均衡点，就是价格之比既定时市场决定的均衡点，这个点就是切点。

六、选择题

下列问题按照教材中的顺序安排，从各选项中选出一个最佳答案。

A. 无差异曲线

1. 无差异曲线描述的是：
   a. 花费同样数额货币的两种物品的组合。
   b. 在每种价格水平下一种物品的需求量。
   c. 带给消费者相同效用的两种物品的组合。
   d. 在充分就业、生产有效率、技术稳定、资源固定的情况下，一个经济体所能生产的两种物品的组合。
   e. 优于其他组合的两种物品的组合。
2. 任何一条无差异曲线的位置和形状由______来决定。
   a. 消费者的偏好，还有决定预算线的收入数额。
   b. 所购买物品的价格。
   c. 消费者的偏好，收入的数额，还有所购买物品的价格。
   d. 所购买物品的价格和收入的数额，而不是偏好。
   e. 仅仅是消费者的偏好。
3. 如果有人告诉你物品X和Y的无差异曲线向上倾斜，你对这种说法的反应是：
   a. 该消费者的收入一定增加了。
   b. 这是不可能的，因为如果是这样的话，该消费者就不会从物品X和Y中得到满意度了。
   c. 可能表明该消费者对于这两种物品漠不关心。
   d. 两种物品当中肯定有一种的价格发生了变化。
   e. 这表明当消费者多消费1单位X时，如果保持效用不变，他（或她）肯定要多消费Y。

B. 预算线或预算约束

4. 预算线的位置和形状由______来决定。
   a. 消费者的偏好，还有决定预算线的收入数额。
   b. 所购买物品的价格。
   c. 消费者的偏好，收入的数额，还有所购买物品的价格。
   d. 所购买物品的价格和收入的数额，而不是偏好。
   e. 仅仅是消费者的偏好。

运用图5A－3回答题5～7。

图5A－3

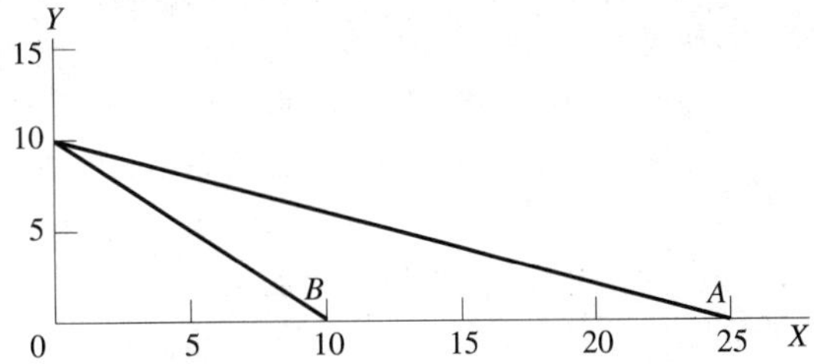

5. 如果Y的价格为5美元，X的价格为2美元，那么预算线A表示总支出为：
   a. 5美元。
   b. 10美元。
   c. 15美元。
   d. 50美元。
   e. 100美元。
6. 预算线移动到B曲线，可能的原因是：
   a. X的价格上涨了。
   b. Y的价格上涨了。
   c. 收入增加了。
   d. 消费者的偏好改变了。
   e. X和Y的价格都下降了。
7. 新的价格为：
   a. X的价格为25美元。
   b. Y的价格为25美元。
   c. 收入为35美元。
   d. X的价格为2美元。
   e. 以上选项都不对。

C. 消费者均衡

8. 在一个无差异曲线图上，一个消费者接近于均衡位置，以下描述恰当的是：
   a. 该消费者在向预算线上的点移动，表明这一点上的商品组合具有最高货币价值。
   b. 该消费者在向预算线上的点移动，在这一点上，预算线的斜率等于两种物品的价格之比。
   c. 该消费者沿着预算线移动，直到一种物品的新增效用恰好等于另一种物品的新增效用。
   d. 该消费者选择认为价值最高的、且在既定预算线之内的无差异曲线。
   e. 该消费者选择认为价值最高的、且与既定无差异曲线相交的预算线。

9. 以下哪一个选项是对无差异曲线分析不正确的陈述？
   a. 无差异曲线上的每一个点都代表两种物品的不同的组合。
   b. 预算线上的每一个点都代表两种物品的不同组合。
   c. 一条无差异曲线上的所有点都代表相同的效用水平。
   d. 一条预算线上的所有点都代表花费相同数额的货币。
   e. 一条无差异曲线上的所有点都花费相同数额的货币。

10. 假定汤姆当前消费图 5A－4 中的 Z 组合。为了提高他的效用而又不超出预算线，他应该：
   a. 多消费商品 A，少消费商品 B。
   b. 多消费商品 B，少消费商品 A。
   c. 多消费商品 A 和 B。
   d. 减少两种物品的消费。
   e. 既不购买商品 A，也不购买商品 B。

图 5A－4

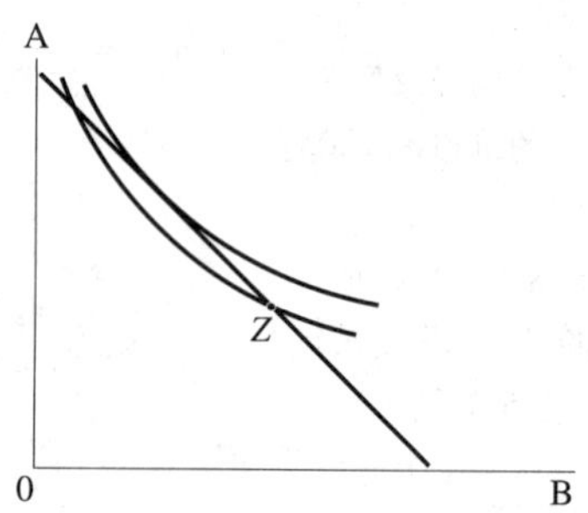

11. 如果所有的价格和收入都增加 1 倍，那么想达到效用最大化的消费者：
   a. 将两种物品的消费增加 1 倍。
   b. 维持目前的消费组合。
   c. 将两种物品的消费减少一半。
   d. 改变他的偏好。
   e. 以上选项都不是。

七、解答题

下列问题旨在帮助你运用教材中提到的概念。

A. **无差异曲线**

1. a. 无差异曲线展示的是消费者的偏好。任何一条无差异曲线都是由一系列点组成的，如图 5A－5 中的几条无差异曲线所示。一条曲线上的每一个点代表不同的（**货币数量/效用水平/两种商品的组合**）。在每一条无差异曲线上所有的点都有一个共同的特点，即在消费者看来，它们都代表相同的（**货币数量/效用水平/两种商品的组合**）。
   b. 我们可以画出（**几条/无限数量**）的无差异曲线中的一条或两条来表示一个消费者的无差异曲线图。假定有两条这样的无差异曲线，离原点越远的那一条一定表示（**更高的/相同的/更低的**）效用水平。
   c. 在图 5A－5 中，从原点出发画一条 45°线，它与 4 条无差异曲线的交点表示 4 个服装－食品组合。离原点越远的无差异曲线表示服装和食品的消费量越大，从而效用水平越高。（回忆一下，边际效用总是为正，因此，在没有减少另一种物品消费的情况下，增加某种物品的消费必定会增加效用。）

图 5A－5

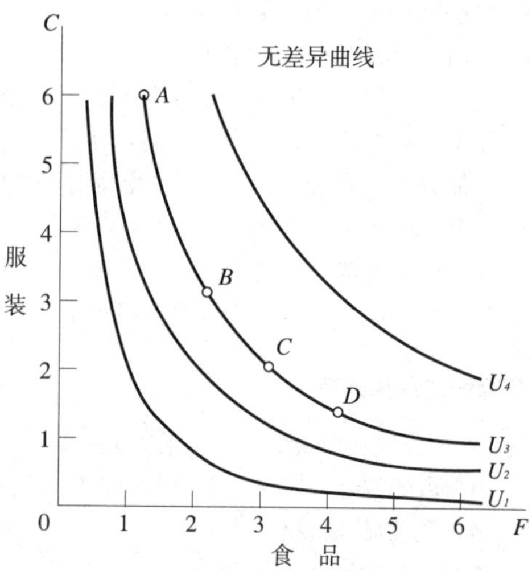

   d. 如果两个不同的服装—食品组合都在同一条无差异曲线上，那么第二组一定比第一组消费更多的食品和更少的服装（或相反）。（如果你要消费更多的食品和更多的服装，或者消费更少的食品和更少的服装，你就不可能得到相同的效用水平。）这表明一条无差异曲线一般是（**向上/向下**）倾斜的。

2. 在图5A－6 中，分别画出 a、b 和 c 中描述的偏好的无差异曲线图。（提示：学习提示中指出的无差异曲线的一般特性不一定适用于这些消费者。）

图 5A－6

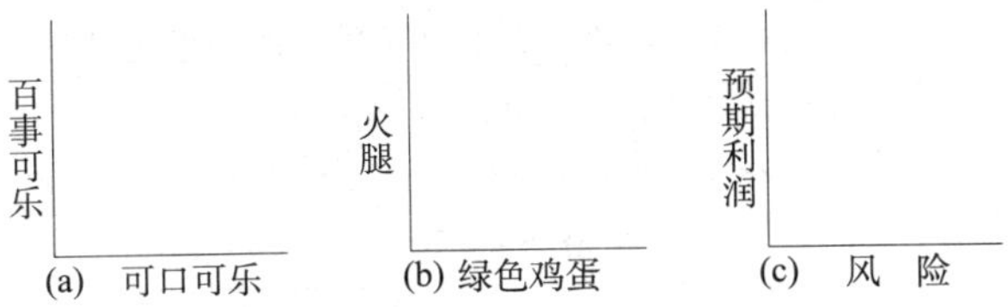

a. 拉瑞去为公司部门的野餐采购饮料。他并不在意是购买可口可乐还是购买百事可乐；对他来说，这两种饮料是很好的替代品。

b. 山姆一直都保持着吃一个鸡蛋和一片火腿的饮食习惯。如果他多得到一个鸡蛋，但是不增加火腿，他是吃不下去的。如果他多得一片火腿，但是不增加鸡蛋，他也吃不下去。

c. （有难度的问题）沙丽为有钱人销售金融投资组合。这些组合有两个特征：他们有潜在的预期利润，而且带有一定的风险。沙丽的客户想要利润较高的投资组合，但是同时要尽量降低风险。也就是说，他们希望所投资的证券组合能赚取较高的预期利润，同时在遭受风险时能得到补偿。

B. 预算线或预算约束

3. 现在考虑下面这个情况：如果你的收入既定，某些物品的价格既定，暂不考虑你的偏好，那么你能够购买什么。在这个只有两种物品的例子中，所有可以购买的组合都通过一条直线表现出来——预算线或消费可能性线，见图 5A－7。

确信你理解了这条预算线或消费可能性线所传达的信息。这条线上的每一个点代表不同的（**货币数量/效用水平/两种商品的组合**）。这些组合各不相同，但它们有一个共同的特征：若价格既定，它们（**能以同样数量的货币购买到/都代表相同的效用水平**）。你可以沿着这条预算线上下移动；它上面的所有点都能以相同数量的货币购买到。你应该选择哪一个点呢？这就涉及到偏好。预算线上不同的食品—服装组合代表着不同的效用水平。你应该选择你最喜欢的组合——它能使你的满意度达到最大。

图 5A－7

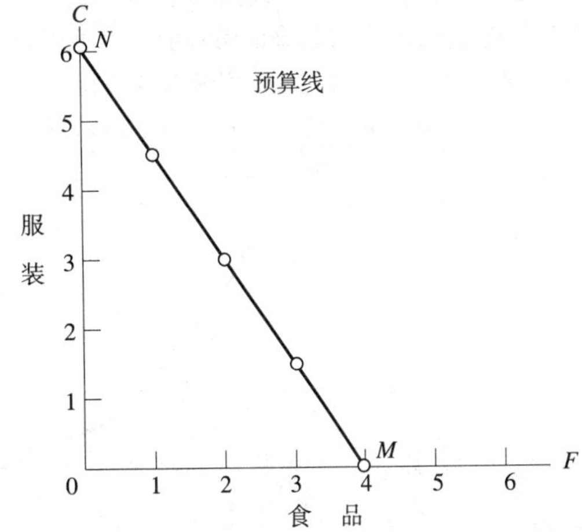

C. 消费者均衡

4. 以图 5A－8 中的无差异曲线图为例。该图表示的是多娜对鲑鱼和箭鱼的偏好。

图 5A－8

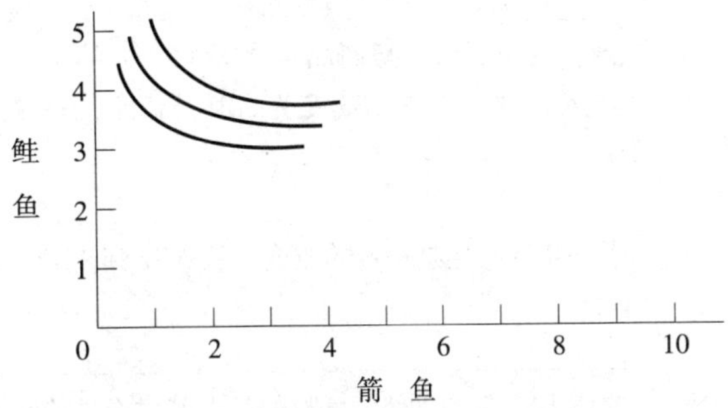

a. 描述多娜的偏好。根据图中无差异曲线的形状，你能说出她更偏好哪一种鱼吗？

____

b. 假定箭鱼的价格为每磅 5 美元，鲑鱼的价格为每磅 10 美元。多娜有 50 美元可以购买它们。在图 5A－8 中画出她的预算线。

c. （有难度的问题）请写出多娜的预算线的方程式。

____

d. 多娜花 50 美元购买鲑鱼和箭鱼的最优组合是什么？在图中用 *A* 点标出来，并解释在预算既定的情况下，为什么这是多娜最好的选择。

5. 在图5A－9的上部，AB0是消费者的初始预算线，E0是均衡点。图中曲线为消费者的无差异曲线，并与预算线相切于E0点。（其余的两条曲线也是无差异曲线。）沿着AB0线，商品X的价格为4美元。

图5A－9

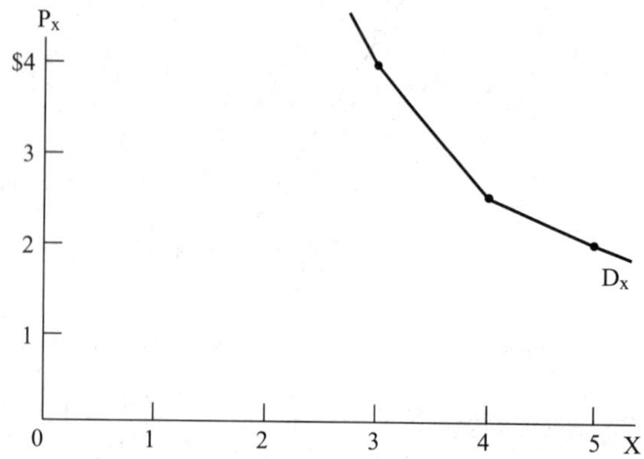

a. 消费者的收入或预算一定为______。

b. 商品Y的价格一定为______。

c. 预算约束从AB0变为AB1，导致这一改变的原因为______。

d. 从定量的角度看，是商品X的价格、Y的价格还是收入的改变使得AB0变为AB1？新的价格是多少？

____

e. 如果AB线发生进一步的改变，从AB1到AB2，如何解释？

____

f. 观察图5A－9的下部，反映的是以前讨论过的在既定的收入水平和商品Y的价格下，消费者关于商品X的需求曲线。在曲线上画出三个点，正确的表示消费者在如下情况中对商品X的需求。（提示：商品X的价格会随三条无差异曲线怎样变化？购买商品X的数量是多少？将这三个点用光滑的曲线连接起来。）

八、讨论题

回答下列问题，并解释你这样回答的原因。

1. 无差异曲线之间永不相交，为什么？

2. 无差异曲线会凸向原点，为什么？当消费者沿着无差异曲线向右下方移动时，会发生什么？

3. 以图5A－10为例。假定一个消费者目前处于*A*点的位置。为了提高他或她的效用，你会提出什么样的建议？假定一个消费者目前处于*B*点的位置，为了提高他或她的效用，你又会提出什么样的建议？最后，在*C*点有更多的两种物品，而且是更远的一条无差异曲线，为什么消费者没有选择这一点？

图5A－10

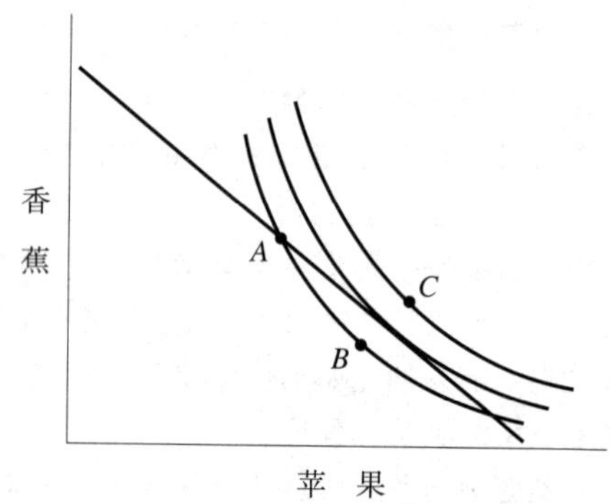

4. 里奇说："一条个人的需求曲线可以从一个无差异曲线图和一组预算线中推导出来。你所要做的就是改变一下收入水平，并观察最优市场组合是如何发生变化的。"你同意他的观点吗？

九、答案

三、关键概念复习

4	无差异曲线
3	替代规律
5	替代率
1	预算约束
6	$MU_A/P_A = MU_B/P_B$
2	无差异曲线的凸状

六、选择题

1. C 2. E 3. E 4. D 5. D 6. A 7. E
8. D 9. E 10. A 11. B

图 5A－6

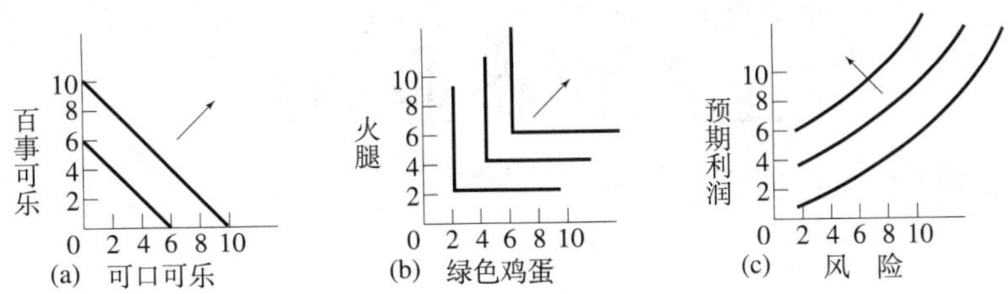

七、解答题

1. a. 两种商品的组合，效用水平
   b. 无限数量，更高的
   d. 向下
2. 见图 5A－6。
3. 两种商品的组合，能以同样数量的货币购买到
4. a. 多娜的无差异曲线相对平坦，因而看起来她更偏好鲑鱼。在效用保持不变的情况下，当她在无差异曲线上移动时，她不愿意拿更多的鲑鱼来交换箭鱼。
   b. 见图 5A－8。
   c. 鲑鱼 =5－0.5×箭鱼
   d. 多娜将购买 4 磅鲑鱼和 2 磅箭鱼。即使箭鱼相对便宜，多娜还是更喜欢鲑鱼，所以她购买了更多的鲑鱼。

图 5A－8

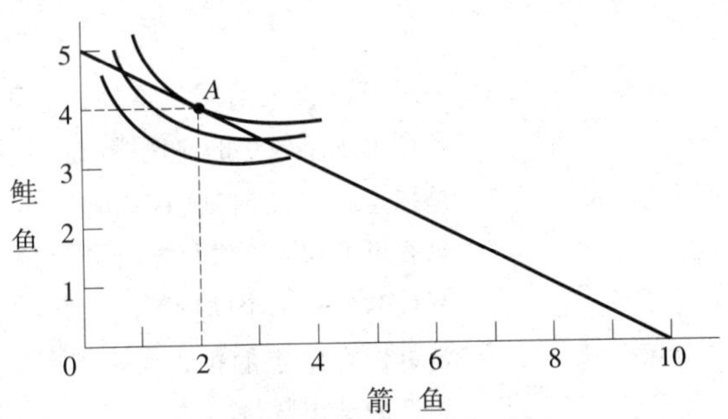

5. a. 20 美元
   b. 4 美元
   c. 商品 X 价格的下降
   d. 当 X 的价格变为 2.5 美元
   e. 当 X 的价格变为 2 美元
   f. 见图 5A－9

图 5A－9

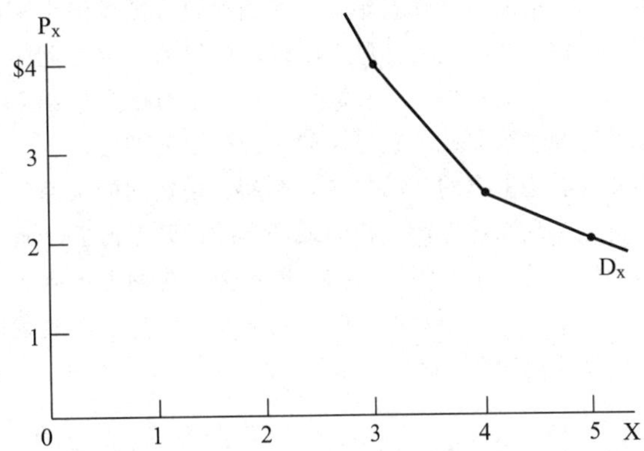

八、讨论题

1. 无差异曲线永不相交。如果它们相交，一个点就会代表两个不同的效用水平。
2. 无差异曲线凸向原点是由替代规律而引起的。随着消费者逐渐减少某种物品的消费，比如苹果，来换取更多的另一种物品，比如香蕉，苹果的边际效用是上升的。同时，由于香蕉变得更加充裕，所以香蕉的边际效用是下降的。因此，消费者需要越来越多的香蕉来替代少消费一个苹果所损失的效用。
3. 如果该消费者目前处于 *A* 点，我就会建议他多消费苹果，少消费香蕉。这会使无差异曲线向右移动但不改变支出水平。若在 *B* 点，该消费者没有消费完全部预算。该消费者不可能到达 *C* 点，因为这个组合他负担不起。
4. 里奇的观点不正确。为了推导出一条需求曲线，我们需要一幅无差异曲线图和一组预算线，每一条预算线都代表你所推导物品的不同价格。

第 6 章

生产和企业组织

一、概述

本章从讨论基本概念开始，这些概念经常被经济学家在考察组建企业的宗旨（即生产以及供给消费者所需的物品和劳务）时所使用。回忆一下在《学习指南》第 3 章探讨过的供给曲线。它界定的是在一定时期之内，厂商愿意且能够生产的产品数量和产品价格之间的关系。通过首先探究描述生产过程的最基本的关系，再去了解美国经济中最常见的组织结构，你就会对这种关系有更进一步的了解。你将要回答两个问题：大多数生产过程的一般特征是什么？企业是如何被设计和组织的？

二、学习目标

在你读完教材第 6 章之后，完成本书的习题，你将能够：

1. 定义生产函数，并把它与**总产量**（total product）、**边际产量**（marginal product）和**平均产量**（average product）联系起来。
2. 解释**边际收益递减规律**（law of diminishing marginal returns）。定义规模报酬**不变**（constant）、规模报酬**递增**（increasing）和规模报酬**递减**（decreasing），并把每一种情况与边际收益递减规律联系起来。
3. 比较总生产率与特定投入的生产率之间的相同与不同。把两者与技术变革和边际收益递减规律联系起来。
4. 区分生产过程中的**短期**（short run）和**长期**（long run）。
5. 列出关于 20 世纪整个美国经济增长中具有代表性的事件，并解释其原因。与 20 世纪美国经济的整体状况相比，为什么美国在过去 20 年不那么赢利了。
6. 解释三种企业组织形式的区别：个人业主制、合伙制和公司。
7. 理解**网络市场**（network market）的特性及其原因，并指出它们对企业行为和公共政策的影响。
8. 说出企业存在于现代经济中的三种原因。
9. 定义适用于企业组织的有限责任，并解释大企业相互合并的趋势。
10. 列出三种企业组织形式的优缺点。
11. 区分企业组织的所有权和控制权。

三、关键概念复习

在 B 栏中寻找与 A 栏中术语相应的解释，并将序号填在术语前边。

A	B
__ 生产函数	1. 在其他投入不变时，随着某一投入量的增加，新增加的产出越来越少。
__ 总产量	2. 表示所有投入的同比增加，但导致产出水平较小的比例增加。
__ 平均产量	3. 是指这样一个时期，在该时期内，只有可变要素能够调整，而固定要素，如资本，则不能调整。
__ 边际产量	4. 告诉你在给定的投入水平下所能生产的产出数量。
__ 边际收益递减规律	5. 对产品采用新的或改良的生产加工技术。
__ 规模报酬不变	6. 在其他投入要素保持不变的情况下，某一投入要素新增一单位所带来的产量或产出。

__ 规模报酬递增　7. 表示所有投入的同比例增加，导致产出水平以更大比例的增加。
__ 规模报酬递减　8. 通过特定的媒介将不同的人联结在一起。
__ 短期　9. 新的或改良的产品被推向市场。
__ 长期　10. 生产出来的、用实物单位衡量的产出总量。
__ 网络　11. 表示所有投入的同比例增加，导致产出以同样的比例增加。
__ 固定成本　12. 是指这样一个时期，在该时期内，企业使用的所有要素，包括资本，都能够调整。
__ 使用外部性　13. 总产出与加权平均的投入之比。
__ 工艺创新　14. 总产量除以总投入的单位数。
__ 产品创新　15. 消费者能从使用某种物品的其他消费者那里受益。
__ 生产率　16. 短期内无法得到调整的要素的成本。

四、小结与本章提纲

教材中的第6章分为两个部分。A部分描述的是生产理论；这是你理解生产成本和企业产出决策的基础。B部分讨论了美国经济中的企业组织，有助于解释企业经营的方式及原因。

A. 生产理论和边际产量

1. 生产函数描述的是一个企业的总产量（或总产出）与投入量之间的关系。
2. 一种投入的平均产量是指总产量与该种要素总量之比。一种投入的边际产量是指在其他投入保持不变的情况下，由于新增1单位的投入而多生产出来的产量或产出。
3. 由于边际收益递减规律，边际产量在短期内下降。该规律指出：在资本既定的情况下，随着可变投入的不断增加，边际产量最终会下降。
4. 规模报酬是一个长期的概念，它反映的是当所有投入成比例变化时，总产出对此做出的反应。边际生产率递减（是一个短期的概念）与规模报酬递增、递减或不变一致。
5. 时期对于企业确定调整对象来说至关重要。在短期内，企业有时间调整某些投入（如劳动），但是资本存量一般都是固定不变的。企业只能在长期内调整所有投入，包括资本存量和技术。
6. 当发生技术变革时，企业的生产函数就会发生变化。工艺创新会带来生产方式上的变化，而产品创新会向市场推出新的产品。
7. 生产率衡量的是每1单位投入所生产出来的产出数量；生产率的增长衡量的是生产率水平的增长速度。
8. 一些产品会产生网络效应，如通信产品（互联网、电话、传真机）、传输器材和电子计算机。消费者消费这些产品的收益不仅取决于自己的消费，同时也取决于其他消费者所消费的数量。网络市场表现出如下特点：具有倾向性（即市场趋同于一种占主导地位的标准或产品类型）、对“历史”的依赖以及经营策略多样化（如渗透定价、激烈的广告）。认识网络市场对于反垄断政策法规的制定有着重要的意义。

B. 企业组织

1. 企业组织有三种形式：个人独资企业、合伙企业和公司。
2. 企业的存在主要有三种原因。首先，实现批量生产的优势，也就是说，利用专业化设备、装配线和劳动分工。其次，精心筹建的企业可以更有效地筹集资金。第三，由于管理者能够管理并且监督所有的投资活动，企业能够更有效地管理生产过程。
3. 公司允许所有者按照他们所投资的数额承担有限的责任，但这种组织通常要求所有者将控制权让给管理团队。公司的一个不利之处在于公司收入可能会被“双重征税”：公司的净利润需要被征税一次，而公司净利润被分配给投资者作为他们的股息收入时又得被征收一次。
4. 公司的所有权和控制权通常是分离的。股东拥有公司所有权，经理人控制公司运作。公司所有人选举董事会成员来监督公司的经营管理。在一些场合，股东和管理者有着共同的利益，如利润最大化。但有些场合则不无冲突，如确定管理层薪资水平等事宜。主张多给的人说，较高的水平为的是激励高层管理者对公司做出更宝贵的贡献，而薪资与绩效挂钩的机制则促使管理人员最大限度地提高公司的经营绩效。但反对的人则指出这其中存在着“委托－代理”问题，即代理人（管理者）并不总是会最大化委托人（所有者）的利益，相反，他们往往是按自身利益（如最大限度地提高薪酬、奖金和津贴）行事。由于公司所有权非常分散，每个股东投票权力都非常小，对管理人员的全面监控也非常有限，由此管理人员可以操纵制定有利于他们自身而不是有利于股东的薪酬方案。因此，关于管理层高薪酬是否符合效率要求，理论界一直存在争议。许多经济学家都建议采用累进税制来消除收入的不平等，而不是仰仗政府制定的薪酬标准。

五、帮助提示

1. 你要抽出时间来认真地绘制一条生产函数曲线，以及与之相关的平均成本曲线和边际成本曲线。做这个练习有助于你理解投入与成本之间的关系。
2. 记住：边际收益递减规律是一个短期的概念，因为调整的是可变投入。这个概念与规模报酬递减不同，后者涉及的是随着所有投入（包括资本）的增加而导致的产出变化。资本的变化经常包括一个长期决策。
3. 边际收益递减规律与规模报酬递增、规模报酬递减和规模报酬不变并不矛盾，这一点很难理解。规模报酬与边际生产率是两码事情：前者反映的是所有投入成比例的变化所产生的结果；而后者反映的是一种投入变化1个单位所产生的结果（所有其他条件保持不变）。
4. 当经济学家们提到一个企业生产的产品时，他们将"总产量"与"总产出"视为同义。

六、选择题

下列问题按照教材中的顺序安排，从各选项中选出一个最佳答案。

A. 生产理论和边际产量

1. 生产函数描述的是：
   a. 投入价格如何随企业产出的变化而变化。
   b. 从一定数量的投入中得到多少产出。
   c. 在每一个价格水平下，企业应该生产的最优产出水平。
   d. 价格与需求量之间的关系。
   e. 所有以上选项。
2. 一种投入的平均产量由下列哪一项中的比率决定？
   a. 总产量的变化与总产量之比。
   b. 一种投入单位数的变化与所有投入单位数的变化之比。
   c. 所有投入的总单位数与一种投入的总单位数之比。
   d. 总产量与一种投入的总单位数之比。
   e. 总产量的变化与一种投入的单位数的变化之比。

表6-1

工人数量	总产量（每天）
0	0
10	50
20	150
30	350
40	500
50	600
60	650
70	650
80	640
90	620

表6-1中的数据列出了ABC公司（一家生产装饰品的公司）的短期生产函数，用表中的数据完成问题3~7。

3. 前10名工人的边际产量为：
   a. 0。
   b. 5。
   c. 10。
   d. 50。
   e. 500。
4. 当ABC公司提高开工率，工人数从40人增至50人时，边际产量为：
   a. 0。
   b. 5。
   c. 10。
   d. 50。
   e. 500。
5. 50个工人的平均产量为：
   a. 12。
   b. 50。
   c. 100。
   d. 600。
   e. 信息不充分，无法做出判断。

6. 边际收益递减发生在______的某个时候。
   a. 10 个和 20 个工人之间。
   b. 20 个和 30 个工人之间。
   c. 30 个和 40 个工人之间。
   d. 40 个和 50 个工人之间。
   e. 70 个和 80 个工人之间。
7. 根据这一生产函数，你可以看出，ABC 公司经历着：
   a. 规模报酬递增。
   b. 规模报酬递减。
   c. 规模报酬不变。
   d. 边际效用递减。
   e. 无法根据表中的数据做出判断。
8. 边际收益递减规律指的是：
   a. 任何一种投入的总产量最终一定会达到最大，且随着该投入单位数的增加而减少。
   b. 任何一种投入的平均产量最终一定会达到最小，且随着所有投入的增加而成比例地增加。
   c. 任何一种投入的边际产量应该最终都会随着该投入单位数的增加而减少。
   d. 任何一种投入的边际产量应该最终都会随着所有要素同比例的增加而下降。
   e. 任何一种投入的平均产量应该先增加，随后随着该投入单位数的增加而减少。
9. 如果一个生产过程对于所有投入都是收益递减，那么：
   a. 它不可能是规模报酬不变。
   b. 它一定是规模报酬递减。
   c. 它不可能是规模报酬递增。
   d. 所有以上选项。
   e. 以上选项都不对。
10. 如果一种投入的边际产量为正，但它随着投入单位数的增加而递减，那么：
   a. 总产量达到了最大，正要开始下降。
   b. 总产量正在增加，但增加的速度越来越慢。
   c. 平均产量一定正在下降。
   d. 企业应该减少生产。
   e. 企业一定是在长期内运作。
11. 如果某种投入的平均产量高于它的边际产量，那么：
   a. 边际产量一定是在随着该投入的增加而增加。
   b. 边际产量一定在沿着平均产量移动。
   c. 平均产量一定是在随着该投入的增加而增加。
   d. 平均产量一定是在随着该投入的增加而下降。
   e. 总产量一定是在随着该投入的增加而下降。
12. 下列哪一项是属于企业长期内的调整？
   a. 装配线采用基于计算机的技术，替换了 50% 的劳动力。
   b. 采用三班倒，提高了开工率。
   c. 由于面临国外竞争，削减工人 30%。
   d. 削减整个中层管理的成本。
   e. 以上选项在长期内都是有可能的。
13. 根据历史记录，我们可以看出：
   a. 自 20 世纪以来，美国的总生产率一直在增长，年平均增长率约为 0.5%。
   b. 在近 90 年内，尽管美国的资本存量与劳动力之比没有改变，但是劳动生产率的增长一直快于总生产率的增长。
   c. 在过去 20 年内，美国的全要素生产率的年均增长率比过去 90 年之内的年均增长率要低 1%。
   d. 自 20 世纪以来，美国的资本收益率显著提高，部分归功于技术创新。
   e. 以上陈述都不正确。
14. 假定图中有一条总产量曲线。如果再画一条总产量曲线，它反映的是使劳动更具效率的技术进步，那么，这条总产量曲线：
   a. 应该在第一条曲线之下，且更平坦。
   b. 应该在第一条曲线之上，且更平坦。
   c. 应该在第一条曲线之下，且更陡峭。
   d. 应该在第一条曲线之上，且更陡峭。
   e. 应该在第一条曲线之上，直到收益开始递减。
15. 考虑图 6－1 中的生产函数。哪一个函数表示了资本的边际收益递减？
   a. (a)。
   b. (b)。
   c. (c)。
   d. (d)。
   e. 这些函数都呈现出边际收益递减。
16. 网络是指：
   a. 生产中的规模经济。
   b. 不同的人通过特定的媒介而联结在一起。
   c. 生产过程中的边际收益递减规律。
   d. 企业找到产品创新的优势。
   e. 生产成本随着产出的增加而减少。

图 6－1

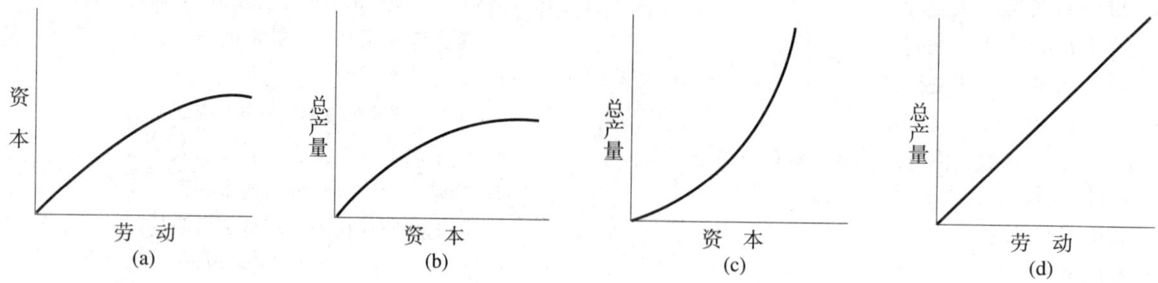

17. 当我决定发电子邮件给商务伙伴时，我帮助创造了：
   a. 规模经济。
   b. 规模不经济。
   c. 收益递减。
   d. 使用外部性。
   e. 以上选项都不是。
18. 网络的重要特征包括：
   a. 冒尖优势。
   b. 历史因袭。
   c. 胜者全得。
   d. 所有以上选项。
   e. 以上选项都不是。
19. 收益递减规律指的是______的最终下降。
   a. 某种投入要素的总产量
   b. 某种投入要素的平均产量
   c. 某种投入要素的边际产量
   d. 某种投入要素的规模报酬

B. 企业组织

20. 在大部分经济体中，生产是通过企业来组织的。你认为这其中的重要原因是：
   a. 它们能充分利用批量生产的优势。
   b. 它们能筹集资金。
   c. 它们能雇佣管理层，从而更有效地管理生产。
   d. 所有以上选项。
   e. 以上选项都不是。
21. 公司中经常会用到“有限责任”这个词，它的意思是：
   a. 公司的任何管理者代表公司说话的权限和承诺的义务有严格的限定。
   b. 股东所承担的财务责任仅限于其所持股份范围之内，而不论公司需承担多大责任。
   c. 公司为股东支付红利的责任是有限的，因为只有在赢利时才为股东分配红利。
   d. 公司在法律上不用承担的某些特定义务。
   e. 公司只对个人或企业债权负有有限的责任。
22. 5 个人合伙，每个人的股份相等。无限责任要求这 5 个人每人承担：
   a. 企业债务的 20%，等于各自的出资额。
   b. 企业债务的 20%，不管各自出资多少。
   c. 企业债务的 100%，不管债务是多少。
   d. 企业债务的一定百分比，由最初的所有者股份决定。
   e. 不承担债务。
23. 下列的哪一个选项所描述的特征最符合当今美国大公司所有权和管理方面的事实？
   a. 职业经理人也是拥有多数或接近多数股票的一员，因此他们能做出所有的重大决策，而不用考虑少数股东的需要。
   b. 职业经理人做出所有的重大决策，董事会一般不干预，除非董事会对管理层失去了信心。
   c. 职业经理人掌控公司的重要事情，但不用管理公司的基本决策，如生产、新建厂房、推出新产品等，这些都交由作为股东代表的董事会处理。
   d. 董事会做出所有重大决策，职业经理人负责执行。
   e. 在股东大会上，通过投票由股东而不是董事会来做出重大决策。

七、解答题

下列问题旨在帮助你运用教材中提到的概念。

A．生产理论和边际产量

1．以一个生产函数为例，这个生产函数涉及到生产某种物品（X）的数量和所投入资本（K）、劳动（L）、原材料（M）的数量。在表6－2的空白处，用字母表示资本、劳动或原材料的总产量、边际产量或平均产量的概念。例如，用 MP_K 表示资本的边际产量；用 AP_L 表示劳动的平均产量；等等。如果没有适用的定义，就用N/A（not applicable，不适用）表示。

表6－2

公式	公式涵义
*K*的变化/*X*的变化＝	______
*X*的变化/*L*的数量＝	______
*X*的数量/*K*的数量＝	______
*X*的变化/*L*的变化＝	______
*X*的数量＝	______
*K*的数量/*M*的数量＝	______
*X*的变化/*K*的变化＝	______
*K*的数量/*X*的数量＝	______

2．表6－3提供了一个生产函数的数据，该生产函数将某种物品（*Y*）的最大产出水平与资本（*K*）和劳动（*L*）的单位数联系在一起。

a．完成表中4单位资本投入和8单位资本投入时劳动的边际产量和平均产量。

b．在图6－2的左图中画出两种情况下的总产量曲线。（用不同颜色的笔画出以示区别。）再在图6－2的右图中画出两种情况下的边际产量曲线和平均产量曲线。（用相同颜色的笔。）

3．回到第2题，假定使用3单位劳动，资本存量从4单位增加到8单位。劳动生产率（衡量每单位劳动的产出）如何随资本存量的增加而变化？详细解释你的答案。描述本表中短期决策和长期决策的区别。

八、讨论题

回答下列问题，并解释你这样回答的原因。

1．假定边际收益递减规律总是有效。以下陈述是否正确？为什么？（正确用T表示，错误用F表示。）

_ a．如果平均产量大于边际产量，那么平均产量一定在增加。

_ b．如果边际产量等于平均产量，那么平均产量一定达到了最大。

_ c．当边际产量达到最大时，总产量也达到最大。

_ d．当总产量开始下降时，收益递减。

表6－3

4单位资本投入				8单位资本投入			
劳动	*TP*	MP_L	AP_L	劳动	*TP*	MP_L	AP_L
0	0		无意义	0	0		无意义
1	22	22	—	1	22.5	—	—
2	42	20	—	2	44	—	—
3	60	—	—	3	64.5	—	—
4	76	—	—	4	84	—	—
5	90	—	—	5	102.5	—	—
6	102	—	—	6	120	—	—
7	112	—	—	7	136.5	—	—
8	120	—	—	8	152	—	—
9	126	—	—	9	166.5	—	—
10	130	—	—	10	180	—	—

图 6-2

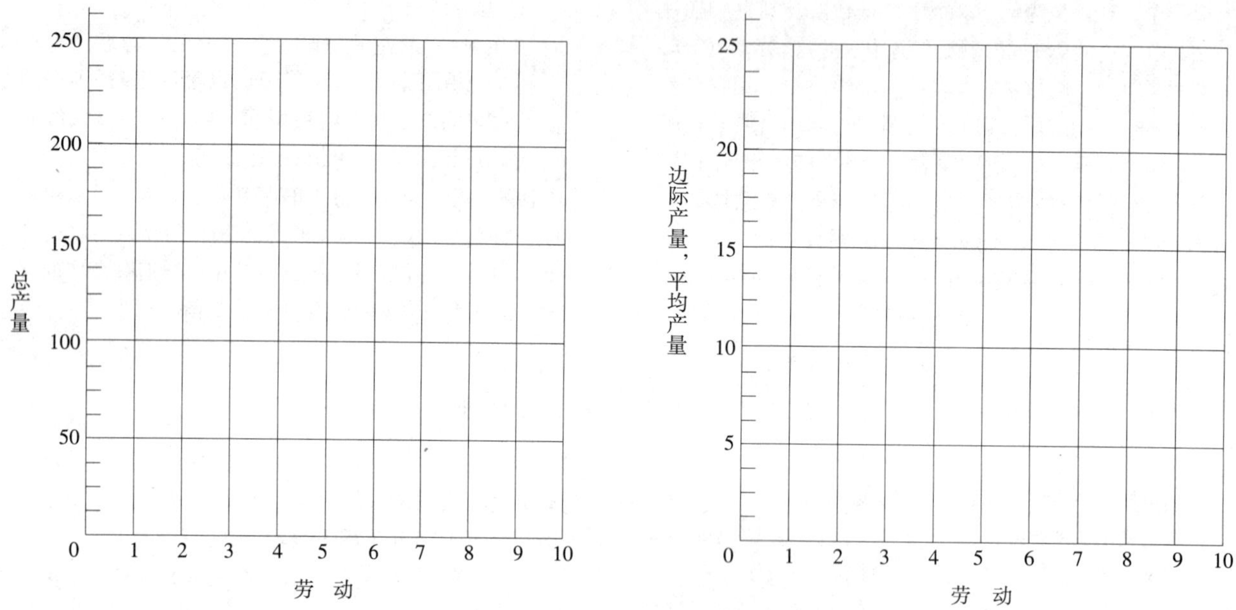

2. 在每个字母前填上 SR（表示短期），或 LR（表示长期）。
   __ a. 采用新的计算机技术改进了装配线。
   __ b. 采用新的计算机生产技术，以加强存货的管理。
   __ c. 让 50% 的工人加班，每个工人每周多工作 10 个小时。
   __ d. 将一条已有的生产线迁到更靠近新兴市场的地方。
   __ e. 改进装配线的技术，将原材料的损耗减少一半。
   __ f. 新招 10% 的工人，开工率提高了 5%。
   __ g. 将所有投入增加 1 倍，以实现规模报酬递增。
3. 下列关于美国整体经济的陈述，哪一个是正确的（T）？哪一个是错误的（F）？
   __ a. 在整个 20 世纪，美国的总生产率平均增长水平大约为每年 1.5%。
   __ b. 平均而言，在整个 20 世纪，劳动生产率的增长快于总生产率平均年增长 1.5% 的水平。
   __ c. 自 20 世纪初以来，美国的资本收益一直都很稳定。
   __ d. 自 1970 年以来，支持美国生活水平的实际工资增长率一直趋于下降。
4. 既然问题 3 中的 4 项都是正确的，那么每一种现象背后必定有一个与基本生产有关的经济原因。分别指出隐藏在每种现象背后的原因。
   a. 技术进步的速度几乎与收益递减影响资本的速度同步。(*a*/*b*/*c*/*d*)
   b. 持续的技术进步是总生产率持续增长的原因。(*a*/*b*/*c*/*d*)
   c. 在 20 世纪的大部分时间里，美国资本存量的增长速度快于劳动小时数的增长速度。(*a*/*b*/*c*/*d*)
   d. 与历史趋势相反，总生产率的增长率一直在下降。(*a*/*b*/*c*/*d*)
5. 近 10 年来，计算机行业发生了巨大的变化，IBM 公司逐渐从一个垄断者向现在拥有众多竞争对手转变。试讨论由于工艺创新和产品创新给计算机行业带来的变化。分析二者各以何种形式来实现？
6. 在《纽约时报》(2/16/97）的一篇文章中，经济学家保罗·克鲁格曼认为，“美国收入不平等的主要原因是技术而不是全球竞争……技术的革新鼓励那些高技能的工人，推动他们的工资上涨，而那些低技能职工就没有那么幸运了。”运用本章所学到的概念，解释技术与劳动生产率之间的关系。为什么技术进步带来了收入分配方面的不平等？
7. 萨缪尔森教授和诺德豪斯教授在教材中提出了下面这个问题：“微软作为网络商战中幸运的大赢家，政府反托拉斯政策应该如何对待这样的垄断者?”结合最近关于微软的反托拉斯判决，政策制定者应该如何回答这一问题？运用你对网络的经济利益和成本方面所了解的知识，评价一下政府的诉讼程序。你认为政府的做法正确吗?

8. 解释企业存在的三个原因。哪些因素可能会降低这些原因的重要性？请解释。
9. 假定你成立了一家新企业——CompuTek。你的企业打算生产个人电脑，竞争对手是惠普、索尼、戴尔，等等。列出企业的三种形式，讨论各种形式的优缺点。哪一种形式最适合 CompuTek？请解释。

九、答案

三、关键概念复习

4	生产函数
10	总产量
14	平均产量
6	边际产量
1	边际收益递减规律
11	规模报酬不变
7	规模报酬递增
2	规模报酬递减
3	短期
12	长期
8	网络
15	使用外部性
5	工艺创新
9	产品创新
13	生产率
16	固定成本

六、选择题

1. B　2. D　3. D　4. C　5. A　6. C　7. E
8. C　9. E　10. B　11. D　12. E　13. C　14. D
15. B　16. B　17. D　18. D　19. C　20. D　21. B
22. C　23. B

七、解答题

1. N/A, N/A, AP_K, MP_L, TP, N/A, MP_K, N/A
2. a.

表 6－3

4 单位资本投入				8 单位资本投入			
劳动	TP	MP_L	AP_L	劳动	TP	MP_L	AP_L
0	0	—	—	0	0	—	—
1	22	22	22	1	22.5	22.5	22.5
2	42	20	21	2	44.0	21.5	22.0
3	60	18	20	3	64.5	20.5	21.5
4	76	16	19	4	84.0	19.5	21.0
5	90	14	18	5	102.5	18.5	20.5
6	102	12	17	6	120.0	17.5	20.0
7	112	10	16	7	136.5	16.5	19.5
8	120	8	15	8	152.0	15.5	19.0
9	126	6	14	9	166.5	14.5	18.5
10	130	4	13	10	180.0	13.5	18.0

b. 见图6－2

3. 如果资本存量从4单位增加到8单位，每单位劳动的产出（或者说平均劳动产量）将从20增加到21.5。总产量从60单位增加到64.5单位，第3个工人的边际产量从18增加到20.5。这肯定是一个长期的决策，因为这里有资本的变化。

八、讨论题

1. a. F　当边际产量小于平均产量时，平均产量一定在减少。只有边际产量推动平均产量下降。
   b. T　如果边际产量大于平均产量，它将拉动平均产量上升。如果边际产量小于平均产量，它将推动平均产量下降。边际产量等于平均产量时，平均产量既不上升，也不下降。
   c. F　当总产量达到最大时，边际产量为0。
   d. F　当边际产量开始下降时，收益递减。
2. a. LR
   b. SR
   c. SR
   d. LR
   e. LR
   f. SR
   g. LR

图 6－2

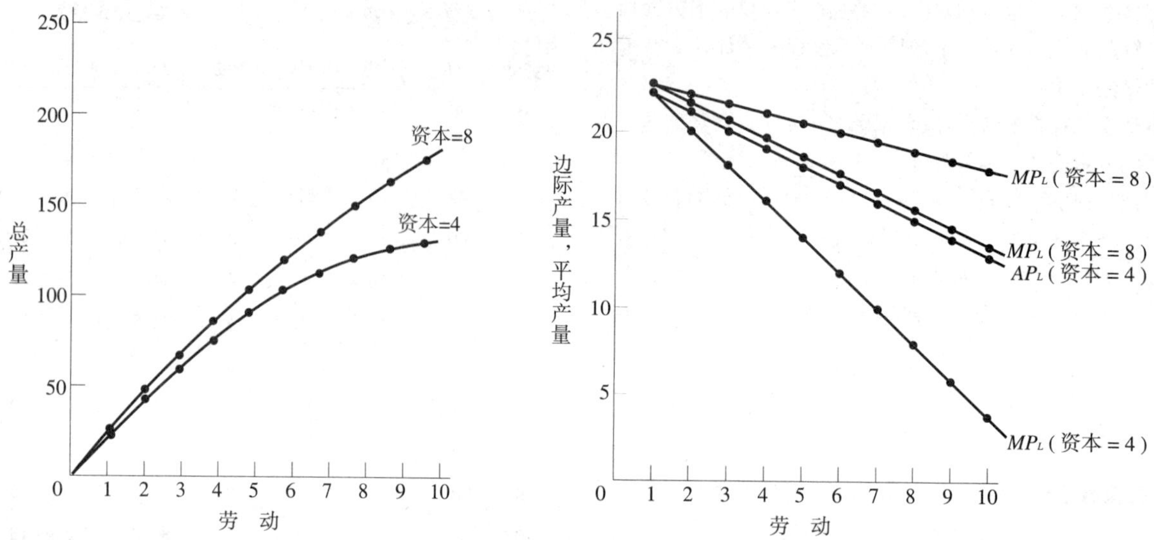

3. a. T
   b. T
   c. T
   d. T
4. a. c
   b. a
   c. b
   d. d
5. 工艺创新包括所有生产计算机的方式的革新。改进生产技巧的方法也属于工艺创新。产品创新包括计算机自身所有的革新。新的形状和款式，新的部件和新增的功能等等，都改变了计算机市场。工艺创新和产品创新使得该行业的竞争更加激烈。工艺创新让各公司制造计算机更加容易，而且成本更低。产品创新给消费者带来了更多的选择空间。
6. 为了让技术投入应用，工人们就必须通过教育和培训掌握使用它的技能。技术创新使得一些工人的生产率提高，原因在于他们知道其重要性，并已经掌握了使用方法。他们的边际产量曲线向上移动。然而，技能水平较低的工人就处于劣势了；即使在技术进步之后，他们的边际产量曲线仍没有发生变化，但相对来讲，他们的情形变坏了。他们会一直徘徊在低端劳动市场，而且与技能水平较高的工人的差距越来越大。
7. 最近的判决表明，政策制定者认为微软构成垄断比其为计算机行业带来一个统一的操作系统的影响更大。政府认为：市场上的竞争对消费者更有利。
8. 企业存在的三个原因是：利用批量生产的优势，筹集资金和管理生产过程。由于人们获得信息的速度越来越快，途径越来越多，传统上由多个企业承担的任务可能越来越多地由单个企业所承担。
9. 你的计算机公司采用的形式可以是个人独资、合伙制或公司制。个人独资制规模较小，资源可获得性低，个人必须亲历亲为。合伙制集中了几个人的才能，但需要合伙人承担无限责任。公司有多种途径筹集资金，而且将风险分散在很多人的头上。但是，公司的收入要交纳两次所得税，这大大限制了公司的盈利能力。

第7章

成 本 分 析

一、概述

本章通过探索成本的本质，进一步讨论企业生产和短期供给决策。企业的生产成本由企业的产出水平决定，并通过总成本曲线表现出来。由于边际收益递减规律的作用，这些成本还依赖于在生产过程中使用的特定的投入组合。我们都知道生产出一种产品有很多种方法，企业的任务就是从中选出效率最高的方法。本章的主要目标就是让你从经济学家的角度对成本核算有深入的了解，这样才能对接下来的关于市场结构方面的知识进行学习。

本章分为三个部分。首先，描述了短期成本的机制，这部分可以并入第6章所介绍的短期生产理论当中；其次，列出了企业会计的性质；最后，解释了机会成本的概念，将会计上对成本的定义与经济学家采用的定义区别开来。

二、学习目标

在你读完教材第7章之后，完成本书的习题，你将能够：

1. 定义和描述**总成本**（total cost）、**固定成本**（fixed cost）、**可变成本**（variable cost）、**边际成本**（marginal cost）和**平均成本**（average cost），了解它们各自所表示的含义，能够说出它们相互之间的关系。
2. 根据总成本、固定成本和可变成本推导出相关的平均成本和边际成本的数据。
3. 解释生产率与成本之间的联系。
4. 准确地说出为什么边际成本总是与平均成本相交于U形平均成本曲线的最低点。
5. 解释为什么当各种投入的边际产量与其价格之比相等时，生产成本最小。
6. 详细说明资产负债表所要传达的信息。列出资产负债表两边的几大类，并指出每一类的意义（或定义）。
7. 列出收益表上的项目。指出收益表所要传达的信息。
8. 解释折旧在制作精确的收益表时的作用。
9. 给**机会成本**（opportunity cost）下定义，并将它运用到企业和个人的管理决策中。

三、关键概念复习

在B栏中寻找与A栏中术语相应的解释，并将序号填在术语前边。

A	B
__ 总成本	1. 每一种投入的边际产量与其价格之比都相等。
__ 平均成本	2. 多生产1单位产出而增加的成本。
__ 边际成本	3. 代表每一单位时间变化的变量。
__ 最小成本法则	4. 总成本除以产量。
__ 收益表	5. 在技术和投入价格组合一定的情况下，生产某一产出水平所需的最低成本总额。
__ 资产负债表	6. 代表变量的水平。
__ 资产	7. 反映公司在某一时期内收益、成本和利润的报表。
__ 负债	8. 企业在某一时期的财务状况表，资产等于负债加净值。
__ 净值	9. 某一经济品的次优价值。
__ 机会成本	10. 企业所拥有的有价值的财产或权益。

__ 存量　　11. 企业或个人所欠的外债或金融债务。

__ 流量　　12. 总资产减去总负债。

四、小结与本章提纲

本部分对教材第 7 章的关键概念进行总结。

A. 成本的经济分析

1. 总成本包括企业生产和销售一种产品所发生的一切成本，本章集中分析短期成本，因而有两大类成本。可变成本是指随着投入数量和产出水平的变化而变化的那些成本。固定成本代表即使产出水平为零时也必须支付的成本。注意：在长期内，由于所有的投入都可以变化，所有的成本都是可变成本。
2. 边际成本衡量的是多生产 1 单位产出而增加的总成本。与边际产量（见第 6 章）一样，边际成本注重的是增加变化的效应。
3. 平均成本是指在某一产出水平下每 1 单位的生产成本。你还会学习到平均可变成本、平均固定成本和平均总成本的概念。这些概念的共同点是都属单位量。
4. 你在第 6 章学过的边际收益递减规律，同样也可以解释企业成本的性质。如果企业增加生产，就需要在固定资本基础上增加可变投入；当边际产量开始下降时，边际成本将开始上升。由于短期收益在早期生产时是增加的，但最终还是会随着产出的增加和可变投入的增加而开始下降，所以成本曲线是 U 形的。
5. 追求利润最大化的企业都会选择那些能以最小成本生产的投入组合。这种投入组合应该满足下列条件：花在每一种投入上的最后 1 美元的边际生产率都相等。

B. 经济成本和企业会计

1. 资产负债表是一个存量的概念，或者说是一个企业财务状况的“快照”。它反映的是一个经济企业在某一时间点上的经济状况。资产负债表首先要列出企业的所有资产，如现金、房屋、设备、存货等。
2. 收益表是一个流量的概念，或者说它是一系列动态画面。它反映的是一个时间段内的增加或减少。收益表主要的作用就是记录在特定时期内，企业在销售中获得的利润或遭受的亏损。
3. 折旧是一种衡量企业资本投入的年成本的方法。尽管企业不必为自己开一张资本设备使用的清单，但是它必须清楚设备在生产过程当中是要磨损的。资本设备最终将被替代，精明的管理者会在他们的预算中考虑资本的折旧问题。
4. 企业的“价值”与它的资产的货币总价值并不是同一个数字。为了弄清楚企业的财务状况，必须扣除掉负债。所得的结果就是净值，净值是总资产的值减去总负债的值。

C. 机会成本

1. 机会成本衡量的是某种资源的次优选择的价值。只要一种资源使用的有用性至少不低于其在次优选择中的有用性，经济学家就认为没有更好的重新配置能提高企业（甚至是整个经济体）的整体效率。
2. 如果市场正常运行，那么所出售的最后 1 单位产出的价格恰好等于它的机会成本。这就意味着：买者愿意而且能够支付的货币正好等于该产出的次优选择的价值；不会再有比这更有效率的资源配置方式了。

五、学习提示

1. 边际产量与边际成本都是衡量增量的变化。然而两者间有重要的区别。边际产量衡量的是新增 1 单位投入时所增加的总产品或总产出。相比之下，边际成本衡量的是新增 1 单位产出时所增加的总成本。记住：“边际”意味着变化。
2. 注意：尽管边际成本衡量的是每单位成本量，但它与平均成本并不是一回事。为了弄清楚它们之间的区别，我们以一些棒球或垒球比赛的数据为例。击球手的平均击球率等于得分除以击球数。任何一个平均数都等于总数除以单位数。（例如：平均击球率等于得分除以击球数；一个班级在一次测验中的平均分数等于考试分数的总和除以参加考试的人数。）该击球手的边际生产率衡量的是最后一次得分给他或她带来的成绩。记住：“边际”意味着变化。
3. 边际收益递减规律告诉我们：随着我们在固定资本的基础上对某种投入单位数的增加，最终边际产量将会下降。这会使边际产量曲线向下倾斜，同时使边际成本曲线向上倾斜。我们可以按照这个思路来理解：当企业要在短期内增加生产时，扩大生产的难度越来越大，因此，它要扩大生产的成本越来越高。
4. 在这个讨论中，我们可以假定该企业想要将生产成本降至最低。这与利润最大化是一致的，但不一定是指企业的利润达到了最大化。在企业总账的收入方，我们要考虑一些因素，之后才能做出对利润的判断。注意：如果一个企业的成本已经降至了最低，但它若将所生产的产品捐赠出去，那么它将得不到任何利润。

六、选择题

下列问题按照教材中的顺序安排，从各选项中选出一个最佳答案。

A. 成本的经济分析

1. 如果平均可变成本（*AVC*）随着产出的增加而增加，则边际成本每一次的增加将______先前的 *AVC*，结果使 *AVC* 更高。
   a. 大于。
   b. 等于。
   c. 小于。
   d. 两倍于。
   e. 二分之一于。
2. 一个企业在短期内的固定成本包括：
   a. 在购买投入时发生的任何成本。
   b. 在最有利运作条件下，生产某一数量产出的最低成本。
   c. 约定在未来时期内逐步偿付的成本，如工会的长期工资合约。
   d. 即使什么也不生产，也必须弥补的总费用。
   e. 以上选项都不是。
3. 一个考虑了产出变化的企业所面临的边际成本表示：
   a. 有时为增加产出而必须支付的额外费用。
   b. 即使企业什么也不生产仍要发生的成本。
   c. 生产某一数量产出实际发生的总成本与生产该产出的可能的最低成本之间的差额。
   d. 新增1单位产出所增加的总成本。
   e. 不管产出增加1单位还是增加更多，从中所增加的总成本。
4. 假定一个企业为其厂房支付的财产税增加了，也就是说，假定它的固定成本增加了。因此，该企业的边际成本曲线将：
   a. 向右移动。
   b. 向左移动。
   c. 向上移动。
   d. 向下移动。
   e. 保持不变。
5. 假定某一个工厂处于每天1 000单位的产出水平上，其总成本为4 900美元。如果产出减少1单位，那么总成本为4 890美元。在这个产出水平上，______。
   a. 平均成本大于边际成本。
   b. 平均成本与边际成本大致相等。
   c. 边际成本大于平均成本。
   d. 由于不能根据以上信息得出边际成本的数字，所以我们无法比较平均成本和边际成本。
   e. 由于不能根据以上信息得出平均成本的数字，所以我们无法比较平均成本和边际成本。

根据图7－1回答题6～8。

图7－1

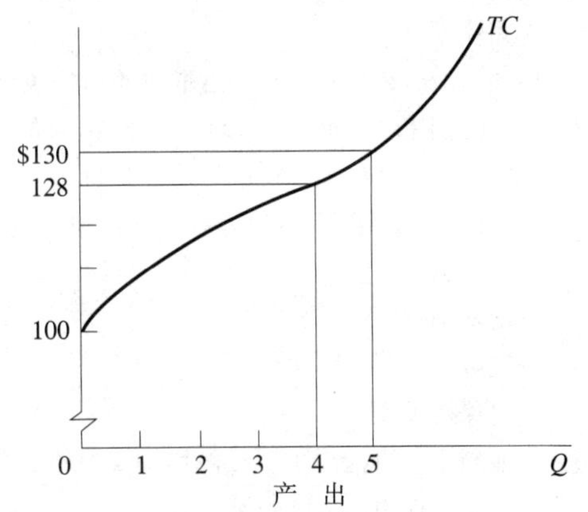

6. 在产出为5单位时，平均固定成本为：
   a. 5美元。
   b. 20美元。
   c. 26美元。
   d. 100美元。
   e. 130美元。
7. 第5单位产出的边际成本为：
   a. 0美元。
   b. 2.00美元。
   c. 2.60美元。
   d. 6.00美元。
   e. 30.00美元。
8. 5单位产出的平均可变成本为：
   a. 0美元。

b. 2.00 美元。
c. 2.60 美元。
d. 6.00 美元。
e. 30.00 美元。

9. 假定在产出为 X^* 时平均成本达到最小，下列哪一项关于 X^* 的描述是正确的？
   a. 平均可变成本一定等于总固定成本。
   b. 企业的利润一定达到了最大化。
   c. 边际成本等于平均可变成本。
   d. 边际成本等于平均成本。
   e. 以上选项都不是。

10. 如果在一定产出水平下，边际成本大于平均成本，那么在该水平下的产出增加应该引起边际成本：
   a. 增加。
   b. 减少。
   c. 增加或减少，这取决于可变成本的变化。
   d. 保持不变。
   e. 增加、减少或保持不变，这取决于市场条件。

11. 在某一工厂内，每周生产 400 单位产出时的边际成本为 2.00 美元，生产 500 单位时的边际成本为 2.50 美元。如果产出范围在 400 单位到 500 单位之间，那么平均成本：
   a. 一定增加。
   b. 一定减少。
   c. 一定保持不变。
   d. 可能减少、可能增加，或既增加又减少，但在整个变化过程中，不可能保持不变。
   e. 一定先减少，后增加。

12. 如果一个企业利用了所有的投入，各种投入的边际产量与其价格之比相等，那么：
   a. 每一种投入的边际产量等于它的价格。
   b. 该企业正在以最低成本生产最大化利润的产出。
   c. 该企业正在生产最大化利润的产出，但是它的成本可能达到了最小化，也可能没有达到最小化。
   d. 该企业可能正在生产最大化利润的产出，也可能没有生产最大化利润的产出，但是它现在生产的产出的成本达到了最小化。
   e. 该企业可能正在生产最大化利润的产出，也可能没有生产最大化利润的产出，但是它现在生产的产出的成本没有达到最小化。

13. 生产函数仅仅告诉企业：
   a. 生产一定数量产出所需的成本是多少。
   b. 利润最大化的产出水平。
   c. 为使企业在任何产出水平都最有效率，即以最低的货币成本生产产出，企业应该使用的不同投入组合。
   d. 为生产一定数量产出而可能使用的不同的投入组合。
   e. 以上选项都不是。

14. A、B 和 C 是用来生产物品 X 的投入。如果 A 的数量增加，那么我们一般会认为 A 的边际产量会：
   a. 增加，不管在什么情况下。
   b. 增加，条件是 B 和 C 的数量保持不变。但如果 B 和 C 的数量同比例增加，那么 A 的边际产量就不一定增加。
   c. 减少，不管在什么情况下。
   d. 减少，条件是 B 和 C 的数量保持不变。但如果 B 和 C 的数量同比例增加，那么 A 的边际产量就不一定减少。
   e. 减少，条件是 B 和 C 的数量同比例增加。但如果 B 和 C 的数量保持不变，那么 A 的边际产量就不一定减少。

15. 一个企业使用的投入有 A 和 B，A 的边际产量为 60，B 的边际产量为 40。A 和 B 的价格分别为 4 美元和 9 美元。假定 A 和 B 是仅有的投入，该企业：
   a. 正在以最低成本进行生产，但一定没有达到利润最大化。
   b. 目前没有以最低成本生产产出，也没有达到利润最大化。
   c. 正在以最低成本生产产出，可能达到了利润最大化，也可能没有达到利润最大化。
   d. 目前没有以最低成本生产产出，但达到了利润最大化。
   e. 属于上述情况的可能性都有，所给信息不充分，无法做出判断。

16. 在 15 题中，在其他条件都不变的情况下，将投入品 A 的价格从 4 美元调整为 3 美元，哪一个选项依然正确？
   a. 正在以最低成本进行生产，但一定没有达到利润最大化。
   b. 目前没有以最低成本生产产出，也没有达到利润最大化。
   c. 正在以最低成本生产产出，可能达到了利润最大化，也可能没有达到利润最大化。

d. 目前没有以最低成本生产产出，但达到了利润最大化。

e. 属于上述情况的可能性都有，所给信息不充分，无法做出判断。

17. 在什么情况下，边际成本最小？

a. 平均可变成本达到最小。

b. 平均总成本达到最小。

c. 平均固定成本达到最小。

d. 边际产品达到最大。

B. 经济成本和企业会计

18. 有份收益表没有记录一台机器的折旧费用，虽然在整个一年的生产中使用了这台机器。如果______，那么就说明会计程序是正确的。

a. 该公司认为没有必要为这台机器全年的维护或维修支付费用。

b. 这台机器的原始成本折旧在以前的收益表中已经计算过了。

c. 全年的销售额低于正常销售水平，因此该公司决定不计算这台机器全年的折旧费用。

d. 市场价格上涨，该公司估计这台机器的货币价值保持不变，尽管这台机器在全年的使用过程中会发生折旧。

e. 该公司认为折旧应计在资产负债表中，而不是在收益表中。

19. 一个资产负债表一定是"平衡的"，因为：

a. 总资产一定等于总负债。

b. 净利润被定义为总收益与总费用的差额。

c. 净值被定义为总资产与总负债的差额。

d. 流动资产加固定资产一定等于流动负债加长期负债。

e. 净值等于资本存量加留存收益。

20. 一家公司1999年末的总资产为100 000美元，总负债为70 000美元。在2000年末，总资产为115 000美元，总负债为75 000美元。2000年总共支付的红利为15 000美元。假定该公司的资本存量没有发生变化，那么2000年它的税后净利润一定为：

a. 10 000美元。

b. 15 000美元。

c. 20 000美元。

d. 25 000美元。

e. 30 000美元。

21. 一家公司2000年收益表显示，（税后）净利润为200 000美元。这意味着2000年末的资产负债表与1999年末的资产负债表相比：

a. 总资产应该增加200 000美元，因此，总负债加净值也应该增加200 000美元。

b. 留存收益增加量应该为200 000美元减去全部支付的红利。

c. 流动资产减去流动负债应该增加200 000美元。

d. 现金减去新固定资产的支出的差值应该增加200 000美元。

e. 净值增加量应该为200 000美元减去为债务支付的全部利息。

22. 一家公司2000年末的总资产为600 000美元，总负债为400 000美元。2001年末，它的总资产为550 000美元，总负债为200 000美元。在2001年，它（a）支付红利50 000美元，（b）卖出自己的股票，获得100 000美元。根据上述数据，我们可以计算出它在2001年的税后净利润一定等于：

a. 0美元。

b. 50 000美元。

c. 100 000美元。

d. 150 000美元。

e. 200 000美元。

C. 机会成本

23. 机会成本的定义是：

a. 以其各种可能用途衡量的一种资源的价值。

b. 即使产出等于0时，也必须支付的固定生产成本。

c. 企业增加1单位产出所引起的总成本的增加。

d. 用一种资源的次优选择的价值来衡量的这种资源的价值。

e. 以上选项都不是。

24. 在你的大学，一块新的停车场的机会成本是：

a. 为提供这块停车场所发生的所有费用的成本。

b. 由它的次优选择的价值决定。

c. 机器和设备的折旧额。

d. 为生产停车场的劳动力所支付的工资。

e. 由人们为使用停车场而支付的费用决定。

25. 在什么情况下，机会成本的应用最为重要？

a. 可交易商品。

b. 不可交易商品。

c. 对国防事务进行规划。

d. 以上选项都不是。

七、解答题

下列问题旨在帮助你运用教材中提到的概念。

A. 成本的经济分析

1. 在下列空白处，如果你认为是在短期内属于可变成本，就在前面横线上标 V；如果你认为是在短期内属于固定成本，就在前面横线上标 F。

__ a. 购买原材料的成本。

__ b. 当生产率被认为是折旧的主要来源时，对机器的折旧。

__ c. 每年对厂房投的火灾保险。

__ d. 对企业每小时劳动征收的税。

__ e. 当时间而不是产出数量被认为是折旧的主要因素时，对机器的折旧。

__ f. 每年对企业主管们所支付的工资。

__ g. 对建筑物征收的地方财产税。

__ h. 购买运行机器所需电力的成本。

__ i. 维持研究与开发部门活动的成本。

__ j. 为某些机器的使用所支付的使用费。

__ k. 为工人加班支付的加班费。

2. 表 7－1 中的数字显示的是每周产出从 0～20 单位时的总成本的估计数字。这家企业利用劳动和一定的资本生产小器械。

表 7－1

产出	总成本	总可变成本	AVC	ATC	AFC	MC
0	50	____	X	X	X	X
2	70	____	____	____	____	____
4	85	____	____	____	____	____
6	95	____	____	____	____	____
8	100	____	____	____	____	____
10	110	____	____	____	____	____
12	125	____	____	____	____	____
14	145	____	____	____	____	____
16	170	____	____	____	____	____
18	200	____	____	____	____	____
20	235	____	____	____	____	____

a. 完成表中的总可变成本、平均可变成本（*AVC*）、平均总成本（*ATC*）和平均固定成本（*AFC*）。

b. 完成表中的边际成本（*MC*）。提示：记住边际成本是总成本的变化除以数量的变化。

c. 在图 7－2 中，画出总成本曲线、总可变成本曲线和固定成本曲线，请仔细标记曲线。

图 7－2

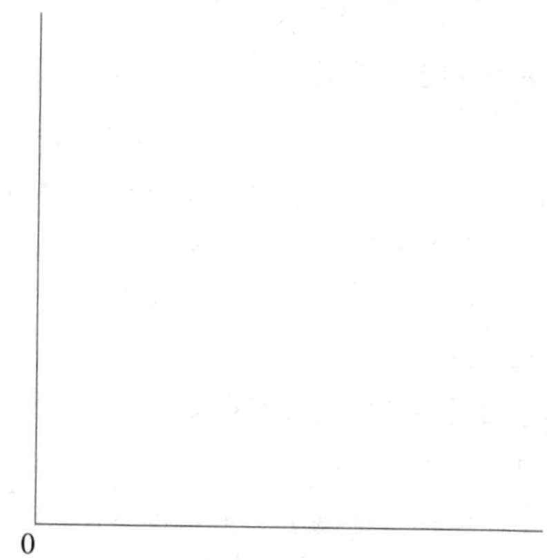

d. 在图 7－3 中，画出平均可变成本曲线、平均总成本曲线、平均固定成本曲线和边际成本曲线。同样，请仔细标记曲线。

图 7－3

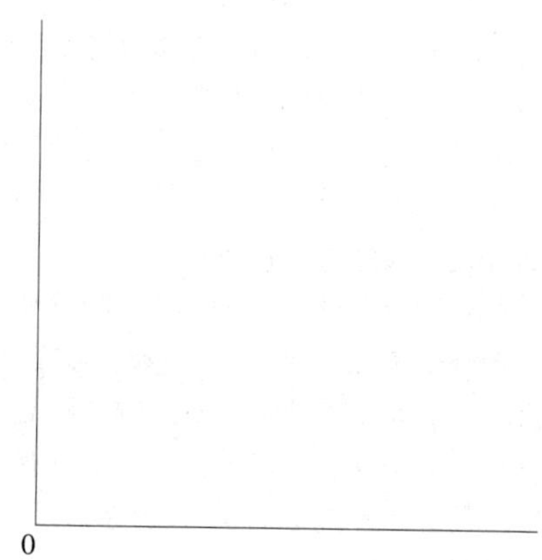

3. 假定教材第 7 章中的企业是一个在温室里生产新鲜西红柿的农场。在短期内，它能利用一定范围数量的能源和劳动力。温室中能源数量的增加将提高西红柿的产量；劳动力数量的增加也会提高西红柿的产量。该企业发现这些投入的日边际生产率如表7-2中的数字所示。

表7-2

劳动力的数量	边际产品	能源的数量	边际产品
1	10	1	20
2	12	2	25
3	14	3	22
4	13	4	17
5	11	5	10
6	8	6	1
7	3	7	-10

a. 在什么水平下，劳动的边际收益递减？在什么水平下，能源的边际收益递减？请解释。

______

______

______

b. 如果工人的工资为每人4美元，能源的成本为每单位11美元，企业用于投入品的支出为57美元。找出该企业劳动与能源的最佳组合？请解释。

______

______

______

c. 假定石油禁运导致了石油价格上涨。那么，这将对劳动与能源的最优组合产生什么影响？请用一般术语解释。

______

______

______

B. 经济成本和企业会计

4. 考虑以下Giggle Inc. 公司2012年的会计信息，看看该公司的销售电话号码簿。2012年，该公司销售额为200美元，支付租金25美元，支付薪金50美元，支付基础设施费用10美元，购买原材料40美元。还支付了国家和地方税收10美元。公司税率为利润的10%。公司派发股息16美元。

在该年年初，公司购买了固定设备，花费100美元。该设备预计使用寿命为4年，因此每年按照“直线法”折旧。

完成表7-3中Giggle公司的收益表。

表7-3 GIGGLE集团的收益表

销售额：		$ ___
减去销售产品的成本：		
______	$ ___	
______	$ ___	
______	$ ___	
减去间接费用：		
______	$ ___	
______	$ ___	
营业费用	$ ___	
净营业收入		$ ___
减去其他：		
______	$ ___	
（税前）净利润		$ ___
减去其他：		
______	$ ___	
（税后）净利润		$ ___
减去股息：		$ ___
追加留存收益		$ ___

5. a. 假设Giggle集团在2012年前没有固定设备。该公司2012年初购买的设备是其首次购买该种设备。假设公司2012年前的留存收益为30美元。根据第4题中的信息，完成表7-4中Giggle公司资产负债表的剩余部分。

表7-4 GIGGLE集团的资产负债表

资 产		负债和净值	
流动资产：现金	$ ___	流动负债：	$400
固定资产：		长期负债：	
房屋	$300	债券	$50
设备	$ ___		
		净值：	
		普通股	$100
		留存收益	$ ___

b. 流动资产可以（在1年内/长期）转换成现金。

c. 会计师根据（历史成本/市场价值）对资产负债表中各项进行计价。

C. 机会成本

6. 琼斯是一个农民，她正在为如何使用 10 英亩地而发愁，因此需要你的帮助。她可以选择把地租给当地的一所大学作停车场使用，大学愿意每年支付 500 美元。她还可以选择种植蔬菜，估计种子、水、劳动和化肥的直接成本为 375 美元，蔬菜的销售收入为 825 美元。你将如何建议？在这种情况下，琼斯的机会成本是多少？她的利润为多少？请解释。

____

____

八、讨论题

回答下列问题，并解释你这样回答的原因。

1. 假定有一个班级的考试平均分数总是保持在 70 分。现在我们加入几位新同学到该班级。他们是成绩较差的学生，每次考试总是在 50 ~ 55 分之间。这个班级的平均分数会发生什么变化？你能说出这个班级的边际分数与平均分数之间的关系吗？
2. 下列陈述是正确的（T），还是错误的（F）？
   a. 当边际成本达到最低点时，平均成本达到最小化。
   b. 因为固定成本不会变化，所以每一个产出水平上的平均固定成本是一个常量。
   c. 当边际成本上涨时，平均成本也上涨。
   d. 一个企业在每一种投入上的支出相同，那么它的成本达到了最小化。
3. 解释资产负债表与收益表之间的区别。为什么会计师需要这两个报表才能充分了解一个企业的财务状况？
4. “向大西洋倾倒石油事件没有机会成本，因为没有人为大海的航行或游泳而付费。”这句话是正确的吗？请解释。
5. 联邦政府在美国西部拥有成千上万英亩土地，它正在考虑对土地的使用如何收费的问题。（养牛的农场主、煤矿企业，还有其他一些企业经常从政府手中租用这些土地。）租金应该如何确定？政府应该考虑哪些类型的成本？请解释。

九、答案

三、关键概念复习

5 总成本
4 平均成本
2 边际成本
1 最小成本法则
7 收益表
8 资产负债表
10 资产
11 负债
12 净值
9 机会成本
6 存量
3 流量

六、选择题

1. A 2. D 3. D 4. E 5. C 6. B 7. B
8. D 9. D 10. A 11. D 12. D 13. D 14. D
15. B 16. C 17. D 18. B 19. C 20. D 21. B
22. C 23. D 24. B 25. B

七、解答题

1. a. V b. V c. F d. V
   e. F f. F g. F h. V
   i. F j. V k. V
2. a. 见表 7 – 1。

表 7 – 1

产出	总成本	总可变成本	AVC	ATC	AFC	MC
0	50	0	X	X	X	X
2	70	20	10.00	35.00	25.00	20.00
4	85	35	8.75	21.25	12.50	17.50
6	95	45	7.50	15.83	8.33	5.00
8	100	50	6.24	12.50	6.25	2.50
10	110	60	6.00	11.00	5.00	5.00
12	125	75	6.25	10.42	4.17	7.50
14	145	95	6.79	10.36	3.57	10.00
16	170	120	7.50	10.63	3.12	12.50
18	200	150	8.33	11.11	2.78	15.00
20	235	185	9.25	11.75	2.50	17.50

b. 见表。
c. 见图 7 – 2。
d. 见图 7 – 3。

图 7－2

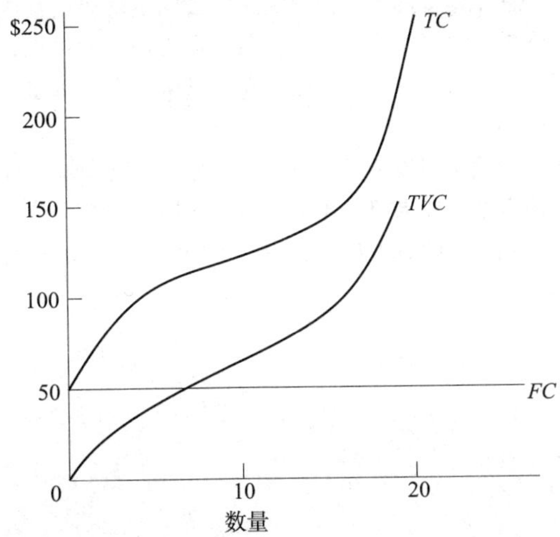

图 7－3

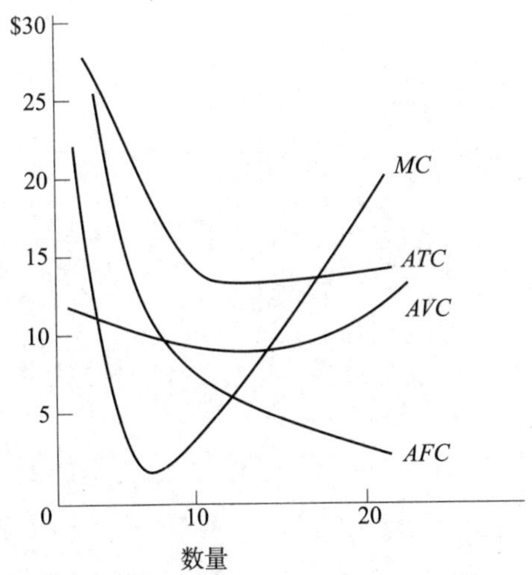

3. a. 在 3 单位之后，劳动的边际收益开始递减。在 2 单位之后，能源的边际收益递减。
   b. 该企业用了 6 单位劳动和 3 单位能源。在这一点上，每一种投入的边际产量与其价格之比相等。
   c. 如果能源的价格上涨，为达到投入的最佳组合，该企业将会投入更多的劳动，减少能源的投入。

4.

表 7－3　GIGGLE 集团的收益表

销售额：		$ 200
减去销售产品的成本：		
工资	$ 50	
原材料	$ 40	
基础设施费用	$ 10	
减去间接费用：		
租金	$ 25	
折旧（= $ 100/4）	$ 25	
营业费用	$ 150	
净营业收入		$ 50
减去其他：		
国家和地方税	$ 10	
（税前）净利润		$ 40
减去其他：		
公司税（10%）	$ 4	
（税后）净利润		$ 36
减去股息：		$ 16
追加留存收益		$ 20

5. a.

表 7－4　GIGGLE 集团的资产负债表

资　产		负债和净值	
流动资产：现金	$ 200	流动负债：	$ 400
固定资产：		长期负债：	
房屋	$ 300	债券	$ 50
设备	$ 100		
		净值：	
		普通股	$ 100
		留存收益	$ 50

   b. 一年内
   c. 历史成本

6. 琼斯应该把土地租出去。她自己耕种的机会成本为 500 美元，即当土地用于次优选择时她可以得到的价格。若她自己耕种只能得到 450 美元的收益，所以她应该把土地租给当地的大学。

八、讨论题

1. 平均分数会下降。因为边际分数低于平均分数，所以这些边际分数会把平均分数拉下来。

2. a. 错误。当平均成本等于边际成本时，平均成本达到最小化。
   b. 错误。平均固定成本等于总固定成本除以投入数量。因此，当产出增加时，平均固定成本下降。
   c. 错误。只要边际成本低于平均成本，它们就会把平均成本拉下来。
   d. 错误。当一个企业的所有投入的边际产量与其价格之比相等时，它的成本达到了最小化。
3. 资产负债表大致反映了一个企业在某一个时间点的财务状况。收益表大致反映了一个企业在一个时间段内的财务活动流量。因此，每一张表都给会计或财务管理者提供了不同类型的信息。
4. 这句话是错误的。一种资源的机会成本是通过其次优选择的价值来衡量的。把大西洋作为倾倒的地点，这样做的机会成本就是人们本来可以从干净的海水中获得的娱乐机会。
5. 租金的确定应该考虑使用这块土地的机会成本。政府应该考虑，如果把土地租给私人使用，它必须放弃什么。例如，政府可以将这块土地开发成一座国家公园。

第 7 章附录

生产、成本理论和企业决策

一、概述

本附录对教材第 7 章中的一个主题加以扩展，即在生产过程当中，企业如何选择最低成本的要素组合。在第 7 章，你学到了用最小成本法则来描述最低成本的要素组合，该法则的意思是每一种投入的边际产量与其价格之比都相等。也就是说，花在每一种投入上的最后 1 美元的生产率都相等。

如果我们将投入的数量限为两种（例如劳动和土地），用 X 轴表示劳动，用 Y 轴表示土地，它们的生产函数可以通过一系列的等产量曲线表示出来。每一条曲线都代表某一产出水平下劳动和土地的所有组合。同样在这幅图中，我们还可以画出等成本线。每一条线都代表总成本相同的劳动和土地的所有组合。把这两组线结合起来，我们就可以推导出成本达到最小化的过程。

二、学习目标

在你读完教材第 7 章附录之后，完成本书的习题，你将能够：

1. 定义并描述（a）**等成本线**（equal cost line）和（b）**等产量线**（equal product line）。
2. 画出一组等成本线和等产量线，并描述从一条曲线移至另一条曲线的过程。
3. 解释某一产出水平上成本最小的投入要素组合点为什么就是等成本线和等产量线的切点。

三、关键概念复习

在 B 栏中寻找与 A 栏中术语相应的解释，并将序号填在术语前边。

A	B
__ 等产量曲线	1. MP_x/MP_y，其中 x 和 y 是用于生产过程中的两种投入。
__ 等成本线	2. 表示生产相同数量产出的两种投入的所有组合。
__ 替代比率	3. $MP_x/MP_y = P_x/P_y$，其中 x 和 y 是用于生产过程中的两种投入。
__ 最低成本的相切点	4. 表示总成本相同的两种投入的所有组合。

四、小结与本附录提纲

本部分对教材第 7 章附录的关键概念进行总结。

1. 生产函数定义的是投入与产出之间的关系。它类似于食谱，描述了最低投入要求、生产过程和预期的产出。
2. 我们在第 6 章学过边际生产率递减规律，它描述的是在固定投入的基础上，多增加 1 单位投入，可变投入的边际产量最终会下降，如教材中表 7A－1 所示。在既定的土地投入水平上，随着劳动投入量的增加，我们会发现劳动的边际产量下降。
3. 如果投入价格和生产函数既定，那么通过加总每种投入的成本，我们就有可能找到某一产出水平上的最低成本的投入要素组合。
4. 为了描述寻找某一产出水平上最低成本的投入要素组合这一过程，经济学家发明了两条曲线。等产量曲线描述的是某一产出水平上两种投入的各种不同组合。等成本曲线描述的是在投入价格既定的情况下，总成本相同的两种投入的各种不同组合。

5. 一旦企业已经确定好最优产出水平，以及相关的等产量曲线，那么最低成本的投入要素组合就是等产量曲线与最低的等成本曲线的切点。这意味着在该点，等产量曲线的斜率等于等成本曲线的斜率，即 $MP_x/MP_y=P_x/P_y$，其中 x 和 y 是用于生产过程中的两种投入。注意，这个等式还可以写成 $MP_x/P_x=MP_y/P_y$，且该等式与第 7 章中的字面解释具有相同含义，即在最低成本的投入要素组合上，花在每一种投入上的最后 1 美元的生产率一定相等。

五、学习提示

1. 生产函数并不像想像得那样神秘。看看糕点配料，或者烤肉架组装指南，上面列有“生产”过程所需的原材料或零部件，只需按照说明进行操作，就能“生产”出成品。在某种程度上，我们这一章所讲的生产函数也具有同样的性质。
2. 你也许不太明白为什么用 X 轴表示劳动，用 Y 轴表示土地时等产量线的斜率一定是 $-MP_L/MP_k$。一个粗略的解释是：斜率是指“高比宽”，也就是两点间 Y 的变化量除以 X 的变化量。假设当资本减少 1 单位时，必须增加 2 单位劳动，以保持产出不变，即依然在同一条等产量线上。这就意味着这一点的等产量曲线的斜率是 $-1/2$，因为在这一点，1 单位资本的生产率是 1 单位劳动的两倍，少了 1 单位资本，需要 2 单位劳动才能弥补损失的产出。当资本减少时产出下降，因减少 1 单位资本而减少的产出可用 MP_k 表示，为弥补损失的产出而需要增加劳动，增加 1 单位劳动而增加的产出用 MP_L 表示。
3. 相切的方法在经济分析中是个非常有用的概念。等产量线的斜率是两种投入要素之间以边际产量衡量的相互替代的比率。等成本线的斜率表示的是给定市场价格下两种投入要素之间相互替代的比率。因而，等产量线的斜率，即边际生产率之比，是由特定生产函数中的要素生产率决定的，而等成本线的斜率，即投入要素价格之比，是由企业无法控制的市场力量决定的。

六、选择题

从各选项中选出一个最佳答案。

1. 一条等成本线描述了：
   a. 企业在不同产出价格下生产不同数量的产出。
   b. 投入要素价格变化时，同样的成本下两种投入要素的不同数量。
   c. 一定的支出水平下，企业能够买到的两种投入要素的不同组合。
   d. 企业能够用来生产一定数量产出的两种投入要素的不同组合。
   e. 能够为企业带来相同效用的两种投入要素的不同组合。
2. 如果描述的是等产量线，问题 1 的选项中哪一项是正确的？
   a. 企业在不同产出价格会生产不同数量的产出。
   b. 投入要素价格变化时，同样的成本下两种投入要素的不同数量。
   c. 一定的支出水平下，企业能够买到的两种投入要素的不同组合。
   d. 企业能够用来生产一定数量产出的两种投入要素的不同组合。
   e. 能够为企业带来相同效用的两种投入要素的不同组合。
3. 一条等产量曲线上的每一个点代表的是：
   a. 能够以相同的总支出购买到的两种投入要素的不同组合。
   b. 能够以相同成本生产的不同的总产出数量。
   c. 能够用来生产相同产出水平的不同的投入要素组合。
   d. 使用相同投入要素组合的不同生产函数。
   e. 能够以相同的总支出购买到的不同的产出组合。
4. 包含一系列等产量曲线的图形表示的是企业的：
   a. 总成本函数。
   b. 最小成本的产出水平。
   c. 最大利润的产出水平。
   d. 生产函数。
   e. 效用函数。
5. 一条等成本曲线的斜率衡量的是：
   a. 纵轴上要素的价格与横轴上要素的价格的比率。
   b. 横轴上要素的价格与纵轴上要素的价格的比率。
   c. 给定的成本能够生产的不同产出。
   d. 生产给定产出的总成本。
   e. 一种要素的边际生产率。
6. 现在来看 X 企业的生产函数。这家企业使用 2 名工人和 1 单位资本能够生产 10 单位产出。多余的工人或多余的资本都是没用的，除非这些投入能以上述比例同时增加。X企业的等产量曲线是什么样的？

a. 直线。

b. L形的。

c. 弯曲的，凸向原点。

d. 弯曲的，凹向原点。

e. 所有以上选项。

根据图7A－1回答题7～9。

图7A－1

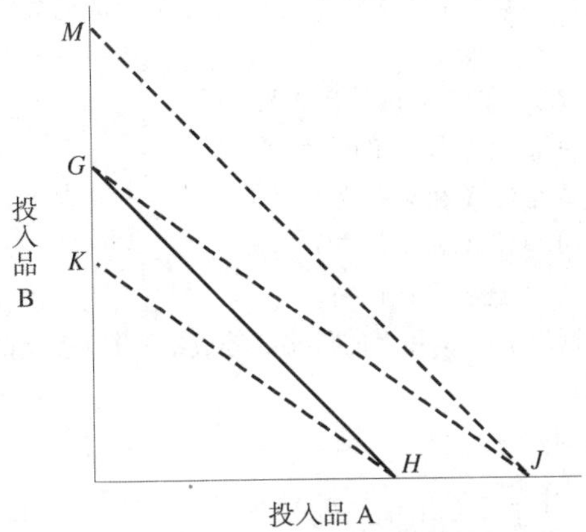

7. *GH*线是一条投入*A*和投入*B*的等成本线。*GH*向*GJ*移动可能是由于以下哪种原因造成的？

a. 投入*A*的价格下降而投入*B*的价格保持不变。

b. 两种投入的价格都上升。

c. 投入*B*的价格下降而投入*A*的价格保持不变。

d. 投入*B*的价格上升而投入*A*的价格保持不变。

e. 两种投入的价格成比例地下降。

8. 假设等成本线*GH*移动到了*MJ*（总成本不变），第7题中哪一选项可以正确地解释这种移动？

a. 投入*A*的价格下降而投入*B*的价格保持不变。

b. 两种投入的价格都上升。

c. 投入*B*的价格下降而投入*A*的价格保持不变。

d. 投入*B*的价格上升而投入*A*的价格保持不变。

e. 两种投入的价格成比例地下降。

9. 假设等成本线*GH*移动到了*KH*，第7题中哪一选项可以正确地解释这种移动？

a. 投入*A*的价格下降而投入*B*的价格保持不变。

b. 两种投入的价格都上升。

c. 投入*B*的价格下降而投入*A*的价格保持不变。

d. 投入*B*的价格上升而投入*A*的价格保持不变。

e. 两种投入的价格成比例地下降。

10. 画一条等成本线时，通常假设哪一项是不变的？

a. 用于投入*A*的总支出。

b. 用于投入*B*的总支出。

c. 生产的产出数量。

d. 用于投入*A*或者*B*的总支出，但并不是两者都不变。

e. 用于两种投入的总支出。

11. 如果第10题指的是等产量线而不是等成本线，则上题中的哪一选项是正确的？

a. 用于投入*A*的总支出。

b. 用于投入*B*的总支出。

c. 生产的产出数量。

d. 用于投入*A*或者*B*的总支出，但并不是两者都不变。

e. 用于两种投入的总支出。

12. 等产量线和等成本线有一个共同特点，即两条线上的任何点表示的都是：

a. 实现的总产出的数量。

b. 以美元表示的总成本的量。

c. 投入的实际数量组合。

d. 投入价格的组合。

e. 以美元表示的总销售收入的量。

13. 固定比例（FP）投入与可变比例（VP）投入之间的区别可通过等产量曲线的形状来反映，等产量曲线：

a. 在固定比例投入下是直线，在可变比例投入下是直角。

b. 在固定比例投入下是直角，在可变比例投入下是曲线。

c. 在固定比例投入下是曲线，在可变比例投入下是直角。

d. 在固定比例投入下是直角，在可变比例投入下是直线。

e. 在固定比例投入下是曲线，在可变比例投入下是直线。

14. 等产量曲线与等成本曲线之间的切点是非常重要的，因为它们表明了：

a. 在给定的产出水平下，能够达到的最低的等成本线。也就是这一产出的最小成本。

b. 在给定的要素条件下，能够达到的最高的等产量线。也就是一定的货币支出能够获得的最大产出。

c. 最大利润的产出水平。

d. 给定货币支出条件下，能够获得的最低产出水平。

e. a 和 b 都正确。

图 7A－2 表示的是一个使用投入 *X* 和 *Y* 的生产函数。两条曲线分别表示 300 单位产出和 420 单位产出的等产量线。*AB* 和 *CD* 是等成本线。*AB* 代表的总成本是 36 美元。请根据以上信息回答题 15～21。

图 7A－2

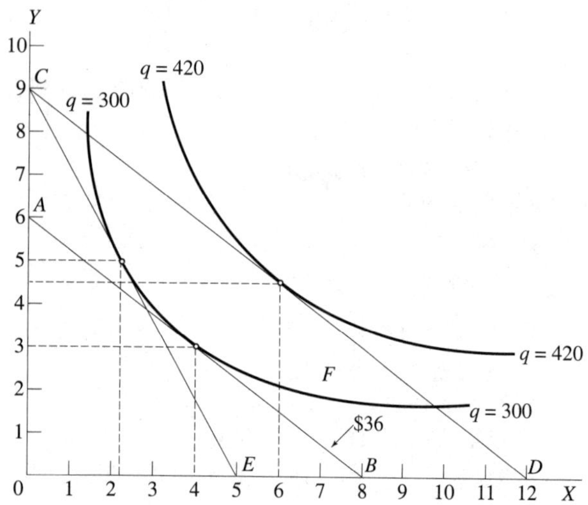

15. 通过观察 *AB* 线可知 *X* 的价格一定是：
   a. 2.50 美元。
   b. 4.50 美元。
   c. 5.50 美元。
   d. 6.00 美元。
   e. 8.00 美元。

16. 通过观察 *AB* 线可知 *Y* 的价格一定是：
   a. 2.50 美元。
   b. 4.50 美元。
   c. 5.50 美元。
   d. 6.00 美元。
   e. 8.00 美元。

17. 生产 300 单位产出的最小总成本是：
   a. 36 美元。
   b. 45 美元。
   c. 54 美元。
   d. 100 美元。
   e. 160 美元。

18. 生产 300 单位产出的平均成本（假设企业已经选择了最小成本的投入组合）是：
   a. 每单位 5 美分。
   b. 每单位 10 美分。
   c. 每单位 12 美分。
   d. 每单位 15 美分。
   e. 每单位 60 美分。

19. 以最小成本生产 300 单位产出的 *X* 和 *Y* 的数量分别是：
   a. 2.25 单位 *X* 和 5 单位 *Y*。
   b. 4 单位 *X* 和 3 单位 *Y*。
   c. 5 单位 *X* 和 9 单位 *Y*。
   d. 8 单位 *X* 和 6 单位 *Y*。
   e. 以上选项都不正确。

20. 根据以上的 *X* 和 *Y* 的价格，等成本线 *CD* 表示的总支出是：
   a. 36 美元。
   b. 45 美元。
   c. 54 美元。
   d. 100 美元。
   e. 160 美元。

21. 假设等成本线 *CD*（所代表的总成本不变）移动到了 *CE*，这表明：
   a. *X* 的价格下降了。
   b. *X* 的价格上升了。
   c. *Y* 的价格下降了。
   d. *Y* 的价格上升了。
   e. 以上选项都不正确。

22. 农民琼斯用劳动和土地进行生产，在她的 40 英亩土地上种植谷物。边际收益递减规律告诉我们：
   a. 随着她向数量固定的土地上增加工人，土地的边际产品最终将下降。
   b. 随着她向数量固定的土地上增加工人，劳动的边际产品最终将下降。
   c. 劳动的平均产量在短期内将保持不变。
   d. 短期内没有可变投入。
   e. 随着她向土地和劳动增加投资，边际产品只有在长期内才会下降。

七、解答题

下列问题旨在帮助你运用附录中提到的概念。

1. 假设图7A－3表示的是运用不同数量的劳动和资本生产产出的过程。

图7A－3

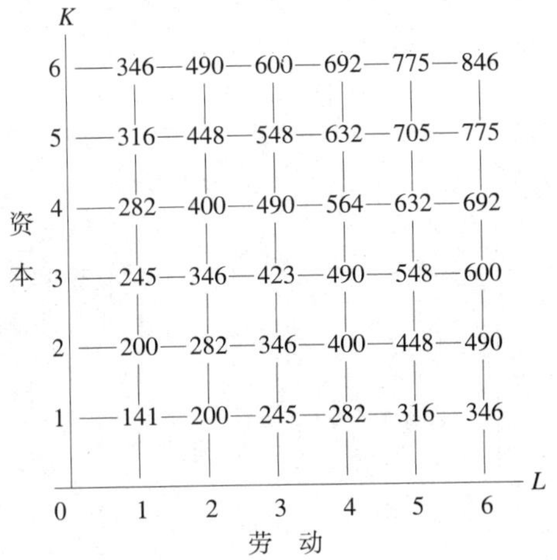

a. 在图7A－4中标出能够生产346单位产出的各种资本与劳动的组合。将这些点用平滑曲线连接起来。以同样方法标出代表490单位和282单位产出的曲线。为便于识别，将三条线分别标为：$q=282$，$q=346$，$q=490$。

b. 你可以在图7A－4中加入等成本线。假设劳动的成本是每单位2美元，资本的租金成本是3美元，进一步假设企业共有12美元用于这两种投入的开支。用这些信息画出等成本曲线。（提示：由于斜率不变，你会发现你要画的等成本曲线是一条直线。所以，只要找到直线在两个坐标轴上的截距，就可以画出这条线。也就是说，先画出12美元全部用于购买劳动而没有资本的点和12美元全部用于购买资本而没有劳动的点，然后将这两点用一条直线连接起来。）

c. 你画出的等成本线上有一点代表的是1.5单位的劳动和3单位的资本。根据前面的生产函数，这一投入组合能够生产的产出将（**多于/少于/等于**）280单位。因为______。

d. 再画一条与第一条平行的等成本线，使其与代表282单位的等产量曲线相切于一点。这条曲线代表怎样的投入组合？这家企业需要支出多少钱？____________。

图7A－4

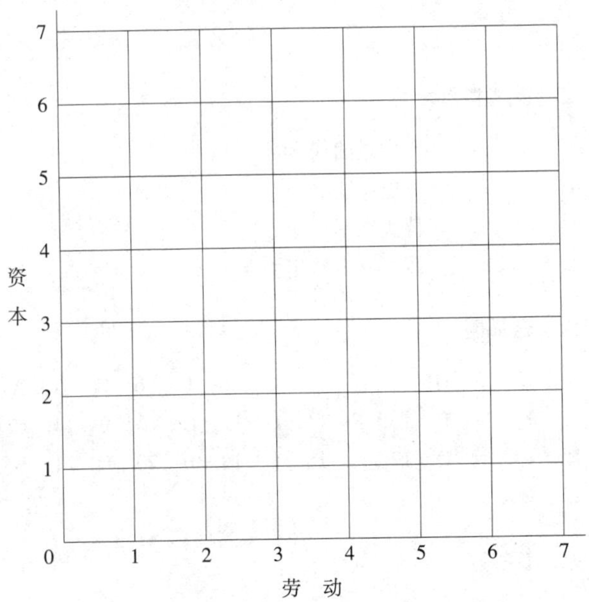

图7A－5

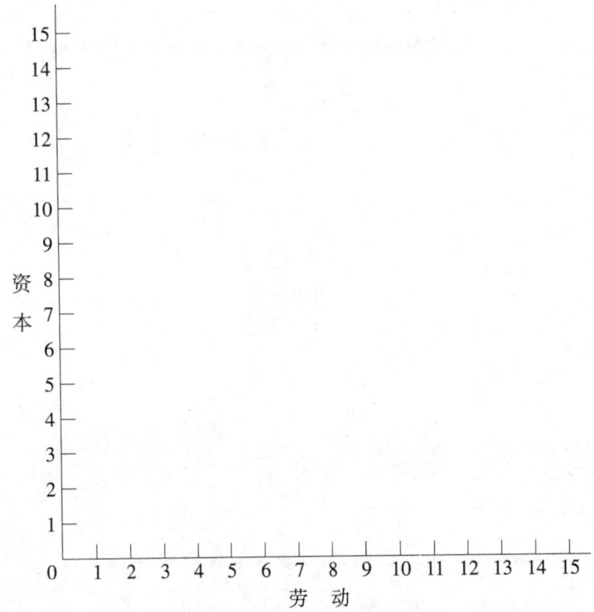

2. 假设一家企业用劳动和资本生产产出。
   a. 如果劳动的价格为每单位 50 美元，资本的价格为每单位 75 美元，当企业的支出为 500 美元时，其等成本曲线是什么样的？在图 7A－5 中画出这条曲线，并将其标为曲线 1。
   b. 劳动的价格降为每单位 45 美元时，等成本曲线将会发生什么变化？在图 7A－5 中画出变化后的曲线并将其标为曲线 2。
   c. 现在再来看曲线 1。如果企业决定投入 750 美元而不是 500 美元，这家企业的等成本曲线将发生什么变化？在图 7A－5 中画出变化后的曲线并将其标为曲线 3。
   d. 以上变化的结果说明：当这些类型的变化发生时，企业的选择将会发生什么变化？

八、讨论题

回答下列问题，并解释你这样回答的原因。

1. Sit Tite 椅子公司用劳动和资本生产木质厨房椅。仔细考虑其生产函数之后，它发现只要用 4 单位投入就可以生产一把椅子，而无论劳动和资本如何组合。也就是说，他们可以用 4 单位劳动，或 4 单位资本，或者 3 单位资本和 1 单位劳动等组合生产一把椅子。在图 7A－6 中分别画出这家公司生产 1、2、3、4 把椅子的等产量曲线。

图 7A－6

2. 下面的观点是否正确：“一家企业的生产函数是由一系列等产量曲线反映的；仅这些曲线就可以决定企业的最优产出水平和最优投入组合。”
3. 判断下面的观点是否正确并解释原因：“一家企业总是能在所有投入的边际产品为零时找到最优投入组合。”
4. 假设一家企业正在用资本和劳动生产小饰品。企业发现自己已经用尽了所有的预算，此时 MP_L/MP_K 大于 P_L/P_K。你会给这家企业什么建议？在图 7A－7 中用等产量曲线和等成本曲线描述出企业目前的状况。

图 7A－7

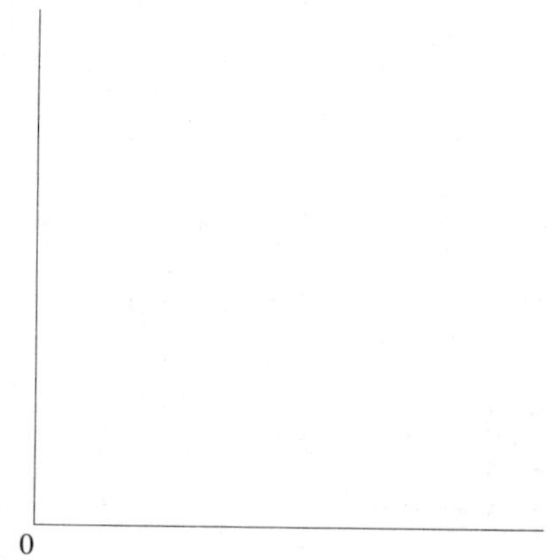

九、答案

三、关键概念复习

2	等产量曲线
4	等成本线
1	替代比率
3	最低成本的相切点

六、选择题

1. C　2. D　3. C　4. D　5. B　6. B　7. A
8. E　9. D　10. E　11. C　12. C　13. B　14. E
15. B　16. D　17. A　18. C　19. B　20. C　21. B
22. B

七、解答题

1. a. 见图 7A－4。
   b. 见图 7A－4。

c. 多于。

d. 大约 1.8 单位的资本和 2.4 单位的劳动。这家企业大约要支出 10.20 美元。

图 7A－4

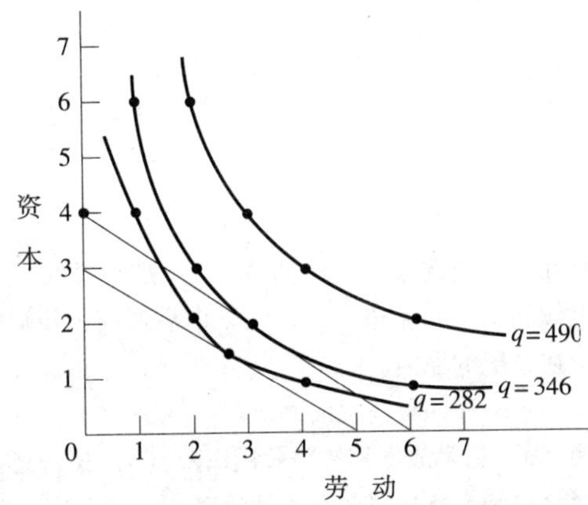

2. a. 见图 7A－5。
   b. 见图 7A－5。
   c. 见图 7A－5。

图 7A－5

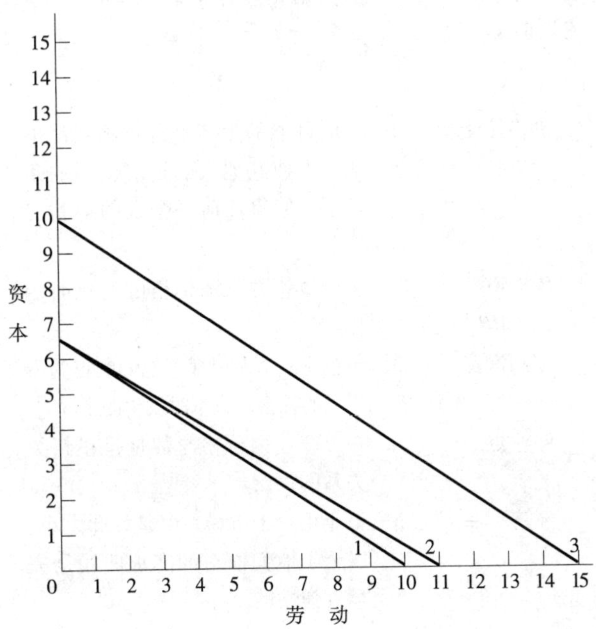

d. 当价格变化时，最低成本曲线发生旋转。当支出水平改变时，曲线会发生平行移动。一种投入的价格降低时，企业就能够以不变的支出生产更多的产出。（b 问）支出水平提高时，企业就能够生产更多的产出。（c 问）

八、讨论题

1. 见图 7A－6。

图 7A－6

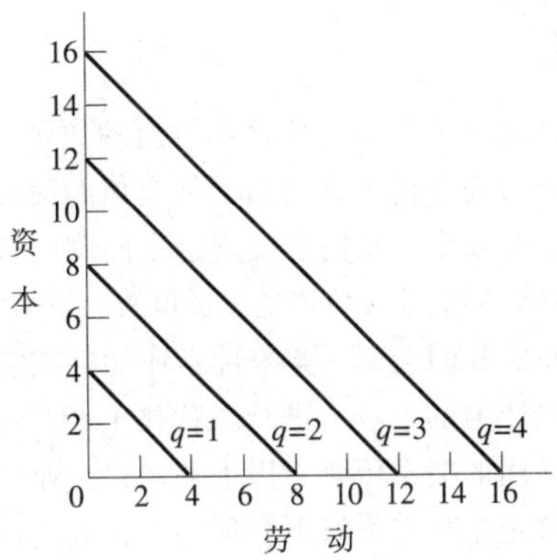

2. 错误。除了等产量曲线之外，企业决策者在确定最优产出水平时还需要考虑等成本曲线。
3. 错误。企业会使其每种投入的边际产品与价格之比都相等，从而找到最优产出组合。
4. 使用更多的劳动和更少的资本。这将使企业可以在支出不变的条件下增加产出。（见图 7A－7。）

图 7A－7

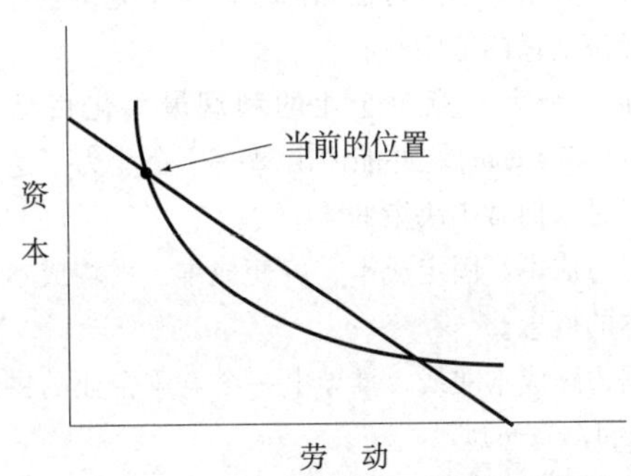

第 8 章

完全竞争市场的分析

一、概述

企业应该如何决定产品的价格和供给的数量？在第 6 章和第 7 章学习完分析工具之后，你应该能回答这个问题了。在随后几章中，我们会发现这个问题的答案取决于该企业所面临的竞争环境和生产过程的性质。

在本章，我们会问：竞争性企业如何在它对价格完全没有控制能力的市场上进行最优化生产？生产成本与产出决策之间的关系依赖于以下假定：企业追求利润最大化。即假定在既定价格下，每一个企业通过使产出的收益与生产产出的成本之间的差额最大化，从而选择最优产出水平。我们不仅研究单个企业的供给曲线和整个市场的供给曲线，而且还要研究竞争市场的结构特征和效率特征。

二、学习目标

在你读完教材第 8 章之后，完成本书的习题，你将能够：

1. 描述**完全竞争产业**（perfectly competitive industry）的特征，并解释这些特征如何限定单个竞争企业所影响的经济变量的范围。
2. 界定单个完全竞争企业的**利润最大化目标**（profit maximizing goal），并能说出每一个企业为了达到这个目标是如何做出决策的。
3. 复习总成本、固定成本、可变成本、平均成本和边际成本的概念。
4. 根据边际成本曲线，推导出一个竞争企业的**供给曲线**（supply curve）。
5. 解释**利润均衡**（break even）条件和**停业**（shutdown）条件，并解释它们与竞争市场之间的关系。
6. 解释竞争企业和竞争市场的短期和长期均衡条件。
7. 解释在什么情况下，供给曲线（a）是水平线，（b）向上倾斜，（c）是垂直线，（d）向后弯曲，并解释出现上述情况的原因。
8. 举出出现上述四种情况的例子。
9. 利用（a）边际成本和边际效用以及（b）消费者剩余和社会福利，解释完全竞争的效率。
10. 比较经济体系的目标——**效率**（efficiency）与**公平**（equity），并讨论每一个目标在发展政策中所起的作用。

三、关键概念复习

在 B 栏中寻找与 A 栏中术语相应的解释，并将序号填在术语前边。

A	B
__ 价格接受者	1. 任何可能的生产资源重组，都不能在不使其他人的情况变坏的条件下，使得任何一个人的福利变好。
__ $P = MC = MR$	2. 供给数量并不随价格的变化而变化。
__ 零利润点	3. 当企业或个人忽视了他们的行为所产生的社会总成本时发生的情况。
__ 停业点	4. 一个产业内价格与数量呈正相关关系的供给。
__ 经济利润	5. 企业相对于市场来说是如此之小，以至于他们面对的需求曲线是完全有弹性的。
__ 短期	6. 一个企业或产业在长期内产出增加时，价格保持不变的供给。

__ 竞争产业的供给曲线　7. 完全竞争企业利润最大化的产出条件。

__ 成本不变的供给　8. 涉及资源配置的公平问题。

__ 成本递增的供给　9. 在较低价格时，价格和供给数量呈正相关关系；在较高价格时，价格和供给数量呈负相关关系。

__ 纯经济租金　10. 价格等于总平均成本。

__ 向后弯曲的供给曲线　11. 价格等于平均可变成本。

__ 完全无弹性的供给　12. 在总供给中数量固定的生产要素价格。

__ 配置效率　13. 单个企业的边际成本曲线的水平加总（超过最小平均可变成本的部分）。

__ 外部性　14. 当价格大于总平均成本时发生。

__ 公平　15. 至少有一种投入是固定的。

四、小结与本章提纲

本部分对教材第 8 章的关键概念进行总结。

A. 竞争企业的供给行为

1. 完全竞争产业的特点是：该产业内有很多小企业，每一个企业是如此之小，以至于单个企业无法影响市场价格；这些企业生产同类产品，因此消费者将所有企业的产出视为完全的替代品。这两个特征共同作用，决定了对单个企业产品的需求是完全有弹性的。最后，竞争者能够很容易地进入或退出该产业。
2. 完全竞争市场上的企业是价格接受者，这就意味着它们只能接受既定的市场价格，并决定带来最大化利润的产出水平。这个产出水平用 q^* 表示，如图 8－1 所示。
3. 一家竞争企业的供给曲线是它的边际成本曲线超过最低平均可变成本的那一部分。当价格低于最低平均可变成本时，供给数量将为零。
4. 零利润点发生于价格等于最低总平均成本之时。在这一点，经济利润为零，且 $P = MC = \min ATC$。
5. 停业点发生于价格等于最低平均可变成本之时。如果价格低于停业点，那么企业在短期内不进行生产，仅支付固定成本，而损失将减少到最小。如果价格低于平均可变成本，企业继续生产，损失不仅包括固定成本，还包括一部分可变成本。

B. 竞争行业的供给行为

1. 水平加总所有企业在市场的每一个价格上的供给曲线可得到市场供给曲线。
2. 在短期内，完全竞争产业中的企业能够获得经济利润，达到利润均衡，或者遭受损失。然而，在长期内，利润均衡点界定了竞争性均衡。当价格上涨时（受正经济利润的影响），企业进入市场，使产业的短期供给曲线向外移动，与市场需求曲线相交，使价格降低。当价格下降时（受负经济利润的影响），企业退出市场，使产业的短期供给曲线向里移动，与市场

图 8－1

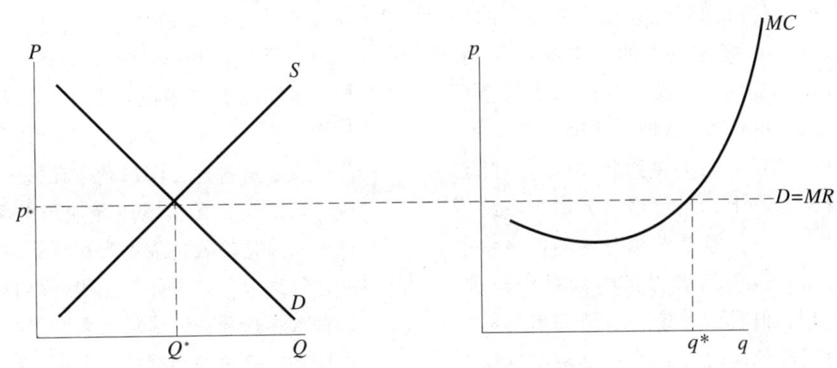

需求曲线相交，使价格上升。因此，在长期内，完全竞争行业中所有的企业一定会达到零经济利润条件，即在长期内：$P = MR = MC = \min ATC$。

3. 如果竞争加剧导致投入价格上涨，产业的长期供给曲线可能是向上倾斜的；如果竞争加剧导致投入价格下降，产业的长期供给曲线可能是向下倾斜的；如果竞争加剧而投入价格不发生变化，那么产业的长期供给曲线就是水平的。

C. 竞争市场的各种特殊情况

1. 一般而言，在供给曲线不变的情况下，一种商品的需求增加（减少），价格将上升（下降），销售数量增加（减少）。在需求曲线不变的情况下，一种商品的供给增加（减少），价格将下降（上升），销售数量增加（减少）。
2. 尽管有这些一般原则，有时候我们不得不考虑市场模型，因为买者或卖者的行为有时会受到限制。考虑以下四种特殊情况：
   a. 当企业在成本不变的条件下进行生产时，企业或产业在长期内增加产出，但投入的成本并不会增加。这有可能发生，因为投入数量丰富，而且很容易获得，或者是因为生产技术的进步允许生产无限扩张但不会引起无效率。
   b. 当企业在成本递增和收益递减的条件下进行生产时，企业或产业在长期内增加产出，但投入要素的竞争加剧使得投入的价格上涨。这最终会引起产品的价格上涨。
   c. 还有一种情况，企业销售一种产品或利用某种资源，该产品或资源的总供给是固定不变的。这意味着供给曲线是完全无弹性的。考虑这样一种产品的需求增加所带来的影响。由于供给根本不可能上下移动，所以价格的变化只是反映需求的变化所带来的影响。以康涅狄格的海滩财产为例，它的供给是固定不变的，因此需求的增加只会导致地产价格上涨，并不会引起地产数量的增加。
   d. 最后，考虑一下向后弯曲的供给曲线。这意味着在相对低的价格水平上，当价格上升时，供给者提供的数量也会增加；但是在相对高的价格水平上，当价格上升时，供给者提供的数量会减少。这似乎不合常理，但我们考虑一下劳动市场的情况。在每周的工资较高时，劳动者愿意而且很愿意工作更长时间。但是，在工资高过某一点之后，他们会减少工作时间，并把更多的时间用于闲暇。这个例子有助于解释很多医生和牙医在周三下午不出诊的原因！

D. 竞争市场的效率和公平

1. 配置效率是在任何可能的生产资源重组，都不能在不使其他人的情况变坏的条件下，使得任何一个人的福利变好的场合出现的。因此，在实现了配置效率的条件下，只有降低某个人的效用才能增加另一个人的效用。
2. 如果我们假定效用能够用人们愿意支付的美元价值来近似衡量，那么完全竞争市场会带来 $P = MC = MU$，因此，资源配置达到了配置效率。
3. 完全竞争市场将买者的需求和欲望同生产的边际成本联系起来，后者由供给曲线表示，这样带来了配置效率，解决了资源配置问题。然而，提供一个有效率的市场是一项艰巨的任务，例如，外部性和垄断就是导致低效率的重要因素。市场不灵不仅存在，而且经常发生。

   更进一步讲，效率不是经济体系的惟一目标。事实上，很多国家鼓励政府干预市场以促进资源分配的公平。我们并不能说公平的分配就一定是有效率的，也不能说有效率的分配就一定是公平的。

五、学习提示

1. 在通常情况下，要一下子理解竞争企业的完全有弹性的需求曲线是很困难的。关键在于，人们一般将市场需求曲线理解为向下倾斜。事实上，是完全竞争产业中的小企业、单个生产者在市场中的地位，决定了需求曲线完全有弹性。
2. 在这个讨论中，我们假定企业的目标是追求利润最大化。注意，企业可能还有其他一些合理的目标。例如，市场经济中存在着很多非营利性组织，如医院、教堂，甚至好多大学，这些组织的目标是为社区服务，或者是为社会谋福利。在另一些情况下，企业积极开拓市场，无止境地增加销售额，占有市场份额，这似乎只是使收益或生产达到了最大化，而不是使利润达到最大化。再如，一些公司的 CEO 们只是对他们的薪水感兴趣，绞尽脑汁要拿最高的薪水，他们的心思似乎并未放在利润的最大化上。

   尽管存在上述其他目标，但是追求利润最大化是分析的一个起点，因为利润在市场经济中举足轻重。在某些行业，利润为那些拥有资源的所有者提供信号：有机会获利；同样，无利润也为他们提供信号：没有机会获利。在一些情况下，其他目标与利润最大化目标并不矛盾；即使企业的潜意识里并不是追求利润最大化，但它们的表现实际上是在追求利润最大化。

3. 经济学家衡量利润的方法与会计不同。当收益能够弥补生产的显性成本时，超出部分就是会计意义上的利润。但在该点却不一定存在经济利润。在计算利润时，经济学家进一步要求收益必须：还能够弥补隐性成本，或者机会成本。
4. 注意市场供给曲线和市场需求曲线推导过程的相似性。在两种情况下，市场曲线都是通过单个曲线水平相加得到的。在既定市场价格水平下，把市场上所有企业供给的数量加总，就得到市场供给曲线上的一个点，重复这个过程就会得到市场供给曲线。
5. 一些学生想要知道追求利润最大化的企业所生产的最后一个单位，即 $MC = MR$ 时的那一单位。企业在生产这一单位时利润均衡。只要边际收益大于边际成本，企业就会继续扩大生产。这个等式让企业明白：由于边际成本一直在上涨，进一步增加产出是不明智的。因此，这个等式提供给企业一个重要信息：不应该再增加产出。
6. 记住：水平的供给曲线、垂直的供给曲线和向后弯曲的供给曲线都属于特殊情况。这些情况并不经常发生。在大多数市场，供给数量随价格上升而增加。
7. 在第 4 章我们学习过，更缺乏弹性的市场一方将承担新税收的更多部分。在供给曲线是完全无弹性的市场上，供给者将承担新税收的全部，因为他们在价格变化时不能改变供给的数量。买者的价格并不受税收的影响；卖者的价格下降，下降幅度正好等于税收的数额。
8. 最后一点是关于效率与公平。经济学家在讨论效率上花费了很多时间，因为我们已经找到了界定和衡量效率的合理、客观的方法。公平是一个比较难的概念，因为它的定义是规范性的，或者说是比较主观的看法。我们如何界定收入或资源得到了公平的分配呢？它应该基于平等，基于需求，基于工作时间，还是基于平等地获得资源？所有这些都是合理的界定，所以回答这个问题主要取决于每一个人或每一个社会如何理解这个问题。在通常情况下，是否达到了公平取决于社会文化或社会规范。例如，美国通常将公平界定为平等的机会，而有些国家将它界定为分配公平。不管在什么情况下，尽管我们很难界定公平，但它仍然是经济社会的一个重要目标，在我们分析的过程中，一定不能忽视公平这个问题。

六、选择题

下列问题按照教材中的顺序安排，从各选项中选出一个最佳答案。

A. 竞争企业的供给行为

1. 下列哪一项不是完全竞争产业的特征？
   a. 在这个产业里有很多企业。
   b. 企业生产同类产品，即这些产品之间是可以完全替代的。
   c. 在这个产业里各竞争者之间的价格竞争十分激烈。
   d. 企业可以自由出入该产业。
   e. 所有以上选项。
2. 一个企业在完全竞争的短期条件下追求利润最大化，它将：
   a. 使总平均成本等于价格。
   b. 在平均成本最低的水平生产产出。
   c. 在平均可变成本等于市场价格时生产产出。
   d. 使产出的总收益正好等于产出的固定成本。
   e. 一定不会采取上述措施。
3. 完全竞争企业的利润最大化原则指“价格等于边际成本”。这条原则表明企业应该：
   a. 增加产出，直至价格上升至等于边际成本。
   b. 增加产出，直至价格下降至等于边际成本。
   c. 增加产出，直至边际成本下降至等于价格。
   d. 增加产出，直至边际成本上升至等于价格。
   e. 降低价格，直至价格等于边际成本。
4. 一个企业在完全竞争的条件下进行生产。在它现有的产出水平上，下列所有的值都为 1 美元：价格、边际成本和总平均成本。边际成本随着产出的增加而增加。该企业：
   a. 一定处于利润最大化位置。
   b. 一定不处于利润最大化位置。
   c. 可能处于利润最大化位置，也可能不处于利润最大化位置，我们需要知道平均可变成本。
   d. 可能处于利润最大化位置，也可能不处于利润最大化位置，我们需要知道总成本和总收益。

e. 可能处于利润最大化位置，也可能不处于利润最大化位置，我们需要知道总固定成本。

5. 一个处于完全竞争产业的企业每天所生产产出的总收益为5 000美元。该产出是利润最大化的产出。该企业的总平均成本为8美元，边际成本为10美元，平均可变成本为5美元。它每天的产出量为：

a. 200单位。
b. 500单位。
c. 625单位。
d. 1 000单位。
e. 无法根据上述信息进行判断。

6. 第5题中的企业的固定成本为：

a. 10美元。
b. 100美元。
c. 500美元。
d. 1 500美元
e. 无法根据上述信息进行判断。

7. 第5题中的企业每天的利润或者亏损为：

a. 损失500美元。
b. 既不盈利，也不亏损，处于利润均衡水平。
c. 盈利500美元。
d. 盈利1 000美元。
e. 无法根据上述信息进行判断。

8. 假定一个企业在完全竞争市场上进行生产，在价格为7美元的情况下，每天生产和销售的产出为200单位。平均成本为4.99美元。如果每天增加产出至201单位，那么平均成本将会上升至5.00美元。根据所提供的信息，该企业要想达到利润最大化，就应该：

a. 增加产出，因为边际成本约等于6.00美元。
b. 减少产出，因为边际成本约等于6.00美元。
c. 保持目前的产出水平不变，因为边际成本约等于7.00美元。
d. 不一定会减少产出，有可能会增加产出，因为边际成本低于价格。
e. 增加产出，因为边际成本约等于5.01美元。

9. 一个企业必须在价格为1.90美元的市场上销售产品。它目前的生产数据如下：平均成本为2.00美元，边际成本为1.50美元，平均可变成本为1.50美元，总固定成本为每期500美元。根据竞争企业的利润最大化（或损失最小化）原则，该企业：

a. 一定要增加目前的产出水平。
b. 一定要减少目前的产出水平。
c. 维持目前的产出水平不变。
d. 停业。
e. 或许会增加产出，或许会减少产出，缺乏做出决策的关键数据。

10. 一个城市实行减税，从而使企业的总固定成本每月减少了500美元，该企业在完全竞争的条件下进行生产。如果该企业追求利润最大化，那么成本的减少会带来（至少在短期内）：

a. 价格的下降。
b. 产出的增加。
c. 价格的上涨。
d. 产出的减少。
e. 产出和价格都不发生变化。

11. 一个完全竞争的企业的供给曲线与下列哪一项是相同的？

a. 整条边际成本曲线。
b. 边际成本曲线的一部分。
c. 平均成本曲线。
d. 平均成本曲线上平均成本随着产出的增加而增加或者保持不变的那一部分。
e. 以上选项都不是。

12. 一个在完全竞争市场中进行生产的企业所面临的市场价格为10美元。它每天生产2 000单位的产出，总成本为19 000美元。该企业：

a. 应该增加产出，以增加利润。
b. 应该减少产出，以增加利润。
c. 应该停业，将损失降至最低。
d. 可能处于利润最大化水平，也可能没有处于利润最大化水平，所给的信息不足以判断。
e. 现在正处于利润最大化水平。

13. 假定第12题中的企业将产出增加至2 001单位，总成本升至19 010美元。有了这个信息，你的答案有什么变化？现在的答案应该是：

a. 应该增加产出，以增加利润。
b. 应该减少产出，以增加利润。
c. 应该停业，将损失降至最低。
d. 可能处于利润最大化水平，也可能没有处于利润最大化水平，所给的信息不足以判断。
e. 现在正处于利润最大化水平。

14. 一个完全竞争产业中的企业发现，在所能达到的最佳生产条件下，它的总收益不能弥补总成本。但是，这个总收益完全能够弥补固定成本。该企业：

a. 正在遭受损失，它将通过停业以改善目前的境况。
b. 正在遭受损失，但它通过在短期内继续保持目前的水平，可将损失降至最小。
c. 正在遭受损失，但它可通过增加产出和销售额来减少或消除损失。
d. 正在遭受损失，但所给信息不足以判断它是否能通过继续生产或通过停业来将损失降至最小。
e. 或许正在遭受损失，或许正在盈利，所给信息不足以进行判断。

15. 如果第 14 题中的企业的总收益（尽管还不足以弥补总成本）完全能够弥补总可变成本，那么哪一个选项是正确的呢？
a. 正在遭受损失，它将通过停业以改善目前的境况。
b. 正在遭受损失，但它通过在短期内继续保持目前的水平，可将损失降至最小。
c. 正在遭受损失，但它可通过增加产出和销售额来减少或消除损失。
d. 正在遭受损失，但所给信息不足以判断它是否能通过继续生产或通过停业来将损失降至最小。
e. 或许正在遭受损失，或许正在盈利，所给信息不足以进行判断。

16. 一个企业在完全竞争的环境下进行生产。它的总平均成本在短期内达到最低水平，那么该企业：
a. 一定处于利润最大化的产出水平，但这一产出的价格可能是最佳价格，也可能不是。
b. 一定处于利润最大化的产出水平，不需要考虑产出的价格，因为它对市场价格没有控制力。
c. 没有处于利润最大化水平，它应该增加产出。
d. 没有处于利润最大化水平，它应该减少产出。
e. 可能处于利润最大化水平，也可能没有处于利润最大化水平，所给信息不充分，无法判断。

17. 经济学家经常提到一个竞争企业的“利润均衡点”，利润均衡点在下述哪种情况下发生？
a. 边际成本等于平均成本。
b. 平均可变成本等于平均固定成本。
c. 边际成本等于平均可变成本。
d. 平均成本等于平均可变成本。
e. 边际成本等于平均固定成本。

18. 经济学家经常提到一个竞争企业在短期内的“停业点”，停业点在下述哪种情况下发生？
a. 边际成本等于平均成本。
b. 平均可变成本等于平均固定成本。
c. 边际成本等于平均可变成本。
d. 平均成本等于平均可变成本。
e. 边际成本等于平均固定成本。

19. 如果短期内，企业在停业点运营，那么它：
a. 正好可以弥补固定成本。
b. 正好可以弥补所有成本。
c. 正好可以弥补所有可变成本。
d. 正好可以弥补边际成本。

20. 如果企业在短期追求利润最大化，总收入为 1 000 美元，总成本为 1 500 美元，总固定成本为 400 美元，该企业应该：
a. 停业。
b. 短期内应该继续运营，长期内应该停业。
c. 长期、短期内都应该继续运营。
d. 无法根据上述信息进行判断。

B. 竞争行业的供给行为

21. 图 8－2 表示的是一个完全竞争企业的成本结构。如果该企业所属的产业有 100 个相同的企业，那么在价格为 10 美元时，整个产业供给量为：
a. 0。
b. 150。
c. 1 500。
d. 15 000。
e. 以上选项都不是。

图 8－2

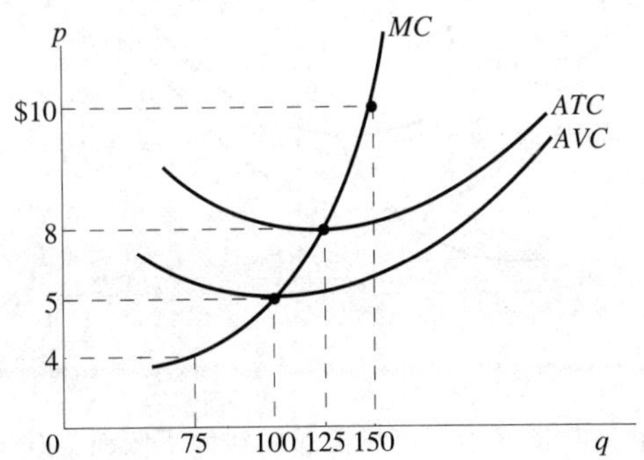

22. 如果竞争产业中的一个企业的短期边际成本曲线随着产出的增加持续下降，那么，你估计：
    a. 新的企业将进入该产业。
    b. 该企业赚取的利润可能会增加。
    c. 该企业的边际成本应该超过了平均成本。
    d. 该企业必须支付的总固定成本应该会下降。
    e. 完全竞争有可能被不完全竞争替代。
23. 在完全竞争理论中，长期均衡条件“价格等于最低总平均成本”意味着：
    a. 企业要选择利润最大化的产出水平，在短期内不用考虑这个原则，但在长期内必须遵守。
    b. 只有当企业要选择利润最大化的产出水平时，企业在短期内才必须遵守这个原则。
    c. 企业在短期内不必考虑这个原则，在长期内也不必考虑。这个条件表明所有企业在长期内的一种倾向。
    d. 任何追求利润最大化的企业必须在短期内和在长期内遵守这个原则。
    e. 这个条件只适用于农产品市场。
24. 图8-3表示的是一个竞争企业的情况。在长期内，该企业将生产：
    a. Q_1，价格为P_1。
    b. Q_2，价格为P_1。
    c. Q_2，价格为P_2。
    d. Q_3，价格为P_2。
    e. Q_3，价格为P_1。

图 8-3

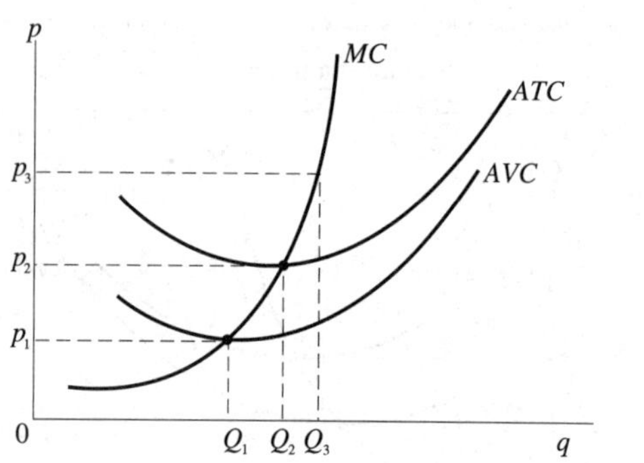

25. 在通常情况下，市场需求曲线向下倾斜，对于竞争产业中的每一个企业的投入征税，这些税收使边际成本增加，则税收对市场价格和总产出的影响为：
    a. 价格上升，数量增加。
    b. 价格上升，数量减少。
    c. 价格下降，数量增加。
    d. 价格下降，数量减少。
    e. 无法根据上述信息进行判断。
26. 假设你处在一个完全竞争的产业中，在生产过程中需要投入海滩地产这种稀缺的要素。长期供给曲线的形状如何？
    a. 向上倾斜的。
    b. 向下倾斜的。
    c. 水平的。
    d. 以上情况都有可能。

C. 竞争市场的各种特殊情况

27. 供给的增加会降低价格，除非：
    a. 供给是完全无弹性的。
    b. 需求是完全富有弹性的。
    c. 需求量相应增加。
    d. 需求高度缺乏弹性。
    e. 需求和供给都高度缺乏弹性。
28. 如果一种物品在成本不变的情况下进行生产，那么对每一单位销售量征收1美元的税收，其效应为：
    a. 对消费者来说价格上涨了1美元。
    b. 如果需求富有弹性，对消费者来说价格上涨不到1美元。
    c. 由生产者承担全部税收，除非需求完全有弹性。
    d. 如果需求缺乏弹性，对消费者来说价格上涨不到1美元。
    e. 以上选项都不是。
29. “成本递增”意味着：
    a. 供给完全无弹性。
    b. 随着供给量增加，价格在长期内也上升。
    c. 由于投入的价格上涨，引起供给曲线向右移动。
    d. 由于需求增加，引起供给曲线向左移动。
    e. 以上选项都不是。
30. 如果一种生产要素的收益被视为纯经济租金，如果这种生产要素的需求减少，那么该生产要素的价格将：
    a. 下降，但是买卖的数量不变。
    b. 下降，买卖的数量也减少。
    c. 不变，但买卖的数量减少。
    d. 不变，买卖的数量也不变。

e. 以上选项都不是。

31. 完全有弹性的供给意味着：
 a. 成本不变。
 b. 成本递增。
 c. 成本递减。
 d. 供给者获得的收益可以视为经济租金。
 e. 不管价格如何变化，供给的数量固定不变。

32. 如果一种商品的收益是一种纯经济租金，对该商品进行征税，那么：
 a. 税收完全由供给者承担，买者的价格保持不变。
 b. 税收完全由买者承担。
 c. 税收由供给者和买者共同承担。
 d. 该商品的产出将减少，它的价格将会上升。
 e. 该商品的产出不会减少，但它的价格将会上升。

D. 竞争市场的效率和公平

33. 下列哪些情况下，配置效率会发生：
 a. 一个消费者处于生产可能性边界。
 b. 任何可能的生产资源重组，都不能在不使其他人的情况变坏的条件下，使得任何一个人的福利变好。
 c. 任何可能的重组都将使任何人的福利变好。
 d. 通过税收进行收入分配。
 e. 边际收益大于边际成本。

34. 假定美国政府决定对年收入为 20 000 美元以上的个人征收 100 美元的税，所得的税收将重新分配给那些年收入不到 20 000 美元的人。这项政策：
 a. 达到了配置效率，因为它把富人手中的钱转移到了穷人手中。
 b. 没有达到配置效率，因为它是一种使一些人情况变坏的重新分配。
 c. 没有达到配置效率，因为 100 美元不足以使收入平等。
 d. 不管是按照公平的定义，还是按照效率的定义，都改善了收入的分配。
 e. 降低了社会的总效用。

35. 市场无效率来源于：
 a. 外部性。
 b. 垄断。
 c. 不完全信息。
 d. 所有以上选项。
 e. 以上选项都不是。

36. 生产者剩余衡量的是：
 a. 收益超过生产成本的那一部分。
 b. 经济利润。
 c. 消费者为一种物品或劳务愿意支付的数额与他们实际支付的数额之间的差额。
 d. 完全竞争市场中产出超过需求量的那一部分。
 e. 以上选项都不是。

37. 如图 8－4 所示，这个完全竞争市场中的生产者剩余为：
 a. 0 美元。
 b. 100 美元。
 c. 1 000 美元。
 d. 1 250 美元。
 e. 以上选项都不是。

图 8－4

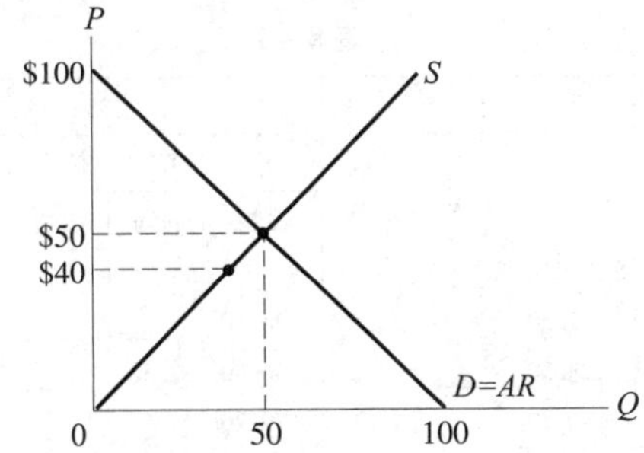

38. 在图 8－4 中，这个完全竞争市场中的总剩余为：
 a. 0 美元。
 b. 100 美元。
 c. 1 000 美元。
 d. 1 250 美元。
 e. 2 500 美元。

39. 如果政府为图 8－4 中的市场设定价格上限为 40 美元，那么该市场上的生产者剩余将会降为：
 a. 100 美元。
 b. 500 美元。
 c. 800 美元。
 d. 1 000 美元。
 e. 以上选项都不是，在完全竞争市场中，生产者剩余总是为 0。

40. 配置效率并不一定意味着：
 a. 企业获得零经济利润。

b. 社会满意的资源分配结果。

c. 价格等于边际成本。

d. 价格等于平均成本。

七、解答题

下列问题旨在帮助你运用教材中提到的概念。

A. 竞争企业的供给行为

1. 说出完全竞争市场的3个重要特征。

   a. ______________________

   b. ______________________

   c. ______________________

2. 表8-1提供了在不同产出水平和两组价格下成本和收益的信息。产出范围为10~20，总收益和利润在此范围内获得。完成表中的空白处。

表8-1

数量	成本			收益			
	总成本	平均成本	边际成本	价格=$11.20		价格=$8.80	
				收益	利润	收益	利润
10	$100.50	$ ___		$ ___	$11.50	$ ___	$ ___
12	111.50	___	$ ___	134.40	___	___	___
14	124.50	___	___	156.80	32.30	___	___
16	140.50	___	___	179.20	___	___	___
18	162.50	___	___	___	___	___	___
20	202.50	___	___	___	___	___	___

a. 从表8-1可以看出，在价格为11.2美元时，利润最大化的产出为（**12/14/16/18/20**）单位。在这个产出水平上，平均成本为______美元，边际成本约等于______美元。

b. 在价格为8.80美元时，利润最大化的产出为（**12/14/16/18/20**）单位，在这个产出水平上，平均成本为______美元，边际成本约等于______美元。

3. 如图8-5所示，3条水平线表示一个追求利润最大化企业在3种市场价格下面对的需求曲线。

   a. 例如，如果价格为*H*0时，企业会沿着D_1D_1移动。如果*H*0为市场价格，那么企业将生产和销售的数量为（**0*F*/0*E*/0*G***）。注意，在这个位置，该企业（**正在获得正的经济利润/刚好达到利润均衡/正在遭受损失**）。

图8-5

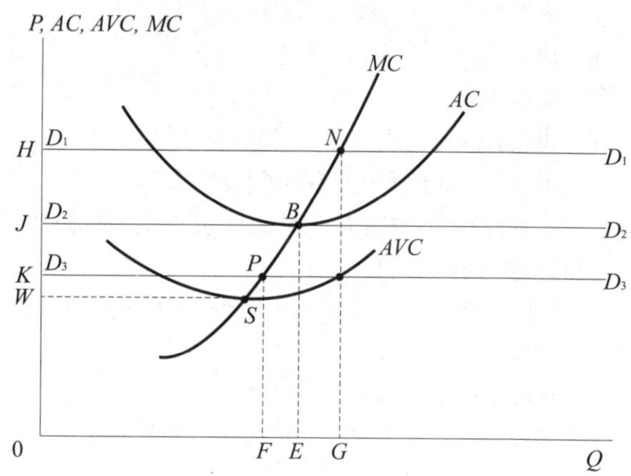

   b. 如果价格刚好为*J*0，那么企业的需求曲线为（**D_1D_1/D_2D_2/ D_3D_3**），它的利润最大化产出为（**0*F*/0*E*/0*G***）。在这个位置，该企业（**正在获得正的经济利润/刚好达到利润均衡/正在遭受损失**）。

   c. 如果价格为*K*0，那么企业利润最大化产出为（**零/0*F*/0*E***）。在这个位置，企业的损失（**小于/等于/大于**）固定成本。

   d. 如果价格降低至无法弥补平均可变成本，那么该企业最好停止整个生产。在图8-5中，停业点区域的边界由（***H*0/*J*0/ *K*0/*W*0**）表示。这个价格（**大于/等于/小于**）最低（**平均可变成本/平均固定成本**）。

4. 一个完全竞争市场中的某一企业的边际成本、平均成本和平均收益，如图8-6所示。该企业是追求利润最大化的企业。

   a. 该企业将在什么产出水平进行生产？

   （1）0*G*　（2）0*H*　（3）0*J*　（4）0*K*　（5）*B*0

   b. 下列哪一项是该企业的销售价格？

   （1）0*G*　（2）*D*0　（3）*BF*　（4）0*K*　（5）*B*0

   c. 下列哪一项是利润最大化产出的平均成本水平？

   （1）*PH*　（2）*VJ*　（3）*SK*　（4）*DV*　（5）*EW*

   d. 下列哪一项是利润最大化产出的边际成本水平？

   （1）0*G*　（2）*D*0　（3）*BF*　（4）0*K*　（5）*B*0

   e. 下列哪一个矩形表明了生产利润最大化产出的总成本？

   （1）*DVJ*0　（2）*BQJ*0　（3）*BPH*0

   （4）*BSK*0　（5）*EWH*0

表 8－2

情况	价格（$）	产出数量	总收益（$）	总成本（$）	总固定成本（$）	总可变成本（$）	平均成本（$）	平均可变成本（$）	边际成本（$）	产出增加，边际成本将	答案
a	2.00	10 000		16 000			在最低水平			增加	
b			10 000		2 000		4.00	3.00	6.00	增加	
c	2.00	2 000			2 000	5 000			2.00	减少	
d			6 000	6 000		4 500	在最低水平	0.75		增加	
e	5.00	2 000						5.25	5.00	增加	
f			20 000	18 000			3.60		4.00	增加	
g		4 000	16 000	16 000			在最低水平	5.00	3.00	减少	
h	4.50				9 000	12 000	5.25	在最低水平		增加	
i		3 000	9 000					3.25	3.00	增加	
j		2 000	16 000		3 000			7.00	8.00	增加	

图 8－6

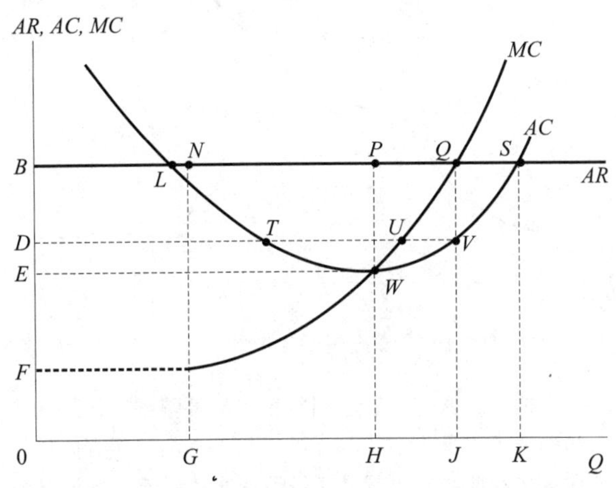

f. 下列哪一个矩形表明了该企业在利润最大化产出时的总收益？

（1）*DVJ0*　（2）*BQJ0*　（3）*BPH0*

（4）*BSK0*　（5）*EWH0*

g. 下列哪一个矩形表明了该企业在利润最大化产出时的总利润？

（1）*BQJ0*　（2）*DVJ0*　（3）*BQVD*

（4）*BPH0*　（5）没有

5. 这是一个难度更大的题。假定你是一个利润最大化问题的顾问，表 8－2 中的每一行表示的是不同竞争企业的生产情况。你要从这些数据中理出头绪，并建议企业在这种环境下应该做出什么决策。根据下列 7 种情况填出表中最后一栏的空白。

1＝企业目前处于正确的位置。

2＝企业应该提高价格。

3＝企业应该降低价格。

4＝企业应该增加产出和销售的数量。

5＝企业应该减少产出和销售的数量。

6＝企业应该停止生产。

7＝不可能的情况，所给数据不一致，这些数据不可能全部正确。

当然，每一个数字可以不止使用一次。尽管还有一些空白处，但表中的信息已经很充分了。提示：至少有一种情况是不可能的情况，因为所给的数据不一致，不可能是正确的；这时，你应该告诉你的客户该审计他们的报表了。

B. 竞争行业的供给行为

6. 图 8－7（a）和（b）表示的是两种类型的玉米生产者的短期边际成本曲线。进一步假定在这一完全竞争市场中每一种类型的生产者都有 50 个。

图 8－7（c）表示的是玉米的市场供给曲线。该市场上，玉米的均衡价格为每蒲式耳______美元，交易的均衡数量为______蒲式耳。

7. 假定 ABC 纺织企业是布料市场上的完全竞争企业。图 8－8 表示的是纺织品的一个假定的市场，以及 ABC 相对于长期均衡市场的位置。

图 8－7

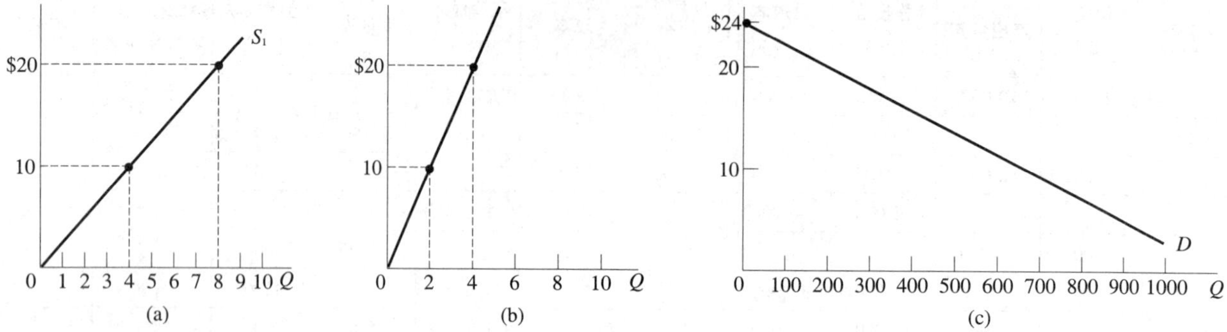

图 8－8

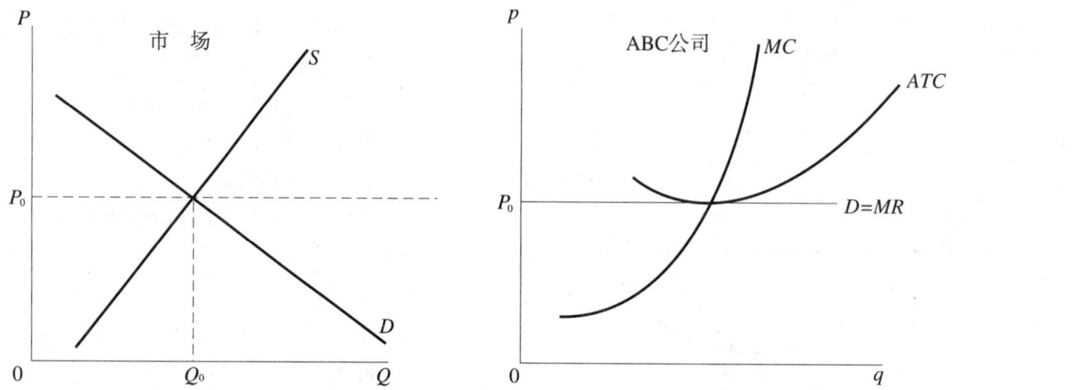

a. 假定由于人们的偏好发生了变化，更喜欢皮料，所以全世界对布料的需求下降，在图 8－8 中表示出这种变化的影响。均衡价格将（**上涨/下降**）。ABC 企业将（**提高/降低**）布料的价格，并（**增加/减少**）生产数量。

b. 如果纺织品行业是一个成本不变的行业，那么均衡位置将会发生什么样的变化？在图 8－8 中表示出新的均衡。新的均衡价格（**高于/低于/等于**）原先的均衡价格，市场上交易的新的数量（**高于/低于/等于**）原先的均衡数量。

C. 竞争市场的各种特殊情况

8. 斜率为正的供给曲线的意义在于：当需求增加时，我们预计买卖的数量会（**增加/保持不变/减少**），价格会（**上升/保持不变/下降**）。

但是，这个一般原则有很多例外情况。例如，供给曲线可以是水平的，也可以是垂直的，还有向后弯曲的供给曲线，也就是说供给曲线的一部分区域的斜率为负。图 8－9 表示的是三条不同的供给曲线，每一条供给曲线都代表教材中所讨论的一种情况。*E* 代表情况 1，*U* 代表情况 2，*I* 代表情况 3。

a. 在情况（**E/U/I**）中，供给的数量并不随着价格的变化而变化。

b. 在情况（**E/U/I**）中，供给者在现行价格水平下销售无限的数量。

c. 假定买者的收入增加了，使图 8－9 中的每一条需求曲线向右移动，那么预计的结果会是价格和/或交易数量有所变动。在下列各种情形中，圈出一个或几个答案。（N 代表产出水平不适合于图 8－9 中的三种情况。）

图 8－9

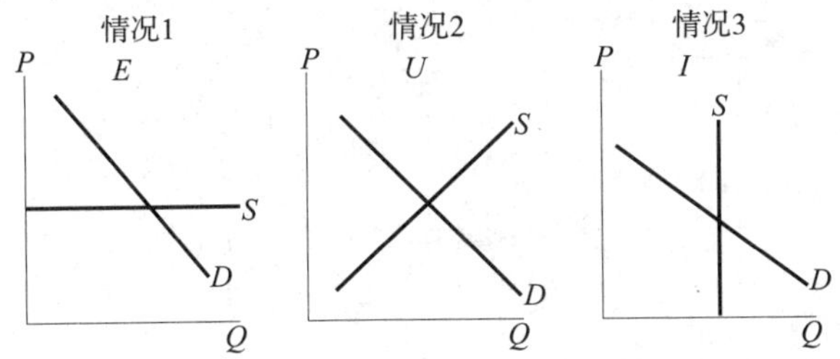

（1）在情况（**E/U/I/N**）中，价格将上涨。

（2）在情况（**E/U/I/N**）中，买卖的数量将增加。

（3）在情况（**E/U/I/N**）中，价格上涨，且数量增加。

9. 以加利福尼亚马里布的海滩地产为例，假定供给是完全无弹性的，因为土地的供给是有限的，而且新颁布的规划法禁止进一步扩张现有的地产。现在马里布海滩有 20 套公寓，市场对此的需求如表 8－3 所示。

表 8－3

公寓的价格（美元/月）	公寓的需求量
2 000	0
1 500	100
1 000	200
500	300
0	400

图 8－10

a. 在图 8－10 中画出需求曲线与供给曲线。该市场上公寓交易的均衡价格和均衡数量各为多少？在图中画出这一均衡点。

b. 本题与纯经济租金的概念如何相互关联？

c. 假定马里布另外还需要一笔资金新建一座公园，政府决定对每套公寓的所有者增加税收 100 美元。这会对市场产生什么影响？买者的价格会发生什么变化？卖者的价格会发生什么变化？对公寓交易的数量产生什么影响？请在图 8－10 中表示这些变化。假定供给曲线此时并不是完全无弹性的，而是根据表 8－4 中的信息绘出。

表 8－4

公寓的价格（美元/月）	公寓的需求量
2 000	400
1 500	300
1 000	200
500	100
0	0

d. 在图 8－11 中画出原先的需求曲线和新的供给曲线。表示出这 100 美元的赋税如何在买者和卖者之间分配。

e. 比较 c 和 d 中的答案。

图 8－11

图 8－12

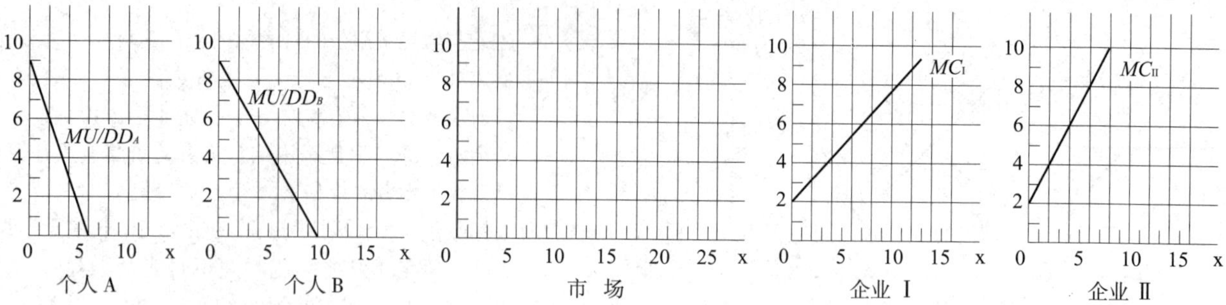

D. 竞争市场的效率和公平

10. 图 8－12 的前两个图表示的是两个人（A 和 B）对于某种物品 X 的需求/边际效用曲线，后两个图表示的是两个企业（I 和 II）的供给/边际成本曲线。假定这两个人和两个企业代表 X 的整个市场，且该市场是竞争市场。在图 8－12 的中间那幅图上画出 X 的市场供给曲线和需求曲线，并完成表 8－5 中的空白处。
    a. 根据表 8－5 得知，两家企业和两个人（**都/不都**）满足效率条件——$MU = MC = P$。在均衡点的总的消费者剩余为______美元。
    b. 假定一位经济计划者要求 X 达到单一的价格，在这个价格水平下，消费和生产的分配使物品 X 市场总的消费者剩余达到最大化。此时 X 的价格和数量各为多少？

表 8－5

	价格（$）	需求量（单位）	供给量（单位）	边际效用/边际成本
市场	___	___	___	$MU = MC =$ $ ___
个人 A		___		$MU =$ $ ___
个人 B		___		$MU =$ $ ___
企业 I			___	$MC =$ $ ___
企业 II			___	$MC =$ $ ___

八、讨论题

回答下列问题，并解释你这样回答的原因。

1. 运用图说明完全竞争市场和在该市场下进行生产的单个企业之间的关系。这种关系为什么如此重要？
2. 假定按照一般的情况，市场需求曲线是向下倾斜的，那么，仅影响竞争市场上每一个企业的固定成本的税收，将会对每一个竞争企业的价格和供给数量产生什么影响？
3. 史密斯先生说：“在长期内，由于经济利润为零，所以完全竞争市场中的企业根本没有动力生产产出。如果人们没有钱可以赚，那他为什么会生产和销售某种产品呢？”你同意他的观点吗？
4. 举出一个供给曲线完全有弹性的市场或产业的新例子。
5. 举出一个供给曲线完全无弹性的市场或产业的新例子。
6. 如果供给曲线和需求曲线都是向下倾斜的，那会发生什么情况？你一定能得出市场均衡吗？用图来说明你的答案。
7. 什么类型的因素有助于决定一个人的劳动供给曲线是否向后弯曲？
8. X 先生说：“我认识一位牙医，她提高了收费，并且在周三下午歇业，去打高尔夫球，这一定是与供给定律相矛盾的。”请你评论这句话。
9. 比较效率与公平。大多数经济社会的这两个目标是一致的吗？你能想出追求效率可能会损害公平，或者追求公平可能会损害效率的情形吗？

九、答案

三、关键概念复习

5	价格接受者
7	$P=MC=MR$
10	零利润点
11	停业点
14	经济利润
15	短期
13	竞争产业的供给曲线
6	成本不变的供给
4	成本递增的供给
12	纯经济租金
9	向后弯曲的供给曲线
2	完全无弹性的供给
1	配置效率
3	外部性
8	公平

六、选择题

1. C　2. E　3. D　4. A　5. B　6. D　7. D
8. C　9. A　10. E　11. B　12. D　13. E　14. D
15. B　16. E　17. A　18. C　19. C　20. A　21. C
22. E　23. C　24. C　25. B　26. A　27. B　28. A
29. B　30. A　31. A　32. A　33. B　34. B　35. D
36. A　37. D　38. E　39. C　40. B

七、解答题

1. a. 市场上有很多小企业，如此之多使得没有哪一个企业能够影响市场价格。
   b. 这些企业生产标准化的产品，因此，每一个企业生产的产品都是完全替代品。
   c. 企业能够以较低的成本自由进入或退出该产业。
2. 见表 8－1。
   a. 18，9.02，11.00
   b. 16，8.78，8.00
3. a. 0G，正在获得正的经济利润
   b. D_2D_2，0E，刚好达到利润均衡
   c. 0F，小于
   d. W0，等于，平均可变成本

表 8－1

数量	成本			收益			
	总成本	平均成本	边际成本	价格 = $11.20		价格 = $8.80	
				收益	利润	收益	利润
10	$100.50	$10.05		$112.00	$11.50	$88.00	－12.50
12	111.50	9.29	$5.50	134.40	22.90	105.60	－5.90
14	124.50	8.89	6.50	156.80	32.30	123.20	－1.30
16	140.50	8.78	8.00	179.20	38.70	140.80	0.30
18	162.50	9.02	11.00	201.60	39.10	158.40	－4.10
20	202.50	10.13	20.00	224.00	21.50	176.00	－26.50

4. a. (3)
   b. (5)
   c. (2)
   d. (5)
   e. (1)
   f. (2)
   g. (3)
5. 以下是得出答案的推理过程。
   a. 根据 Q 和 TC 可以得到 AC，$AC=1.60$ 美元。根据 AC 是处于最低水平的事实可以得出 MC，$MC=1.60$ 美元。$P>MC$，因此应该增加产出。答案：4。
   b. 根据 AC 和 AVC 可以得到 AFC，$AFC=1.00$ 美元。根据 AFC 和 TFC 可以得到 Q，$Q=2000$。根据 Q 和 TR 可以得到 P，$P=5.00$ 美元。$P<MC$，因此应该减少产出。答案：5。
   c. $P=MC$，但是 MC 正在减少，因此应该增加产出。答案：4。
   d. 根据 TVC 和 AVC 可以得到 Q，$Q=6\ 000$。根据 Q 和 TR 可以得到 P，$P=1.00$ 美元。根据 Q 和 TC 可以得到 AC，$AC=1.00$ 美元。根据 AC 是处于最低水平的事实可以得出 MC，$MC=1.00$ 美元。$P=MC$，没有损失，因此目前处于最佳位置。答案：1。
   e. $P=MC$，但检查一下可能的损失。$P<AVC$，因此损失超过了 TFC，企业应该停止生产。答案：6。
   f. 根据 TC 和 AC 可以得到 Q，$Q=5\ 000$。根据 Q 和 TR 可以得到 P，$P=4.00$ 美元。$P=MC$，没有损失，因此目前处于最佳位置。答案：1。
   g. MC 正在减少，因此应该增加产出。但是 AC 已经

处于最低水平，在这种情况下，*MC* 应该正在增加，所以这是一种不可能的情况。答案：7。

h. 根据 *TFC* 和 *TVC* 可以得到 *TC*，*TC* = 21 000 美元。据 *TC* 和 *AC* 可以得到 *Q*，*Q* = 4 000。根据 *Q* 和 *ATC* 可以得到 *AVC*，*AVC* = 3 美元。根据 *AC* 是处于最低水平的事实可以得出 *MC*，*MC* = 3.00 美元。*P* > *MC*，因此应该增加产出。答案：4。

i. 根据 *Q* 和 *TR* 可以得到 *P*，*P* = 3.00 美元。*P* = *MC*，且 *MC* 正在增加，但检查一下可能的损失。将 *P* 和 *AVC* 进行比较，*P* < *AVC* 表明不仅仅存在损失，而且处于这种情况的企业应该停止生产。答案：6。

j. 根据 *Q* 和 *TR* 可以得到 *P*，*P* = 8.00 美元。*P* = *MC*，且 *MC* 正在增加，但检查一下可能的损失。根据 *Q* 和 *AVC* 可以得到 *TVC*，*TVC* = 14 000 美元。根据 *TFC* 和 *TVC* 可以得到 *TC*，*TC* = 17 000 美元。由于 *TR* 为 16 000 美元，所以损失为 1 000 美元。这低于 3 000 美元的 *TFC*，因此企业应该继续进行生产。答案：1。

6. 15.00，450

7. a. 需求向左移动，下降，降低，减少

   b. 供给向左移动，等于，低于

8. 增加，上升

   a. I

   b. E

   c. 1. U，I

      2. E，U

      3. U

9. a. 见图 8 - 13。均衡价格为 1 000 美元，均衡数量为 200 单位。

图 8 - 13

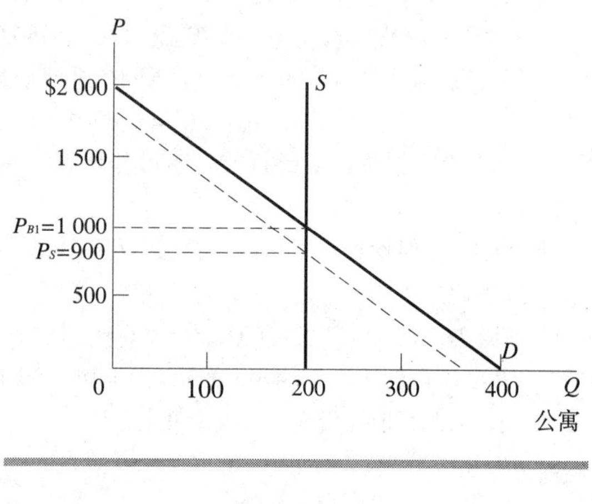

b. 纯经济租金就是该要素的收益，这种要素的总供给固定不变。

c. 税收将完全由卖者来承担。买者的价格和交易数量均保持不变。

d. 见图 8 - 14。供给曲线向上移动 100 美元。该税收由买者和卖者共同承担，因为供求曲线弹性相当。

图 8 - 14

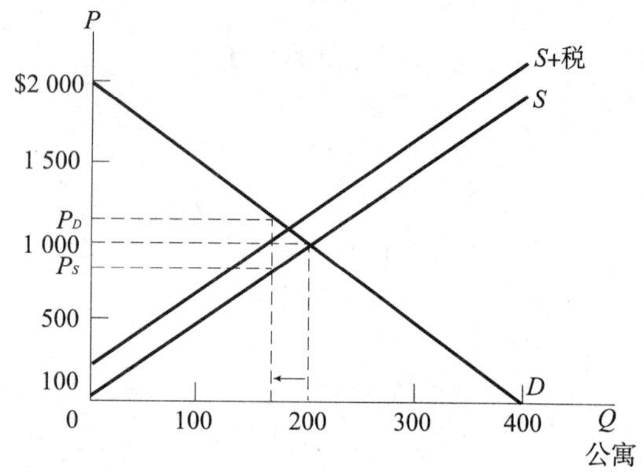

e. 在 c 中，供给曲线完全无弹性。这意味着税收将完全由供给者支付，但供给的数量并不因此而有所变化。在 d 中，供给曲线更加富有弹性。因此，税收由买者和卖者共同承担。当价格变化时，每一方的行为都有所变化。

10. 需求曲线应该是一条直线，纵轴上的截距为 9 美元，横轴上的截距为 16。供给曲线应该是一条直线，在纵轴上的截距为 2 美元。

    a. 都，16

    b. 5 美元，8 单位

表 8 - 5

	价格（$）	需求量（单位）	供给量（单位）	边际效用/边际成本
市场	5.00	8	8	*MU* = *MC* = $5.00
个人 A		3		*MU* = $5.00
个人 B		5		*MU* = $5.00
企业 I			5	*MC* = $5.00
企业 II			3	*MC* = $5.00

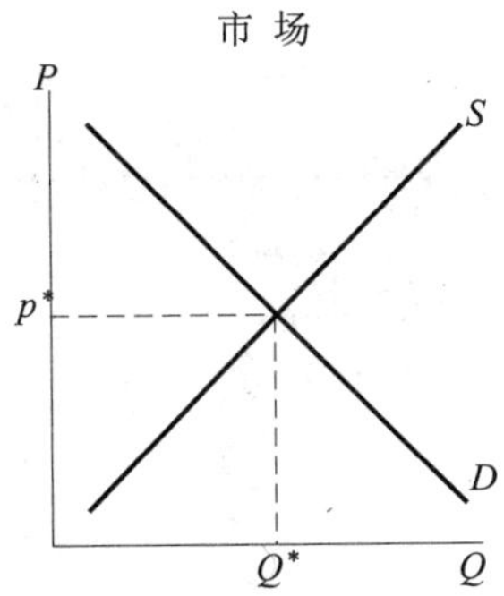

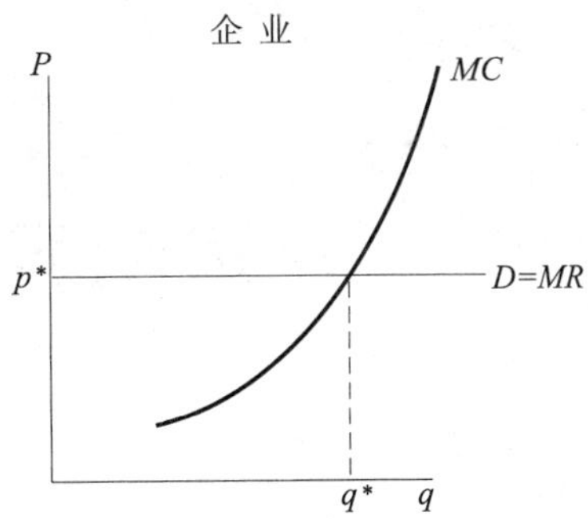

八、讨论题

1. 见图。
2. 由于企业是价格接受者，最初的成本增加不会引起产出的变化。成本增加，但是边际成本和价格保持不变，因此利润最大化的产出水平仍保持不变。利润开始下降。随着企业退出该产业，产业的供给曲线会发生变化。供给向左移动，市场价格上升，市场上交易的总产出量减少。
3. 当经济利润为零时，企业正在赚取正常利润。这意味着它们所赚取的利润正好可以弥补它们的机会成本。
4. 计算机芯片市场。
5. 职业运动明星市场。
6. 如果供给和需求都向下倾斜，那么市场就不可能达到均衡。

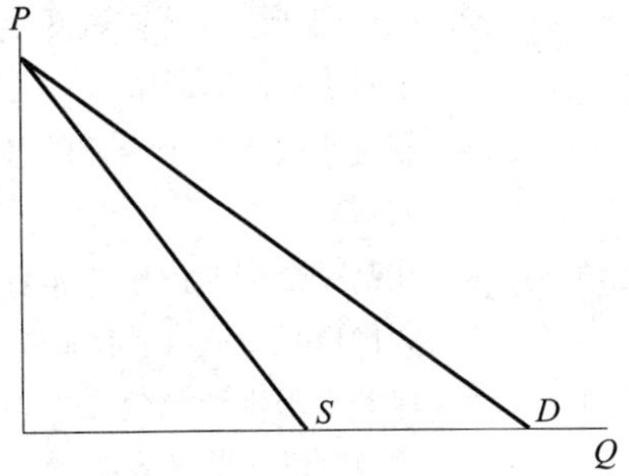

7. 劳动者的个人偏好决定了曲线是否向后弯曲。例如，个人对他们的工作感觉如何？边际收入对他们来说有多重要？
8. 在高价格时，这可能与个人的供给定律相冲突。但是请注意，医生的收入上涨了，越来越多的人想从事这一行业。这引起在较高价格时整个市场的供给数量增加，即使市场中很多个人的供给曲线处于向后弯曲的区域。
9. 效率一般都涉及现有资源的充分利用。公平一般都涉及公平地分配和使用资源。这两个目标有时候是一致的，但有时候它们是相互冲突的。

第9章

不完全竞争与垄断

一、概述

第8章讨论的完全竞争市场模型很重要，因为它为我们提供了一个标准，便于比较“现实世界”中的各种市场。事实上，完全竞争市场这样的例子非常少。农业和纺织业虽有些相近，但是存在很多政府政策，从耕种面积限制到进口配额等数不胜数，这些政策改变了企业的行为。

本章讨论了不完全竞争的原因与模式，还基于边际成本和边际收益概念对垄断进行了理论探讨。垄断是相对完全竞争的极端形式。教材开头通过引用亚当·斯密在《国富论》里的话引出主题：“垄断者，通过经常保持市场存货的不足……以远远高于正常的价格出售他们的产品，从而无论在工资还是在利润等方面都增大企业的回报……”换句话说，当企业生产的产品各不相同，且它们能够控制价格时，完全竞争就会消失；由此而产生的在某一水平上的行业集中将会引起产出下降，价格上升，同时还会为垄断者带来市场和政治权力。

二、学习目标

在你读完教材第9章之后，完成本书的习题，你将能够：

1. 定义并描述**不完全竞争**（imperfect competition）的模式。
2. 比较不完全竞争的三种类型：**垄断**（monopoly）、**寡头**（oligopoly）和**垄断竞争**（monopolistic competition）。
3. 讨论不完全竞争的根源，即**成本条件**（cost conditions）、**进入壁垒**（barriers to entry）和**规模经济**（economies of scale）。
4. 解释适用于垄断分析的**边际收益**（marginal revenue）的概念。根据市场需求方面的数据计算边际收益。
5. 定义和说明垄断者决定利润最大化产出水平的过程。
6. 比较完全竞争者与垄断者的利润最大化条件，说明完全竞争是一般原则 $MC = MR$ 的一种特殊情况。
7. 认识**边际原则**（marginal principle）的重要性，并将它运用到制定决策的过程当中。

三、关键概念复习

在B栏中寻找与A栏中术语相应的解释，并将序号填在术语前边。

A	B
__ 不完全竞争	1. 允许企业在生产中保持垄断地位17年，作为开发新产品的竞争性回报。
__ 垄断	2. 一个产业内的企业试图生产与竞争对手不同的产品。
__ 寡头	3. 新企业进入一个产业的各种阻碍因素。
__ 垄断竞争	4. 在某一个产业内单个卖者对产出和价格有完全控制的能力。
__ 产品差别	5. 保护本国生产者免受外国生产者竞争的进入壁垒。
__ 规模经济	6. 通过只计算一种决策的边际成本和边际收益，使收入、利润或者满意度达到最大化。
__ 进入壁垒	7. 一个企业获得排他性的权利以提供某种服务，相应地，该企业同意限制其利润并为所有的客户提供服务。

__ 自然垄断 8. 在某一个产业内有几个卖者控制市场，并意识到他们之间互相依赖。

__ 专利 9. 当前决策不应该被考虑进去的过去的成本。

__ 特许权垄断 10. 随着产出的增加，每单位的生产成本下降。

__ 进口限制 11. 产出每增加1单位时，总收益所增加的量。

__ 边际收益 12. 当生产函数显示回报随着规模扩大而持续增加时发生。

__ 边际原则 13. 一个产业中有许多卖者生产具有差别的产品，他们之间的竞争很激烈。

__ 沉没成本 14. 与完全竞争市场不同的市场结构。

四、小结与本章提纲

本部分对教材第9章的关键概念进行总结。

A. 不完全竞争模式

1. 当市场中企业能够在某种程度上控制产出的价格时，就会出现*不完全竞争*。回忆一下，在完全竞争行业中，企业生产标准化的产品，再加上它们是小企业，因而只是*价格接受者*。不完全竞争描述的是企业能够在某种程度上设定价格的市场。这意味着与有完全弹性的需求曲线不同，不完全竞争者面临的是一条向下倾斜的产品需求曲线，其产品在某种程度上是经过差异化的。
2. 不完全竞争有很多形式,可以大致地归纳为以下三种：
   a. *垄断*，垄断者是某一产品的惟一生产者。
   b. *寡头*，指一种类似产品的几个卖者。由于行业中只有几个竞争者，所以他们之间的相互依赖关系对于描述竞争者的行为至关重要。
   c. *垄断竞争*指相近的替代品有很多卖者。向下倾斜的产品需求曲线赋予企业市场控制力，使其可以选择最大化利润产出的价格和数量。
3. 企业可以采取很多种方法使其产品与众不同。一些物理特性的变化或者外观上的改变都可以做到这一点。例如，汽车生产商通过改变颜色、尺寸、形状和款式提供不同类型的汽车，它们还经常引进新的产品生产线。还有一些企业试图改变它们的产品在消费者心目中的形象。例如，软饮料生产商每年都要花费数百万美元的广告费，以此来证明可口可乐和百事可乐的口味截然不同。

   还有一些方式能让企业将产品同竞争者区分开来，产生“专门市场”，如选址、质量、提供特殊的服务等，这些都能让企业拥有更大的价格控制权。
4. 有两个主要的原因造成了市场不完全竞争。第一，生产成本和规模经济有助于确定一个行业中的企业的规模。当企业的单位成本随产出的增加而下降时，就存在规模经济。这意味着相对于小企业，较大规模的企业拥有成本优势。一个产业集中的程度由规模经济的程度决定。

   第二，在很多产业存在*进入壁垒*，进入壁垒限制了新企业的竞争能力。一些法律限制，如*专利*、*特许权*和*进口限制*，都为生产者提供了某种程度的垄断权力。另外，广告和名声效应的重要性也会使得进入成本较高。现有企业的品牌层出不穷，新的进入者几乎没有使其产品实现差异化的余地。所有这些因素都可以使竞争者很难进入一个市场，从而限制了竞争的程度。

B. 垄断行为

1. 由于垄断者是某种产品的惟一生产者，所以该企业的需求曲线就是整个市场的需求曲线。该企业在市场中的地位与完全竞争市场中大不相同，完全竞争市场中的企业如此之小，以至于对它产品的需求是完全弹性的。
2. *边际收益*指当额外销售1单位产品时引起的总收益的变化。因为垄断者的需求曲线是向下倾斜的，所以企业为了多销售若干单位的产出，它就必须降低*全部交易单位*的市场价格。这就意味着多销售1单位的产出会增加收益，但这种增加的收益在某种程度上被抵消，因为先前所有单位的价格一定是下降的。记住：在我们的讨论中，所有交易的单位只有一个价格。
3. 边际收益、需求和弹性之间存在明显的相互联系。第4章中我们学过，线性的、向下倾斜的需求曲线在上部是富有弹性的，在中部是单位弹性的，在下部是缺乏弹性的。当需求富有弹性时，总收益随价格的下降而*增加*，但是增加的幅度是下降的。这就意味着边际收益是正的，但却是递减的。当需求是单位弹性时，价格下降，总收益保持不变。这就意味着边际收益为零，因为多销售而增加的收益正好被先前销售单位价格下降导致的收益减少所抵消。最后，当需求缺乏弹性时，总收益随价格的下降而减少。这就意味着边际收益是负的。此时，由于多销售而增加的收益不能弥补先前销售单位的价格下降所造成的收益减少。边际收益曲线总在需求曲线的下方，边际收益总是低于价格。

4. 垄断者将在边际收益等于边际成本时选择利润最大化产出。这意味着只要增加的收益大于增加的成本，那么企业就应该扩大生产。给定边际成本曲线向上倾斜，边际收益曲线向下倾斜，一旦两条曲线相交，进一步增加产出就会使边际成本大于边际收益。这是不明智的！
5. 由于垄断者是价格制定者，我们还必须找到满足利润最大化的价格。垄断者将寻找市场所能承受的最高价格。这个价格可以在需求曲线上找到。记住：需求曲线描述的是买者为某一数量产出愿意而且能够支付的最高价格。
6. 完全竞争是相对于不完全竞争的一种极端形式。在不完全竞争条件下，当边际成本等于边际收益时，企业达到利润最大化的产出水平。我们在第 8 章学习过，完全竞争企业达到利润最大化的产出水平时，价格等于边际成本。还要注意，在完全竞争的条件下，价格等于边际收益。完全竞争者是价格接受者。一旦市场决定价格，企业就能售出在该价格水平下的所有产出。每当企业多销售 1 单位时，收益变化量为市场价格。因此，我们得出一条一般原则：任何追求利润最大化产出的企业都会在边际成本等于边际收益时达到最佳产出水平。
7. 本章所进行的边际分析可以适用于很多决策制定的情形。边际原则表明当人们最大化其收入、利润或满意度时，他们只需计算决策的边际成本和边际收益。过去的或沉没的成本可以被忽略，只要它们对边际成本和边际收益没有影响。然而，有行为经济学家（结合经济学和心理学）发现一些消费者难以将沉没成本看作即成事实，并且其选择和决策行为会受到沉没成本的影响。这些消费者显示出了“损失厌恶”，他们紧守住昂贵的物品而拒绝接受损失。虽然这种行为确实存在于人群中，但这是不理性的，不能达到福利最大化。

五、学习提示

1. 三个重要的特征有助于界定企业所处的市场类型。第一个特征是企业的数量；第二个是产品的差异度；第三个是进出产业的难易程度。根据这三个特征来判断，完全竞争和垄断是极端形式，而其他形式的不完全竞争则处于这两种极端之间。
2. 注意：近十年内，国际贸易的频繁往来使很多市场的竞争程度加剧，并提升了竞争的重要性，即使在那些生产过程以规模经济为特征的产业也是如此。美国国内的汽车产业主要由三大企业支撑：福特、通用汽车和克莱斯勒。来自本田、丰田和宝马等汽车企业的竞争使得美国的汽车产业偏离了自中世纪以来的纯粹寡头结构，逐渐向垄断竞争靠拢。
3. 一些学生似乎认为一个垄断者可以任意地制定价格，因为市场上没有该垄断者所提供产品的替代品。这看似正确，但是请注意，完全无弹性的需求曲线几乎不存在。这意味着需求量会随着价格的上升而减少，即使是减少的量很小。企业必须对消费者的需求保持敏感。如果消费者排斥企业所生产的产品，他们就会拒绝购买，或者努力寻找替代品。我们大多数人都认为电是一种必需品，我们从本地垄断者手中购买电，尽管这个价格高于完全竞争行业下可能的价格。然而，我们可以想象，如果电的价格过高，那么我们就会用蜡烛来照亮我们的屋子，储存干柴来取暖，用燃气或炉子供热水。
4. 不完全竞争并不意味着就没有竞争；相反，它表明不存在极端形式的完全竞争。事实上，垄断竞争描述的是我们大多数人所认为的竞争比较激烈的市场类型：有众多广告，且产品差异度大。
5. 如果你下次在美国一家超市选购麦片时，仔细思考一下品牌扩散的概念。你会注意到麦片主要由四家企业生产：家乐士、通用磨坊、Post 和 Quaker。事实上，很多商店是通过品牌来进行分类销售的，而不是产品类别。比如，商店把一个牌子的所有麦片摆在一起，而不是把所有牌子的麦麸葡萄干放在一起。每一个企业生产的产品数量都不小！所以，一个只生产两三种麦片的企业很难进入市场，不管它提供的产品如何独特。
6. 教材中的表 9-3 和表 9-5 列出了边际收益的计算过程。读这些表可能有些难，因为边际收益是在两个点中间计算出来的。为了理解得更清楚，我们来看看教材中的表 9-5，在本书中见表 9-1。注意，当数量从

表 9－1　有关企业最大利润的总结

(1) 产量 *q*	(2) 价格 *P* ($)	(3) 总收益 *TR* ($)	(4) 总成本 *TC* ($)	(5) 总利润 *TP* ($)	(6) 边际收益 *MR* ($)	(7) 边际成本 *MC* ($)	
0	200	0	145	－145			
					+180	30	*MR* > *MC*
1	180	180	175	+5			↓
					+140	25	
2	160	320	200	+120			
					+100	20	
3	140	420	220	+200			
					+60	30	
4*	**120**	**480**	**250**	**+230**	+40	40	*MR* = *MC*
					+20	50	↑
5	100	500	300	+200			
					－20	70	
6	80	480	370	+110			
					－60	90	
7	60	420	460	－40			
					－100	110	*MR* < *MC*
8	40	320	570	－250			

* 利润最大化均衡

2 单位变为 3 单位时，总收益从 320 变为 420（第 3 栏）；因此，在 2 单位和 3 单位之间的边际收益为 100（第 6 栏）。在 3 单位和 4 单位之间的边际收益为 60；因此，在 3 单位处的边际收益为 80，是两个差值的平均数。

六、选择题

下列问题按照教材中的顺序安排，从各选项中选出一个最佳答案。

A. 不完全竞争模式

1. 不完全竞争市场的最基本特征是：
   a. 单个企业的需求曲线向下倾斜。
   b. 单个企业的边际收益大于价格。
   c. 单个企业的平均成本曲线随产出的增加而下降。
   d. 单个企业的产品与其他企业生产的产品相同。
   e. 单个企业的平均成本曲线随产出的增加而上升。
2. 下列哪一项可能是不完全竞争市场存在的根源？
   a. 平均成本随需求量的增加而下降。
   b. 进入的法律壁垒。
   c. 感觉到的产品差别。
   d. 对来自外国竞争的关税保护。
   e. 所有以上选项。
3. 一个完全竞争市场下的企业与一个垄断者不同，其原因是：
   a. 竞争企业可以在某一价格水平下销售自己希望销售的数量，而垄断者必须降低价格才能如愿地大幅增加销售额。
   b. 垄断者总是能制定价格以获利，而竞争企业却不能做到这一步。
   c. 垄断者供给的价格弹性大于竞争企业供给的价格弹性。
   d. 垄断者追求利润最大化，而竞争企业的产出决策原则要求价格等于平均成本。
   e. 垄断者可以在平均成本的最低水平下进行生产，而竞争企业却不是这样。
4. 寡头一词指的是：
   a. 不完全竞争的一般原则。
   b. 竞争企业的数量很多，但所提供的产品略微不同的一种情形。
   c. 竞争企业的数量很少，但是多于 1 个的情形。
   d. 不完全竞争的一种形式，不考虑企业的数量或产品的类别，企业行为与垄断者很相似。
   e. 以上选项都不是。
5. 垄断发生于：
   a. 某一种特定产品只有一个卖者。
   b. 卖者至少可以在某种程度上控制价格。
   c. 卖者获得的利润超过了所投资的资金的利息，还加上了其承担风险的补贴。

d. 卖者通过成功的广告来设法维持其地位。

e. 以上选项都不是。

6. 规模经济发生于：

a. 企业的边际成本曲线发生移动。

b. 企业的总成本正在增加。

c. 企业的专利即将到期。

d. 企业的边际收益开始递减。

e. 每单位的生产成本在长期内逐渐下降。

B. 垄断行为

7. 边际收益一词指的是：

a. 销售最后 1 单位产出的价格。

b. 总收益除以总的销售数量。

c. 总收益减去销售最后 1 单位产出的价格。

d. 因销售最后 1 单位产出所产生的总收益的增加额，减去因生产这一单位所引起的总成本的增加额。

e. 因销售最后 1 单位产出所产生的总收益的增加额，减去因低价销售所有其他单位产出所引起的总收益的减少额。

图 9－1 表示的是一家垄断企业销售小器具的当前成本和需求，用它来回答题 8～10。

图 9－1

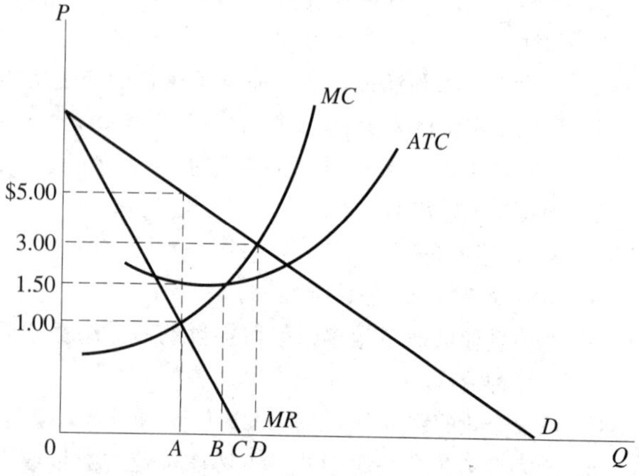

8. 该垄断企业的利润最大化产出水平为：

a. $0A$。

b. $0B$。

c. $0C$。

d. $0D$。

e. 0。

9. 该垄断企业利润最大化的价格为：

a. 每件 1 美元。

b. 每件 1.5 美元。

c. 每件 3 美元。

d. 每件 5 美元。

e. 以上选项都不是。

10. 在最优产出水平和价格处，企业将：

a. 获得经济利润。

b. 从经济意义来讲，不赢不亏。

c. 遭受损失，但在短期内继续进行生产。

d. 正好处于停业点。

e. 在短期内停业。

11. 如果一个企业的边际收益大于其边际成本，利润最大化原则要求该企业：

a. 不管是在完全竞争市场下，还是在不完全竞争市场下，都增加产出。

b. 在完全竞争市场下增加产出，但在不完全竞争市场下不一定增加产出。

c. 在不完全竞争市场下增加产出，但在完全竞争市场下不一定增加产出。

d. 不管是在完全竞争市场下，还是在不完全竞争市场下，都减少产出。

e. 不管是在完全竞争市场下，还是在不完全竞争市场下，都提高价格，而不是增加产出。

12. 若一个企业面临的需求曲线具有完全弹性，那么：

a. 该企业不可能是在完全竞争的条件下进行生产。

b. 要求边际成本等于边际收益的利润最大化原则在这里不适用。

c. 每一单位产出的价格和边际收益都相等。

d. 每一单位产出的价格和边际成本都相等。

e. 以上结论不一定正确。

13. 如果一个追求利润最大化的垄断企业达到了均衡位置，那么价格：

a. 一定小于边际成本。

b. 一定等于边际成本。

c. 一定大于边际成本。

d. 可能等于或小于边际成本，但不可能大于边际成本。

e. 以上选项不一定正确，因为均衡并不一定要求价格与边际成本之间有某种联系。

14. 对于一个追求利润最大化的企业来说，边际收益可能等于价格，这种情况在什么时候发生？

a. 只有当它所处的行业是寡头市场时。
b. 只有当它所处的行业是垄断行业时。
c. 当销售额的增加与价格上升相关时。
d. 当企业能够生产不同的产品且能够在某种程度上控制价格时。
e. 当它所处的行业是完全竞争的行业时。

15. 一个垄断者确定边际收益为2美元，平均成本为1.75美元。他还发现在现有技术和投入价格的水平下，1.75美元是最低的可维持的平均成本。为了使利润达到最大化，该企业应该：
a. 提高价格。
b. 降低价格。
c. 减少产出和销售额。
d. 价格和产出水平保持不变。
e. 可能会采取上述措施，所给信息不充分，无法判断。

16. 如果第15题中的垄断者将价格而不是边际收益确定为2美元，那么哪一个选项是正确的?
a. 提高价格。
b. 降低价格。
c. 减少产出和销售额。
d. 价格和产出水平保持不变。
e. 可能会采取上述措施，所给信息不充分，无法判断。

假定美国某个城市的当地垄断企业Pepe生产比萨饼，表9-2列出的是它在短期内的数据信息。Pepe只销售8英寸的奶酪派。请根据表9-2回答题17~20。

表9-2

需求量	价格（$）	总成本（$）
0	10	15
1	9	20
2	8	25
3	7	30
4	6	35
5	5	40

17. Pepe的利润最大化产出水平为：
a. 0。
b. 1。
c. 2。
d. 3。
e. 以上选项都不是。

18. Pepe的利润最大化价格为：
a. 5美元。
b. 6美元。
c. 7美元。
d. 8美元。
e. 以上选项都不是。

19. Pepe的固定成本为：
a. 5美元。
b. 8美元。
c. 10美元。
d. 15美元。
e. 以上选项都不是。

20. 在利润最大化的产出和价格水平上，企业将：
a. 获得经济利润21美元。
b. 获得的经济利润为0，总收益将等于总成本。
c. 遭受9美元的损失，但Pepe将继续营业。
d. 遭受的损失等于固定成本。
e. 以上选项都不是，Pepe将停止营业，即使是在短期内。

21. 如果一个企业的产出价格大于与其相联系的边际成本，那么利润最大化原则要求该企业：
a. 不管是在完全竞争市场下，还是在不完全竞争市场下，都增加产出。
b. 在完全竞争市场下增加产出，但在不完全竞争市场下不一定增加产出。
c. 在不完全竞争市场下增加产出，但在完全竞争市场下不一定增加产出。
d. 不管是在完全竞争市场下，还是在不完全竞争市场下，都减少产出。
e. 不管是在完全竞争市场下，还是在不完全竞争市场下，都提高价格，而不是增加产出。

22. 对边际收益与需求的价格弹性之间的关系的正确描述应该是：
a. 当需求缺乏弹性时，边际收益为负。
b. 当需求缺乏弹性时，边际收益为零。
c. 当需求缺乏弹性时，边际收益为正。
d. 当需求具有单位弹性时，边际收益为负。
e. 当需求完全有弹性时，边际收益为负。

23. 吉姆和蒂什正在决定明天是否去滑雪，他们手中有当地一家雪场的季节套票。吉姆和蒂什：

a. 应该去滑雪，反正他们为季节套票付了钱。
b. 只有当套票的价格低于他们从多滑一天雪中所获得的利益时，他们才应该去滑雪。
c. 只有当天的边际利益大于当天的边际成本时，他们才应该去滑雪。
d. 不应该去滑雪，因为套票的钱他们已经支付过了。
e. 不应该去滑雪，除非他们能搭便车并有免费的午餐。

24. 垄断力量导致：
a. 行业产量比完全竞争下更低。
b. 行业价格比完全竞争下更高。
c. 行业价格比完全竞争下更低。
d. a 和 b

七、解答题

下列问题旨在帮助你运用教材中提到的概念。

A. 不完全竞争模式

1. 不完全竞争有两个主要的原因。
a. 第一个原因是“成本条件”的一般原则，通过下面的图反映出来。图 9－2 表示的是三个不同企业的成本曲线和行业需求曲线。在图 9－2 中哪一幅表现出了可能导致不完全竞争市场结构的相对成本条件？______。

在这些成本条件下，(**存在/不存在**)“自然垄断”。如果存在，哪一幅表明的是自然垄断？____ 图（b）表示的市场结构应该叫什么名称？______

____

b. 第二个原因是“进入壁垒”，这有很多种情形。在下面空白处用 B 标出属于这一类的项。
____（1）新产品为期 20 年的专利。
____（2）进入某一产业的法规限制。
____（3）限制外国竞争者的关税保护。
____（4）想像中的产品差别。
____（5）故意过度投资，以尽可能低的价格阻止新的进入者进入。

c. 在产品差别这种情况下，各种产品之间的差别（不管是实际的还是假想的）通过使企业的需求曲线相对于整个产品分类的市场需求曲线（**向左/不/向右**）移动，从而产生市场力量。图 9－2 中的（**a/b/c**）图能表示出该企业的市场情形。

B. 垄断行为

2. 表 9－3 中的第（1）栏和第（2）栏表示的是某种商品的需求表。假定一个企业做了一次很准确的市场调研，熟知这个需求表，而且能够确定在不同价格水平下的销售数量。这个企业一定是在（**完全竞争/不完全竞争**）的市场下进行生产的，因为随着所销售产出的数量的增加，价格（**保持不变/一定会下降**）。事实上，假定该企业是一个垄断者，用这些数据回答下列问题。

图 9－2

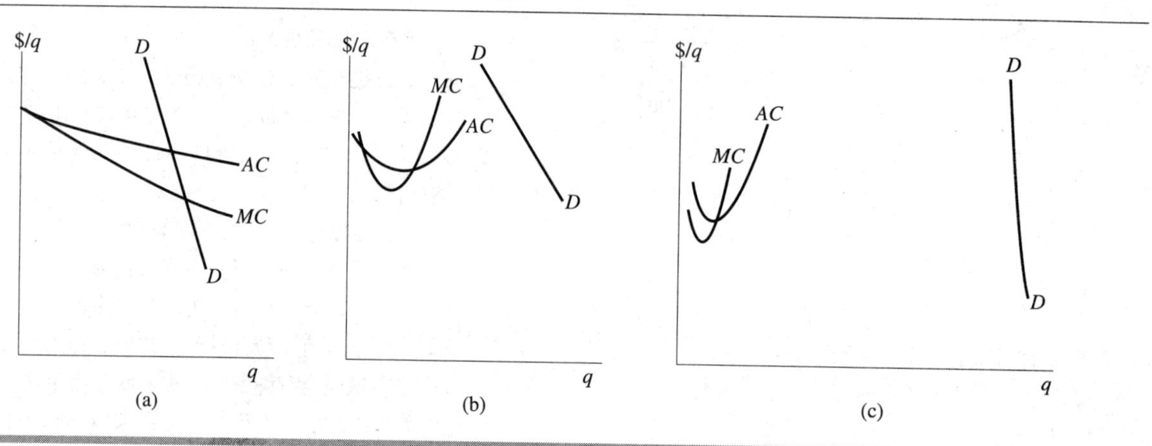

表 9－3

(1) 价格 ($)	(2) 数量	(3) 总收益 ($)	(4) 多增加的数量	(5) 多增加的收益	(6) 边际收益 ($)
14.00	10	140	7	64	9.14
12.00	17	204	8	46	5.75
10.00	25	____	____	29	____
9.00	31	279	8	33	4.13
8.00	39	312	11	____	3.45
7.00	50	____	____	14	____
6.50	56	364	7	14	2.00
6.00	63	378	8	13	1.63
5.50	71	391			
5.00	80	____	____	____	____
4.50	90	405	10	5	0.50
4.00	101	____	11	____	－0.09
3.50	114	399	____	－5	－0.38

图 9－3

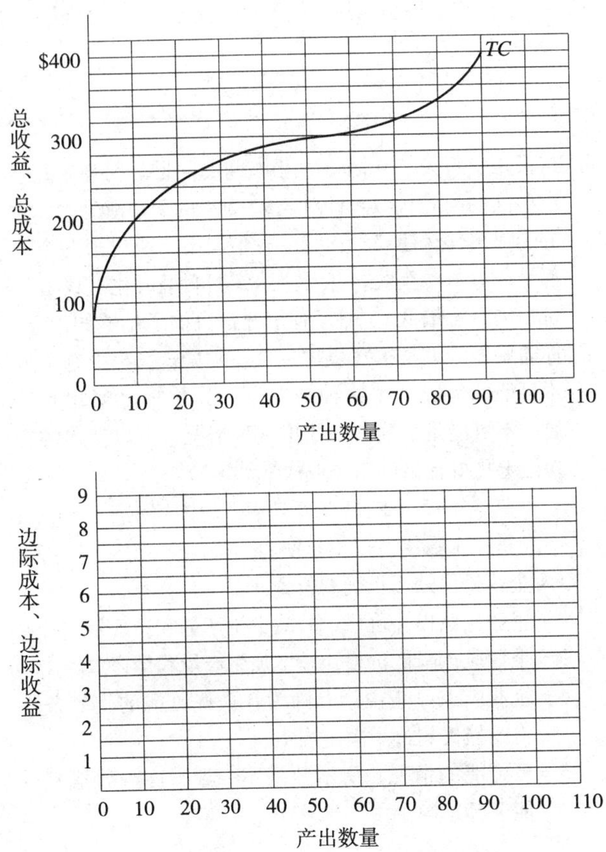

a. 表 9－3 中的第（3）栏表示的是总收益。完成这一栏的四个空。用第（2）栏和第（3）栏的数字在图 9－3 的第一幅图中表示出总收益；也就是说，表示出不同产出水平下的总收益，把各个点用一条平滑的曲线连接起来。

b. 注意当价格很低时，需求变得缺乏价格弹性，尤其是当价格下降到（**6 美元/5.50 美元/5.00 美元/4.50 美元/4.00 美元**）以下时。

c. 表 9－4 列出的是该企业生产这种商品的总成本和边际成本，该商品的需求曲线在表 9－3 中已经表示过。完成表 9－4 中第（3）栏和第（4）栏的空白。

d. 表 9－4 中第（1）栏和第（2）栏的数据在图 9－3 的第一幅图中表示为总成本曲线（*TC*）。在你前面画出的那条曲线旁标注 *TR* 以示区别。现在，在图 9－3 的第二幅图中绘出边际成本曲线（用 *MC* 标注）。

表 9－4

(1) 产出	(2) 总成本 ($)	(3) 增加的成本 ($)	(4) 每单位边际成本 ($)
0	90		
5	150	60	12.00
10	185	35	7.00
15	215	30	6.00
20	235	____	____
25	250	15	3.00
30	262	12	2.40
35	272	10	2.00
40	280	8	1.60
45	286	6	1.20
50	291	5	1.00
55	295	4	0.80
60	300	5	1.00
65	308	____	____
70	318	10	2.00
75	330	12	2.40
80	345	15	3.00
85	365	20	4.00
90	400	35	7.00

e. 图 9－3 太小，不能精确地表示出利润最大化的位置，但还是能够表明该企业的最优可能位置大概

为（**45/65/85**）单位的产出。

f. 企业通常都会考虑生产中的边际变化的影响。如果该企业发现边际收益小于边际成本，那么它应该（**增加/减少**）产出水平和销售数量。当边际收益（**小于/等于/大于**）边际成本时，该企业达到了边际增量的平衡，其特征是达到了利润最大化。

g. 表 9－3 中的第（4）栏表示的是当价格下降时销售单位增加的数量，第（5）栏表示的是因每一次降价而引起的收益的增加额（正的或者是负的）。完成这两栏中的空白。

h. 尽管表 9－3 中的第（5）栏列出的是增加的收益数字，但这些并不代表边际收益，因为边际收益是一个每单位的概念。例如，第（5）栏最上面的数字为 64 美元，但这 64 美元是销售 7 单位的增加额。64 除以 7 得到第（6）栏中的边际收益 9.14 美元。完成第（6）栏中边际收益的空白。在图 9－3 的第二幅图中绘出边际收益曲线（用 *MR* 标注）。

i. 利润最大化的一般原则要求，企业应当增加其产出直至边际成本等于边际收益。运用图表中边际收益和边际成本的数据，你能得出利润最大化的产出水平大致为______。

j. 为了售出这一产出，企业应该确定价格为（**7.00 美元/5.75 美元/4.00 美元/1.60 美元**）。总收益约为（**380 美元/580 美元/780 美元**），总成本约为（**310 美元/510 美元/710 美元**），每期的利润大约为 70 美元。

3. 图 9－4 表示的是一个垄断者的每单位成本和每单位收益的曲线。*DD* 表示的是市场需求曲线，*MR* 表示的是相应的市场边际收益曲线，*AC* 表示的是该企业的平均成本曲线，*MC* 表示的是相应的边际成本曲线。

a. 如果产出为 4，那么价格一定为多少美元？____。

b. 产出为 4 时的边际收益为多少？____。

c. 在什么产出水平下平均成本降至最低水平？____。

d. 如果产出处于最低平均成本水平，那么价格为多少就能出清市场？____。

e. 在这一水平下的总成本为多少？____。

f. 总收益为多少？____。

g. 利润为多少？____。

h. 在什么产出水平下利润达到最大化？____。

i. 在这一产出水平下边际收益为多少？____。

j. 在这一产出水平下边际成本为多少？____。

k. 在这一产出水平下平均成本为多少？（假定高于最低平均成本 20 美分）____。

l. 在这一产出水平下价格为多少？____。

m. 在这一产出水平下总利润为多少？____。

图 9－4

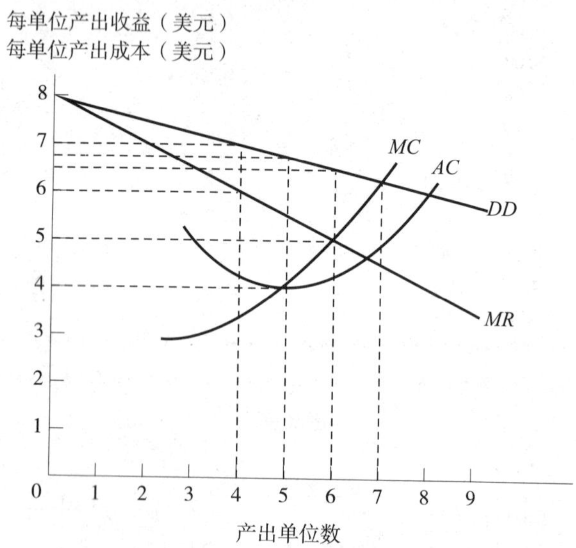

4. 这又是一道关于利润最大化顾问的问题，与你在第 8 章碰到的问题相似。针对表 9－5 中的 7 种情况，你会分别提出什么建议？在每一种情况下，所讨论的企业都是一个垄断企业，并希望达到利润最大化（或者说将损失降至最低）。每一种情况都提供了足够的信息，你需要做的就是填写表中的空。（提示：至少有一种不可能的情况，在这种情况下，各数字之间相互矛盾，不可能是正确的。找出这种情况，可以使你的客户能够更好地判断市场或成本结构。）

在表 9－5 中的最右边答案一栏中填出 1～5 的数字（每一个数字可以不止使用一次）。

1＝企业目前处于正确的位置。

2＝企业应该提高价格，并减少生产量和销售量。

3＝企业应该降低价格，并增加生产量和销售量。

4＝企业应该停止生产，因为在最优可能的生产条件下的损失超过了固定成本。

5＝不可能的情况，所给数据不一致，这些数据不可能全部正确。

表 9 - 5

情况	价格 （$）	边际收益 （$）	产出数量	总收益 （$）	总成本 （$）	固定成本 （$）	平均成本 （$）	边际成本 （$）	答案
a	8.00	4.00	2 000			2 000	4.00	3.00	
b	5.00	4.00	1 000		4 000	1 000	在最低水平		
c			4 000	8 000			1.80	2.00	
d	8.00	0		32 000		5 000		4.00	
e	1.00	2.00	10 000			2 000	2.00	2.00	
f	3.00		2 000		6 000		在最低水平		
g	2.50	2.00	10 000			4 000	3.00	2.00	

5. 在教材中标题为“边际原则：让过去成为过去”部分中，强调根据边际收益等于边际成本的原则确定产出和价格的企业，将不考虑固定成本。这并不意味着固定成本就能被完全忽视掉。例如，如果固定成本太高，最大化的利润可能是负的。然而，在决定利润最大化的生产/销售点时，边际收益和边际成本是决定性参数。
   a. 假定一个垄断者的固定成本增加了，这可能是由于对企业的财产征收统一比率税所引起的。这种税收会使企业的平均成本曲线上升吗？（**会/不会**）
   b. 这种税收会影响该垄断者的可变成本，或者平均可变成本曲线吗？（**会/不会**）
   c. 这种税收会影响该垄断者的边际成本曲线吗？（**会/不会**）
   d. 如果边际成本曲线未受到影响，这种税收会改变利润最大化的产出吗？（假定这种税收没有影响到产出需求，因而对边际收益没有影响。）（**会/不会/不会，除非企业被迫停业**）
   e. 如果这种税收没有影响边际成本、边际收益和利润最大化的产出，那么价格会发生变化吗？（**会/不会**）

八、讨论题

回答下列问题，并解释你这样回答的原因。

1. 列出从完全竞争到垄断的一系列产业结构的关系。举出适合于各类结构的现实中的例子，并用你从本章学到的知识证明你这样分类的原因。
2. 教材中的表 9 - 2 将啤酒酿造业视为具有规模经济的产业，在这种产业中，规模经济能够影响到生产过程与成本结构。看到这些数据，你如何解释在过去十年中小型地区性啤酒酿造厂获得的巨大成功？是哪些方面的改变使小企业如此兴旺？
3. 用你自己的话解释边际收益曲线向下倾斜的原因，以及每一单位产出的边际收益小于价格的原因。
4. 琼斯先生说：“如果一个企业在长期内没有在最低总平均成本下进行生产，那么这个企业将要破产。”这句话适用于垄断者吗？什么因素削弱了垄断者攫取更高利润的能力？
5. 国际石油卡特尔——欧佩克，在 1972 年的世界石油供给方面几乎是一个垄断者，而且目前仍具有重要的市场影响力。哪些需求方面的因素导致了这种垄断地位的瓦解？哪些供给方面的因素导致了这种垄断地位的瓦解？
6. 一个垄断者是否会在需求曲线的无弹性区间进行生产？

九、答案

三、关键概念复习

14	不完全竞争
4	垄断
8	寡头
13	垄断竞争
2	产品差异化
10	规模经济
3	进入壁垒
12	自然垄断

1 专利
7 特许权垄断
5 进口限制
11 边际收益
6 边际原则
9 沉没成本

六、选择题

1. A 2. E 3. A 4. C 5. A 6. E 7. E
8. A 9. D 10. A 11. A 12. C 13. C 14. E
15. B 16. E 17. D 18. C 19. D 20. C 21. B
22. A 23. C 24. D

七、解答题

1. a. A，存在，A，寡头
   b. （1）B
   （2）B
   （3）B
   （4）B
   （5）B
   c. 向右，a
2. 不完全竞争，一定会下降
   a. 第（3）栏 = 250 美元，350 美元，400 美元，404 美元。见图 9 - 3 的第一幅。
   b. 4.50 美元
   c. 第（3）栏 = 20 美元，8 美元；第（4）栏 = 4 美元，1.60 美元
   d. 见图 9 - 3 的第二幅。
   e. 65
   f. 减少，等于
   g. 第（4）栏 = 6，6，9，13
   第（5）栏 = 38 美元，9 美元，-1 美元
   h. 第（6）栏 = 4.56 美元，2.33 美元，1.00 美元。见图 9 - 3 的第二幅。
   i. 65
   j. 5.75 美元，380 美元，310 美元
3. a. 7.00 美元
   b. 6.00 美元
   c. 5 单位
   d. 6.75 美元
   e. 20.00 美元
   f. 33.75 美元
   g. 13.75 美元
   h. 6 单位
   i. 5.00 美元
   j. 5.00 美元
   k. 4.20 美元
   l. 6.50 美元
   m. 13.80 美元
4. a. $MR > MC$ 意味着产出应该增加，价格不得不下降。答案：3。
   b. AC 处于最低水平意味着 $AC = MC$，在这种情况下，AC = 4.00 美元，并且等于 MR。答案：1。
   c. $P = TR/Q$ = 2.00 美元。由于 $MR < P$，产出应该减少使 MR 等于 MC。答案：2。
   d. $MC > MR$，因此产出应该减少。该企业实现了收益最大化，但不是利润最大化。答案：2。
   e. MR 不可能超过价格。答案：5。
   f. $AC = TC/Q$ = 3.00 美元。由于 3.00 美元 $= P > MR$，那么一定可以得出 $MR < MC$。答案：2。
   g. $MR = MC$，因此利润达到最大化，但利润是负的。TR = 2.50 美元 × 10 000 = 25 000 美元 $< TC = AC \times Q$ = 30 000 美元。答案：4。
5. a. 会
   b. 不会
   c. 不会
   d. 不会，除非企业被迫停业
   e. 不会发生

八、讨论题

1. 完全竞争 > 垄断竞争 > 寡头 > 垄断。农业和纺织业等产业属于完全竞争行业（没有影响这些市场的政府政策）；快餐业和零售业等产业属于垄断竞争；汽车业和钢铁业等产业属于寡头；天然气和电力等行业属于垄断。
2. 这些小企业一直都能生产不同的产品，并使消费者相信它们所生产产品的品质优于那些大企业所生产的产品。消费者品位和偏好的变化是这些小型酿造厂成功的原因。
3. 边际收益曲线向下倾斜，因为拥有垄断势力的企业为了多销售产出，就必须降低价格。由于市场价格是单一的，垄断者必须降低所有销售产品的价格才能吸引更多的买者进入市场。因此，边际收益总是低于价格。

4. 这句话并不适用于垄断者。没有竞争因素或来自潜在进入者的竞争压力迫使垄断企业以最低平均成本进行生产，即使是在长期内。
5. 由于很多国家的消费者行为的变化引起了需求的减少。需求也变得更加富有弹性，因为消费者有时间来寻找并开发石油的替代品。在供给方面，欧佩克经济利润的存在吸引进入者进入石油市场。人们在北海、墨西哥和阿拉斯加都发现了石油，这些新的发现增加了世界石油的供给，并逐步削弱了欧佩克的垄断势力。
6. 不会。因为在需求曲线的无弹性区间内，边际收益为负，因此垄断者的利润最大化点（$MR = MC$）不会位于无弹性区间内。边际成本不会为负。

第10章

寡头和垄断竞争

一、概述

第10章考察中间形式的竞争——既非垄断，又非完全竞争。本章首先探讨怎样衡量市场力量和产业集中度的问题。接下来，本章将讨论不同形式的不完全竞争市场，如寡头和垄断竞争市场，以及具有市场力量的厂商是怎样具备“歧视性”定价（即将同样的产品以不同的价格出售给不同的消费者）的能力的。

在B部分，本章将介绍博弈论，该理论分析参与人或竞争者之间的策略互动。博弈论尤其适用于不完全竞争的行业。在完全竞争这一极端情形中，厂商将价格视为既定，并且每个厂商在市场中仅仅占据很小的一个份额，因此基于策略性分析的决策（比如竞争对手将如何回应），就显得无足轻重了。在另一极端情形——垄断中，由于行业中并不存在和垄断厂商具有策略互动的其他厂商，因此策略性的互动也就无关紧要了。

在C部分，本章将讨论制衡市场力量的公共政策。在上一个世纪中，美国的政策制定者在多数情形下，都致力于维护并服务于竞争的利益。我们必须要考虑这样一个重大的问题：我们从竞争性市场中的得益，胜过保护和维持竞争性市场的成本吗？本章将讨论政府和反垄断政策的监管职能。

二、学习目标

在你读完教材第10章之后，完成本书的习题，你将能够：

1. 定义并衡量市场力量以及产业集中度。
2. 描述寡头和垄断竞争行业的特点。
3. 理解一些企业勾结起来以决定产业价格和/或产出时的潜在风险和收益。运用卡特尔行为的模型说明**暗中的勾结**（tacit collusion）对于市场的影响。
4. 解释价格歧视，以及厂商能够借此获益的原因，并指出使价格歧视生效的条件。
5. 描述**博弈论**（game theory）对于在无勾结的不完全竞争市场中，将企业行为模型化的重要性。
6. 理解博弈的各个要素（博弈者、策略和支付）以及不同的均衡概念（纳什均衡，占优均衡，以及合作和非合作均衡）。
7. 比较和对比各种干预策略，政府用这些策略的目的要么是促进竞争市场的出现，要么是管理大企业。由于在生产过程中规模经济的重要性，这些大企业是必须存在的。
8. 总结美国重要的反托拉斯法，并解释其历史意义。

   回顾近期的反托拉斯案例，并解释这些决策对于创立美国新的行业环境的意义。

三、关键概念复习

在B栏中寻找与A栏中术语相应的解释，并将序号填在术语前边。

A	B
__ 市场力量	1. 对两个或两个以上的决策制定者的目标相互冲突时的情况分析。
__ 集中率	2. 厂商影响价格的能力。
__ 赫芬达尔—赫希曼指数	3. 同样的产品以不同的价格出售给不同的消费者。
__ 策略互动	4. 四家（或八家）最大的厂商在某个产业的总产量中所占的百分比。

__反托拉斯政策 5. 禁止各种反竞争行为或限制出现高度集中产业的法规。

__ 价格歧视 6. 一个市场中所有参与者所占市场份额的比率的平方和。

__ 策略 7. 规定垄断以及意欲垄断的行为非法。

__ 纳什均衡 8. 该法案的通过是为了通过详细列举具体的非法行为，来澄清和强化一项反垄断法案。

__ 占优策略 9. 建立一个监管机构，以禁止不公平竞争行为，并提醒以防备反竞争性的兼并。

__ 非合作均衡 10. 在一个博弈中，在不存在共谋或合作的情况下，每一个博弈者均选择其自身的策略。

__ 谢尔曼法 11. 无论其他博弈者采取何种策略，某个博弈者的策略都是最优的。

__ 克莱顿法 12. 一个博弈者遵循的行为或行为的集合。

__ 联邦贸易委员会法 13. 其他博弈者的策略给定时，没有一方还能改善自己的获利。

四、小结与本章提纲

本部分对教材第10章的关键概念进行总结。

A. 不完全竞争者的行为

1. 下降的成本、人为的或勾结的进入壁垒都给予特定市场上的企业一定的市场力量，因此它们对于数量和价格有一定的控制力。一种可能的结果就是垄断——某种产品只有一个卖者。还有一种可能的结果就是寡头——同一种产品有几家卖者。当寡头要改变行为时，必须了解其他企业的行动和反应。垄断竞争是第三种可能的市场结构，相似的替代品有许多卖者，长期均衡时，纯经济利润为零，但成本分配无效率。

   市场力量还能通过赫芬达尔－赫希曼指数（HHI）来衡量。该指数是将一个市场中所有参与者所占市场份额的比率的平方进行加总而获得的。它与集中率（CR）不同，因为它更能反映那些占统治地位的企业在产业中的地位。当赫芬达尔－赫希曼指数接近10 000时，产业就接近垄断。如果你想了解一个产业中所存在的垄断力量的程度，那么CR和HHI都是有用的衡量方法。

2. 一个行业的市场力量可以通过集中率来衡量，集中率指的是大企业在某个产业的总产量中所占的百分比。（在通常情况下，集中率是基于四家大企业或八家大企业而计算的，但它也可以基于很多竞争者而计算。）当集中率越来越大时，产业就会远离竞争而接近于垄断。

3. 寡头可以通过模仿垄断供给者的方式进行勾结，但存在着风险。勾结在美国是非法的，在其他许多国家也是非法的。勾结创造出一种环境，在此环境中欺骗是有利可图的，但是若所有的参与者都进行欺骗，那么每一个企业的情形都会变糟。卡特尔，如钻石业的戴比尔斯，石油业的欧佩克，都是一种存在于国际市场中的勾结寡头协议。

4. 通过使每个企业的边际成本等于市场需求下的边际收益，勾结寡头使它们的共同利润达到最大化。

5. 垄断竞争者在某种产品的边际成本等于边际收益处生产时，利润达到最大化。当每一个企业都试图设计具有某些特点的产品，以保证它具有某种程度的市场力量时，就会存在产品差别。垄断竞争者可以自由进入行业，这使得长期均衡利润趋于零，但由于垄断竞争者面临的需求曲线是向下倾斜的，所以不可能在最低平均成本处进行生产。

6. 寡头行业中存在着对抗，因为它们之间相互依赖。为这种对抗建立模型是很困难的；各行业都想依据生产和分配过程的性质以及产品本身的需求来形成各自的行为标准。博弈论是用于两个或更多的决策制定者目标相互冲突时的一种分析方法。博弈论帮助我们理解在一个行业中的对抗行为，甚至在一些情况下，帮助我们预期这些行为。

7. 价格歧视是拥有垄断力量的企业用来攫取多余的消费者剩余的一种方法。当企业将同一种产品以不同的价格卖给不同的消费者时，就产生了价格歧视。企业希望对那些需求较为缺乏弹性的消费者收取高价。

B. 博弈论

1. 经济生活中充满了个体、企业或国家争夺支配地位的情况。经济学家运用博弈论来为这些不同情况的系统分析提供框架。分析的基本框架包括：（a）确定博弈者，（b）明确每一个博弈者不同的行为或*策略*，（c）完成*支付矩阵*，支付矩阵记录了博弈者每一种策略组合的结果。

2. 这一框架意味着每个博弈者都应该：（a）清楚他们自己的目标；（b）了解其他博弈者的目标；（c）为每一种可能的策略提出了所有可能的结果。博弈者随后就可以选择能使自己利润最大化的策略，当然要假定其他博弈者也是这样做的。（注意：在某些情况下，博弈中只有两个博弈者。）
3. 有时候会存在某一博弈者的*占优策略*，即无论其他博弈者采用何种策略，该博弈者的策略总是最好的。如果所有的博弈者都有占优策略，那么该博弈就达到了占优均衡。
4. 用的更多的是*纳什均衡*，即在其他博弈者的策略给定时，没有一方还能改善自己的获利的情况。均衡分合作性均衡和非合作性均衡。在合作性均衡的情况下，博弈各方结成联盟，实行总利润最大化的策略；在非合作性均衡的情况下，每一方选择策略时都没有共谋，他们只选择对自身最有利的策略，而不考虑社会福利或其他群体的利益。

C. 应对市场力量的公共政策

1. 不完全竞争的行业将对社会造成一种成本，这正是公共政策产生的原因。不完全竞争者一般都会将产量降至很低，并收取高于边际成本的价格。我们可以通过消费者剩余工具来衡量不完全竞争所造成的福利损失——运用市场力量进行剥削而产生的*净损失*。在美国，大企业剥削消费者的现象无处不在，因此公众鼓励政府和政策制定者支持竞争行为。
2. 各级政府运用干预策略推进市场的积极竞争。这些干预策略包括反垄断的法律和监管。不管政府采取何种形式的策略，都表明政府希望鼓励由竞争而产生的效率。
3. 在美国，监管是一种通行的机制，各级政府通过该机制，来保护其国民免受滥用潜在市场力量所造成的损失，尤其是在自然垄断的行业。最广义的监管，包括所有旨在改变或控制经济实体运营的法律法规。*经济监管*可通过控制价格、生产、标准以及退出和准入条件来实现。
4. 对行业实行监管有若干的原因。首先，政府可能想要控制市场力量，以鼓励市场竞争。然而，在自然垄断的情形下，监管机构的创设，是为了在允许垄断企业运营的同时，保护消费者的利益。其次，监管可能旨在弥补信息不灵。有时消费者可能不具备关于产品的充分的信息。在政府采取该项措施之前，市场在宣扬："让买方有知情权！"这意味着消费者有义务确保产品的安全和有效。现如今，政府通过监管从食品到婴儿车的众多产品的生产和销售，来保护消费者。
5. 反托拉斯政策旨在限制过度的不完全竞争。反托拉斯法的施行绝非易事。想要了解违法行为是否存在，或者一家企业的目的到底何在，往往是困难重重的。因此，就*行为*而言，我们很难判断企业到底是否违法。并且，我们往往难以界定*市场*或*竞争者*。比如，考虑汽车行业。该行业是一个仅仅包括美国三大厂商（福特、克莱斯勒、通用汽车）的寡头市场，还是一个真正的完全竞争市场，不仅包括福特、克莱斯勒、通用汽车，还包括本田、丰田、宝马、马自达等其他厂商？我们怎样界定市场？当我们界定出市场后，又怎样描绘厂商相对于其他竞争者的行为？就*结构*而言，很难判断企业是否以违法方式运营。
6. 近来的反垄断行为，事实上着眼于在商业实践中效率的提升，而非仅仅攻击"规模庞大"这一特性本身。在一个面对来自外部世界的日益激烈的竞争的经济体中，隐含于关注行为而非结构的策略背后的观念在于，旨在锁定价格的共谋性的协议，才是低效率的最棘手的根子。那些在国际竞争中能够获得递减成本的大企业，只要其确确实实地致力于竞争，可能反而成为经济力量之源。
7. 在美国，意义最为重大的三大反垄断*谢尔曼法*、*克莱顿法*和*联邦贸易委员会法*。谢尔曼法规定，旨在限制交易的合同、联合以及密谋均为非法，并进一步规定，意欲垄断的行为亦为非法。克莱顿法则框定了被视为非法的反竞争性行为，例如价格歧视、搭售协议以及互兼董事。克莱顿法同时限制了减缓竞争的企业兼并；在这方面最令人头疼的就是横向兼并了。联邦贸易委员会法建立了一个监管委员会，其职责在于禁止"不公平竞争"，以及警示反竞争行为。

五、学习提示

1. 很难为寡头行为建立模型，这给经济学家带来了挑战。在寡头行业中，企业必须明确地了解它们的竞争对手，并对竞争对手的行为作出反应。这种相互之间的依赖是构建模型的难度因素之一。由于这种相互之间的依赖，在描述寡头的行为时，经济学家们就可以有很多种模型选择。

2. 当达到均衡时，垄断竞争厂商的经济利润为零，这在价格等于平均成本时实现。然而由于市场力量的存在，这样的厂商的定价将位于边际成本之上。所以平均成本（等于价格）将高于边际成本。因此，当达到均衡时，这样的厂商的产出，将低于边际成本等于平均成本（产生于平均成本曲线的最低点）时的水平。从这一角度讲，垄断竞争行业是低效的，其产出水平不能实现最小的平均成本。
3. 博弈论是经济分析中一个令人兴奋的、相对新的领域。它让我们考虑到经济生活中普遍存在的互相依赖性。在大多数情况下，个人关于资源分配的决策取决于其他人所做的决策；在大多数情况下，企业关于价格和产出的决策也会受到竞争对手或潜在竞争对手的行为的影响。因此，博弈理论的概念被广泛运用，从劳资双方的谈判、居民户和家庭行为到国际贸易战，以及公共政策和最优税收。
4. 学生们往往会混淆博弈者的纳什均衡和占优策略之间的区别。其关键在于纳什均衡是一种*在其他博弈者的策略给定时*，没有一方还能改善自己的获利的情况；而占优策略是*无论其他博弈者采用何种策略*，该博弈者的策略总是最好的。在纳什均衡的情况下，我们说企业基于竞争对手的情况而正在做得最好；在占优策略的情况下，我们说企业正在做得最好。
5. 注意：垄断本身并不违法；法律主要针对于那些意图垄断一个市场，或保持垄断地位的企业的行为。

六、选择题

下列问题按照教材中的顺序安排，从各选项中选出一个最佳答案。

A. 不完全竞争者的行为

1. 集中率描述的是：
   a. 四到八家大企业在某个产业的总产量中所占的百分比。
   b. 四到八家小企业在某个产业的总产量中所占的百分比。
   c. 政府政策制定者管制某个产业的程度。
   d. 一个企业的所有者拥有的决策制定权的大小。
   e. 某一产业的反托拉斯政策的意义。

请用下列数据回答题 2 ~ 3。假定玩具火车市场由七家相互竞争的企业构成，它们的市场份额如下：

Little Toot Toys	55%	Trains R Us	3%
I Think I can	25%	Thomas Trains	3%
Engines Inc.	8%	The Fastest Trains	2%
Silver Streak	4%		

2. 在这个产业，四企业集中率为：
   a. 0.12。
   b. 0.92。
   c. 3 730。
   d. 3 752。
   e. 以上选项都不是。
3. 在这个产业，赫芬达尔－赫希曼指数为：
   a. 0.12。
   b. 0.92。
   c. 3 730。
   d. 3 752。
   e. 以上选项都不是。
4. 欧佩克代表了一种市场结构，最确切的描述应为：
   a. 纯粹垄断模型。
   b. 市场没有完全覆盖的勾结寡头模型。
   c. 垄断竞争模型。
   d. 双寡头模型。
   e. 完全竞争。
5. 如果第 4 题中的市场为大豆市场，那么答案应该为：
   a. 纯粹垄断模型。
   b. 市场没有完全覆盖的勾结寡头模型。
   c. 垄断竞争模型。
   d. 双寡头模型。
   e. 完全竞争。
6. 以一个有很多卖者的产业为例，这些卖者提供有差别的产品。如果企业可以自由进入该产业，那么我们应该期望该产业中的一个典型企业的长期均衡位置有什么特征？
   a. 平均成本将处于最低可能水平，价格将等于平均成本。
   b. 平均成本将处于最低可能水平，价格将大于平均成本。
   c. 平均成本将高于最低可能水平，价格将大于平均成本。
   d. 平均成本将高于最低可能水平，价格将等于平均成本。

e. 平均成本将高于最低可能水平，价格将等于最低水平。

7. 假定图 10－1 表示的是一个国际卡特尔面临的产业的需求和成本条件，该产业的利润最大化的价格和产出为：

a. 5 美元和 10 单位。

b. 2 美元和 10 单位。

c. 4 美元和 20 单位。

d. 4 美元和 15 单位。

e. 以上选项都不是。

图 10－1

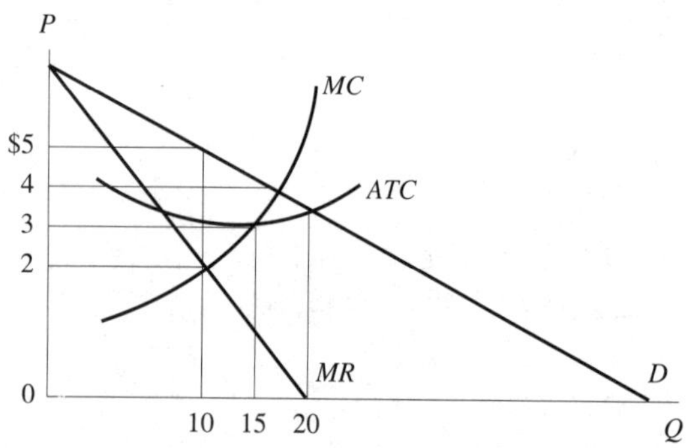

8. 勾结寡头所生产的产量和价格类似于下列哪种情形：

a. 完全垄断。

b. 垄断竞争。

c. 完全竞争。

d. 以上选项都不是。

9. 价格歧视是企业所采用的一种方法，企业目的是：

a. 获得由垄断造成的净损失。

b. 通过向不同的消费者收取不同的价格获得多余的消费者剩余。

c. 通过向不同的消费者收取不同的价格放弃生产者剩余。

d. 通过以最低价格从供给者手中购买投入来增加生产者剩余。

e. 以上选项都不是。

10. 在下列哪种条件下，厂商能够成功的实现价格歧视？

a. 对产品的需求很高。

b. 消费者收入水平很高。

c. 行业为完全竞争。

d. 无转售的可能。

11. 哪一项价格歧视策略能使厂商最大化收入（或利润）：

a. 向那些对价格不敏感的消费者索要更高的价格。

b. 向那些对价格敏感的消费者索要更高的价格。

c. 向那些具有单位需求弹性的消费者索要更低的价格。

d. 以上选项都不是。

B. 博弈论

12. 博弈论对于分析下列哪些最有用：

a. 超级杯赛（Super Bowl）的结果。

b. 两个或两个以上的博弈者如何选择对各方都有影响的策略。

c. 经济分析中的不确定性。

d. 完全竞争市场中的均衡。

e. 保险市场中的逆向选择。

13. 在一个博弈理论的模型中，当______时，就会存在占优策略。

a. 无论其他博弈者采用何种策略，该博弈者的策略总是最好的。

b. 在其他博弈者的策略给定时，没有一方还能改善自己的获利。

c. 博弈者相互合作以使共同利润达到最大化。

d. 博弈者对于价格相互博弈。

e. 所有博弈者的回报都相等。

图 10－2

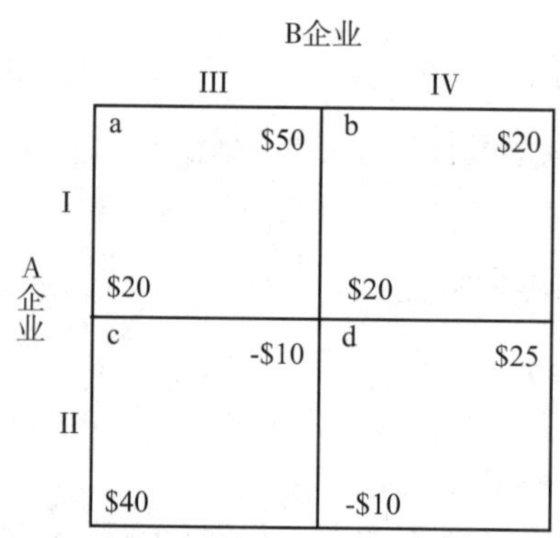

图 10－2 表示的是 A 企业和 B 企业的支付矩阵。每个企业必须选择两种策略中的一种，每个博弈者的回报不仅取决于自己所选择的策略，而且还取决于竞争对手所采

取的策略。图中每个格子表示两个企业的回报。例如，如果 A 企业选择策略 I，B 企业选择策略 III，那么 A 企业的利润为 20 美元，B 企业的利润为 50 美元。运用图 10－2 回答题 14～17。

14. 哪一个策略是 A 企业的占优策略？
    a. 策略 I。
    b. 策略 II。
    c. 策略 III。
    d. 策略 IV。
    e. A 企业的策略没有一个是占优策略。
15. 哪一个策略是 B 企业的占优策略？
    a. 策略 I。
    b. 策略 II。
    c. 策略 III。
    d. 策略 IV。
    e. B 企业的策略没有一个是占优策略。
16. 哪一格达到了占优均衡？
    a. a 格。
    b. b 格。
    c. c 格。
    d. d 格。
    e. 没有一格达到了占优均衡。
17. 哪一格达到了纳什均衡？
    a. a 格。
    b. b 格。
    c. c 格。
    d. d 格。
    e. 没有一格达到了纳什均衡。
18. 对于合作性均衡，其发生的情况是：
    a. 各方结成联盟，以找到总利润最大化的策略。
    b. 企业结成卡特尔。
    c. 是不稳定的，因为各企业有违反协议的可能性。
    d. 所有以上选项。
    e. 以上选项都不是。

C. 应对市场力量的公共政策

19. 管制限制了企业自由的市场力量。政府推翻自由市场决策的原因何在？
    a. 阻止垄断或寡头厂商滥用市场力量。
    b. 弥补信息不灵。
    c. 促使价格高于边际成本。
    d. 以上选项均正确。
    e. a 和 b 均正确。
20. 不完全竞争是低效的，因为它将造成：
    a. 相对于完全竞争行业更少的产量。
    b. 相对于完全竞争行业更高的价格。
    c. 相对于完全竞争行业更低的产量和利润。
    d. 相对于完全竞争行业更低的价格和利润。
    e. a 和 b 均正确。
21. 谢尔曼法：
    a. 禁止限制贸易的合约、联合以及密谋行为。
    b. 规定价格歧视是非法的。
    c. 建立了 FTC 以监管市场中的竞争性行为。
    d. 促进企业最大程度地利用规模经济。
    e. a 和 b 均正确
22. 下列哪项法律规定“不基于成本差异的价格歧视”为非法？
    a. 谢尔曼法。
    b. 霍金斯法。
    c. 克莱顿法。
    d. 格拉姆－拉德曼法。
    e. 联邦贸易委员会法。
23. 搭售合同是什么？
    a. 批量购买鞋带的合同。
    b. 规定顾客不能与卖方的竞争对手交易的合同。
    c. 企业要求购买产品 A 的买方也必须购买产品 B。
    d. 以上选项均不正确。
24. 下列那一项引发了对反托拉斯政策的态度变化？
    a. 集中度高的行业有时具有有效率的表现（例如获取成本优势的能力，以及运用其庞大的资源来从事创新活动）。
    b. 在某些情况下，禁止共谋能够充分地阻止反竞争性地滥用市场力量。
    c. 日益深入的全球化趋势使国内企业面对着更多的竞争。
    d. 以上选项均正确。

七、解答题

下列问题旨在帮助你运用教材中提到的概念。

A. 不完全竞争者的行为

1. 表 10－1 列出了一组假设的数据，它表示的是某个产业的八大企业在 2005 年和在 2010 年所占的市场份额。

表 10－1

企业	2005 年市场份额（%）	2010 年市场份额（%）
A	10	30
B	8	6
C	12	12
D	20	30
E	21	10
F	2	1
G	5	3
H	6	1

a. 计算出 2005 年和 2010 年的四企业集中率。该产业在这段时期内发生了什么变化？

b. 计算出 2005 年和 2010 年的八企业集中率。对于这段时期内该产业的发展，这两个数字给你什么样的印象？

c. 计算出 2005 年和 2010 年的赫芬达尔－赫希曼指数。这两个指数告诉你该产业在这段时期内发生了什么变化？

2. 考虑下列垄断竞争厂商的成本报表：

表 10－2

价格（*P*）	产量（*Q*）	边际收益（*MR*）	边际成本（*MC*）	总成本
$50	0	$50	$0	$100
$47	6	$44	$24	$172
$45	10	$40	$40	$300
$42	16	$34	$64	$612
$40	20	$30	$80	$900

注意；前两列描绘出了需求曲线的轨迹。剩下的三列显示出与产量水平相对应的 *MR*，*MC*，*TC*。

a. 短期内，使厂商达到利润最大化的产量水平是多少？

b. 在该产量水平上，厂商收取的价格是多少？

c. 在该产量水平上，厂商的利润是多少？

d. 长期内将出现什么状况？该厂商的产量和价格将出现什么情况（产量和价格将上升还是下降）？厂商获得的利润是多少？从直觉上解释这背后发生的情形。

B. 博弈论

3. 如图 10－3 所示，与教材中的支付矩阵相似，它表示的是两个企业（A 企业和 B 企业）的四种策略（A 企业的策略 I 和 II，B 企业的策略 III 和 IV）。矩阵中的数字表示结果，右上角的数字是 B 企业的结果，而左下角的数字是 A 企业的结果。例如，c 格代表着 A 企业的策略 II 和 B 企业的策略 III。注意，在这种情况下，A 企业将损失 200 美元，B 企业将损失 20 美元。

图 10－3 中的支付矩阵表示策略 I（**是/不是**）A 企业的占优策略。如果 B 企业选择策略 III，A 企业打算选择策略 I 而不是策略 II，那么 A 企业将（**赚得 50 美元/损失 200 美元/损失 20 美元/损失 100 美元**），而不是（**赚得 500 美元/损失 200 美元/损失 20 美元/损失 100 美元**）。另一方面，如果 B 企业选择策略 IV，A 企业打算选择策略 I 而不是 II，那么 A 企业将（**赚得 500 美元/损失 200 美元/损失 20 美元/损失 100 美元**）而不是（**赚得 50 美元/损失 200 美元/损失 20 美元/损失 100 美元**）。

策略 III（**是/不是**）B 企业的占优策略，因此，（**a/b/c/d**）是占优均衡。它（**是/不是**）纳什均衡，因为：

____

图 10－3

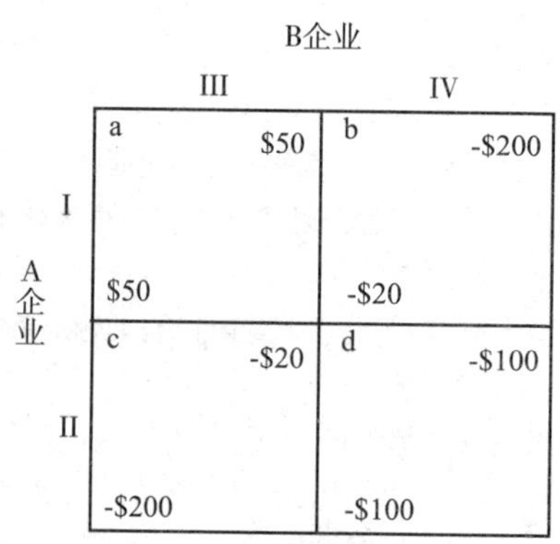

4. 图 10－4 表示的是两个企业（**A 企业和 B 企业**）的另一支付矩阵。（**A 企业有/B 企业有/两个企业都有/两个企业都没有**）占优策略；这时，A 企业的策略为______，B 企业的策略为______。（**a/b/c/d**）表示的是纳什均衡，因为 B 企业（**总是/有时/从不**）选择策略

______，如 A 企业意识到 B 企业将选择策略______，那么 A 企业就会选择策略______。

图 10 -4

		B企业 III	B企业 IV
A企业	I	a $40 $30	b $300 -$20
A企业	II	c $10 $20	d $50 $10

5. 图 10 -5 到图 10 -8 表示的是 A 企业和 B 企业的另外四个支付矩阵。在表 10 -3 中，填上 A 企业的占优策略、B 企业的占优策略、表示占优均衡的一格、表示纳什均衡的一格、表示合作性均衡的一格。如果这些分类图中没有表现出来，那么就用 n/a 表示。

图 10 -5

		B企业 III	B企业 IV
A企业	I	a $80 $300	b $30 $80
A企业	II	c $40 $30	d $70 -$20

图 10 -6

		B企业 III	B企业 IV
A企业	I	a $60 $30	b $30 $40
A企业	II	c $40 $80	d $70 $30

图 10 -7

		B企业 III	B企业 IV
A企业	I	a $100 $300	b $150 -$10
A企业	II	c $40 $150	d -$150 -$80

图 10 -8

		B企业 III	B企业 IV
A企业	I	a $40 $50	b $100 -$30
A企业	II	c $40 $60	d $40 $40

表 10 – 3

	图 10 – 5	图 10 – 6	图 10 – 7	图 10 – 8
A 企业的占优策略				
B 企业的占优策略				
占优均衡				
纳什均衡				
合作性均衡				

6. 企业减少污染需要花费一笔费用，这使得企业产品的价格上涨，并对企业的市场份额也有影响。有效地减少污染的管制关键在于把所有污染制造企业联合行动，以减少来自各种根源的污染。图 10 – 9 表示的是这种情况下的支付矩阵。

两个企业可以选择控制各自的污染排放，也可以选择不控制。如果两个企业都选择控制，那么每个企业都赚得______美元的利润；这一情形用（**a/b/c/d**）格表示。然而，它（**是/不是**）纳什均衡。如果一个企业知道另一个企业会控制污染排放物，那么它就（**有动力/没有动力**）控制污染排放物；它将以牺牲另一个企业为代价赚得______美元，而另一个企业的利润将降为______美元。（**a/b/c/d**）格代表纳什均衡，此时两个企业均获利______美元。只有（**非合作性/合作性**）均衡才能支持 a 格中控制 – 控制的结果。（只要我们假定社会期望低水平的污染，那么这就是最优的社会结果。）

图 10 – 9

B企业

		III	IV
A企业	I	a　B: \$100　A: \$100	b　B: \$170　A: \$20
	II	c　B: \$20　A: \$170	d　B: \$150　A: \$150

C. 应对市场力量的公共政策

7. 课文中提到了三个重要的反托拉斯法案，这三大法案为其后的反垄断实践奠定了基础：
   1. 谢尔曼法（1890）（SA）
   2. 克莱顿法（1914）（CA）
   3. 联邦贸易委员会法（1914）（FTCA）

   在下列横线上填写 SA、CA、或 FTCA，将每一款法律条文与其对应的标志性法律连接起来；如果无对应的法律，请填写“无”。

   ____a. 并非基于成本差异，旨在减缓竞争的价格歧视为非法。
   ____b. 不公平以及欺骗性的商业活动或实践为非法。
   ____c. 如果一家企业对另一家企业的收购会显著削弱竞争，那么该项并购不得实行。
   ____d. 组建垄断企业为重罪。
   ____e. 为阻碍外国竞争而游说国会进行关税保护，为非法行为。
   ____f. 阻碍州际交易或贸易为非法行为。
   ____g. 阻碍与外国进行的交易或贸易为非法行为。
   ____h. 禁止购买竞争者产品的合同为非法。

8. 美国的司法体系处理不完全竞争的潜在问题的方式，经历了重大的转变，这体现在司法体系对于商业活动到底是怎样进行的这一问题的关注。根据这一新的关于法律该如何实施的观点，与其着眼于那些具有引人侧目的行业组织形式的市场，不如着力规制那些滥用市场力量的行为。这些在商业事件中滥用市场力量的行为，包括（a）价格管制，（b）产量限制，（c）市场分割，（d）掠夺性定价（毁灭性的低价），以及（e）价格歧视，并不限于那些高度集中的行业，这些行业具有极端或潜在获利能力的市场力量。其中的一些行为，也可能出现于竞争性的市场。

   以下列表包括了上面提到的 5 种行为的实例。辨识出每个实例所代表的行为，并将你的答案填写在空格处。

   a. 在零售商和生产商之间达成的一项协议，规定不得以低于 25 美元的价格出售一种洋娃娃：
   ____
   b. 使计算机的定价低于其生产成本，以阻止潜在竞争者的进入：
   ____
   c. 石油供给者之间达成的一项协议，限定每天的出售量不得超过 100 万桶：
   ____
   d. 一家企业向五金商店出售锤子的价格为 8.99 美

元，而对国防部的售价为 410.22 美元：

____

e. 在食糖零售商之间达成的一项协议，规定只在美国特定的地区内出售产品：

____

f. 在航空公司之间达成的一项协议，规定在周末将票价提高 20%：

____

g. 将成千上万磅的咖啡豆在抵达市场之前销毁：

____

八、讨论题

回答下列问题，并解释你这样回答的原因。

1. 在垄断竞争市场，长期内企业没有经济利润。然而，企业并不处于长期平均成本曲线上的最低点。为什么会发生这种情况？为什么一些人指责垄断竞争引起了浪费与低效？若有什么好处，那么消费者从垄断竞争市场中获得了什么好处？
2. 戴比尔斯钻石辛迪加是一个比较成功的国际卡特尔的例子。运用你在教材中所学的理论，描述该产业中竞争者的利润最大化决策。为什么竞争者又可能采取欺骗行为？俄罗斯以国际竞争者而不是以该卡特尔成员的身份出现，这可能会给协议的稳定性带来什么影响？
3. 美国的勾结寡头和非勾结寡头之间有什么区别？为什么勾结寡头是非法的？
4. 存在占优策略均衡的博弈与存在纳什均衡的博弈之间的区别是什么？
5. 回顾美国三大主要的反托拉斯法。每一项法律对于反托拉斯政策的本质，都做出了怎样的扩展或澄清？
6. 通过本世纪法庭对反托拉斯政策的解释，回顾其演变的过程。
7. 在当今世界，很多国家对于反托拉斯具有不同的态度。比如在日本，政府鼓励企业联合起来，以便取得相对于国际竞争者的竞争优势。对于那些有助于催生新企业，或者能够缓冲经济周期带来的冲击的行业，政府始终采取着审慎的补贴政策。给定美国反托拉斯政策的特点，我们的企业能够在全球化的经济中竞争吗？谢尔曼法是否已不再适用？

九、答案

三、关键概念复习

2	市场力量
4	集中率
6	赫芬达尔－赫希曼指数
1	策略互动
5	反托拉斯政策
3	价格歧视
12	策略
13	纳什均衡
11	占优策略
10	非合作均衡
7	谢尔曼法
8	克莱顿法
9	联邦贸易委员会法案

六、选择题

1. A　2. B　3. D　4. B　5. E　6. D　7. A
8. A　9. B　10. D　11. A　12. B　13. A　14. B
15. E　16. E　17. D　18. D　19. E　20. E　21. A
22. C　23. C　24. D

七、解答题

1. a. 四企业集中率：2005 年为 63%，2010 年为 82%。这两个数字表示在这段时期内该产业变得越来越集中。
   b. 八企业集中率：2005 年为 84%，2010 年为 93%。这两个数字表示在这段时期内该产业变得更加集中。然而，八企业集中率的变化没有四企业集中率变化得那么明显。
   c. 2005 年 HHI = 1 214，2010 年 HHI = 2 091。根据赫芬达尔－赫希曼指数，可以得知在这段时期内市场集中度提高了。
2. a. 短期内利润最大化的产量 = 10，位于 $MR = MC$ 处。
   b. 在该产量水平上，需求曲线告诉我们，消费者愿意为每单位支付 45 美元，因而厂商依此定价。
   c. 利润 = 总收入 － 总成本 = \$45 × 10 － \$300 = \$150
   d. 正的经济利润吸引其他厂商进入该行业。提供差别化商品的新企业纷纷涌入。因此，随着更多的企业的进入，现有企业的市场份额下降。因而 Q 将减少，而 P 也将（随着竞争的加剧）下降。当达到长期均衡时，经济利润为零。价格等于平均成本（或者说总收入将等于总成本）。企业面对的需求曲线将向里移动。

3. 是，赚得 50 美元，损失 200 美元，损失 20 美元，损失 100 美元，是，a，是，任何一个占优均衡都是一种纳什均衡，因为在其他博弈者的策略既定的情况下，没有一个博弈者愿意更改策略。
4. B 企业有，既不是 I 也不是 II，IV，d，总是，IV，IV，II
5. 见表 10－3。

表 10－3

a	图 10－5	图 10－6	图 10－7	图 10－8
A 企业的占优策略	I	n/a	n/a	II
B 企业的占优策略	n/a	III	n/a	IV
占优均衡	n/a	n/a	n/a	d 格
格纳什均衡	a 格	c 格	c 格	d 格
合作性均衡	a 格	c 格	a 格	d 格

6. 100，a，不是，没有动力，170，20，d，150，合作性
7. a. CA　　b. FTCA
   e. CA　　d. SA
   e. 无　　f. SA
   g. SA　　h. CA
8. a. 价格固定
   b. 掠夺性定价（毁灭性的低价）
   c. 产量限制
   d. 价格歧视
   e. 市场分割
   f. 价格固定
   g. 产量限制

八、讨论题

1. 垄断竞争产业中的所有企业都有多余的生产能力。这意味着在长期内，每个企业在总平均成本达到最低之前就得到了利润最大化的产出水平，这会引来浪费和低效的指责。有很多企业生产不同的产品，尽管有些产品只是细微的不同。产品差别引起生产成本高于完全竞争产业的生产成本。消费者得到的好处就是产品的种类增加了，有了更多的选择范围。
2. 见图。

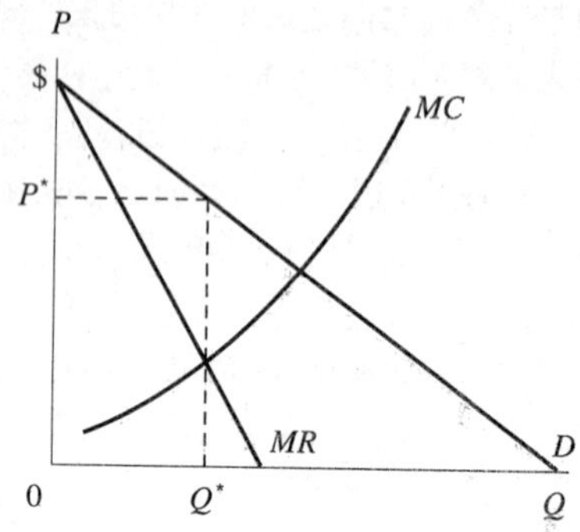

卡特尔将生产 Q^* 单位，在价格为每单位 P^* 美元时出售。如果竞争者认为在不引起其他卡特尔成员的注意下能够降低价格，并提高销售量，他们就会采取欺骗行为。当俄罗斯作为一个竞争者进入该市场时，戴比尔斯卡特尔将会遭受损失，除非它能够将俄罗斯拉进卡特尔。卡特尔必须对产品的供给保持控制才能成功。

3. 在勾结寡头市场中，成员就市场策略与分享信息等达成一致协议。在非勾结寡头市场中，成员会考虑竞争对手的行为，但它们实际上并不在一起讨论应该采取何种市场策略。勾结寡头是非法的，因为它限制了竞争。
4. 无论其他博弈者采用何种策略，该博弈者的策略总是最好的，这就是占优策略。在两个（或全部）博弈者都采用占优策略时，我们称其结果是一种占优均衡。在其他博弈者的策略给定时，没有一方还能改善自己的获利的情况称为纳什均衡。
5. 三大重要法律为谢尔曼法、克莱顿法、联邦贸易委员会法。谢尔曼法是一个反托拉斯的法案，克莱顿法将违法行为加以具体化，而联邦贸易委员会法建立了一个监管机构来监督反托拉斯行为。
6. 此题的关键点包括本世纪中在合理性原则和违法性本身之间的态度摇摆，以及 20 世纪 80 年代出现的“兼并热潮”。
7. 我们可能认为，为在国际市场上竞争，美国的企业必须被允许以一定的方式合作。然而，这与过去 100 年中实施的反垄断政策背道而驰。如果我们承认国内生产商之间竞争的减缓，是国际竞争力和消费者福利的最高利益之所在，那么谢尔曼法就不再适用了。

第 11 章

不确定性经济学

一、概述

一直以来的讨论中，我们都认为企业和居民户在制定决策时掌握了充分的、完全的信息。经济决策者们都十分了解他们所处的经济环境，同样也很清楚他们所做出的决策的结果。然而，在现实生活中，经济环境中模糊的、令人迷惑的现象使每一个决策变得错综复杂起来。经济学家们已经开始认真探讨这些复杂性的影响。第 11 章讨论在不确定和不完全信息的条件下，如何做出经济决策。本章还讨论这些方法在保险市场、医疗保障和科技创新上的应用，包括不确定性、风险和不完全信息等。

A 部分以套期保值、投机和赌博为例，介绍了风险和不确定性的基本概念。B 部分说明了保险市场是如何处理风险的，以及为什么信息不对称（交易的一方拥有另一方不知道的信息）会导致市场不灵，或者非市场出清。保险不仅可以应用于私营公司提供的各种服务（如汽车和健康保险），也可以应用于政府提供的各种服务，即社会保险，例如失业保险。C 部分和 D 部分将风险、不确定性和不完全信息的原理分别应用于医疗保障和创新活动这两个领域。

二、学习目标

在你读完教材第 11 章之后，完成本书的习题，你将能够：

1. 界定**投机者**（speculator）、**套利**（arbitrage）和**套期保值**（hedging）在经济中的作用。
2. 描述**风险规避**（risk aversion）与**收入的边际效用递减**（diminishing marginal utility of income）之间的关系，并把这两个概念运用到保险市场和资本市场中的**风险分摊**（risk spreading）中去。
3. 理解**道德风险**（moral hazard）和**逆向选择**（adverse selection）在建立运转正常的保险市场中的重要性。
4. 解释医疗保障作为经济品的特征，为什么它需要被配给，以及为什么政府有时会干预医疗保障业。
5. 理解为什么私人市场可能会对技术创新投资不足，以及为什么知识产权会给予拥有它的人以市场权力。
6. 按照你的理解评价熊彼特假说，熊彼特假说认为很强的市场力量会引起广泛的、社会所企盼的研究与开发活动。

三、关键概念复习

在 B 栏中寻找与 A 栏中术语相应的解释，并将序号填在术语前边。

A	B
__ 投机	1. 意味着为损失一定数量的收入而产生的痛苦感大于从得到同等数量的收入而产生的满足感。
__ 套利	2. 企业不能获取其发明成果的全部货币价值。
__ 套期保值	3. 当风险最大者成为最有可能购买保险的人群时发生。
__ 风险规避	4. 政府授予发明者的一项权利，使其在有限时间内可排他地使用一项发明成果。
__ 收入的边际效用递减	5. 一种并非通过价格或费用来配置资源的方式，例如排队，先到先得，抽签或由政府政策分配。

__ 风险分摊 6. 一个人每多赚1美元所增加的效用递减。

__ 道德风险 7. 从价格的波动中获利。

__ 逆向选择 8. 通过对所拥有的一种商品做对冲交易或对冲投资来降低风险。

__ 熊彼特假说 9. 认为由大企业带来的创新足以抵消由高昂的价格所带来的损失。

__ 不可划拨性 10. 拥有保险的人比没有保险的人更有可能会冒险。

__ 专利权 11. 在一个市场上买入一种商品或资产，立即在另一个市场上卖出，从而在差价中获得利润。

__ 非价格配给 12. 对一个人来说可能很大的风险分摊给许多人，从而使每个人所承担的风险很小。

四、小结与本章提纲

本部分对教材第11章的关键概念进行总结。

A. 风险和不确定性经济学

1. 在现实世界中，生活充满了不确定性和风险。一些风险比其他风险重要，但几乎我们所做的每一项决策都涉及一定程度的经济学家所称的对未来事件的不确定性。不确定意味着我们不知道未来会是什么样子，然而风险意味着不利事件在未来发生的可能性。
2. 由于不确定性的存在，投机者通过跨地域、跨时间以及不确定的自然因素实现买低卖高来寻求利润。投机者通常不用占有物品就可以交易物品；他们不是购买他们所需的物品，而是购买能在未来价格上涨的物品。
3. 投机者有三个重要的功能。首先，他们在物品充裕的地区买入，在相对稀缺的地区卖出。例如，一个投机者可能会从华盛顿的一些小农场购买苹果，然后卖给亚利桑纳州的杂货店。通过把商品以价格低的地区转移到价格高的地区，实现了物品在区域上的重新分配，因此有助于平衡市场上的价格。

   第二，投机者在物品充裕的时候购买，压低价格，并在物品变得稀缺时卖出，趁机抬高价格。通过在富足时减少供给，在稀缺时增加供给，熨平了这段时期的价格波动，为市场带来了更大的稳定性。例如，一个投机者可能在9月份苹果丰收时从华盛顿的小农场购买苹果。在储存6个月之后苹果变得稀缺时，投机者将这些苹果转卖给一家苹果酱公司。这有助于平稳产品在各个时期的价格。这一行为就是套利。

   第三，投机者还从事套期保值活动。它包括投机者承担其他人不愿承担的风险。例如，如果一批小果园农场主担心在苹果成熟之前苹果的价格会急剧下降，他们可能会以固定的价格将未来的苹果在6月份卖给投机者。实际上，投机者是在9月份按协商好的价格买进苹果，希望立即把苹果再销售出去以获利。因此，果农就能够减少不确定性，投机者承担了苹果销售的潜在利润或损失。
4. 投机者和套利者自我激励的行为导致很多市场价格和消费量不断增加。投机者在追求他们私人利益的同时，提高了社会福利，超过了他们自身的获益水平。这一获益来源于边际效用递减规律，因为正是由于边际效用递减规律的存在，稳定的消费被认为是经济上更优的状况。这里的含义很简单：以消费的某一平均水平为起点，边际效用递减意味着由下一个单位的消费所带来的效用的增量要小于消费先前一个单位所带来的效用的增量。当一种产品充裕时，边际效用和价格都很低；当一种产品稀缺时，边际效用和价格较高。通过平衡时间和空间上的消费，投机者能够抚平这个价格浮动，从而提高经济的效率。
5. 若一个人为损失一定量的收入而产生的痛苦感大于他得到同等数量的收入而产生的满足感，那么他就是一个风险规避者。简言之，风险规避者经历着收入的边际效用递减，因为额外的1美元所带来的效用要低于前1美元所带来的效用。这个人从1美元损失中失去的效用多于他/她从1美元收入中获得的效用。因此，在其他条件相同的情况下，相对于不确定的消费水平来说，一个风险规避者更愿意做有把握的事情。

B. 保险经济学

1. 保险公司会涉及风险分摊的问题。这意味着保险公司将对一个人来说可能是很大的风险集中起来，将它分摊给许多人，这样，每个人承担的风险就相对较小。例如，大多数有车一族都会购买汽车保险。事实上，一些州要求车主必须购买保险。一名司机有可能在某一天发生意外事故；这种概率高于某些人或某些地区。保险公司会将这一风险在更广泛的区域分摊给许多人。风险规避者情愿支付一定数额的保险费，以免除未来不确定性的风险。当有很多事件相互独立时，且几乎不存在道德风险和/或逆向选择时，私人保险市场就能够存在。有时候，当私人保险不能发挥作用时，很可能需要有社会保险来发挥作用。

同样的道理也适用于资本市场。在通常情况下，创立一个新企业对于单个的投资者来说风险很大，但是如果投资者数量很多，每个人都愿意承担总体风险的一小部分。

2. 有时候，由于人们对于所面临的风险和不确定性没有掌握充分的信息，所以就会出现市场不灵。当保险减少了个人躲避和防止风险的动力，从而扭曲了损失的原本概率时，就会发生道德风险的问题。例如，一位司机知道自己有保险，所以他开车时比没有保险时要快。当风险最大者成为最有可能购买保险的人群时，*逆向选择*便发生了。教材中举的医疗保险就是一个很好的例子。在美国，投医疗保险的人大部分是富人或生病的人。因此，所有投保人加在一起并不代表整个人口；那些认为自己相对健康的人可能会把钱用于其他方面，而不是用来购买保险。这就会使得那些投保人的保险费率上升，并且限制了保险公司的获利。
3. 总之，有效的保险市场发生于（a）存在很多性质独立的事件或状态，（b）几乎没有道德风险和/或逆向选择时。政府有时会通过提供社会保险进行干预，以解决私人保险不能解决的问题。

C. 医疗保障：不会消失的问题

1. 医疗保障支出是政府支出中的一个重要部分。在除美国外的其他国家中，医疗保障一般由政府提供，例如加拿大、英国、法国和德国。在美国，提供医疗服务的政府项目主要针对老年人（医疗保险）和穷人（医疗补助）。
2. 在美国，医疗体系由政府和私人部门共同组成。
3. 尽管美国在医疗技术领域处于领先地位，但其医疗费用高昂，所以许多人担心将变得日益不堪重负。
4. 美国医疗体系的特征有：（1）收入弹性大；（2）技术进步快；（3）消费者往往要被隔离在医疗服务价格体系之外，因为大部分医疗服务是由用人单位负担的，作为其免税的福利。2007 年，只有 15% 的医疗费用由消费者自己承担，“第三方”往往为其买单。正因为如此，消费者享用的医疗服务会比自己付全款的情形下要多。
5. 医疗保障是社会保险的一种。政府之所以涉及各种医疗项目，原因有三：（1）部分医疗体系具有公共品的特点，市场无法有效提供，例如天花的根除；（2）信息不对称导致的市场不灵，例如医疗服务的消费者指导一些医疗服务人员和保险公司并不知道的信息，或者反之；（3）公平问题，社会为每个人提供最低标准的医疗服务，以维持其国民的健康。
6. 由于供不应求，医疗保障需要实行配给，特别是在它为免费的或被补助的时候。稀缺的医疗资源应该由市场还是非市场机制来分配，一直是医疗改革讨论的重要议题。

D. 创新与信息

1. 在大企业，所有权通常与控制权分离。这意味着企业所有者将决策权授予了管理者，管理者可能是按所有者的最大利益实施决策的，也有可能不是。管理者可能对提高他们自己的工资或改善工作条件比追求利润最大化更感兴趣。管理者对于支付红利没有多大动力；他们通常感兴趣的是，将留存收益作为资本再投资于企业，而不是将它们分配给所有者。
2. 由于评价实际市场需求与成本有一定的难度，企业可以运用*拇指规则*来大致制定利润最大化决策。例如，*加成定价法*指在所估计的平均生产成本的基础上加一个固定的比例来定价。这可能会恰好落在需求曲线上。这些原则可以通过经验进行调整，以使现实世界中那些信息不充分的管理者们趋向于利润最大化的定价行为。
3. 熊比特假说认为大企业对宝贵的研究与开发有重大的贡献，若没有大企业的支持，这些研究与开发就不可能实现。然而，在近几年，小企业后来居上，增加了它们在研发方面的份额。实际上，研发涉及企业创新的动力以及冒风险的可能性。如果企业认为自己不能从研发中获得很大的利益，它就不会情愿进行大的投资。因为信息的生产成本很高，但复制成本却很低，因此信息市场就会遇到严重的市场不灵。例如，盗版的计算机程序在世界大多数国家恣意横行，所以企业要在新的软件上进行大的投资就比较困难了。

五、学习提示

1. 一些人认为投机者和套利者在经济中没有发挥生产的

作用，因为他们不生产物品或提供劳务，只是买卖现有的产品。但是，我们不能忽视他们为市场经济提供服务的重要性。某段时期的较大供给波动会引起价格的起伏不定，而且还会带来市场上更大的不确定性。这会导致对消费者来说更高的价格和消费者数量的减少。由这些投机者和套利者所带来的稳定性为市场上所有的人都带来了好处。

2. 整章都用到了期望值这个词，在下一章，你将对它了解得更多。就目前而言，事件的期望值是对可能结果发生的概率的加权平均。例如，你在抛硬币时，有两种可能的结果：正面或反面。每一种结果都有50%的发生概率。引用教材中的例子，我们用1 000美元进行打赌。若硬币出现正面，可赢得1 000美元；若出现反面，则失去1 000美元。这个事件的期望值为：

$$0.5\ (\$1\ 000)\ +0.5\times(-\$1\ 000)=0$$

期望效用可以采用同样的方法进行计算。计算期望效用的挑战是我们很难找到可接受的效用衡量方法。

3. 信息不对称、不完全竞争、公共品和外部性（后面的章节会介绍）都是非市场出清的源头。掌握信息不对称的概念非常有用，因为它有很多实际应用。当一方知道另一方不知道的信息时，信息不对称就发生了。可能是买方知情某些信息（例如医疗保险购买者熟悉其家族病史），也可能是卖方知情（例如一个房屋出售者知道这个房子过去是否出现过白蚁）。逆向选择处理的情形是被隐藏的信息是一个“特征”，例如房屋里白蚁猖獗。而道德风险处理的情形是被隐藏的信息是关于“行为”的，例如，一个失窃保险的购买者，更倾向于不仔细看管其财物，或者一个人系上安全带后，可能比不系时开车开得更快或更鲁莽。

4. 发明成果的社会回报是指它给发明者以外的人带来的收益。私人回报是指发明者的获益（如利润），而社会回报意味着更大的收益，即社会从新发明中得到的好处，如死亡率的下降，或生活质量的提升。

5. 在完全竞争条件下，创新的回报是很独享的，因为竞争使得价格被压低至边际成本，没有经济利润来弥补研究的固定成本。例如，为了发明一项新技术，如一种新药，首先需要投入资源（称为开发成本）。一旦发现了技术原理、规则或是计划，下一步便需要生产产品以应用这项新技术。开发者或者发明者此时希望定价高于边际成本，以补偿开发成本。然而，由于知识或信息一经发现便很容易传播，竞争者们将在不负担开发成本的条件下也利用此技术进行生产，而且可以收取比原发明者更低的价格。因此，在完全竞争条件下，价格将等于生产的边际成本，而原创新者的开发成本将无法得到弥补。在此预期下，创新者将没有或有很少有激励进行创新。所以，知识产权的作用，就是通过给创新者惟一的制造权或授权他们给其他人颁发一定时期内的制造许可证，来防止竞争。这种暂时的“垄断”使得创新者可以补偿开发成本，并激励未来的创新者继续创新。但是，这样做的社会成本就是创新产品不是以边际成本出售，而是以一个更高的价格出售。因而在竞争的条件下，创新产品不会广泛地被提供。因此，在给予创新一定市场权力和用竞争条件限制创新之间，存在着权衡取舍。这个现象首先被熊彼特发现，他将其定义为静态效率和动态效率之间的选择。

六、选择题

下列问题按照教材中的顺序安排，从各选项中选出一个最佳答案。

A. 风险和不确定性经济学

1. 投机包括：
   a. 购买你的企业将要用来生产最终产品与劳务的投入。
   b. 很肯定地知道未来的事件。
   c. 没有风险的活动。
   d. 从价格差中赚取利润。
2. 投机活动往往：
   a. 使消费在时间上分配得更均匀。
   b. 在生产量最充裕的地区集中消费。
   c. 使消费在不同地区或区域上分配更均。
   d. 加剧价格的不稳定。
   e. a和c。
3. 与均衡消费相关的福利收益源于：
   a. 收入递减效应。
   b. 规模报酬递增。
   c. 比较优势原理。
   d. 边际效用递减。
   e. 边际生产率增加。

图11－1中的（a）和（b）表示的是一国两个不同的地

区——A 地区和 B 地区——对于物品 Y 的需求。最初 A 地区 Y 的供给为 4 单位，B 地区为 5 单位。运用图 11－1 回答题 4～6。

图 11－1

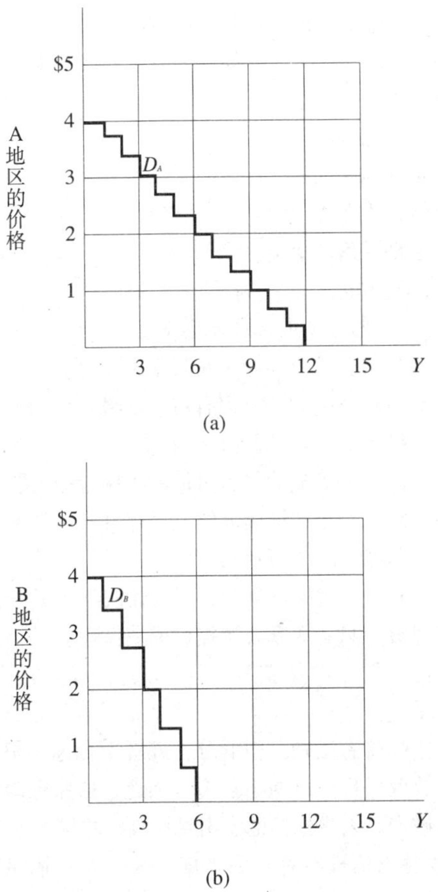

4. 在这个例子中，假定没有运输成本，想要通过转移 Y 达到福利最大化，那么该如何转移？
   a. 从 A 地区转移 2 单位的 Y 至 B 地区。
   b. 从 B 地区转移 2 单位的 Y 至 A 地区。
   c. 从 B 地区转移 1 单位的 Y 至 A 地区。
   d. 从 A 地区转移 1 单位的 Y 至 B 地区。
   e. 将 B 地区所有的 Y 转移至 A 地区。
5. 在第 4 题中，通过转移 Y 所带来的总福利的增加为：
   a. 1 美元。
   b. 2 美元。
   c. 3 美元。
   d. 4 美元。
   e. 5 美元。
6. 如果从一个地区转移 1 单位 Y 至另一个地区的运输成本大于，那么不转移 Y 将达到福利最大化。
   a. 0.67 美元。
   b. 1.00 美元。
   c. 1.33 美元。
   d. 1.67 美元。
   e. 2.00 美元。
7. 一般而言，在无转移成本的情况下，总福利在______时，随着空间、时间或性质状态的转移达到最大化。
   a. 每个地区的消费的边际效用都相等。
   b. 每个地区的消费水平都相等。
   c. 每个地区的消费的总效用都相等。
   d. 每个地区的生产的总附加值都相等。
   e. 每个地区的需求曲线的斜率都相等。

表 11－1 表示的是珍妮特的收入效用函数，运用这张表回答题 8～9。

表 11－1

收入（$）	总效用
5 000	100
10 000	250
15 000	450
20 000	600
25 000	700
30 000	750

8. 第 20 000 美元的边际效用为：
   a. 0.03 尤特尔。
   b. 33.33 尤特尔。
   c. 150 尤特尔。
   d. 5 000 尤特尔。
   e. 以上选项都不是。
9. 珍妮特是一个：
   a. 不在乎风险的人。
   b. 风险寻求者。
   c. 风险规避者。
   d. 不确定风险的人。
   e. 对钱感到满足的人。

假定一个人有 1 000 美元，她的效用曲线如图 11－2 所示。运用该图回答题10～12。

图11－2

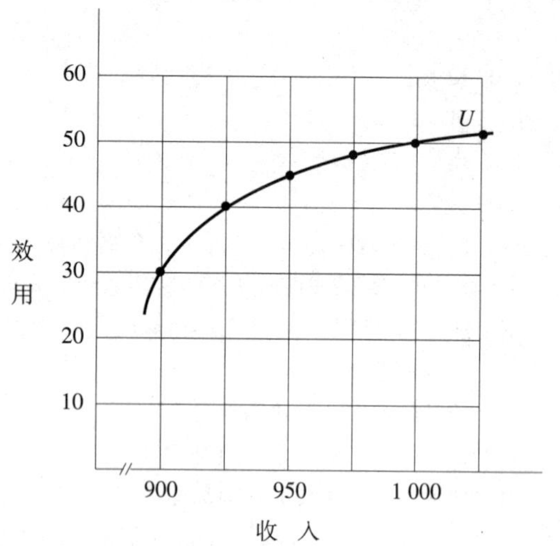

10. 假定这个人失去100美元的概率为50%，那么她的期望效用为：
    a. 50尤特尔。
    b. 45尤特尔。
    c. 40尤特尔。
    d. 35尤特尔。
    e. 30尤特尔。
11. 如果她一定能达到她所预期的收入水平，那么第10题中哪一个选项表示出了她的效用水平？
    a. 50尤特尔。
    b. 45尤特尔。
    c. 40尤特尔。
    d. 35尤特尔。
    e. 30尤特尔。
12. 假定在第10题中，她打算投保以确保能得到950美元，即预期的收入，那么她应该支付的保险费为：
    a. 100美元。
    b. 75美元。
    c. 50美元。
    d. 25美元。
    e. 信息不充分，无法做出判断。
13. 对于某人来说，如果他认为获得2 000美元的收益比损失2 000美元的损失更大，则他是：
    a. 风险规避者。
    b. 风险偏好者。
    c. 风险中性。
    d. 信息不充分，无法做出判断。

B. 保险经济学

14. 在1994年，俄罗斯决定宣布破产为非法，以作为向市场经济转轨的一部分。这意味着无论所有者和管理者的生产率或行为如何，企业都不能破产。这最有可能产生：
    a. 逆向选择问题。
    b. 道德风险问题。
    c. 纳什均衡。
    d. 套期保值的机会。
    e. 占优策略。
15. 当______时，逆向选择便会发生。
    a. 保险减小了个人躲避和防止风险的动力。
    b. 支付矩阵中的各方都有占优策略。
    c. 投机者从事套期保值活动。
    d. 风险最大者成为最有可能购买保险的人群。
    e. 风险规避者和最谨慎的人最有可能购买保险。
16. 成绩保险市场并不可行，因为：
    a. 大部分学生并不需要，因为他们喜欢努力学习。
    b. 世界上只有3家公司提供成绩保险。
    c. 此类保险的保费太高了，低收入的学生无法承受。
    d. 学生将有激励获得低分，或者不如原来努力，以获取保险公司的赔偿金。因此，这家保险公司将破产，因为他们的支出将比收到的保费更多。
17. 根据你对信息不对称的理解，为什么一辆崭新的汽车只要一经售出并开出停车场，价格就会马上下降呢？
    a. 因为将汽车开回停车场花费巨大，它必须被清洗、打扫和颁发新证。
    b. 如果车主刚买到就马上出售，人们将认为此车很可能有什么毛病。
    c. 车主可能是吸烟者，因此汽车闻起来不像崭新的那样舒服。
    d. 投机者使二手车价格下降。
18. 为何要提供社会保险？
    a. 信息不对称削弱了私人保险市场的作用。
    b. 很难鉴别投保的需要是由于故意的坏行为还是糟糕的环境。

c. 政府保险比私人保险盈利更多。

d. a，b

e. a，b，c

C. 医疗保障：不会消失的问题

19. 根据逆向选择原则，以下哪种现象将很可能发生？
   a. 当医疗保险的保费上升时，一些健康的人将会放弃保险，而容易生病的人会继续投保。
   b. 当政府对医疗保障的支出增加时，更多的政府部门工作人员可能会从事私人医疗职业。
   c. 如果整形手术也在医疗保障范围之列，那么对整形手术的供给将会减少。
   d. 以上都不正确。
20. 医疗保障的收入弹性大，是指：
   a. 新疫苗的发现将导致更多的冒险行为。
   b. 医疗服务价格上升 10%，其需求量下降不到 10%。
   c. 当收入上升时，医疗保障支出占消费者收入的比重上升。
   d. 以上都正确。
21. 在哪种情况下，医疗保障是一种好的社会投资？
   a. 比较健康的人群生产效率更高，收入更多，对医疗的需求更少。
   b. 医疗保障行业的工作岗位比一般职业的更多。
   c. 专门经营保健品的共同基金公司股价上涨总是超过了道琼斯工业平均指数。
   d. 以上都正确。
22. 下面哪种情况是非价格配给，而且此时对医疗保障的需求超出了供给？
   a. 用排队、等待时间平衡供需。那些愿意排队的人留下了，不愿意的人离开了。
   b. 让老人和小孩先得到医治，其次中年人，再次是年轻人。
   c. 使客户服务质量下降。
   d. 以上都正确。

D. 创新和信息

23. 在大企业，所有权与控制权相分离。下列哪一项可能是这种分离所产生的结果？
   a. 管理者可能会尽力提高他们自己的薪水和福利，而不是想方设法使企业的利润达到最大化。
   b. 管理者更有可能将利润重新投资到企业中，而不是作为红利分配给股东。
   c. 管理者体现出比所有者更大的冒险特征，这给所有者带来了更大程度的不确定性。
   d. a 和 b 都正确。
   e. 以上选项都不是。
24. 一个在不完全竞争条件下进行生产的企业可能希望运用成本加成定价，其中一个原因是：
   a. 企业对于不同产出水平上的边际收益缺乏充分的了解。
   b. 企业对于不同产出水平上的边际成本缺乏充分的了解。
   c. 企业希望在较高的产出水平上达到收支平衡点。
   d. 企业担心收取更高的价格会吸引新的竞争者进入。
   e. 这个价格与最有效的产出水平相对应。
25. 熊彼特假说认为：
   a. 大企业不一定就是坏企业。
   b. 企业从来没有真正确定价格的权力，因为需求曲线必须被考虑进去。
   c. 研究与开发若由政府、小企业和大企业共同支持会更有效。
   d. 如果大企业的管理者成为所有者，那么创新的进程将加快。
   e. 所有以上选项。
26. 在过去几年，美国银行业的集中趋势愈演愈烈，因为银行法规允许各州之间的银行相互兼并。根据熊彼特假说，这种加剧的集中：
   a. 很好，因为它引起了收入从富人手中到穷人手中的重新分配。
   b. 很好，因为它为创新领域创造了外部利益。
   c. 不好，因为所涉及的银行更有可能要倒闭。
   d. 不好，因为银行应该受当地银行法律所管制。
   e. 可能好，也可能不好，这取决于兼并后银行的获利能力。

七、解答题

下列问题旨在帮助你运用教材中提到的概念。

A. 风险和不确定经济学

1. 假定图 11－3 表示的是 A 地区和 B 地区对某个物品 Q 的需求曲线，虽然地区不同，但它们的需求曲线相同。再假定，最初 A 地区 Q 的供给量为 10 单位，B 地区的供给量仅为 6 单位。

图 11－3

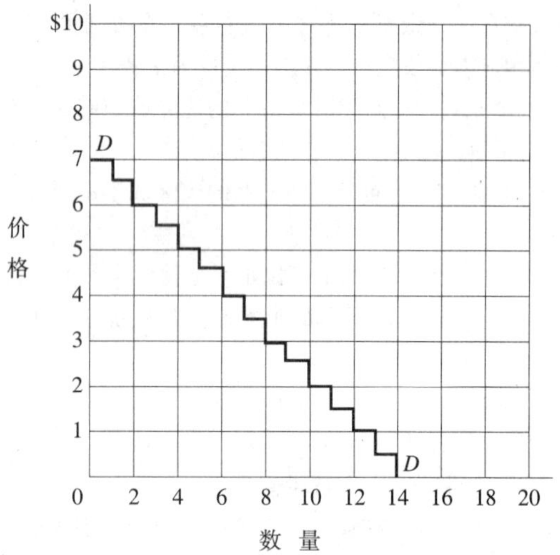

a. 根据这条需求曲线，为 A 地区供给的最后 1 单位物品 Q 的边际效用为______美元，为 B 地区供给的第 5 单位物品 Q 的边际效用为______美元。假定没有任何运输成本，从 A 地区转移 1 单位 Q 至 B 地区将引起 A 地区的效用（**增加/减少**）______美元，B 地区的效用（**增加/减少**）______美元，净福利增加______美元。从 A 地区转移第 2 单位的物品 Q 至 B 地区，同样会（**增加/减少**）总福利，这次为______美元。事实上，当 A 地区的供给为______单位，B 地区的供给为______单位时，这两个地区的总福利达到最大化。在这种情况下，为 A 地区供给的最后 1 单位的边际效用将为______美元，为 B 地区供给的最后 1 单位的边际效用将______为美元。实际上，从 A 地区转移______单位会使总福利（**增加/减少**）______美元。总而言之，当（**为两个地区供给的最后 1 单位的边际效用相等/两个地区消费的总效用相等/两个地区供给的数量相等**）时，总福利达到了最大化。

b. 现在假定从 A 地区转移物品 Q 至 B 地区，每单位的运输成本为 75 美分。（**从 A 地区至 B 地区/从 B 地区至 A 地区**）转移 1 单位将增加总福利，这次______为美元。第 2 单位的转移将（**再次增加/减少**）总福利______美元。运输成本（**增加/减少**）总福利的______%，从______美元变为______美元。因此，如果运输成本超过每单位______美元，供给的转移便无利可图。

2. 图 11－4 表示的是在三个供给时期中每一个时期对于物品 X 的需求。假定在第一个时期，X 的供给量为 30 单位，第二时期和第三时期的供给量为零。

a. 如果所有单位的 X 在第一时期消费完，那么第二时期和第三时期的消费为______单位。整个时期的总福利（生产者剩余与消费者剩余之和）将等于______美元，即（**需求曲线下方横坐标为 30 单位的面积/需求曲线上方横坐标为 30 单位的估计值/需求曲线下方所有的面积**）。

b. 现在假定在这三个时期消费得到了平衡，每个时期都能够消费 10 单位。如果没有运输成本，每个时期的价格将为______美元，每个时期的总福利将为______美元，三个时期的总福利共为______美元。在这种情况下，总福利（**将会/将不会**）达到最大化，因为（**每个时期的消费的边际效用都相等/每个时期的消费的总效用都相等**）。尽管这时 X 的价格在第一时期时比以前上涨了______%，但这种情况却是事实。

c. （有点难度的问题）本题是附加题。假定将 1 单位物品 X 持有一段时期的利息和存储费用为 5 美元，持有两段时期为 10 美元。结果，物品 X 的价格在第二时期要比第一时期（**高/低**）______美元，第三时期的价格比第一时期（**高/低**）______美元。这种惟一的三时期消费分配导致了这种价格变化模式，而且在这三个时期内都耗尽了所有的供给，这三个时期所消费的供给分别为第一时期______单位，第二时期______单位，第三时期______单位。[提示：通过题中所给的存储费，我们可以得出 $P_2 = P_1 + \$5$，$P_3 = P_1 + \$10$。这条需求曲线的斜率为 -1，因此：$X_2 = X_1 - \$5$，$X_3 = X_1 - \$10$，其中，方程的解一定会满足 $(X_1 + (X_1 - \$5) + (X_1 - \$10)) = 30$ 这一条件。] 在第一时期，X 的价格为______美元，第二时期为______美元，第三时期为______美元。第一时期的福利为______美元，第二时期为______美元，第三时期为______美元。这三时期的总福利为______美元，（**大于/小于**）本题 a 中的总福利，（**大于/小于**）本题 b 中无存储费时的总福利。通过比较有存储费和无存储费这两种情况，我们发现福利下降了______美元，这个数字（**大于/小于**）总共为______美元的存储费用。

图 11 - 4

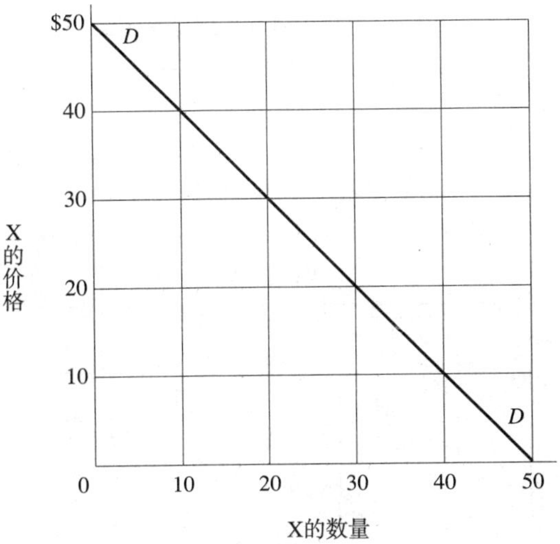

d. 在图 11 - 5 中画出这三个时期的价格模式，确认它与教材中的图 11 - 1 相似。

图 11 - 5

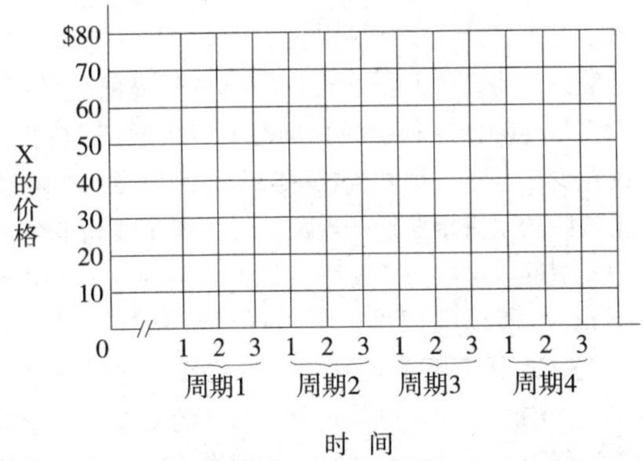

3. 如图 11 - 6 所示，基数效用曲线取决于图中的收入水平，它表示收入的边际效用（**递减/保持不变/递增**）。

a. 假定每年的收入为 50 000 美元，按照图中纵轴所示的效用单位——尤特尔，我们可以知道 50 000 美元的收入所带来的效用为______尤特尔。

b. 现在假定我们要考虑“买彩票”的情形，期望回报为零，但是赢得 10 000 美元的概率为 50%，失去 10 000 美元的概率也为 50%。买这种彩票会增加福利吗？______。为了把这个问题弄清楚，我们来详细解释一下。注意，60 000 美元将带来______尤特尔的效用，比 50 000 美元时的效用多______尤特尔。如果收入为 40 000 美元时，将带来______尤特尔的效用，比 50 000 美元时的效用少______尤特尔。因此，损失 10 000 美元的效用变化量要（**大于/等于/小于**）额外得到 10 000 美元的效用变化量，这是因为边际效用（**递增/保持不变/递减**）。

图 11 - 6

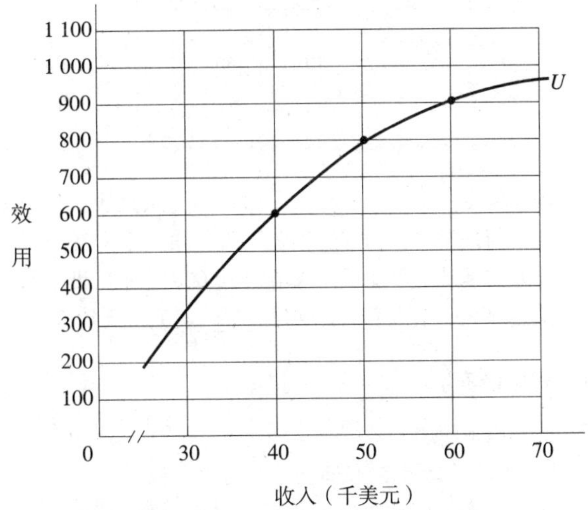

c. 换一种方式也可以理解这个问题，如果购买了彩票，期望的平均效用水平将为______尤特尔。这个效用水平可以通过______美元的固定收入而得到。因此，买彩票的风险用固定收入来计算为______美元，是没有买彩票时的 50 000 美元与买彩票后的______美元之间的差额。

d.（有点难度的问题）最后，假定必须要买彩票。一个人一定会面临的效用曲线如图 11 - 6 所示。他要支付多少钱才能消除以 50% 概率的损失 10 000 美元和以 50% 概率的赢得 10 000 美元的不确定性？彩票带来了与固定收入______美元同样的平均效用。因此，他应该为保单支付______美元，才能消除彩票的风险——通过这样做，他保证了

______美元的收入，即使彩票能产生______美元的平均收入。

图 11－7

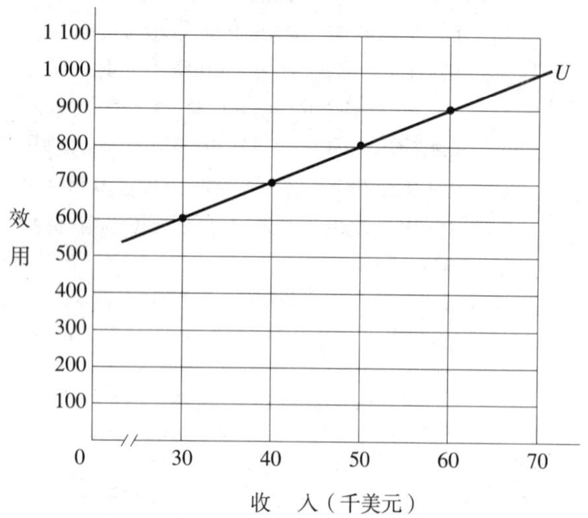

4. 现在假定图 11－7 中的效用曲线为一条直线。为了避免任何预期回报为零的彩票（例如第 3 题中在 50 000 美元的基础上可能损失或增加 10 000 美元）带来的风险，那么一个人应该要支付______美元。为什么？

B. 保险经济学

5. 回答以下问题：
   a. 如果（**有很多/仅有一些**）独立的事件，几乎没有______和______，那么就存在有效的保险市场。
   b. 用字母表示出下列各项属于哪一种情况：（a）道德风险；（b）逆向选择；（c）独立事件太少。
      __（1）战乱给某一地区带来了巨大的损害，这一地区区域虽小，但人口众多。
      __（2）购买汽车防盗险之后，车主对于停车不像以前那样小心翼翼了。
      __（3）高保费导致谨慎的车主放弃失窃保险，而选择“自保”。
      __（4）FDIC 的存在使得银行家们更倾向于冒险。
   c. 私人保险市场的不灵经常导致政府对______的资助计划。列举出几个例子。
      （1）________________________
      （2）________________________
      （3）________________________

C. 医疗保险：不会消失的问题

6. 考虑图 11－8 中的供求曲线。*D* 代表对医疗服务的需求，*S* 代表供给，*P* 表示价格，*Q* 表示服务数量。
   a. 医疗服务的均衡价格和数量各是多少？
   b. 假定医疗服务是免费的（即假定政府补贴医疗保障），其价格、需求量和供给量是多少？
   c. 在 b 部分，医疗服务需要配给吗？如果这样，未满足的需求有多少？
   d. 当政府决定为每个人提供全额医疗津贴时，图 11－8 将如何变化？这个项目又将如何融资？

图 11－8

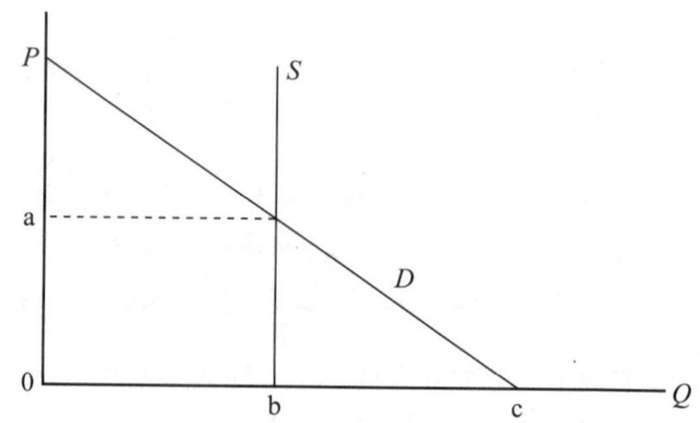

D. 创新和信息

7. 对于在不完全竞争市场中占主导地位的大企业，熊彼特假说认为，“大企业也许与创造较高的生活标准，而不是与降低这种生活标准有更多关联。”熊彼特假说至少是基于（**研发支出/购买力/实际竞争**）在美国主要归功于大企业这一现象。爱德温·曼斯菲尔德认为发明的社会收益是发明者私人获益的（**3 倍/0.5 倍/5 倍**），所以我们肯定可以得出研究与开发的支出（**过多/适中/不足**）这一结论。然而，支出不足主要取决于创新的性质以及企业为昂贵的研发项目划拨资金的能力，尤其是当复制一项创意或产品的（**平均成本/总成本/边际成本**）接近于零时，固定成本较高的创新对于发明企业或个人的回报也较少。

八、讨论题

回答下列问题，并解释你这样回答的原因。

1. 讨论投机者的重要性，为什么即使这些人在经济中不生产任何产品，我们还认为支持他们的活动是有效率的？

2. 定义套期保值，并描述这种活动对某些风险规避者有用的一种情形。
3. 解释逆向选择可能会引起汽车保险市场中的问题的原因。
4. 定义道德风险一词。20 世纪 90 年代的储蓄和贷款危机为什么可能是由道德风险问题引起的？
5. 投保是降低风险的有力手段，然而有时保险是无法获得的。说明在何种情况下，具有风险降低需求的人群能够获得保险。
6. 医疗保障应该国有化吗？你赞成普遍的、强制的医疗保障吗？
7. 研究表明，近几年来，美国产业的集中程度逐渐下降。你认为熊彼特会对这种趋势有何见解？
8. 列出并解释美国政府可能用于鼓励产业竞争的政策。如果熊彼特假说是正确的，这些政策应该实施吗？为什么？

九、答案

三、关键概念复习

7	投机
11	套利
8	套期保值
1	风险规避
6	收入的边际效用递减
12	风险分摊
10	道德风险
3	逆向选择
9	熊彼特假说
2	不可划拨性
4	专利
5	非价格配给

六、选择题

1. D　2. E　3. D　4. B　5. B　6. B　7. A
8. A　9. C　10. B　11. B　12. C　13. A　14. B
15. D　16. D　17. B　18. D　19. A　20. C　21. A
22. D　23. D　24. A　25. A　26. B

七、解答题

1. a. 2.50，4.50，减少，2.50，增加，4.50，2.00，增加，1.00，8，8，3.50，3.50，2，增加，3.00，为两个地区供给的最后 1 单位的边际效用相等
   b. 从 A 地区至 B 地区，1.25，再次增加，0.25，减少，50，3.00，1.50，1.50
2. a. 0，1 050，需求曲线下方横坐标为 30 单位的面积
   b. 40，450，1 350，将会，每个时期的消费的边际效用都相等，100
   c. 高，5，高，10，15，10，5，35，40，45，637.50，450.00，237.50，1 325，大于，小于，25，小于，100
3. 递减
   a. 800
   b. 不会增加福利，900，100，600，200，大于，递减
   c. 750，46 500（约数，以下答案以此估值为基础），3 500，46 500
   d. 46 500，3 500，46 500，50 000
4. 0。因为总效用曲线是线性的，此人为风险中性或风险无差异。因此，他（或她）不愿意为规避风险而支付任何费用。
5. a. 有很多，逆向选择，道德风险
   b. （1）独立事件太少
   （2）道德风险
   （3）逆向选择
   （4）道德风险
   c. 社会保险
   （1）社会保障
   （2）医疗补助，针对穷人的医疗保障
   （3）国家医疗保健体系，比如加拿大的医保体系
6. a. 医疗服务的均衡价格为 a，均衡数量为 b。
   b. 价格为 0，需求量为 c，供给量为 b。
   c. 是的，医疗服务将被配给，未满足的需求量为线段 bc
   d. 垂直的供给曲线将向右移动，直至它与需求曲线交于点 c，此时价格为 0。政府需要雇佣职员并购买设备，这个项目很可能由税收（或借款）支付。
7. 研发支出，3 倍，不足，边际成本

八、讨论题

1. 投机者有助于平衡不同时间、空间或不确定自然状态

下的消费。

2. 套期保值是一种通过对冲交易或投资来避免风险的活动。对于有物品要在未来销售，又担心市场的不确定事件将引起未来价格变动的人，这种服务是有用的。
3. 逆向选择可能会引起汽车保险市场上出现问题，即那些最有可能遇到汽车意外事故的人最有可能购买保险。这意味着对那些投保的每个人来说，保险费较高，因为他们遇到意外事故的概率较高。
4. 当保险减少了人们躲避或防止风险的动力时，便会发生道德风险的问题。由于有了 FDIC 提供的政府存款保险，银行家们所采取的投资策略所冒的风险就会比没有保险时更大，所以储蓄和贷款危机可能是由道德风险引起的。
5. 首先，必须有大量可投保事件。另外，必须有足够的类似事件以保证保险公司有经验来恰当地对损失进行评估。最后，必须规避道德风险。
6. 关于是否应该实行普遍的、国有的医疗保障制度，一直有激烈的争论。证据是重要的，尤其是案例研究和各国经验比较。教科书上已经讨论了一些关于政府在医疗方面支持或干预的经济争论的基本原理，例如公共品，信息不对称以及公平。
7. 熊彼特假说可能会关心这种趋势。在他看来，一个经济中的“大企业”的存在会带来更多的研究与创新。熊彼特还会担心过度的竞争可能会导致美国对基础研究的投入减少。
8. 为了鼓励竞争，政府可以认定所有的垄断都为非法；可以将大企业拆分成几家小企业；可以拒绝企业之间的兼并。在熊彼特看来，这些措施都会限制企业的规模和范围，因此也会限制创新的动力。

第 12 章

市场如何决定收入

一、概述

我们已经学过产出市场上定价和生产决策是如何制定的，现在我们应该讨论的问题是在投入市场上如何制定价格和要素使用决策。回忆一下，相对稀缺和需要是造成购买某些物品比另外一些物品花费更多的原因。但造成从事不同职业的人的工资和薪水存在巨大差距的原因是什么呢？是稀缺吗？是需要吗？还是其他什么原因？只要偶尔注意一下任何一个生产企业就可以发现，所有投入都与生产出的一定量的产品或服务密切相关。鉴于这种错综复杂的相互作用，我们如何计算对各种要素的补偿水平，以准确地反映它们各自贡献的重要性？更确切地说，工资率是如何确定的？利率呢？土地租金呢？还有其他一些要素呢？

本章讨论收入的分配。当然，决定分配实质的关键一定在于生产要素的所有权及其索取的价格。因此，本章简要介绍了经济学家们在谈到收入和财富时指的是什么，以及在现代经济中到哪儿去寻找收入与财富的来源。然而，对于收入的分配而言，除了列出谁拥有什么之外，还有别的相关问题。更确切地说，就是什么决定每一种要素的价值的问题。我们可以通过利用供求分析这一熟悉的工具来回答这个问题。产品市场和要素市场的根本区别在于供给和需求组成部分的*来源*。在产品市场上，所销售的物品给消费者带来了一些效用，从而实现了需求；消费者愿意支付某种价格，以获得这种物品的所有权。在投入市场上，只有生产要素能够用来生产具有某种价值的物品时，才会产生对生产要素的需求。因此，对投入的需求是一种*派生需求*，这种派生需求并不是基于一个企业投入的即时的、固有的价值，而是基于*投入所能够用于生产的其他物品的价值*。

我们讨论这些问题要以投入市场的需求方为出发点。因为一个企业必须雇佣劳动，购买原材料，投资于机器，它是生产要素的需求方。但是，企业的需求并不是不受限制的。根据由企业的生产函数和那些投入的价格所确定的最小成本投入组合，企业做出要素使用决策。因此，任何一种投入的派生需求是以下两方面的结果：（1）追求利润最大化的企业的成本最小化的行为，以及（2）收入分配的边际生产率理论。本章最后一部分考察了这种派生需求的概念在市场环境下是如何运用的。

二、学习目标

在你读完教材第 12 章之后，完成本书的习题，你将能够：

1. 列出与**收入分配**（distribution of income）和有助于确定收入分配模式的要素有关的一些问题。区分我们在经济学当中使用的两个概念**收入**（income）和**财富**（wealth）。
2. 了解在美国收入的主要来源以及财富的主要储备情况。说出谁是这些带来了收入与财富的生产要素的所有者。
3. 运用**税收**（taxation）和**转移支付**（transfer payments）来建立政府在重新分配收入和财富的职责。
4. 定义一种生产要素的**派生需求**（derived demand），并解释各要素的需求相互联系的原因。也就是说，解释一种要素的需求为什么依赖于生产过程中其他投入的使用水平。
5. 说明一种投入的需求曲线是如何由该投入的**边际收益产品**（marginal revenue product）曲线表示出来的，即解释一种投入的派生需求能够通过该投入的边际产品与产出的边际收益的乘积而得到的原因。
6. 准确地说出在完全竞争的情况下，一种投入的边际收益产品等于产出的竞争性价格乘以投入的边际产品的原因。然后，说明不完全竞争的情况与此有什么不同。

7. 说明**最低成本法则**（least cost rule）为什么描述的是企业所采用的最优要素组合。进一步说明使所有投入的价格等于其边际收益产品的企业一定：（1）是在生产利润最大化的产出；（2）成本最小。也就是说，（1）企业所销售产品的边际收益等于企业生产的边际成本；（2）满足最低成本法则。
8. 说明一种投入的市场派生需求曲线是如何等于使用这种投入的所有企业的边际收益产品曲线的水平加总的。回忆一下，一种物品的市场供给曲线，以及任何一种要素的市场供给曲线，都是通过单个要素所有者的供给曲线的水平相加而得到的。
9. 描述生产要素的供给与需求的相互作用如何确定它们的市场价格。解释为什么收入分配是一个经济体的投入市场上供给与需求的相互作用的结果。

三、关键概念复习

在B栏中寻找与A栏中术语相应的解释，并将序号填在术语前边。

A	B
__ 收入分配	1. 一种生产要素的需求取决于最终物品的需求。
__ 收入	2. 企业选择最优投入组合，使每种投入的边际产品与其价格之比相等。
__ 财富	3. 政府向个人提供的一种不需要用商品或服务加以回报的支付。
__ 红利分发	4. 一定时期内的工资、利息收入、股息和其他有价物品的流入。
__ 转移支付	5. 人们在某一时点所拥有的资产的货币净值。
__ 个人收入	6. 等于市场收入加上转移支付。
__ 边际产品	7. 增加1单位的某种生产要素所带来的产出增加的数量。
__ 边际收益递减规律	8. 考察一个社会的收入决定问题。
__ 边际收益产品	9. 企业连续增加某种投入，最终会引起这种投入的边际产品下降。
__ 派生需求	10. 边际收益与边际产品的乘积。
__ 最低成本法则	11. 厂商对投入品的需求间接地由消费者对最终产品的需求派生出来。

四、小结与本章提纲

本部分对教材第12章的关键概念进行总结。

A. 收入与财富

1. 收入分配理论与以下两个方面有关：（1）收入的确定；（2）总收入在生产要素间的配置。这两个方面都很重要，我们需要理解经济中收入是如何产生的，以及这些工资、租金、利息和利润是如何分配给劳动、土地、资本和企业家才能的所有者的。
2. 收入是货币的流量，财富是累积的经济资产的存量。记住，任何经济变量的存量描述的是特定时间点上变量的总数量；而流量衡量的是在时间段内一个经济变量的累积数量。两者对于描述要素收益如何在社会中进行分配很重要。
3. 有时候，政府采取措施对社会中的收入和财富进行再分配。这个决策属于规范性的决策，经常在政策制定者已经发现收入和财富的分配存在严重不公平时采用，或者存在市场不灵时采用。再分配的两个运用得最频繁的工具是税收和转移支付。政府征税，并以直接支付的形式返给个人，而不需要用商品或服务加以回报。

B. 边际生产率决定投入的价格

1. 对任何要素的需求是一种派生需求，派生需求的意思是对这种要素的需求取决于对用它生产的最终产品的需求。例如，对煤矿工人的需求取决于人们对煤的需求。人们对酸雨以及其他一些生态问题的担忧会引起对煤的需求减少，因而也减少了对煤矿工人的需求。人们对计算机芯片的需求取决于对计算机的需求。在过去几十年内，个人电脑的普及促使对计算机的需求增加，因此，也增加了对计算机芯片的需求。
2. 对任何投入的需求在相当大程度上直接取决于这种要素的生产率。我们回忆一下第6章的一些生产理论：生产函数描述的是投入如何转化成产出。生产可以通过几种方式来衡量，但我们分析的重点是边际产品。它的定义是多使用1单位投入带来的总产出的增加。

请记住，边际收益递减规律是指短期内随着某种要素投入量的增加，其带来的边际产品最终会下降。这意味着边际产品曲线是向下倾斜的，至少是在一些产出水平上是这样。

如果我们以这种方式来描述生产过程，那么一种投入的需求就决定于它的*边际收益产品*（*MRP*）。边际收益产品衡量的是企业多使用 1 单位的某种投入所带来的*总收益*的增量。*MRP* 将边际产品转化成了一个有意义的货币数字，而边际产品是由产出单位来衡量的。某种投入的边际产品乘以边际收益就是它的*边际收益产品*（*MRP*）。

3. 在完全竞争产业中，一种要素的派生需求是产出价格与要素的边际产品的乘积；这仅仅是完全竞争者所面临的水平需求曲线的结果。这条需求曲线保证了价格等于边际收益。然而，在不完全竞争行业，$P > MR$，因为企业必须降低所有出售单位的价格以增加产出的销售。（记住，不完全竞争者能够确定使市场处于最优产出水平的最高价格。）
4. *最低成本法则*表明企业应该在投入的边际收益产品等于其价格时选择最优投入组合。这意味着每一种投入的最后 1 美元将带来相同的边际生产率。假定投入 A 用来生产产出 X，那么：

$$MRP_A = P_A \Rightarrow MR_X \times MP_A = P_A \Rightarrow MP_A/P_A = 1/MR_X$$

这个表达式同样可以用于生产 X 的其他要素投入。因此，每一种投入的边际产品与其价格之比一定等于物品 X 的边际收益的倒数。在这些条件下，企业将（a）生产利润最大化的产出；（b）满足最低成本法则。

假定你用劳动和资本生产玩具，进一步假定最后一个工人的边际产品为 100 件玩具，你每天为工人支付 50 美元。资本的边际产品为 300 件玩具，你每天为每单位资本支付 100 美元。最后，假定这时你已经用完了对这两种投入的预算。

注意这里的问题：资本的生产率是劳动的 3 倍，但成本仅为 2 倍！这就违反了最低成本法则；你可以通过减少劳动、增加资本使生产同样产出的成本降低，或者保持成本不变而增加产出。当最低成本法则不满足时，企业就可以通过重新配置资源来降低成本和增加利润。

5. 任何投入的市场需求曲线都是使用该项投入的所有企业的派生需求曲线的水平加总，同样，任何投入的市场供给曲线都是出售这种投入的所有要素拥有者的供给曲线的水平加总。
6. 如我们所讨论过的市场一样，在需求曲线和供给曲线既定的情况下，我们可以描述生产要素市场中的均衡价格和均衡交易数量。因此，经济中的收入分配至少部分是由市场因素决定的。个人和居民户在投入市场上出售他们所拥有的要素。在这些投入市场中，相对的稀缺与需求相结合共同决定资源所有者的报酬。
7. 尽管这种分析很重要，但关于收入和财富分配的其他问题还没有解决。例如，最初的要素分配是如何决定的？政府政策与市场力量是如何相互作用的？这些问题将在接下来的两章进行详细讨论。

五、学习提示

1. 收入和财富是经济学中的两个重要概念。它们都用来衡量一个经济中个人和居民户手中资源的价值。然而，收入是一种流量概念，它衡量的是一个时间段内一种资源的货币数量的流入。财富是一个存量概念，它衡量的是一个时间点上的各种资源的价值。对你而言，能够准确区分这两个概念以及正确使用它们至关重要。
2. 教材中已经指出存在于各种生产要素之间的相互依赖性，我们在这里还要重复一下。因为在一个生产过程中的大多数投入至少在某种程度上是*互补品*，所以就会有这种相互依赖。这意味着这些投入被放在一起用来生产产出。尽管在某些要素之间通常存在某种替代，但是完全替代的情况很少。我们可以举个例子，一个企业不可能只使用土地而不用劳动，或者只用劳动而不使用土地。在保持产出不变的情况下，农场主可以稍稍减少耕地面积，增加农民的雇佣数量，反之亦然。但是，只用土地而不用劳动，或者只用劳动而不用土地，其产出只能为零。

这是要考虑的一个重要概念，因为它影响着我们关于一种要素对于企业的生产率和价值的思维方式。当北美自由贸易协定（NAFTA）在美国讨论时，许多反对者都感叹于这样一个事实：墨西哥和加勒比海工人的工资比美国工人的工资要低很多。这些反对者还预期在协定通过之后，很多行业会发生很大的变化。他们没有意识到的是，这两个地区的工人报酬低，是因为他们的生产率不及美国的同行们。造成这种较低的生产率的一个重要原因在于要素之间的相互依赖这一概念。在其他国家，工人们在很差的资本设备和技术条件下生产，只要这种情形没有改变，他们的生产率就只能保持在较低水平。

3. 投入使用的决策原则与企业追求利润最大化的产出原则相似。如果我们把边际收益当做企业出售的产品每增加1单位时流向企业的货币量，把边际成本当做企业出售的产品每增加1单位时流出企业的货币量，那么总的决策原则就是一直进行生产，直至流入企业的边际货币量等于流出企业的边际货币量。同理，如果我们把边际收益产品看做企业多投入1单位要素时流入企业的货币量，要素价格看做企业多投入1单位要素时流出企业的货币量，那么这一决策原则就可表述为：增加要素投入，一直到流入企业的边际货币量等于流出企业的边际货币量。这个非常一般的原则可以运用到很多经济决策中去。
4. 为了进一步讨论要素市场供给曲线的不同形状，你可以回顾教材第8章的内容，我们曾描述了完全有弹性、完全无弹性和向后弯曲的供给曲线。

六、选择题

下列问题按照教材中的顺序安排，从各选项中选出一个最佳答案。

A. 收入与财富

1. 收入指的是：
   a. 居民户在1年内的总现金支出。
   b. 在某一时点所拥有的资产的净货币价值。
   c. 居民户向政府的支付。
   d. 投资者持有的股票总价值。
   e. 个人或居民户在1年的时间内所获得的全部工资或其他有价物品。
2. 财富指的是：
   a. 居民户在1年内的总现金支出。
   b. 在某一时点所拥有的资产的净货币价值。
   c. 居民户向政府的支付。
   d. 投资者持有的股票总价值。
   e. 个人或居民户在1年的时间内所获得的收入或现金。
3. 美国大多数居民户最重要的一项资产是：
   a. 住房。
   b. 股票组合。
   c. 汽车。
   d. 储蓄账户余额。
   e. 预期的社会保障支付。
4. 美国东北部严重的经济衰退，加上国防工业基地的衰落，引发了20世纪90年代初康涅狄格州对住房需求的急剧减少，这意味着住房所有者：
   a. 由于住房价格下降，财富减少了。
   b. 由于住房价格下降，收入减少了。
   c. 由于住房价格恢复到比较正常的水平而使财富增加了。
   d. 国家对个人的转移支付增加了。
   e. 由于住房的供给减少了，所以收入减少。
5. 收入和财富分配理论分析：
   a. 问题本身。
   b. 如何分配。
   c. 为谁分配。
   d. 以上都不是。

B. 边际生产率决定投入的价格

6. 在20世纪60年代和70年代，随着在“婴儿潮”出生的人进入小学、中学和大学，对教师的需求增加，这描述了：
   a. 教师的派生供给。
   b. 教师的派生需求。
   c. 教师供给曲线的上升。
   d. 教师需求曲线的下降。
   e. 以上选项都不是。
7. 下面哪一项体现出了鱼加工厂的边际收益递减规律？
   a. 企业为了利用规模经济的优势而扩大了厂房设备。
   b. 为了实现三班倒，企业增加了雇佣工人，但发现每增加1名工人边际产量是下降的。
   c. 利率的上升增加了企业运营的固定成本。
   d. 为了生产冷冻去骨鱼片，企业开始用鳕鱼来代替比目鱼。
   e. 所有以上选项。
8. 如果投入要素A、B、C共同用来生产产品X，那么投入A的边际产品为：
   a. 投入1单位A，同时按一定比例增加投入B和C，这时X的额外产出。
   b. 投入B和C的数量保持不变时，再生产1单位X所需的A的数量。
   c. 投入B和C的数量保持不变时，增加1单位A所带来的 X 的增加量。

d. 投入 B 和 C 的数量按一定比例增加，生产 1 单位 X 所需的 A 的数量。

e. 以上选项都不是。

9. 用于生产产品 X 的投入 A 的边际收益产品为：

a. A 的边际产品乘以 A 的价格。

b. A 的平均产量乘以 X 的价格。

c. A 的边际产品乘以 X 产品的数量。

d. A 的平均产量乘以 X 的边际收益。

e. 以上选项都不是。

表 12－1 中的生产函数描述的是在一个玩具工厂，每天雇佣的工人数量和总产量之间的关系，玩具是在一个完全竞争的市场上出售。运用表 12－1 回答题 10～12。

表 12－1

劳动人数	总产量
0	0
3	60
4	75
5	80
6	80
7	76
8	70

10. 在雇佣______之后，边际产量出现递减。

a. 第 2 个工人。

b. 第 3 个工人。

c. 第 4 个工人。

d. 第 5 个工人。

e. 第 6 个工人。

11. 如果劳动价格为每天 150 美元，玩具的价格为 10 美元，这个企业将雇佣多少个工人？

a. 0。

b. 2。

c. 3。

d. 4。

e. 5。

12. 如果劳动的价格降至每天 50 美元，玩具的价格保持不变，这个企业将雇佣多少个工人？

a. 0。

b. 2。

c. 3。

d. 4。

e. 5。

13. 一个企业在不完全竞争市场上进行生产。一种生产要素，即投入 A 的价格为 10 美元，它的边际产品是 5，如果这个企业是在利润最大化产出下进行生产，那么出售 X 的边际收益一定等于：

a. 1.00 美元。

b. 1.50 美元。

c. 2.00 美元。

d. 5.00 美元。

e. 10.00 美元。

14. 根据第 13 题所给的信息，投入 A 的边际收益产品一定为：

a. 1.00 美元。

b. 1.50 美元。

c. 2.00 美元。

d. 5.00 美元。

e. 10.00 美元。

15. 第 13 题中的企业还使用投入 B，其边际产品是 100。投入 B 的价格一定等于：

a. 1 美元。

b. 2 美元。

c. 5 美元。

d. 100 美元。

e. 200 美元。

16. 考虑一个垄断企业的例子。投入 A 的价格为 10 美元，边际产品为 5；产出的价格为 2 美元。企业要素投入满足最低成本法则。这个企业：

a. 没有生产出使利润最大化的产出，应该缩减生产规模。

b. 没有生产出使利润最大化的产出，应该扩大生产规模。

c. 在最小成本条件下生产利润最大化的产出。

d. 正在生产使利润最大化的产出，但是还可以通过使用更少的投入 A 和更多的其他投入，以减少其成本。

e. 正在生产使利润最大化的产出，但是还可以通过使用更多的投入 A 和更少的其他投入，以减少其成本。

17. 回到第 16 题给出的数据。如果给出的边际收益是下列 5 个选项中的一个，那么你会知道边际收益一定等于：

a. 1 美元。

b. 2 美元。

c. 3 美元。

d. 4 美元。

e. 5 美元。

18. 现在只是稍微改变一下第 16 题所给的信息：假定企业是在完全竞争产业里进行生产。在此假设基础上，第 17 题中哪一项是正确的？

a. 1 美元。

b. 2 美元。

c. 3 美元。

d. 4 美元。

e. 5 美元。

19. 一个企业使用投入 A 和 B 生产，则该企业最优投入决策的最低成本法则是指：

a. $MP_A/P_A = MP_B/P_B$。

b. $MP_A \times P_A = MP_B \times P_B$。

c. $MU_A/P_A = MU_B/P_B$。

d. $MRP_A = MRP_B$。

e. 以上选项都不是。

20. 一个经济中对劳动的市场需求曲线为：

a. 单个企业边际产品曲线的垂直加总。

b. 单个企业边际收益产品曲线的水平加总。

c. 单个企业边际成本曲线的水平加总。

d. 边际收益曲线的反向曲线。

e. 市场价格水平下的完全有弹性的需求曲线。

21. 考虑一个只有一种商品的简单经济，它有两种生产要素：一种是固定供给，另一种是可变供给。如果该经济中的生产显示出规模报酬不变，那么：

a. 每种生产要素都将获得基于平均生产率的报酬。

b. 两种要素的报酬之和大于总产出。

c. 两种要素份额之和等于总产量。

d. 总产量曲线下的面积等于总产出。

e. 两种要素将获得相同的报酬。

22. 根据约翰·克拉克的收入分配理论，如果使用 10 单位某一特定的投入，那么该投入每 1 单位的价格等于______的价值。

a. 10 单位中每 1 单位的边际产品的平均值。

b. 其自身的边际产品。

c. 第 10 单位的边际产品。

d. 10 单位的平均产量。

e. 以上选项都不是。

23. 一项投入的边际收益产品是：

a. 最后一单位产出的价格。

b. 使用最后一单位投入带来的总收益的增量。

c. 用于决定边际产品。

d. 以上选项都不是。

24. 如果在生产小麦的时候一单位土地成本为 1 美元，一单位劳动成本为 2 美元，则小麦生产者什么时候成本最小？

a. 土地的边际产品是劳动的边际产品的 2 倍时。

b. 土地的数量是劳动的数量的 1/2 时。

c. 劳动的边际产品是土地的边际产品的 2 倍时。

d. 除非小麦的价格给定，否则该问题无法回答。

七、解答题

下列问题旨在帮助你运用教材中提到的概念。

A. 收入与财富

1. a. **收入**（income）被定义为在给定的一段时期内（1 年、1 个月等等）从所有渠道所得到的货币总量。在下面给出的横线上，根据重要性依次列出美国收入的主要来源（劳动收入、租金、红利、利息和转移支付）：

(1) ______________________

(2) ______________________

(3) ______________________

(4) ______________________

(5) ______________________

b. **财富**（wealth）包括在某一时间点上所拥有的资产的货币净值。在下面给出的横线上，按照重要性依次列出构成美国财富的三项主要的有形资产和三项主要的金融资产：

有形资产：

(1) ______________________

(2) ______________________

(3) ______________________

金融资产：

(1) ______________________

(2) ______________________

(3) ______________________

B. 边际生产率决定投入的价格

2. 假定商品X是由投入A、B、C生产的，表12-2列出的只是它的生产函数的一小部分。

表12-2

产出	利用水平 A	B	C
200	10	30	20
203	10	31	20

a. 根据表12-2，我们能得知（**X的边际产品为3/A的边际产品为3/B的边际产品为3/C的边际产品为3**）。

b. 如果某种投入，比如B的使用是逐渐增加的，那么，我们预计B的边际产品将逐渐（**增加/减少**），这是因为（**边际收益递减规律/生产过程中引起的B的相对稀缺**）。同理，如果使用B的数量是减少的，其原因是（**边际收益递减规律/生产过程中引起的B的相对稀缺**），我们将预计B的边际产品将（**增加/减少**）。

c. 如果某种投入，比如B的使用逐渐增加，投入A和C的数量不变，那么根据（**边际收益递减规律/生产过程中引起的投入A和C的相对稀缺**），我们将会看到，A和C的边际产品将（**增加/减少**）。这个练习有助于描述投入品生产率的（**独立性/互相依赖性**）。

3. 假定一个企业使用投入A、B、C满足最低成本法则，并且希望知道是否处于利润最大化产出水平。为了做到这一点，可以先看它的任一种投入——比如说A。例如，A的价格为每单位4美元，它的边际产品为3。假定企业知道出售X的边际收益为1美元。

a. 在这些条件下，A的*MRP*为（**1美元/2美元/3美元/4美元/7美元/12美元**）。由于该企业花（**1美元/2美元/3美元/4美元/7美元/12美元**）去买最后1单位A，它的使用（**增加1美元/减少1美元/不改变**）总利润。要记住，在进行要素使用决策时，该企业在市场上满足最低成本法则，这就是说我们以B或C为例也可以得出相同结论。所以，在给定的条件下，该企业（**肯定/肯定不/也许或也许不**）会获得最大化的可能利润。事实上，为了得到更高的利润，该企业应该通过（**减少/增加**）它的全部投入的使用量来（**减少/增加**）它的产出。

b. 现在试着用一个不同的例子来全面说明一下这个观点。假定A、B、C的*MPS*分别为12、8和2，它们的价格分别为6美元、4美元和1美元。因此，目前企业（**是/不是**）在最小成本下生产它的产品。

c. 接下来通过假定出售X的边际收益等于1美元来继续上述话题，此时A的*MRP*将等于（**12美元/10美元/8美元/6美元/4美元/2美元**），投入B的*MRP*等于（**12美元/10美元/8美元/6美元/4美元/2美元**），投入C的MRP将为（**12美元/10美元/8美元/6美元/4美元/2美元**）。这个企业（**正在/没有**）生产利润最大化的产出。为了达到最大化，通过（**增加/减少**）（**投入A/投入B/投入C/所有投入**）的使用将会（**增加/减少**）它的产出。

d. 在企业做出这种投入调整的时候，全部投入的边际收益产品将（**下降/上升**）。当每一个*MRP*（**小于/等于/大于**）（**投入/产成品**）的价格时，每一种投入的使用应该停止增加。

4. 见表12-3，该表记录了在不同的劳动雇佣水平下同一块玉米地的产量情况。让10个工人在两块玉米地里工作，在世界范围内决定的玉米的价格为2美元。

表12-3

雇佣的劳动量	玉米产出（蒲式耳）	劳动的边际产品	劳动的边际收益产品
0	0	n/a	n/a
1	10	___	$ ___
2	19	___	___
3	27	___	___
4	34	___	___
5	40	___	___
6	45	___	___
7	49	___	___
8	52	___	___
9	54	___	___
10	55	___	___

a. 完成表中“劳动的边际产品”和“劳动的边际收

益产品”两栏，你在这里记录的数字将用来描述：在劳动（这里是惟一的投入）的边际收益产品满足以世界价格计算的玉米价值最大化的产出水平时，支付给劳动的报酬。

b. 首先，假定7个工人在土地A上耕作，3个工人在另一块土地B上耕作。土地A的产出将为______蒲式耳，价值____美元；如果支付时根据他（或她）的边际收益产品，每一个工人将得到______美元。同时，土地B的产出为____蒲式耳，价值____美元；在土地B上每一个工人将得到____美元。根据你计算的工资，你猜测工人们希望（**从A移动到B/从B移动到A**）。

c. 假定工人们确实发生了转移，4个工人留在土地A工作，6个工人在B工作。因此，A的产出将下降到______蒲式耳，价值______美元；B的产出将增加到______蒲式耳，在世界市场上价值为______美元。产出的总价值将从_____美元上升到_____美元。

d. 为了使支付给两块土地上的工人的工资相等，进而消除使工人们希望从一块土地上转移到其他土地上的刺激因素，每块土地上将有________个工人工作。如果情况是这样的话，总产出将上升到______蒲式耳，价值______美元，每个工人将赚______美元。（**还有其他的/没有任何其他的**）工人分配方式，将会增加玉米的产出，并因此增加世界市场上经济产品的价值。

5. 再次假定你是一个利润最大化问题的顾问。对表12－4列举的5种情况中的每一种你有何建议？在每一种情况下，某种商品X的产量只依赖于投入A和B的使用。假设对每一种情况而言，投入A的边际产品是不变的，等于3；投入B的边际产品也是不变的，等于9。表12－4中的标题“出售X的边际收益（*MR*）”指的是在产量和销量的当前水平上的边际收益。同理，标题“A的价格”和“B的价格”指的是企业必须支付给投入A和投入B的价格。

对每一种情况，指出企业是否达到了利润最大化的状况，在空格处填上“是”或“不是”，在最后一栏用下面各项的数字代码指出企业目前所存在的问题。

1＝目前的位置是正确的。
2＝就目前的产出而言，A的使用太多，B的使用太少。
3＝就目前的产出而言，A的使用太少，B的使用太多。
4＝通过减少A和B的使用减少产出。
5＝通过增加A和B的使用增加产出。

表12－4

情况	出售X的边际收益（MR）（$）	A的价格（$）	B的价格（$）	是否获得了最大化利润？	答案
A	1	2	10	___	___
B	2	6	18	___	___
C	3	12	18	___	___
D	4	9	18	___	___
E	5	21	54	___	___

6. 任何投入的市场需求是所有对该投入的使用感兴趣的企业的需求曲线的（**垂直/几何/水平**）加总；也就是说，是对它们的（**边际产品/边际收益产品/边际效用**）曲线的加总。

具体而言，假定只有3个企业对投入A的使用感兴趣，并且这些企业在完全竞争市场上出售它们的产品X（在完全竞争市场中将会有更多的企业，但是为描述的方便，在这里我们把情况简单化了），企业的生产函数在表12－5中给出。

表12－5

投入A的数量	企业1的总产品	企业2的总产品	企业3的总产品
1	15	5	2
2	29	15	7
3	42	30	17
4	54	50	25
5	65	65	30
6	75	75	30

a. 如果投入A的价格为10美元，X的价格为1美元，每一个企业使用的投入A的最大数量是多少？
企业1＝_____；企业2＝_____；企业3＝_____。

b. 如果投入A的价格上升到15美元，X的价格仍然为1美元，每一个企业使用的投入A的最大数量是多少？
企业1＝_____；企业2＝_____；企业3＝_____。

c. 利用给出的信息，在图12－1中画出投入A的市场需求曲线。

图 12-1

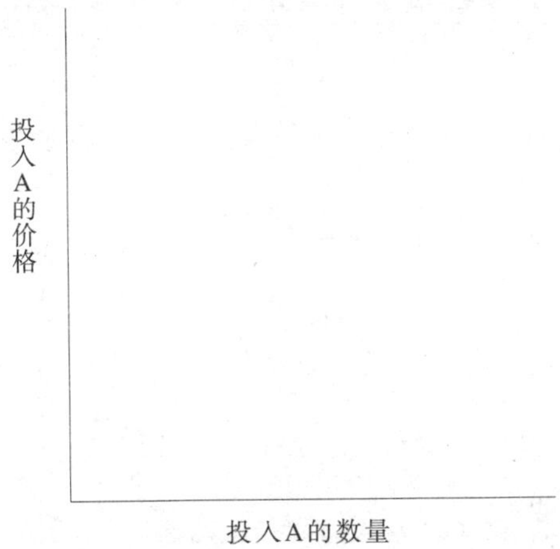

d. 假定投入 A 的市场供给固定在 15 个单位，在图 12-1中画出市场供给曲线。投入 A 的市场均衡价格为______美元，均衡数量为______。

e. 投入 A 的市场供给曲线是（**完全有弹性/完全无弹性**）的。这意味着：

____

____

____

7. 考虑封闭经济中的模特（劳动力）市场（如图 12-2 所示）。在这个专业的劳动力市场中，模特均出生于 1990 年。在任何时点，供给是固定的（垂直的），即不受工资水平的影响。另一个要素是资本。

图 12-2

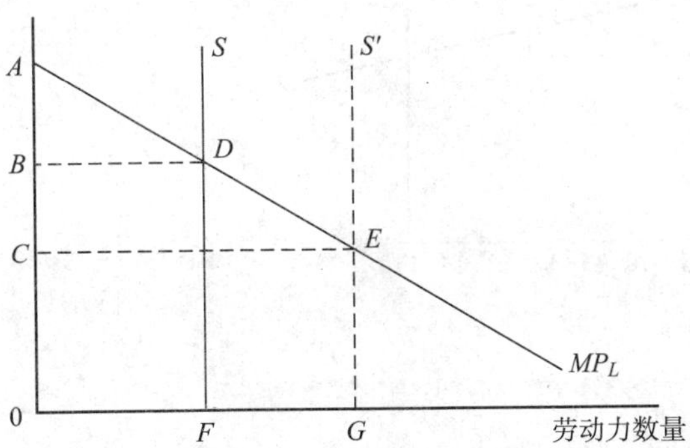

假设在一个自由贸易和劳动力国际流动的开放经济中，由于移民的增加，劳动力供给曲线从 S 右移至 S′，比较移民增加前后的工资和利润水平。

八、讨论题

回答下列问题，并解释你这样回答的原因。

1. 列举并解释经济中有助于决定收入分配的两个因素。
2. 哪一种生产要素分配占了美国国民收入的最大份额？对拥有土地、资本和企业家精神的小部分人后，为什么政府还要对他们的收入进行再分配？政府可以采用什么方法？
3. 用你自己的话解释降低利率是如何影响以下两类人的收入和财富的：(1) 许多老年人和退休人员；(2) 有孩子的年轻家庭。较低的利率将让谁获利？谁损失？
4. 为什么我们说对生产要素的需求是一种派生需求？
5. 考虑用劳动和资本生产篮球帽的“快乐公司”。目前，$MP_L/P_L > MP_C/P_C$。请详细解释为什么这不是企业最优位置状况。也就是说，为什么企业应该改变劳动和资本的组合？

九、答案

三、关键概念复习

8	收入分配
4	收入
5	财富
11	派生需求
3	转移支付
6	个人收入
7	边际产品
9	边际收益递减规律
10	边际收益产品
1	派生需求
2	最低成本法则

六、选择题

1. E　2. B　3. A　4. A　5. C　6. B　7. B
8. C　9. E　10. A　11. D　12. E　13. C　14. E
15. E　16. A　17. A　18. C　19. A　20. B　21. C
22. C　23. B　24. C

七、解答题

1. a.（1）劳动收入
（2）转移支付
（3）利息
（4）红利
（5）租金
b.（1）自有住房
（2）出租的财产
（3）汽车
（1）有利息所得的账户
（2）企业权益
（3）股票和共同基金
2. a. B 的边际产品为 3
b. 减少，边际收益递减规律，边际收益递减规律，增加
c. 生产过程中引起的投入 A 和 C 的相对稀缺，增加，相互依赖性
3. a. 3 美元，4 美元，减少 1 美元，肯定不，减少，减少
b. 是
c. 12 美元，8 美元，2 美元，没有，增加，所有投入，增加
d. 下降，等于，投入

表 12-3

雇佣的劳动量	玉米产出（蒲式耳）	劳动的边际收益产品（$）
0	0	n/a
1	10	20
2	19	18
3	27	16
4	34	14
5	40	12
6	45	10
7	49	8
8	52	6
9	54	4
10	55	2

4. a. 见表 12-3。
b. 49，98，8，27，54，16，从 A 移动到 B
c. 34，68，45，90，152，158
d. 5，80，160，12，没有任何其他的
5. a. 不是，3
b. 是，1
c. 不是，2
d. 不是，5
e. 不是，4

图 12-1

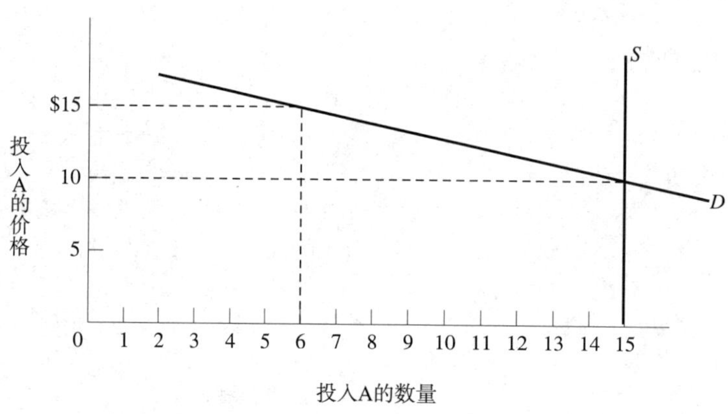

6. 水平，边际收益产品
a. 6，6，3
b. 1，5，0
c. 见图 12-1。
d. 见图 12-1。10，15
e. 完全无弹性。这意味着在任何工资水平上工人们

都提供相同的劳动，工人们对工资率的改变没有反应。

7.

	移民增加之前	移民增加之后	变化
利润	*ABD*	*ACE*	增加了 *BDEC*
工资	*BDF*0	*CEG*0	不确定

八、讨论题

1. 市场供给和需求，政府再分配政策。
2. 劳动得到国民收入的最大份额。为了重新分配由土地、资本和企业家精神带来的收入，政府可以对这些收入征收较高的税收，目的在于用这些税收实施政府福利计划。
3. 降低利率由于减少了由储蓄带来的收入，从而伤害了许多老年人和退休人员。降低利率有利于有孩子的较年轻家庭，他们可以以较低的成本进行贷款（特别是购买住房的抵押贷款）。贷款者从较低利率中获利，但是存款者却遭受损失。
4. 我们说对生产要素的需求是一种派生需求，这是因为要素需求依赖于对最终产品的需求。如果没有对要素生产的产品的需求，也就没有对要素的需求。
5. 这种状况不是企业的最优位置，因为花在劳动上的最后 1 美元比花在资本上的最后 1 美元的生产率高。如果企业把资源从资本转移到劳动上，在支出没有任何增加的情况下产出将增加。

第13章

劳动市场

一、概述

不知你们是否有过下面的经历：在餐桌旁等待，使用收银机，出售服装，给人理发或者特许经营一家赛百味店，你们中的绝大部分人肯定曾在劳动市场上摸爬滚打过。许多人参加工作挣回一份工资是为了赚钱上学，或是为了养活自己及家人。由于你能把你所学的运用到所讨论的理论模型当中，所以这些经历能让你更清楚地了解本章的内容。

正如教材所述的，工资和薪水大约占美国国民收入的75%。不管它们有多重要，工资只是价格而已。在前几章中你已学过，价格是由供给和需求之间的相互作用决定的，而劳动市场同样遵循这些基本原则。我们将解释工资和薪水如何决定，以及为什么在不同国家之间，在一国不同群体之间和不同职业之间，工资和薪水存在着差异。供给与需求因素对于阐明这些问题都有重要作用。

我们还会发现，劳动市场在许多有趣的方面不同于最终产品市场。劳动是一种“特殊的”商品；我们不可能把工作与工人分离开来，而针对个人的问题有时会妨碍市场解决方案的产生。因此，我们还必须探讨劳动市场上其他重要机构、工会和歧视的作用。

二、学习目标

在你读完教材第13章之后，完成本书的习题，你将能够：

1. 讨论劳动需求曲线的形状与位置的决定因素。
2. 运用这些决定因素与完全竞争市场的模型来说明国与国之间的工资差别。
3. 描述劳动供给的重要决定因素：**工作时间**（hours worked）、**劳动力参与程度**（labor force participation）和**移民**（immigration）。
4. 解释**工种之间的差别**（differences in jobs）、**人口间的差别**（differences in people）和**缺乏竞争**（lack of competition）如何造成了不同群体间的工资差别。
5. 回顾美国劳工运动的历史，并解释工会如何成功地提高了工资与限制了劳动供给。
6. 运用经济分析描述劳动市场的**歧视**（discrimination）问题，并把这些分析运用到美国劳动市场中的妇女歧视与少数民族歧视问题当中。
7. 复习能够证明劳动市场歧视重要性的经验证据，并讨论为了消除市场中的歧视所制定的法律与政策。

三、关键概念复习

在B栏中寻找与A栏中术语相应的解释，并将序号填在术语前边。

A	B
__ 实际工资	1. 当工资上升时，工人的收入也增加了。工人们感到更加“富有”了，可以购买包括闲暇在内的更多商品。
__ 完全竞争的劳工市场	2. 使得工人的生产效率提高的教育和培训。
__ 补偿性差异	3. 企业代表和工人代表为了达成双方都接受的就业条件而进行谈判的过程。
__ 劳动供给	4. 著名篮球明星迈克尔·乔丹的工资超过其从事次优职业所能赚到的收入。

__ 替代效应 5. 工人们在特定技能的基础上组织起来的工会。

__ 收入效应 6. 一个有许许多多工人和雇主的市场，没有哪一方有能力影响工资率。

__ 人力资本 7. 出现于只有一个买者和一个卖者之时（尤其是对于劳动市场）。

__ 纯经济租金 8. 出现于对待个人的方式以其所属群体成员的普遍行为为基础之时。

__ 非竞争性群体 9. 某一职业中的成员要进入其他职业是非常困难的，而且代价高昂。

__ 行会 10. 声明"雇员有权参加劳工组织，进行集体协议和参加统一行动"。

__ 产业工会 11. 用于补偿由不同工作的相对吸引力或非货币性差异导致的工资差别。

__ 集体协议 12. 指人们愿意从事工作以取得工资的小时数。

__ 国家劳资关系法 13. 一种认为经济中的工作总量是固定的观点。

__ 双边垄断 14. 当工资上升时，工人们受诱惑去工作更长的时间。现在，每小时获得的报酬更高了，因而，享受每小时闲暇的"代价"也提高了。

__ 劳动总量谬误 15. 由于种族、性别、年龄或宗教这些与个人特征不相关的因素而引起收入差别。

__ 歧视 16. 将整个产业的工人组织起来的工会。

__ 统计性歧视 17. 1 小时工作的购买力。

四、小结与本章提纲

本部分对教材第 13 章的关键概念进行总结。

A. 工资决定的基本理论

1. 在过去的一个世纪里，美国的平均工资一直处于增长的趋势。这并不意味着经济生活中所有的工作人员都有相同的好运，或者说所有的职位都经历了工资的不断增长。然而，平均工资的增长趋势说明了劳动生产率的提高和经济福利的整体改善。
2. 要记住，任何投入要素的市场需求曲线都是单个企业边际收益产品曲线的水平加总（边际收益产品 = MRP = 边际收益 × 边际产品）。边际收益产品曲线是向下倾斜的一条曲线，这是因为收益递减规律，在不完全竞争市场上，边际收益也是下降的。考虑到这种情况，当劳动的边际产品增加时，对劳动的需求也增加。

   在 21 世纪，许多不同类型的劳动的边际产品急剧增长，这是因为使劳动力更有工作效率的资本的增加，也是因为美国教育的改善提高了文化水平。劳动生产率的提高使得对劳动的需求增加，进而提高了许多工人的工资。我们可以考察众多的国家，并且注意在教育、文化、资本水平较低的地方，工资往往也比较低，以此来证实这个理论。
3. 劳动供给指的是人们愿意工作获取报酬而工作的小时数。三个主要因素决定了任何特定劳动市场的供给曲线的形状和位置。第一，工作时间决定了单个劳工的劳动供给曲线。尽管人们对标准的每周工作时间没有控制权，但是大多数人可以选择其一生的工作时间。记住市场供给曲线是单个劳工供给曲线水平加总得到的。

   收入效应和替代效应在劳动供给上的相反作用使劳动供给曲线有可能向后弯曲。如果替代效用（使人们工作更多的时间）大于收入效应（使人们工作时间减少），工资增加时，供给曲线呈现通常的正斜率。替代效应意味着较高的工资导致闲暇具有更高的机会成本；也就是说，当工资增加时，不工作的"损失"也增加了。这鼓励人们用工作时间来替代闲暇时间。收入效应意味着较高的工资导致更高的劳动收入。有较多收入，人们就能买到更多的商品，其中包括闲暇时间。如果替代效用占优势，工资的增加将带来劳动供给数量的增加，这样劳动供给曲线将向上倾斜。在高的工资水平上，如果收入效应占优势，那么工资的增加实际上可能带来劳动供给数量的减少。

   第二，劳动力参与程度有助于决定市场供给曲线的形状和位置。一些人可能选择不参与劳动力市场，而是成为家庭主妇或做义务工作。由于统计上的技术难题，经济学家只认为那些为了得到工资和薪水而劳动的人是雇员，并将雇员和正在积极寻找工作的人视为劳动力。当劳动力参与程度变化时，市场劳动供给曲线的形状和位置也将发生变化。

第三，移民可对市场劳动供给曲线产生影响。因为20世纪其他国家的居民不断涌入美国，导致劳动供给曲线向右移动。这些人中有一些作为非竞争群体进入市场；也就是说，他们从事本来由他们的同胞所占据的低技能、低工资的工作。当他们的工作技能和英语水平提高后，他们的工作选择范围就变宽了。图13－1表示大量移民进入到两个不同的劳动市场的初始影响。注意，较低生产率的劳动市场的供给曲线向右移动，这进一步加大了两个劳动市场的工资水平之间的差距。

4. 尽管在美国，平均工资水平一直增加，但是，不同的劳动群体间工资水平的差别非常大，这同完全竞争的预测相矛盾。在完全竞争的劳工市场内，完全信息和相同的产品使市场内所有的价格达到均衡。

5. 根据经济学家的理论，工资水平的差异有3个重要来源。第一，工作的性质和吸引力是不相同的。令人不愉快的工作将获得补偿性差异，这意味着供给和需求反映了劳动者从特定工作中所得到的效用或“非效用”。例如，在核工厂中的劳动者肯定比从事其他工作的劳动者经历更多的危险，因此核工厂劳动者的供给较少，他们的工资水平往往较高。这个工资水平的差异是对经历相对令人不舒服的环境的补偿。

不同群体之间的差别也导致工资水平的差异。不同的劳动者之间存在着天生的体力和智力、教育和培训程度，以及经验等各方面的差别。劳动质量依靠的是人力资本，而人力资本是劳动者积累的有用的和有生产力的知识。所有这些有助于解释为什么一些劳动者比另外一些劳动者薪水更高。例如，在较大的俱乐部里，职业棒球队员的平均薪水低于100万美元，但是明星队员可签署数百万美元的合同，这个合同是对他们所积累的人力资本的回报。

最后，市场中的非竞争性也能导致工资水平的差异。“非竞争性”说明劳动市场被分割，形成了一些非竞争性群体，这意味着从事某一职业的成员跨入另一职业是很难的，而且成本很高。例如，虽然一所大学的经济学教授可能是“哲学博士”，但他（或她）不可能在一夜之间就能去当医生！因为劳动市场变得越来越复杂，所以劳动者从事越来越专业化的工作。由于进入任何一个专门的领域都是很困难的和代价昂贵的，经常需要大量的培训和教育。因此，在劳动市场中就产生了大量的非竞争性群体。

图 13－1

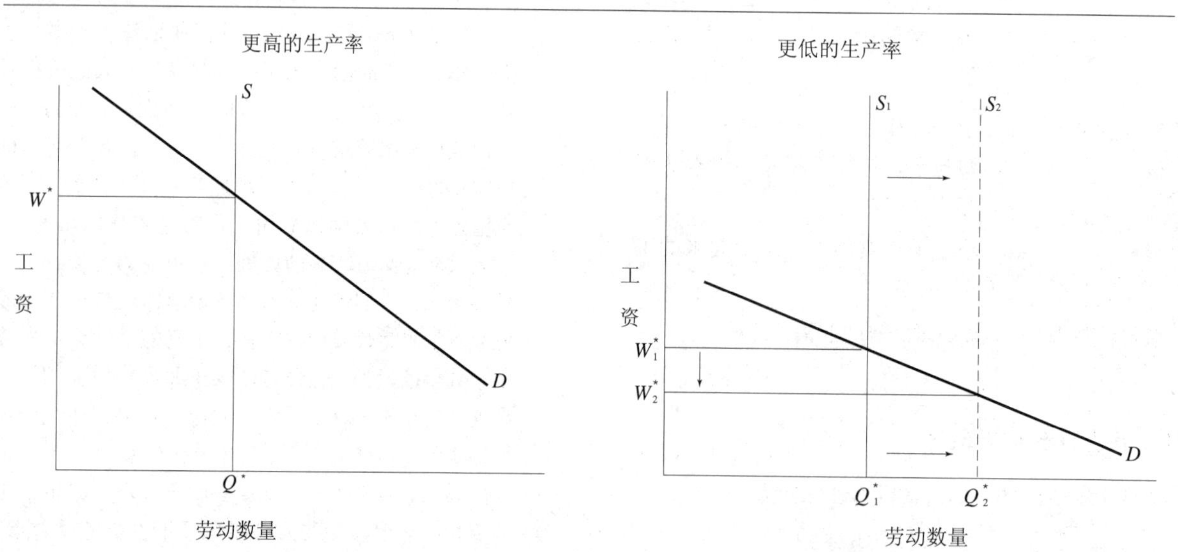

B. 劳动市场问题与政策

1. 尽管在 2002 年只有 1/7 或约 13% 的美国工人仍是工会会员，但是劳工运动一如既往地对劳动市场的面貌和运行产生着重要影响。塞缪尔·冈珀斯是美国工人联合会（AFL）的创立者，是劳工运动之父。如今，劳联 - 产联（AFL - CIO）是美国主要的行会和产业工会的联合体。
2. 工会的主要任务是以集体协议的形式与雇主交涉。集体协议是劳资双方代表为达成双方都能接受的雇佣条件而进行交涉和商谈的过程。工会主要针对补偿条件、工作规则（工作安排、任务、工作安全等）以及程序规定（晋升、解雇、解决争议）等与雇主协商。1935 年的《国家劳资关系法》规定雇员有权进行集体协议。这项基本权利使得劳动者可以通过集体努力来提高他们的雇佣条件；如果没有这项权利，单个劳动者在同他（或她）的雇主达成协议时就会经常处于不利地位。
3. 经验数据表明，工会在增加其成员工资方面取得了一些成功。他们通过垄断劳动供给和控制劳动力进入特定的职业来实现这个目标。
4. 当收入差距的产生仅仅是由于不相关的个人特征，如种族、性别、宗教、年龄或性倾向等时，在劳动市场中就出现了歧视。让劳动者改变这些特征是不可能也是极其困难的，而且也没有理由让劳动者期望在这些特征上发生改变。
5. 用经济学的观点，竞争力将歧视排除在市场之外。带有歧视思想的雇主只能在较小的范围内雇佣劳动者或不能充分利用已雇劳动者的潜在生产能力，由此而引起的低效率最终会将雇主淘汰出局。然而，建立在偏见基础上的歧视如此紧密地与社会行为联系在一起，以至于有特定特征的少数群体，由于在教育和培训计划方面所遭受到的歧视而不能参加某种类型工作的竞争。经验数据表明，不同性别和种族之间的差别不完全是由于歧视造成的，差别中的相当大一部分不能由人力资本或其他与市场相关的因素来解释。
6. 政府采取多种公共政策来减少劳动市场中的歧视。1963 年的《同工同酬法》要求，对从事同样工作的男性和女性支付相同的报酬；1964 年的《民权法》将雇佣、解雇和劳动就业中的歧视视为非法。这些立法为消除歧视奠定了法律基础。

五、学习提示

1. 要注意，影响劳动供给曲线的替代效应和收入效应与消费者沿着需求曲线移动时所出现的替代效应和收入效应类似。替代效应发生在产品或闲暇的价格上升时，消费者分别用相对便宜的物品或工作时间来替代。收入效应发生在消费者有更强的购买力时，消费者能购买更多的物品，包括闲暇。在这两种应用中，这些效应可能相互支持，也可能相互抵触。
2. 人力资本是一种特殊类型的生产资本。劳动者为了提高对雇主的价值而接受教育和培训。因此，对人力资本的投资也是有成本和收益的。

   人力资本的投资原则与进行其他任何类型投资的原则是相同的，只要边际收益大于边际成本，这个投资计划就可以进行。人力投资的收益包括你在投资结束后的一生中所获得的额外工资，而人力投资的成本是你付出的学费、书本费等。当然，教育和培训计划给劳动者在工资上带来的效用并不总是能用货币来衡量的。但是，这种货币式的分析对于决定关于人力资本的投资是有用的。
3. 教材中表 13 - 4 有些复杂，在这里它被复制为表 13 - 1。正如该表所显示的，市场工资结构表现为多种形式。

表 13 - 1　竞争性工资的决定因素

劳动条件	工资结果
1. 人员相似，工作相似。	没有工资差异。
2. 人员相似，工作的吸引力有差别。	补偿性工资差异。
3. 人员不同，但每种劳动的供给不变（非竞争性群体）。	反映分割市场中供求的工资差异。
4. 人员不同，但各群体之间有一些流动性（局部竞争性群体）。	总供求决定的工资差异的一般均衡形式（1 ~ 3 是其特例）。

注意，劳动条件的定义基于两个特征。第一，在一个特定的市场里，所有的劳动者都是相似的（同质的），还是在一些重要的方面有不同点（异质的）？第二，在一个特定的市场里，所有的工作都是相似的，还是在一些一般的市场特征方面，它们之间有所差别？

第一种情况，人员相似，工作相似。这是一个极端的完全竞争的情形，在所有的工作和劳动者之间工资是相同的。第二种情况，人员相似，但工作的吸引力不同。为了使工作“平等”，对于吸引力小的工作需要有较高的补偿性工资，而对吸引力较大的工作，补偿性工资则较低。这基于以下原理：一旦考虑了所有的工作特性，每个劳动者从每件工作中所得到的总效用相等时，工资的调整才结束。第三种情况讨论了将不同的人员划分为不同的非竞争性群体，因为不同群体需要特别的技能、经验、教育、培训，或其他一些条件，因此职业进入是很困难的。在这种情况下，工资的差异被称为纯经济租金。纯经济租金是指劳动者所获得的高于其在其他职业中所取得的最高收入的部分。例如，奥普拉作为娱乐明星的收入和其作为会计的收入之间的差别被称为纯经济租金。第四种情况讨论了不同的人员被划分为局部竞争性群体。这意味着在不同的群体间有一定的流动性，因此群体对职业的垄断力较弱。高工资的职业由于申请者不断涌入，导致劳动供给增加，工资降低。相反，低工资的职业由于申请者不断减少，导致劳动供给减少，工资上升。一旦允许劳动者流动，即使是部分的，工资也会有一个向一般均衡水平运动的趋势。

4. 受经济歧视最大的群体是妇女。这在美国也许是真实的。在一些特定的职业中，歧视经常是由偏见引起的，它带有文化和社会因素。因此，在不同的国家是因地而异的。这一点说明，经济歧视在不同的阶段影响着不同的群体，忽略了任何方面歧视的影响都将是错误的。

六、选择题

下列问题按照教材中的顺序安排，从各选项中选出一个最佳答案。

A. 工资决定的基本理论

1. 在过去的 100 年，美国的平均工资增加了，这是因为：
   a. 人们工作的时间越来越长。
   b. 资本基础的扩大，使劳动者利用更多的设备和技术来工作，这提高了他们的生产率。
   c. 资本基础的扩大，企业用资本替代劳动，这使劳动的边际产品下降。
   d. 增加的教育和培训机会使劳动者的生产率提高。
   e. b 和 d 都正确。
2. 一个完全竞争的劳动市场是：
   a. 包含大量的劳动者和雇主，他们都没有力量影响工资率。
   b. 包含的劳动者都是工会成员，他们与一个大雇主签署集体协议。
   c. 虽然有很多潜在的雇主，但由于培训很难而且费时，只有很少的劳动者进入这个职业。
   d. 垄断力量决定工资和雇佣水平。
   e. 只有一个雇主在一个小镇购买劳动力，那里的劳动者还有其他的工作选择。
3. 劳动市场中的不完全竞争能够用一种情形来说明，即：
   a. 一个企业为整个行业制定工资水平。
   b. 为了补偿风险上的差别，不同工作的工资不同。
   c. 因为工作的需求有差别，不同工作的工资不同。
   d. 对某些工作所支付的工资实际上是经济租金。
   e. 不同工作的工资差别是补偿性差异。
4. 在不同的国家间存在着工资差别，其主要原因是：
   a. 国家间国际贸易协定的存在。
   b. 在不同的国家，劳动者能得到的资本数量不同。
   c. 在不同的国家，劳动者接受的教育和培训程度不同。
   d. 在欠发达国家中，企业试图歧视劳动者。
   e. b 和 c 都正确。
5. 对一给定的经济社会，决定劳动供给的因素包括：
   a. 人口的规模。
   b. 劳动力参与程度。
   c. 标准的或法律上规定的一周工作小时数。
   d. 劳动力的质量和技能水平。
   e. 所有以上选项。
6. 当面对一个不同的小时工资时，一个劳动者会运用替代效应来做出改变每天工作小时数的决策。这种替代效用特指下列哪一种情况？
   a. 如果劳动者的工资上升，劳动者将要购买更好的和更昂贵的商品，因此每一个劳动者一定会工作更长的时间。
   b. 工资的普遍增长往往造成消费品价格的普遍上扬，因此消除了劳动者实际收入的任何增加。
   c. 闲暇是令人向往的，实际收入一旦上升，一个劳动者一般倾向于选择更多的闲暇。
   d. 劳动的代价是牺牲闲暇时间，因此，如果劳动者的工资下降，闲暇就变得相对便宜。

e. 任何劳动成本的上升都促使雇主努力在生产中用资本代替劳动。

7. 第 6 题中如果是收入效应而不是替代效应，下面哪一个选项是正确的？
   a. 如果劳动者的工资上升，劳动者将要购买更好的和更昂贵的商品，因此每一个劳动者一定会工作更长的时间。
   b. 工资的普遍增长往往造成消费品价格的普遍上扬，因此消除了劳动者实际收入的任何增加。
   c. 闲暇是令人向往的，实际收入一旦上升，一个劳动者一般倾向于选择更多的闲暇。
   d. 劳动的代价是牺牲闲暇时间，因此，如果劳动者的工资下降，闲暇就变得相对便宜。
   e. 任何劳动成本的上升都促使雇主努力在生产中用资本代替劳动。

图 13－2 描述了一条向后弯曲的劳动供给曲线和 4 种可能的需求曲线，运用该图回答题 8～11。

图 13－2

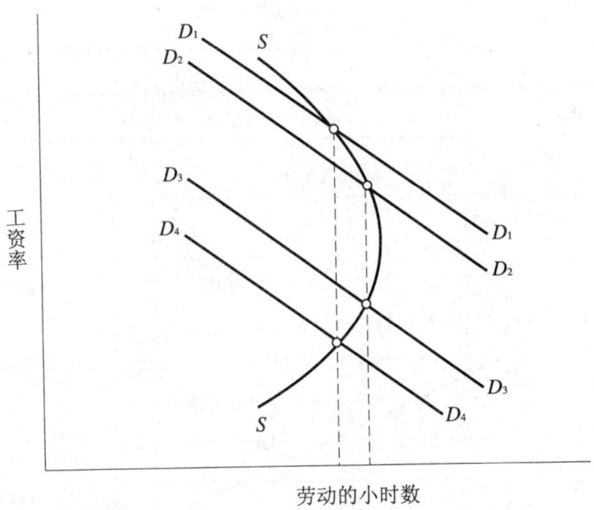

8. 如果需求曲线从 D_1 移动到 D_2，那么：
   a. 替代效应比收入效应更占优势。
   b. 替代效应和收入效应相互抵消。
   c. 收入效应比替代效应更占优势。
   d. 收入效应和替代效应同向作用。
   e. 上述选项都不是。

9. 如果需求曲线从 D_2 移到 D_3，第 8 题中的哪一项是正确的？
   a. 替代效应比收入效应更占优势。
   b. 替代效应和收入效应相互抵消。
   c. 收入效应比替代效应更占优势。
   d. 收入效应和替代效应同向作用。
   e. 上述选项都不是。

10. 如果需求曲线从 D_3 移到 D_4，第 8 题中的哪一项是正确的？
    a. 替代效应比收入效应更占优势。
    b. 替代效应和收入效应相互抵消。
    c. 收入效应比替代效应更占优势。
    d. 收入效应和替代效应同向作用。
    e. 上述选项都不是。

11. 如果需求曲线从 D_4 移到 D_3，第 8 题中的哪一项是正确的？
    a. 替代效应比收入效应更占优势。
    b. 替代效应和收入效应相互抵消。
    c. 收入效应比替代效应更占优势。
    d. 收入效应和替代效应同向作用。
    e. 上述选项都不是。

12. 关于劳动供给决策的经验证据表明：
    a. 成年男性的劳动供给曲线稍微向后弯曲。
    b. 成年妇女的劳动供给曲线稍微向后弯曲。
    c. 所有群体的劳动供给曲线向上倾斜。
    d. 所有群体供给的工资弹性大于 1。
    e. 所有群体供给的工资弹性是负数。

13. 图 13－3 表示的是两个非竞争性群体的劳动市场。假定反歧视法导致 100 个劳动者从 B 群体转移到 A 群体，这将造成：
    a. A 群体的日工资上升到 50 美元，B 群体的日工资下降到 20 美元。
    b. A 群体的日工资下降到 40 美元，B 群体的日工资上升到 20 美元。
    c. A 群体的日工资下降到 40 美元，而 B 群体的工资不变。
    d. 两个群体的工资不变。
    e. 两个群体的工资趋同。

14. 在劳动市场中，非竞争性群体的概念在解释______时是有用的。
    a. 结构性失业。
    b. 不同类型劳动的工资差异。
    c. 年老劳动者缺乏流动性。

图 13－3

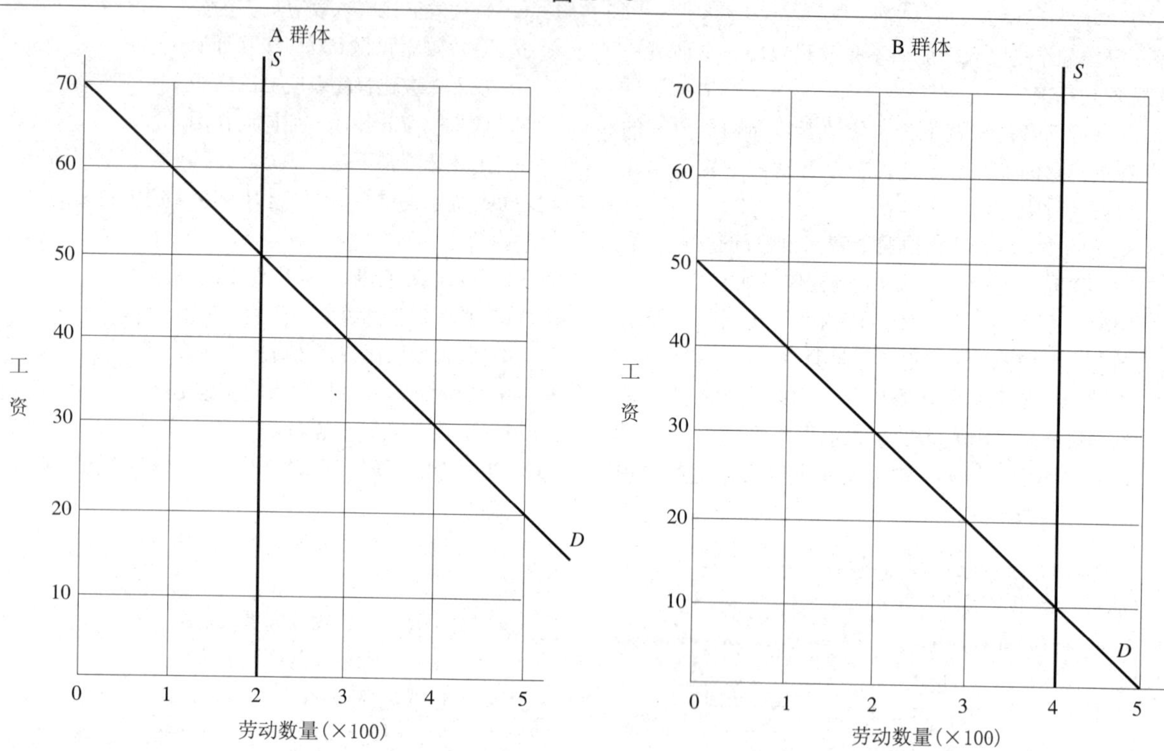
A 群体
S
D
70
60
50
40
30
20
10
0
1
2
3
4
5
工资
劳动数量(×100)
B 群体
S
D
70
60
50
40
30
20
10
0
1
2
3
4
5
工资
劳动数量(×100)

图 13－4

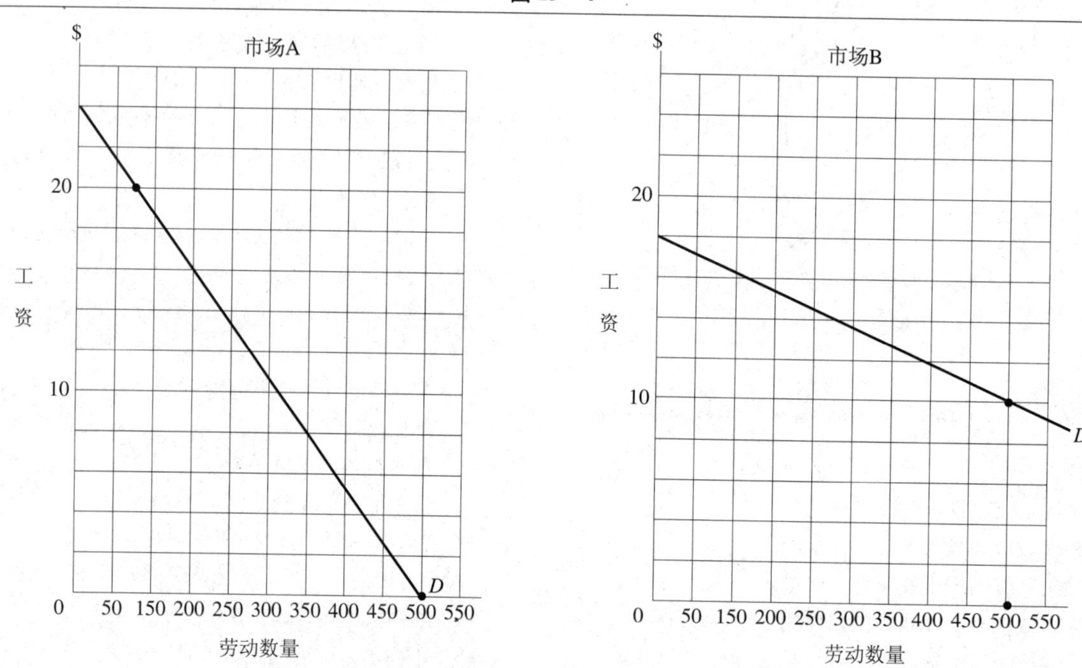
$
市场A
20
10
0
工资
D
50 150 200 250 300 350 400 450 500 550
劳动数量
$
市场B
20
10
0
工资
D
50 150 200 250 300 350 400 450 500 550
劳动数量

d. 工会成员工资的增加对非工会成员产生的影响。

e. 为什么某一行业的工资率比平均工资率上涨得快。

15. 图 13－4 描述了在劳动市场中，两个非竞争性群体的劳动需求曲线。如果在市场 A 中有 100 个劳动者，市场 B 中有 500 个劳动者，日工资将是：

a. 市场 A 为 25 美元，市场 B 为 5 美元。

b. 市场 A 为 10 美元，市场 B 为 10 美元。

c. 市场 A 为 20 美元，市场 B 为 0 美元。

d. 市场 A 为 20 美元，市场 B 为 10 美元。

e. 以上选项都不是。

16. 在某个人的收入中有一个经济租金因素，这意味着：

a. 该收入中至少有一部分来自财产所有权而不是来自劳动供给。

b. 该收入超过了假如是劳动市场完全竞争时的收入水平。

c. 如果对某个人劳动所付出的报酬增加，那么他（或她）将想减少日工作小时数。

d. 收入远高于平均值，这是相对来说有独特开赋的结果。

e. 这个人的劳动供给曲线相对于价格是完全无弹性的，至少在一定的价格范围内是这样，因为他（或她）在某种程度上是独一无二的。

17. 一个人获得的工资水平比实际上诱发他接受该工作的必要水平高，则称这个人获得了：

a. 租金。

b. 利润。

c. 利息。

d. 边际产品。

B. 劳动市场问题与政策

18. 集体协议合同：

a. 允许单个劳动者更有效地与其雇主签订协议，以提高他们自己的雇佣条件。

b. 公司代表与劳动者代表谈判雇佣条件的过程。

c. 只由雇主决定的强加性雇佣条件。

d. 仅能由劳联－产联的成员来谈判。

e. 企业与劳动者之间仅就经济条件的谈判。

19. 若工会希望同时提高其成员的工资和保持尽可能多的工会成员就业，下列哪一项对此起到帮助？

a. 对劳动的有弹性的派生需求。

b. 劳动的有弹性的供给。

c. 对产成品的无弹性的需求。

d. 一个完全竞争的劳动市场。

e. 一个完全竞争的产品市场。

图 13－5 表示一个市场对劳动的供给和需求，在该市场上，工会在集体协议过程中代表劳动者的利益。运用该图回答题 20 和 21。

图 13－5

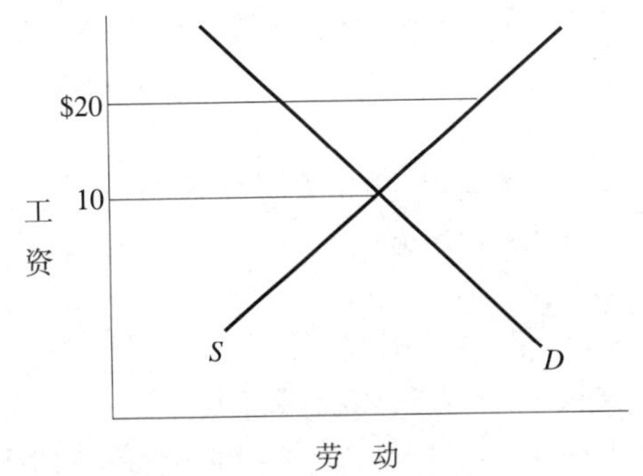

20. 如果工会谈判结果是 10 美元的工资，那么：

a. 就业将增加。

b. 就业将减少。

c. 工资将上升，但就业将保持不变。

d. 工资将下降，但就业将保持不变。

e. 工资和就业将保持在完全竞争水平上。

21. 如果工会谈判结果是 20 美元的工资，那么：

a. 就业将增加。

b. 就业将减少。

c. 工资将上升，但就业将保持不变。

d. 工资将下降，但就业将保持不变。

e. 工资和就业将保持在完全竞争水平上。

22. 假定汽车工人联合会成功地提高了汽车行业的工资。如果以下条件保持不变，汽车行业的就业将维持大体稳定：

a. 雇主提高价格，而且钢铁的需求是无弹性的。因此对劳动的派生需求是无弹性的。

b. 劳动成本占钢铁的最终成本中相对较小的部分。

c. a 和 b 都正确。

d. a 和 b 都不正确。

23. 如果劳动市场中的每个人是完全相同的（例如，在技能和竞争力上没有差别），并且劳动市场是完全竞争的，那么：

a. 任何工资率的差异将不得不解释为性质上的差别。

b. 在工资率上仍存在相当大的差异，只能通过所感觉到的技能上的差异来解释。
c. 任何工资率上的差异可以解释为补偿性差异。
d. 任何工资率上的差异不得不根据不同的企业所采取的不同工资政策来解释。
e. 这里必然只有一种工资率。

24. 经济学家期望看到歧视从劳动市场上消失，因为：
a. 政府已经颁布法律反对歧视。
b. 竞争将把无效率的企业驱逐出市场。
c. 多雇佣一个少数民族求职者的边际成本大于边际收益。
d. 为了符合肯定行为的要求，企业必须为每个职位寻找到最佳候选人。
e. 以上选项都不是。

25. 为了减少劳动市场歧视：
a. 美国政府现在只雇佣少数民族。
b. 1964 年的《民权法》和 1963 年的《同工同酬法》得以通过。
c. 很多企业形成一个联盟，并对所有的人提供平等的就业机会。
d. 1914 年的《克莱顿法案》和 1935 年的《国家劳资关系法》得以通过。
e. 工会统一接收更多的妇女和少数民族。

26. 下面哪一项是统计性歧视的最好例子？
a. 本不雇佣妇女做会计，因为她们比男性可能要花更多的时间照顾孩子。
b. 艾丽斯在她的公司中不雇佣美国黑人，因为她认为黑人和白人不能有效地合作。
c. 拉尔夫在他的公司内将所有 60 岁以上的劳动者都安排在要求较低的职位上。
d. 一个工会仅允许男性白人作为成员。
e. 贝蒂决定雇佣一个长着红头发的小女孩在她新的戏剧中扮演安妮。

七、解答题

下列问题旨在帮助你运用教材中学到的概念。

A. 工资决定的基本理论

1. 图 13－6 有助于理解为什么北美的实际工资比南美的实际工资高出许多。从图中的数字可知，北美实际工资是南美实际工资的（**2/2.5/3**）倍。这个差别的关键在于（**在南美图上劳动供给曲线更高/在北美图上劳动需求曲线更高/在南美图上劳动需求曲线更高**）。因为劳动需求曲线是一个（**潜在/派生/产品**）需求曲线，这里至少有两个原因可以解释为什么劳动需求曲线在 a 图和 b 图中的位置不同。把答案写在下面：

(1) ______________________

(2) ______________________

图 13－6

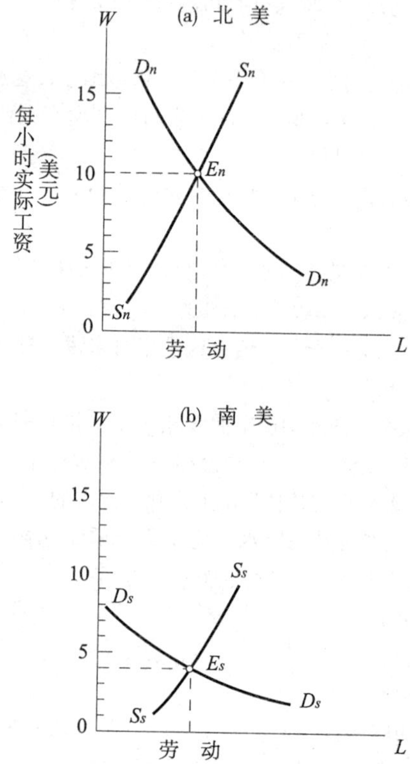

2. a. 劳动的供给至少有 3 个主要决定因素。把它们列在下面：

(1) ______________________

(2) ______________________

(3) ______________________

b. 在图 13－7 所描述的供给和需求曲线的基础上，在下面的空格处说明每一次下面的经济调整对实际工资可能造成的影响。用“＋”表示增加，“－”表示减少，“0”表示没有变化。

____（1）劳动者数量的增加

____（2）减少周工作小时数

____（3）妇女劳动力参与程度的提高

____（4）更有效力的童工法通过

____（5）限制雇佣某些类型的人

____（6）涌入了大量想得到工作的移民

图 13－7

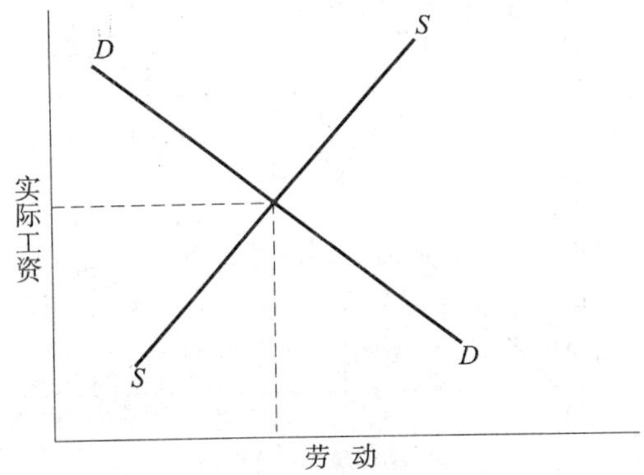

你对这些关于工资问题的回答也是如下这些问题的答案：为什么工会希望缩短每周工作小时数？为什么劳动者害怕对任何想进入美国的人开放边境？为什么在反对个人经济地位歧视方面，有些人犹豫不决？

3. 假定你的小时工资增加，而且你能自由选择每天或每周的工作小时数。在这些情况下，经济理论预测，你可能选择每天工作更多时间，或工作更少时间，或工作时间保持不变。

　　这表明，替代效应和收入效应是相对立的、相冲突的。

　　a. 当你的小时工资增加时，工作 1 小时，你会比以前损失更多的收入；也就是说，闲暇的机会成本在上升。这样，较高的小时工资是造成每天或每周工作（**较多/较少**）时间的原因，因为闲暇变得更加昂贵了。这是替代效应，它鼓励一个劳动者放弃一些（**工作时间给闲暇/闲暇时间给工作**）。

　　b. 闲暇是大多数人所希望的事情，当实际收入增加时，大多数人希望有更多的闲暇时间。提供更高的小时工资使更多的闲暇成为可能，同时（**牺牲/没有牺牲**）收入。收入效应导致（**较少/较多**）的工作时间和相应（**较少/较多**）的闲暇时间。

　　c. 例如，假定你每周工作 40 小时，每小时的工资为 6 美元，一个星期收入为 240 美元。如果你的小时工资上升到 10 美元，你可能选择通过每周工作（**35/40/45**）小时获得 350 美元。如果是这种情形，（**替代/收入**）效应是主要的决定因素。

表 13－2

问题	对就业水平的影响	对实际工资的影响
a.	____	____
b.	____	____
c.	____	____
d.	____	____

4. 图 13－8 中有 4 幅图，分别对应下面 4 个问题。对下面所列的每个问题，在相应的图上画出新的供给和/或需求曲线，来表示所描述的变化所带来的影响，并预测出这个变化将推动实际工资和就业水平朝哪个方向运动。例如，如果有一幅图说明劳动供给增加，那么你将在现存的供给曲线的右边画出一条新的供给曲线，并预测工资将下降（用“－”表示），就业水平将上升（用“＋”表示），然后把你的预测结果记录在表 13－2 中。

图 13－8

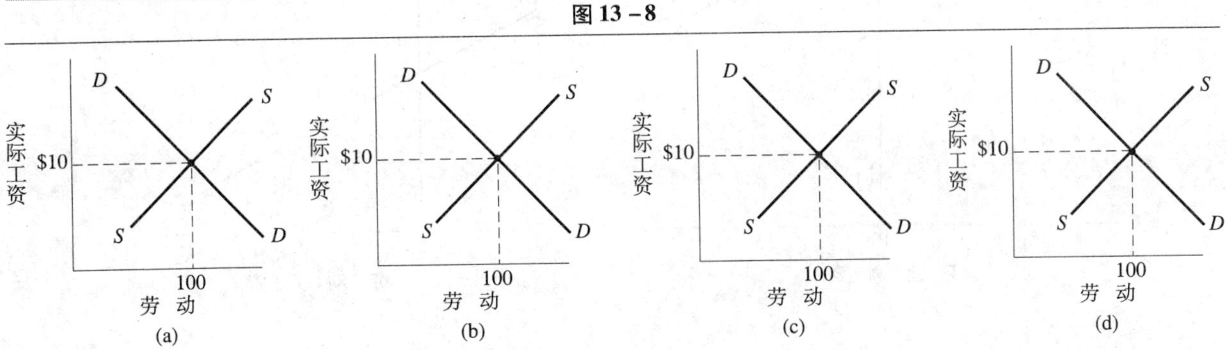

a. 工作比以前更加繁重，人们要求补偿这个附加的负担。

b. 工作变得非常专业化，仅有10%的人能完成任务。

c. 教育和培训提高了被雇佣劳动者的质量。

d. 由于非竞争性歧视，劳动市场突然减少一半。

B. 劳动市场问题与政策

5. a. 在20世纪，美国的工会运动对劳动市场的发展产生了重要的影响。首先出现的是（**产业工会/行会**），它是塞缪尔·冈珀斯按照特定技能组织起来的。后来，在整个产业内成立了（**产业工会/行会**），例如煤炭业、钢铁业和汽车业。

b. 集体协议是劳资双方的代表为达成双方都能接受的雇佣条件而进行交涉和商谈的过程。假定图13－9描述的是新成立的玩具业工会的劳动市场。起初，均衡工资率是每天______美元，并且在行业内雇佣______名工人。假定工会的目标是每天的工资为45美元。这将使雇佣工人数量限制到______，并将导致在市场中出现______名工人的（**需求/供给**）剩余。

图 13－9

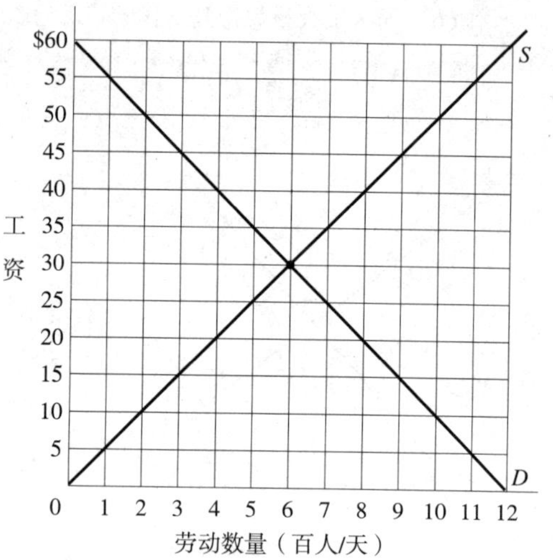

c. 实际上，工会也许能达到它的工资目标，也许达不到。当（**一个工会/一些工会**）和（**一个雇主/一些雇主**）相互谈判时，会出现双方垄断情形，其结果属于博弈论研究和模型技术的课题。

图 13－10

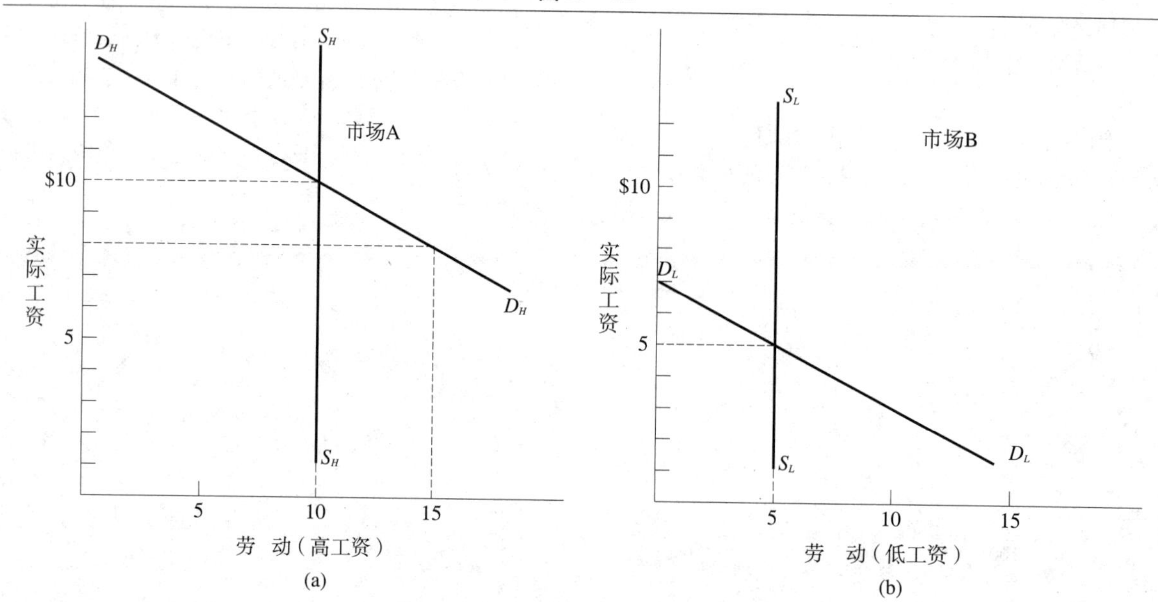

C. 种族歧视和性别歧视

6. a. 图13－10展示了由于歧视而造成差距的两个劳动市场。两个市场中的需求曲线都用*DD*表示，它们的斜率相同。两条供给曲线分别是在10和5位置的垂直线。如果歧视消失，图a中的需求曲线将适用于每个人。结果导致市场A中的工资从______美元（**增加/减少**）到______美元。这个变化是由（**边际生产率递减/劳动效用递减/劳动生产率递增**）引起的。同时，最初在市场B中的劳动者将看到他们的工资（**增加/减少**），这个变化归于（**边际生产率递减/劳动生产率递增/劳动效用递增**）。净效应是产出（若在宏观经济模型中，此为GDP）的价值增加了（**10美元/15美元/20美元**）。在图13－10中说明这些变化。

   b. 如果市场A中的派生需求曲线完全无弹性，你将如何量化a题中的变化？

   ____

   ____

八、讨论题

回答下列问题，并解释你这样回答的原因。

1. 采取什么措施会增加墨西哥的工资和附加福利？
2. 列出两个导致农业工资相对较低的因素，并说出理由。
3. 考虑一下你通过选修经济学这门课程而进行的人力资本投资。列出所有的直接成本和机会成本，并且考虑你所预期的收益。这种投资对你是有利的吗？请解释。
4. 自20世纪60年代中期以来，妇女的劳动力参与程度显著提高，从占人口的40%上升到近60%。列出3个在这段时间内发生的变化，这些变化可能对美国经济中妇女的劳动参与率产生影响，并解释其原因。
5. 美国的移民政策在过去的几年里一直都存在着争论，像加利福尼亚和佛罗里达这些边界州，合法和非法的移民越来越多。试用市场模型解释移民对当地劳动市场的影响。当大量移民进入劳动市场时谁受益？谁受损？这取决于什么因素？
6. 我们可以运用价格弹性的概念（见教材和本《学习指南》的第4章）来理解劳动市场和工会化效应。
   a. 定义劳动市场中需求价格弹性的概念。假定你知道某一特定类型劳动的需求弹性是－2.5，你如何解释这一点？
   b. 定义劳动市场中供给价格弹性的概念。假定你知道某一特定类型劳动的供给价格弹性是0.4，你如何理解这一点？
   c. 在本章，我们了解到工会为提高他们所代表的工人的工资而努力。如果最终产品的需求曲线是相对有弹性的，这使实现工资增长的任务更容易还是更困难？运用图来说明你的答案。

九、答案

三、关键概念复习

17	实际工资
6	完全竞争的劳工市场
11	补偿性差异
12	劳动供给
14	替代效应
1	收入效应
2	人力资本
4	纯经济租金
9	非竞争性群体
5	行会
16	产业工会
3	集体协议
10	国家劳资关系法
7	双边垄断
13	劳动总量谬误
15	歧视
8	统计性歧视

六、选择题

1. E　2. A　3. A　4. E　5. E　6. D　7. C　8. C　9. B　10. A　11. A　12. A　13. B　14. B　15. D　16. E　17. A　18. B　19. C　20. E　21. B　22. E　23. C　24. B　25. B　26. A

七、解答题

1. 2.5，在北美图上劳动需求曲线更高，派生
   （1）北美有更多的资源
   （2）北美有更多的技术

2. a. (1) 人口数量
   (2) 劳动参与程度
   (3) 每周工作小时数
   b. (1) –，因为劳动供给曲线向右移动
   (2) +，因为劳动供给曲线向左移动
   (3) –，因为劳动供给曲线向右移动
   (4) +，因为劳动供给曲线向左移动
   (5) +，因为劳动供给曲线向左移动
   (6) –，因为劳动供给曲线向右移动
3. a. 较多，闲暇时间给工作
   b. 没有牺牲，较少，较多
   c. 35，收入
4. 见表 13 – 2

表 13 – 2

问题	对就业水平的影响	对工资的影响	图
a	–	+	供给曲线左移
b	–	+	供给曲线在 10 处垂直
c	+	+	需求曲线右移
d	–	+	供给曲线左移

5. a. 行会，产业工会
   b. 30 美元，600，300，600，供给
   c. 一个工会，一个雇主
6. a. 10，减少，8，边际生产率递减，增加，劳动生产率递增，15 美元
   b. 如果曲线 $D_H D_H$ 是完全无弹性的，那么，来自市场 B 中的 5 个工人可能会使市场 A 的工资降到 5 美元以下。如果在这样的情况下，5 个工人都不会从市场 B 中流出，并且两个市场的均衡仍会超过 5 美元。

八、讨论题

1. 工人们可能获得更多的培训和教育，以提高他们的生产率。公司可能为它们的最终产品开拓新的市场，以增加对最终产品的需求，从而增加对生产最终产品的工人的需求。
2. 农业劳动市场基本上是完全竞争市场，农业工人通常不需要正式的教育，因此他们在人力资本的开发方面没有进行大量的投资。
3. 直接成本包括学费、书本费、导师费，如果你需要照顾家庭，还包括儿童抚养费、上学的交通费。机会成本指你在次优领域所得到的收入。如果是加班工作，所得到的收入可能是加班费；或者用你做家务活的价值来衡量，例如洗衣服，重新粉刷房屋，或者给孩子讲睡前故事。你希望提高生产率，以便在工作中得到更多收入，或者在你一生所从事的工作中创造更多的价值。
4. a. 家务劳动中技术的提高，因此每小时的生产率提高了。
   b. 很多妇女现在能更好地控制其生育行为了。
   c. 政府立法使妇女们更容易受到教育并找到工作。
5. 如下图所示，因为移民在美国能找到更好的工作机会和得到更高的工资，因此移民数量增加了。因为劳动力价格下降了，所以雇主的收入增加了。已经在市场中的劳动者将受到损失，因为他们现在的工资下降了。如果当地的纳税人不得不承担这些移民所造成的更高的福利费，那么他们就会承担损失。

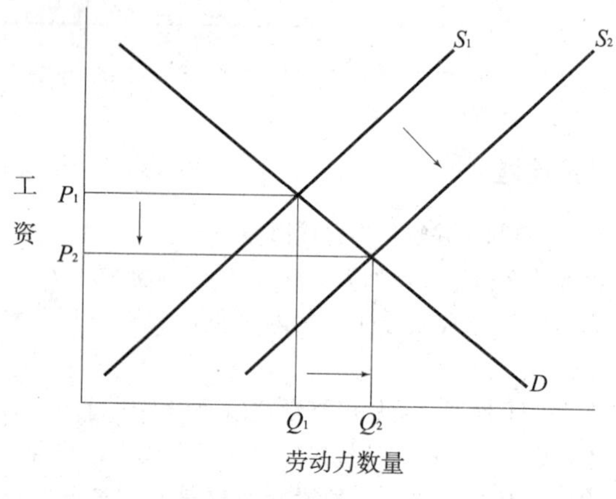

6. a. 劳动市场的需求价格弹性衡量的是雇主对工资率变化的反应。如果需求价格弹性是 –2. 5，则是指若工资上升 10%，劳动需求的数量将下降 25%。
   b. 劳动市场的供给价格弹性衡量的是劳动者对工资率变化的反应。如果供给价格弹性是 0. 4，则是指若工资上升 10%，那么劳动的供给数量将上升 4%。
   c. 最终产品的需求曲线越缺乏弹性，企业提高工资就越容易。最终产品的需求越是缺乏弹性，购买者对产品价格的变化的反应就越不明显，企业就越容易将成本转嫁到消费者身上。

第 14 章

土地、自然资源和环境

一、概述

在前面的章节中我们讨论了资源对生产的重要性，论述了微观经济学原理在引导资源配置方面的作用。在上一章我们又专门讨论了劳动力问题。而在接下来的两章中我们将集中探讨土地、自然资源和资本。资源可以分为非生产性资源（自然资源）和生产性资源（机器设备等，它们是资本存量的组成部分）两大类型。本章主要探讨的是自然资源和环境，而在下一章则将讨论资本。

在本章，我们将把教材中学过的微观经济学理论应用到“现实世界”中：一个经济体怎样决定使用其自然资源的方式？社会在几个世纪前就提出了这个问题。一些人认为自然是荒蛮的，需要用技术来驯服它；另一些人害怕自然固有的威力和神秘的力量。不管是哪种情况，客观形势都要求配置稀缺的资源，因此经济学家应该能够提供一些答案。本章 A 部分首先简要描述了多种类型的自然资源及其严峻的稀缺性问题。其中一个重要的概念是“经济租金”，即付给供给数量固定且只可能有一种用途的要素的报酬。因而，经济租金可能是分析中最简单的要素价格，因为它在以完全无弹性的供给为特征的市场上出现。不过，租金对于精确地计算生产的经济成本与社会成本是至关重要的，它们还为衡量各种税收方案的相对效率提供了一个适当的标准。

B 部分探讨的是环境经济学的应用，包括气候变化等问题。在该部分，一个重要的概念是外部性。当生产成本被溢流到外部的个体或整个社会时，外部性便会发生。一旦出现外部性，由于供给或需求不能体现某种行为的实际成本和收益，市场就会不灵。而这往往成为政府进行市场干预的理由。

二、学习目标

在你读完教材第 14 章之后，完成本书的习题，你将能够：

1. 解释**经济租金**（economic rent）的概念及其适用的环境，以及从这些环境中可以推导出的关于有效税收理论的结论。
2. 描述经济体与环境的关系，以及经济的发展与环境的关系。
3. 区分**可分拨资源**（appropriable resources）和**不可分拨资源**（inappropriable resources），以及**可再生资源**（renewable resources）和**不可再生资源**（nonrenewable resources）。解释环境资源的最佳使用方法如何根据其所属的差别而不同。
4. 回顾资源价格在过去几十年的发展历程。有一种观念认为，资源价格应该随着人口的增长和需求曲线的右移而上升，对此你有何看法。
5. 给出**外部性**（externality）概念的定义。描述当外部性成本和利益出现时，市场中无效率产生的机制。
6. 用成本 - 收益分析法找出符合社会效率要求的污染量。构建一个图表来说明这一决策过程。
7. 复习旨在矫正外部性的各种政策，如**排放费**（emissions fees）、**排污许可证**（pollution permits）、**私人协议**（private contracts）和**责任条款**（liability rules）。比较每种方法的优点和缺点。

三、关键概念复习

在 B 栏中寻找与 A 栏中术语相应的解释，并将序号填在术语前边。

A	B
__ 亨利·乔治	1. 通过平衡清除污染的边际成本与减少污染带来的边际收益来确定有效率的环境指标的方法。
__ 公共品	2. 假定在某些情况下，受外部性影响的有关各方进行自愿的谈判会导致有效率的市场结果。
__ 可分拨资源	3. 能像提供给一个人那样轻而易举地提供给任何人的物品。
__ 租金	4. 主张政府应主要通过土地财产税来获得资金。
__ 不可分拨资源	5. 一旦管制者确定了可容许的污染程度，则允许企业自行决定清除污染的最优方法和清除量。
__ 外部性	6. 全部经济价值可以被企业或消费者获得的资源。
__ 成本－收益分析	7. 在一定时期内使用一块土地的价格。
__ 私人品	8. 询问人们在假定的情况下，愿意为保持自然资源不受破坏付多少钱。
__ 或发价值	9. 其成本和收益不归属于其所有者的资源。
__ 科斯定理	10. 一种可以分割、可以供不同的人消费，而对他人没有外部收益或外部成本的物品。
__ 可交易的排污许可证	11. 出现于市场交易的成本或收益“外溢”到他人之时。

四、小结与本章提纲

本部分对教材第 14 章的关键概念进行总结。

A. 自然资源经济学

1. 当企业或消费者能得到商品所有的经济价值时，它就是可分拨的，这意味着所有者能够从这一资源的使用中得到某种回报；不可分拨的资源指的是其成本和收益不归属于其所有者的资源。因此，一块 40 英亩的土地是可分拨的，所有者可以让农民使用它并用租金作为交换。但是，密歇根湖是不可分拨的，因为我能免费地把所有垃圾都倒在湖里，使得其他使用者使用的水质变差。
2. 不可再生资源指的是那些供给量一定，并且短期内不可能再生以重获经济价值的资源。石油实际上是不可再生的。地球上能产出更多的石油，但这需要上千年的时间。可再生资源指的是那些效用能够有规律地进行补充的资源，当然，人们可以选择不补充这些资源。例如，多年以来，木材公司砍伐了成片的树木而没有再种植，虽然树木自身最终会再生，但这不会持续上百年的时间。
3. 经济租金是对供给固定的生产要素所支付的报酬。在本章中，土地是利息的固定要素。土地的市场均衡价格主要是由它的需求和相对固定的供给决定的。我们称一段时期内一块土地的使用价格为租金。
4. 在土地市场中，税收制度可以十分有效率，这是由于土地的供给是完全没有弹性的。这意味着税收对土地的供给量和土地使用者所支付的价格都不会带来扭曲，只有土地的供给者承受负担。因为在土地市场上征税是有效率的，亨利·乔治建议主要通过对土地征税为政府融资。虽然这个观点没有成为美国税收政策的基础，但是，它却不时地渗入到有关税收制度辩论的最前沿。

B. 环境经济学

1. 当某一行为的效益（正外部性）或成本（负外部性）被强加于他人时，外部性就出现了。公共品代表了正外部性的极端情况；而污染，则是负外部性的极端例子。
2. 考虑外部性的经济后果——比如，一个工厂烟囱排放毒性很大的烟。不管这对在附近工作或生活的人是多么不利，工厂主可能都不会觉得有净化它的责任，除非通常以立法形式出现的公众压力强迫他们这样做。一个近期的例子是酸雨。很多公用事业单位和工厂，尤其是与金属加工有关的企业，其烟囱中释放出氧化硫和氧化氮。这些化学物质与空气中的水气结合形成硫酸与硝酸。雨雪中的酸性因此而上升，并在湖水与江河中形成一个酸性更大的环境，从而使得鱼类不能繁殖。更严重的是，这些化学物质以及其他化学排放物对人类健康可能会有长期的影响。
3. 外部性导致经济的无效率。上述工厂可能会受到鼓励去净化它排放的烟雾，比如，工人健康情况变得更好，或者能更高效地燃烧燃料。这些私人收益将会反映在市场需求曲线上。企业将选择一定的污染水平，此时减少污染所引起的边际收益等于净化烟雾的边际成本。但是，市场需求曲线不能说明净化所带来的公共收益。因此，除非市场需求与供给在某种程度上能够反映公共收益与成本；否则，那些带来外部成本的商品将会供给过量，而那些带来外部收益的产品将会供给不足。

4. 以上讨论可以用图形加以说明。图 14 – 1 说明了在治理污染中的私人边际成本（*MPC*）与私人边际收益（*MPB*）。可以看到，边际收益曲线向下倾斜，表明当最大的污染难题被解决后，减少每单位污染所获得的收益日益减少；边际成本曲线向上倾斜，表明随着这个地区变得干净，再减少一单位污染的成本将越来越高。

对于治理污染来说，如果私人需求曲线能反映整体的公共需求而不仅仅是单个企业的需求，那么这条曲线看起来将有些像社会边际收益曲线。在这种情况下，清污量将增加，污染会更少。

图 14 – 1

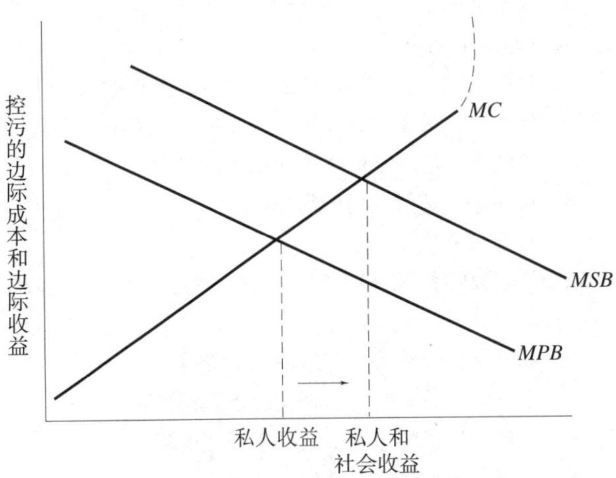

5. 有一些政策可以用来矫正外部性。政府可以用直接控制或社会管制给市场强加一些标准与指导。管制者只是制定标准，希望人们遵守，并对那些违反者进行惩罚或强制制裁。在其他情况下，政府用市场方式来限制污染。管制者设定一个可容忍的总污染量，在这个限度内允许人们有“排污的权利”，然后让市场决定排污许可证如何在企业之间进行分配，如何清理污染。我们将会预计到，那些能轻易（并且廉价地）消除污染的企业会将其许可证卖给那些清理污染比较困难（和昂贵）的企业。该制度的批评者认为，这一许可证的分配方式将会使有高清污成本的企业购买所有的许可证，并继续制造污染，甚至有可能污染得更严重。

6. 另外，还存在着矫正企业外部性的私人方式。诺贝尔经济学奖获得者罗纳德·科斯证明，只要所有权明确而交易成本较低，受外部性影响的各方会自愿协商，从而带来有效率的产出。回到上面所说的排烟厂，科斯证明，镇上的居民将会有很强的动机与工厂主进行谈判，并协商出一个最佳污染量。科斯还进一步证明，这并不需要什么政府的反污染计划。责任规则与条款也同样可以在没有政府直接干涉的情况下消除外部性。第 10 章的博弈论分析有助于说明这一交易过程。

7. 全球的“温室效应”给制定环境政策带来了一个真正的挑战。因为问题的解决涉及国际性公共品，很难想像，任何一个企业或国家都会耗费必要的资源来解决这个问题。

五、学习提示

1. 完全无弹性的供给曲线被描绘成一条垂直的供给曲线（回忆第 4 章内容）。其供给数量不随价格的变化而变化。

2. 经济学家对于供给完全无弹性、只有一种用途的要素很感兴趣，这促使他们提出另一个问题：对这样一种投入所支付的费用构成生产的成本吗？初看起来，这个问题显得有点愚蠢。该投入的每一个使用者必须为他（或她）所用的数量支付或高或低的价格，这个支出肯定是生产的成本。另一方面，生产成本应该反映社会成本。第 2 章的生产可能性边界指出：为了得到更多的某种商品 A，可以将生产另外一种商品 B 的一些投入转移到商品 A 的生产，即为了增加 A 的产量而牺牲一些 B 的消费。当然，只有当投入既能用来生产 A 又能用来生产 B 时，这种替代才可能实现。按照定义，经济租金仅仅是对只有一种可能用途的投入进行的支付；因此，经济租金仅适用于那些不能从一种商品的生产转移到另一种商品生产中的投入，对它们的使用不需要向社会支付成本。当这些生产要素被投入生产时，其使用对任何其他商品都不会带来损失。

3. 石油危机让美国人感受到了资源匮乏的现实。欧佩克石油禁运、伊拉克战争和卡特里娜飓风导致石油供给量急剧下降、油价飞涨。几乎所有的政治家都把能源政策作为首要议题，人们也无休止地谈论着为尽可能节约而做的种种努力。但是有时候（经过通货膨胀调整的）石油价格会下降，并且供给看起来充足。此时大多数人又恢复到原来的消费习惯：冬天取暖使室内温度达到华氏 72 度以上，夏天降温使室内温度降至华氏 65 度以下。是什么促使这一切发生了改变呢？用一个词来说就是*市场因素*。欧佩克所赚得的超额利润驱使人们进一步对石油矿藏进行勘探和开采，结果在阿拉斯加、墨西哥和北海发现了大量的石油储备。此外，当人们节省能源时，能源的需求会下降。这也会降低石油的价格。在 2008 年，石油价格一度从每桶远远高于 100 美元变动到 100 美元以下。回忆这些事件有助于说明资源配置问题中固有的难题。什么是实际供给量？我们怎么衡量它？如何对那些可以使我们在将来更有效地积累与使用资源的技术开发进行预测？诸如此类的问题将使对自然资源和环境经济学的研究更引人入胜，也更富有挑战性。

4. 消费者和生产者的许多行为会对其他消费者和生产者的福利产生影响。但是，某种行为是否具有外部性取决于该行为的成本或收益能否全部反映在市场价格中。例如，假设一个富有的投机商垄断了世界市场上全部的银，导致银器和依赖于银的其他商品的价格上涨。你的生活成本会随之上升，福利水平也会随之下降。但是由于该投机商的行为在银的价格中得到了反映，他的这种行为本身便不具有负的外部性。又如，该投机商是一个重度吸烟者，他的二手烟会损害你的健康，那么这时他的行为便对你产生了外部性。原因在于他支付的香烟价格没有包含你的健康成本。可见，认识到这些细微差异很重要，只有那些通过非市场途径强加成本或收益的活动才会引起外部性。

六、选择题

下列问题按照教材中的顺序安排，从各选项中选出一个最佳答案。

A. 自然资源经济学

1. 不可分拨资源是指：
   a. 个人与社会可无偿使用的资源。
   b. 其成本和收益不能完全归属于其主人的资源。
   c. 个人生产代价昂贵但政府能有效提供的资源。
   d. 由市场经济有效地定价并得到有效配置的资源。
   e. 外部性的副产品。
2. 可分拨资源是指：
   a. 个人与社会可无偿使用的资源。
   b. 个人无偿使用但社会需付出代价的资源。
   c. 个人生产代价昂贵但政府能有效提供的资源。
   d. 由市场经济有效地定价并得到有效配置的资源。
   e. 外部性的副产品。
3. 下列各项除哪项以外都属于不可再生资源：
   a. 石油。
   b. 渔场。
   c. 铜。
   d. 钻石。
   e. 煤。
4. 自然资源是可分拨的，当企业或消费者：
   a. 能获得它们提供服务的全部好处。
   b. 不能获得它们提供服务的全部好处。
   c. 能无期限的生产有用的服务。
   d. 不能无期限的生产有用服务。
   e. 以上都不是。
5. 经济学家定义租金为：
   a. 对使用供给十分丰富的生产要素所支付的报酬。
   b. 建筑物、设备，或可被用来制造其他商品的存货。
   c. 对使用供给固定的生产要素所支付的报酬。
   d. 对使用土地所支付的利率。
   e. 所有以上选项。
6. 如果供给相对于价格是完全无弹性的，且如果总需求下降，那么供给量将：
   a. 不下降，价格将比其他情况下降得更多。
   b. 不下降，价格将比其他情况下降得更少。
   c. 下降，价格将比其他情况下降得更多。
   d. 下降，价格将比其他情况下降得更少。
   e. 上面的结果都不一定发生。
7. 如果一种生产要素仅有一种用途（例如，它只能用来生产一种商品），那么对它所支付的价格：
   a. 往往下降到正常竞争水平以下，因为缺少竞争性投标。
   b. 是其每一个独立使用者的成本，而不是整个社会的成本。

c. 不应被计算为它的每一个独立使用者的成本，尽管它仍将是整个社会的成本。

d. 是其独立使用者和整个社会的成本。

e. 对独立使用者或整个社会而言，都不是成本。

8. 假定土地的供给总数量是固定的，但有多种用途（其中之一是生产烟草）。对种植烟草的土地的租用价格征收 50% 的税收将导致：

a. 烟草生产商必须支付的租金增加 50%。

b. 烟草土地使用者的租金下降 50%。

c. 土地所有者的租金收入减少 50%。

d. 租金的支出与收入都没有变化。

e. 以上选项都不是。

9. 经济租金不是生产成本这句话是正确的，因为：

a. 它不是对产成品有实际贡献的生产要素所进行的支付。

b. 题目中要素的供给者将该要素用于某个领域，这同他们将其用于其他领域得到的价格是一样的。

c. 题目中所支付的租金实际上是对建筑物或者对土地的改善所进行的支付，而不是因为对土地本身的使用。

d. 当这种生产要用于商品 A 的生产，它不会引起任何其他商品 B 的损失。

e. 不同供给者间的竞争将不断地把这个生产要素的价格降为零。

10. 经济学分析认为：

a. 除非采用竞争性的租金，否则社会资源将不能在使用者之间进行合理的分配。

b. 若要素供给相对富有价格弹性，对这种生产要素的租金应该征收更多的税。

c. 生产成本不包括经济租金。

d. 如果某种要素供给相对于价格是无弹性的，那么，资源的分配将被扭曲。

e. 供给相对具有价格弹性，对这种生产要素的租金应该征收更多的税。

11. 假定图 14－2 表示康涅狄格州的土地市场。每英亩 100 美元的税收将：

a. 在购买者与销售者之间平均分配。

b. 导致购买者价格上升 75%，销售者的价格下降 25%。

c. 对市场没有影响，因为供给是完全无弹性的。

d. 对购买者的价格不产生影响，但将使销售者的价格下降 100 美元。

e. 对销售者的价格不产生影响，但将使购买者的价格下降 100 美元。

图 14－2

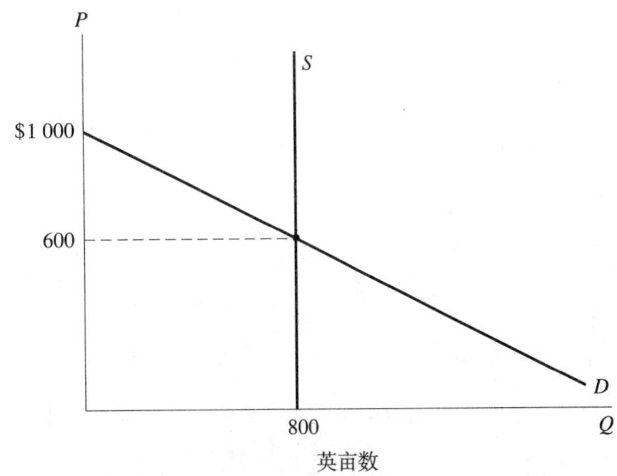

12. 对经济租金征税最有可能：

a. 增加使用土地的供给。

b. 减少使用土地的供给。

c. 对使用土地的供给只有很少或者没有影响。

d. 对使用土地供给的影响不可预测。

B. 环境经济学

13. 下面哪一项不能被称为公共物品？

a. 国防。

b. 防洪堤。

c. 麻疹疫苗。

d. 公开音乐会。

e. 汉堡三明治。

14. 某个生产企业每单位产出的边际成本为 125 美元不变，同时，它还排放污染物，每单位造成 5 美元的危害，如果经济是完全有效率的，产品的市场价格应该是多少？

a. 125 美元。

b. 130 美元。

c. 5 美元。

d. 120 美元。

e. 这个企业将破产。

图 14－3 指出了某企业减少污染的私人成本与收益，用

它来回答题15～16。

图14－3

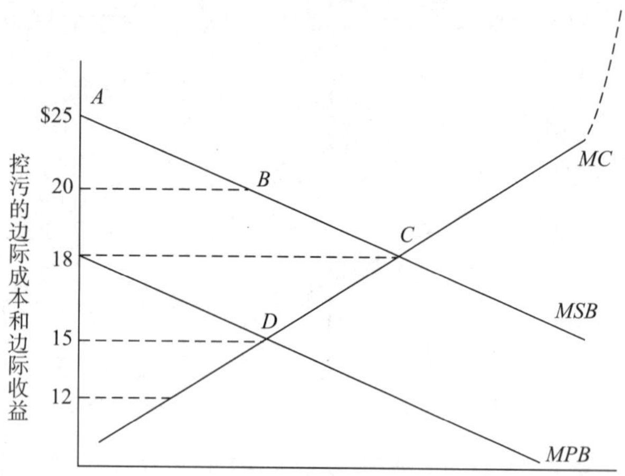

15. 当只考虑私人收益时，减少污染的效率水平在哪个点上反映出来？
   a. *A*
   b. *B*
   c. *C*
   d. *D*
   e. 以上选项都不是。
16. 如果每减少1单位污染有3美元的社会收益，并且市场是完全竞争的，价格应该为：
   a. 25美元。
   b. 20美元。
   c. 18美元。
   d. 15美元。
   e. 12美元。
17. 科斯定理表明：
   a. 只要政府退出市场，通过谈判总可以解决外部性问题。
   b. 如果交易成本不大，并且明确规定了产权，通过谈判来减少外部性的可能性还是存在的。
   c. 当外部性非常大时，谈判必须有政府的直接干预。
   d. 只要交易成本不高，而产权明确界定，通过谈判总能产生一个有效率的结果。
   e. 以上选项都不是。
18. 责任条款有助于减少外部性，这是因为：
   a. 联邦贸易委员会能用它们来建立可允许的污染的绝对水平。
   b. 昂贵的诉讼费用将减少对公共物品的需求。
   c. 社会边际收益与私人边际收益之差将在法院得到再分配。
   d. 个人不再为其给别人带来的危害承担法律责任。
   e. 以上选项都不是。
19. 环境问题的出现是因为：
   a. 人口以几何级数增长。
   b. 外部性。
   c. 自然资源是不可再生的。
   d. 自然资源是可再生的。
   e. 以上选项都不是。

七、解答题

下列问题旨在帮助你运用教材中提到的概念。

A. 自然资源经济学

1. 在我们讨论资源市场之前，我们有必要区分两种广义的资源。如果厂商或消费者能够得到资源的全部经济价值，那么资源就是（**可分拨的/不可分拨的**）。如果它对个人免费但对社会是有成本的，那它就是（**可分拨的/不可分拨的**）。
2. 当一种投入只有惟一的用途时，它的供给曲线相对价格将是完全无弹性的，因为价格下降时供给者没有可选择的余地。如果必要的话，即便在一个很低的价格水平，他们也只能供给同样的数量。
   a. 如果这种投入的市场是属于竞争性的，价格一定会很低吗？（选择一项）
      （1）是，如果竞争力起作用。
      （2）不能确定。价格将被定位在需求曲线与这条完全无弹性的供给曲线相交的______地方；如果对这种有限供给的需求足够大，那么均衡价格将非常高。
   b. 单一用途的例子说明，价格的“生产成本”理论是多么荒谬。假定问题中的投入是奶牛，它惟一的用途是生产牛奶。进一步假定对牛奶的需求使牛奶的价格达到一个特别高的水平。结果对奶牛的派生需求一定也会支持一个相应高的奶牛价格。在这样一种情况下，不正确的判断是（选择一项)：

(1) 奶牛的价格高是因为牛奶的价格高。

(2) 牛奶的价格高是因为奶牛的价格高。

总之，在这个情况下，你（**能/不能**）根据生产牛奶涉及的成本来对牛奶价格进行有意义的解释。

3. 现代税收理论把对供给完全无弹性的投入品征税的观点归纳为“拉姆塞税收”，支持这一总结的研究仅仅指出了税收在（a）提高收入和（b）使消费者剩余的损失最小化两个方面是更有效的，其前提是如果这些税收是强加在（相对）缺乏弹性的需求或供给的商品之上。图 14－4 将有助于你探索其背后的原理。

   a. 在图（a）中，给出供给曲线 *SS* 以后，通过 *E* 点画一条需求曲线 *DD*，则 *E* 点就表示一个均衡的价格和均衡的数量（价格 =5 美元，数量 =9）。为了反映出每出售 1 单位商品 X 征收 2 美元税收的效果，画出需求曲线 *D′D′*。由于 5 美元是供给者生产 X 所要求达到的价格，那么新的税后均衡数量一定是______单位。为此，人们每单位将花费______美元，供给者每单位将得到______美元。在纳税前，消费者剩余是______美元；纳税以后，消费者剩余将（**上升/下降**）到______美元。此外，税收收入将等于______美元。

   b. 图（b）重复了需求曲线 *DD* 的过程，虽然均衡价格与均衡数量不变（价格 =5 美元，数量 =9），但是相对（**更有弹性/更没有弹性**）。*D′D′* 再次代表了每单位征收 2 美元税收以后的有效需求。在该例中，税后均衡数量为______，均衡价格为______美元，供给者每单位可获得______美元，消费者剩余将从纳税前的______美元（**增加/下降**）到纳税后的______美元。同时，税收的总收入将等于______美元。注意，图（b）中需求的相对无弹性使得在消费者剩余损失很小的情况下，即使对每单位征收相同的税收，也会产生更多的税收收入。

4. 见图 14－5，*DD* 代表房屋出租的需求曲线，*SS* 曲线代表短期供给曲线。房屋的均衡租金将是______美元。

   a. 假定租金控制机构决定降低租金并且提供一个（**价格上限/价格下限**），让其等于均衡价格的 80%。当需求数量（**增加/保持不变/减少**）时，图 14－5 所描述的短期内所提供的出租房屋的数量将（**增加/保持不变/减少**）。此外，价格上限将（**刺激/打击**）房东增加房屋供给的积极性。

   b. 现在，考虑对房主获得的租金征收 20% 的税收。这项政策在短期经营的出租市场中导致（**相同的/不同的**）均衡数量，且租金将（**上升/保持不变/下降**），并且（**会出现/不会出现**）出租房屋的短缺。尽管在长期内，供给数量可能沿着一条倾斜的供给曲线下降，那时可能会出现短缺。

图 14－4

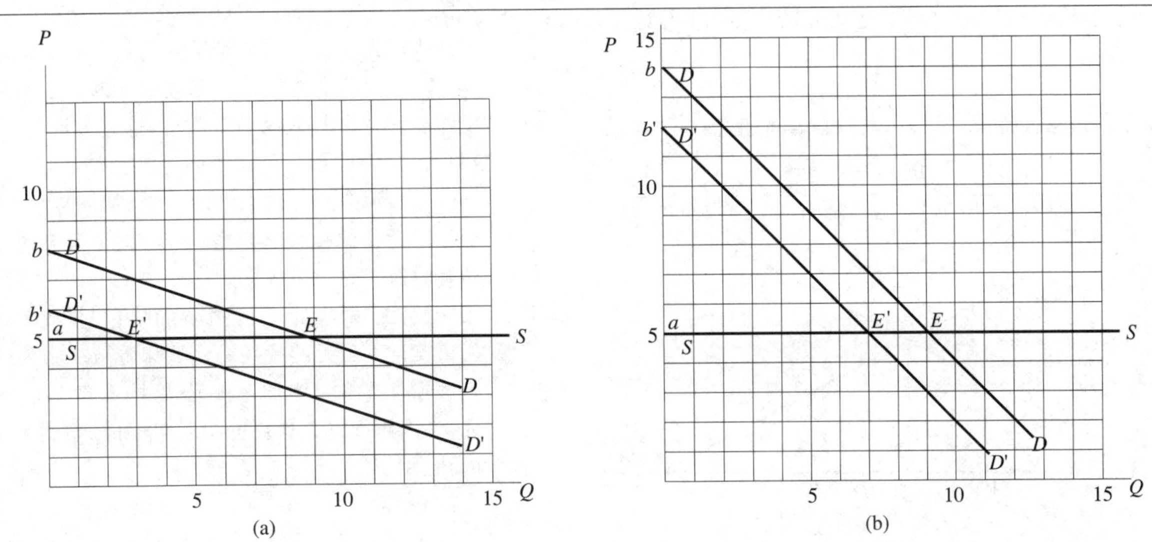

图 14－5

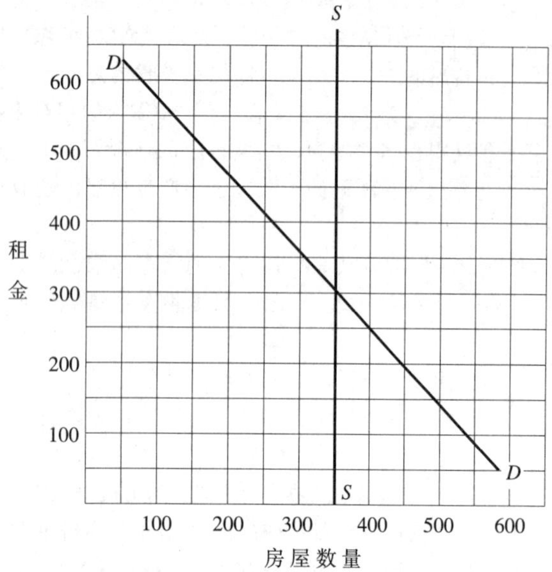

B. 环境经济学

5. 当生产或消费涉及他人非自愿的成本或收益时，外部性就产生了。污染是负外部性的最好例子，因为很多人不得不替那些排放废气和倾倒垃圾的企业行为支付成本。

我们将运用成本－收益分析来确定私有企业如何在减少污染这一问题上做出决策。图 14－6 表示的是如果选择不同的排污水平，企业 A 的边际成本与边际收益。

图 14－6

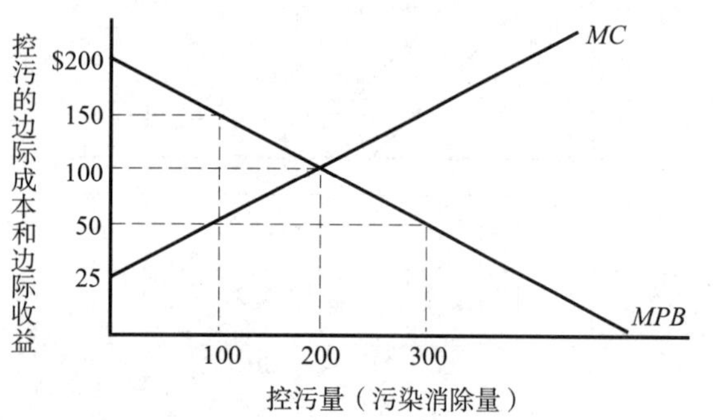

a. 假定政府规定必须清除 200 单位的污染，描述这一政策的影响。

____

____

b. 假定政府收取 100 美元的排污费，描述这一政策的影响。

____

____

c. 比较一下这两种政策。绝对数量的要求减少了______单位的污染，征收排污费减少了______单位的污染，并且政府获得了______美元的收入。收费使得排污量（**增加/减少/不变**）。

6. 图 14－7 表示减少污染的私人与社会边际成本和边际收益。

图 14－7

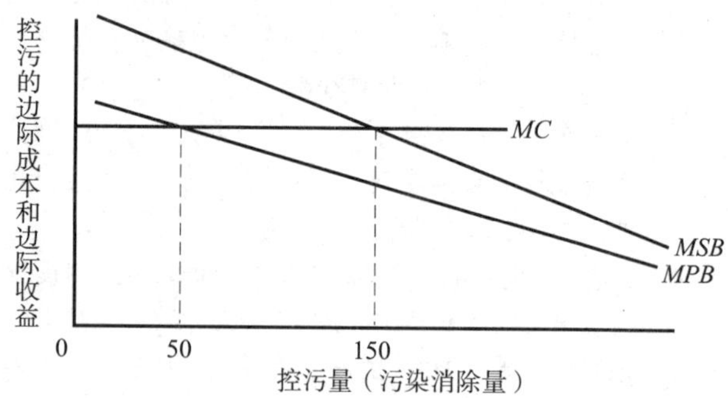

a. 在图 14－7 中，政府采取一些行动是必需的，因为当减少污染的边际成本等于（**污染的社会边际危害/零/减少污染的私人边际收益**）时，个人决定的减少污染的水平是______吨。这一数量（**大于/小于**）减少污染的有效水平，有效水平为______吨。减少污染的有效水平即减少污染的边际成本等于（**污染的社会边际危害/零/减少污染的社会边际收益**）时的控污量。

b. 假定受污染毒害的人愿意为污染方少排放 1 单位污染支付 4 美元的费用，这意味着减少污染的私人边际收益将（**增加 4 美元/保持不变/减少 4 美元**），因为每减少 1 单位的污染意味着增加 4 美元的补偿收入。

八、讨论题

回答下列问题，并解释你这样回答的原因。

1. 请用自己的话解释为什么对土地征税是有效率的。你同意亨利·乔治有关政府仅仅通过对土地征税就可以筹足运作资金的观点吗？你认为这是公平的吗？
2. 利用需求曲线和供给曲线说明 20 世纪以来自然资源价格下降的原因。
3. 解释为什么外部性在资源配置中导致低效率。
4. 比较直接管制的方法和市场导向管制的方法。哪一种方法能更高效地清除外部性？
5. 为什么说“温室效应”是一个重要的公共品问题？是什么原因使这个问题如此棘手？《京都议定书》是如何努力解决这个问题的？

九、答案

三、关键概念复习

4	亨利·乔治
3	公共品
10	可分拨资源
7	租金
9	不可分拨资源
11	外部性
1	成本 - 收益分析
6	私人品
8	或发价值
2	科斯定理
5	可交易的排污许可证

六、选择题

1. B　2. D　3. B　4. A　5. E　6. B　7. D　8. C　9. B　10. C　11. B　12. C　13. A　14. B　15. A　16. D　17. A　18. D　19. C

七、解答题

1. 可分拨的，不可分拨的
2. a. (2)
   b. (2)，不能
3. a. 3，7，5，13.50，下降，1.50，6
   b. 更没有弹性，7，7，5，40.50，下降，24.50，14
4. 300
   a. 价格上限，增加，保持不变，打击
   b. 相同的，保持不变，不会出现
5. a. 减少污染的边际成本等于边际收益。
   b. 企业将选择在与所交费用相等的边际成本水平上减少 200 单位的污染。
   c. 200，200，20 000，不变
6. a. 减少污染的私人边际收益，50，小于，150，减少污染的社会边际收益
   b. 增加 4 美元

八、讨论题

1. 对土地征税被认为是有效率的，因为税收不改变市场上买者或卖者的行为。这种税收制度是否公平，取决于土地的最初所有者是谁。
2. 供给的增长大大快于需求的增长。
3. 外部性导致资源配置低效率。这是因为私人供给与需求曲线不能代表生产与消费所产生的成本与收益。
4. 在直接管制方法下，管制者对企业所采用的控制类型与技术提供详细的指导。而市场导向方法允许每个企业确定自己最佳的解决污染问题的方案。因为每个企业都被允许按最佳方案做出自己的决策，因此市场将最有效地运作。
5. “温室效应”是一个棘手的难题，其解决方案会给很多人带来福音。一旦解决了这个问题，就不可能排斥任何人享受这一好处。因此，几乎没有人愿意为解决这一难题支付资金。《京都议定书》是一份承诺在 2010 年以前限制温室气体总排放量的协定。该协定允许国家间买卖排放权，配合市场解决由市场不灵遗留下来的问题。

第 15 章

资本、利息和利润

一、概述

本章的核心是资本。资本主义指的是基于资本的经济体系。因此，理解资本概念对于学习经济学的学生来说至关重要。A 部分我们给出资本的定义，讨论资本的价格，并区分资本和金融资产。这一部分我们还要阐述资本收益率，包括利率的重要概念和资产估值。B 部分讨论的是资本的基本理论以及作为资本收益的利润等概念。市场决定资本收益的过程是极其复杂的。

资本收益取决于诸多因素，如经济因素和心理因素，而非一条派生需求曲线与一条供给曲线的相交点所能解释的。它取决于人们放弃当前消费以在未来获得更大消费量的意愿；它取决于人们预测未来时所固有的不确定性，以及人们对这些不确定性所带来的风险的规避；它甚至取决于行业政策或国际化水平。然而，当前的任务是只考察最简单的理论。虽然许多可能存在的复杂化因素都被简单提及，但本章的核心是简明而正确地描述资本市场的运作。

二、学习目标

在你读完教材第 15 章之后，完成本书的习题，你将能够：

1. 解释以下概念：**资本**（capital）和**投资**（investment）、价格和租金、**收益率**（rates of return）、**现值**（present value）和**利率**（interest rates）。
2. 确切定义当经济学家提到实物资本时，他们指的是什么，并理解为什么资本不是一种基本的生产要素。
3. 给出资本收益率的定义，并描述它与利率的关系。讨论利率在决定货币价格中的作用，并理解名义利率和实际利率变动之间的差别。
4. 解释现值（present value）在评估资本项目的潜在盈利状况时的重要性。记录永久性资产（能带来固定的收益）的现值公式和一般资产（能带来任意的未来收益流）的折现公式。考察两种不同情况下现值对利率变动的敏感度。
5. 理解资本积累的收益递减规律。
6. 解释决定（a）资本的派生需求和（b）资本供给的主要因素，以及资本存量从短期均衡到长期均衡的动态调整过程。
7. 在统计学的意义上定义**利润**（profit），并解释下列概念对于利润的决定作用：（a）隐含租金、利息支付和工资；（b）承担风险的报酬；以及（c）垄断租金。

三、关键概念复习

在 B 栏中寻找与 A 栏中术语相应的解释，并将序号填在术语前边。

A	B
__ 利润	1. 计算当其他条件不变、厂商多增加投入 1 单位资本时，产出的增加量。
__ 通胀保值债券	2. 在一段时间内能带来一定收入流的资产的当前价值。
__ 资本	3. 总收益与总成本之差。
__ 租费	4. 将利息和本金与通货膨胀联系起来的一种债券。
__ 资本收益率	5. 计算如果我们放弃当前物品而在未来能得到多少物品的利率。

__ 无风险利率 6. 厂商所拥有的要素的机会成本。

__ 实际利率 7. 描述资本品投资涉及放弃当前消费以增加未来消费这样一个事实。

__ 名义利率 8. 由在未来生产中作为生产性投入的耐用品构成。

__ 现值 9. 指每年投资资本中每1美元的净收益。

__ 迂回性 10. 投资者从事不可投保的风险投资所得到的回报。

__ 资本的边际产品 11. 以美元表示的利率。

__ 风险溢价 12. 由于暂时使用资本品而进行的支付。

__ 隐含收益 13. 对几乎没有违约或无法支付风险的贷款支付的利率。

四、小结与本章提纲

本部分对教材第15章的关键概念进行总结。

A. 利息和资本的基本概念

1. 实物资本包括建筑物、设备、投入的存货和为了再生产而作为生产性投入的产出的存货。为暂时使用资本品而投入的支付被称为租费。
2. 生产性投入如资本（计算机、汽车和建筑物）应该与金融资产区别开来，金融资产是对一项资产的货币索要权。金融体系能够使储蓄者将钱借给借款者（通过金融中介）。
3. 资本是延迟消费的结果，它通过增加将来的潜在产品而产生正的收益。资本收益率是一个百分数，它是资本的年净收益与资本的货币价值之比。例如，假定你今天花350美元买了1盎司黄金，1年以后以400美元出售。那么，你在这项投资的收益率是14%（\$50/\$350）。
4. 延迟消费的储蓄提供了对实物资本进行金融投资时所需的资金。但是，当人们储蓄时，他们期待获取收益。利率是借出资金的年收益率。实际利率等于名义利率减去通货膨胀率。
5. 现值是未来收入流在现在的货币价值。如果这些（净）收益用 Nt 表示，t 代表时间段，i 代表利率，那么：

$$V=\frac{N_1}{(1+i)}+\frac{N_2}{(1+i)^2}+\cdots+\frac{N_t}{(1+i)^t}$$

例如，考虑一个两年的投资机会。第一年将带来30 000美元，第二年是40 000美元，相关的市场利率是10%。如果今天的投资成本是50 000美元，它的现值是多少？

根据给定的信息，N_1 = \$30 000，N_2 = \$40 000，$i=10\%$，现值可以用如下式子表示：

$$V=\frac{\$30\,000}{(1+0.1)}+\frac{\$40\,000}{(1+0.1)^2}-\$50\,000=\$10\,330.55$$

如果一项资产是永久性的，而且每年的收益 Nt 一直为 N，那么上述方程可简化为：

$$V=\frac{\$N}{t}$$

在任何情况下，利率（i）越高，现值（V）越低。

6. 利率是货币的价格。如果你进行储蓄，你会将所得的利息视为储蓄的回报或收益。也可以将它看作其他人（通常是银行）为了使用你的货币而愿意支付给你的价格。同理，如果你要借款，则你也必须付出利息，以补偿借款者放弃将这些货币用于其他地方的损失。

   现实经济中利率并不唯一。在其他条件不变的前提下，若出现下列因素，则利率将会变得更高：

   a. 存款或贷款的到期日越长。

   b. 该项贷款或金融投资的风险越大。

   c. 资产的流动性越低。流动性衡量一项资产转变为现金的难易程度。

   d. 与贷款有关的管理成本越高。

   美国政府债券是储蓄者最安全的贷款方式之一，因为美国政府不可能违约。正因为如此，美国政府才得以用相对低的利率借款。这个利率通常被称为“无风险利率”。

7. 贷款者和借款者都需要关心通货膨胀对他们的金融资产和债务的价值的影响。当通货膨胀增加时，货币的实际价值或者购买力，就会下降。假如你从银行借了500美元，期限为1年，利率为6%。当银行决定向你贷款时，他就放弃了将这500美元用于其他用途的机会。在本案例中，假设银行放弃了为一位管理者购买价值500美元的办公桌的机会。到年末，你必须归还银行530美元（\$500×1.06）。进一步假设在你借款的这一年中，通货膨胀提高了10%。银行去年本该购买的办公桌现在价值550美元！当你归还贷款时，银行已经不能用你的还款（甚至包括利息）购买这张办公桌了。实际上，或者从通货膨胀调整的角度来看，银行受到了损失。名义上，或者从货币的角度来看，银行得到了6%的利息。然而，实际上，他损失了4%！（银行得到的钱比办公桌的购买价格少20美元；20美元是500美元的4%。）你可以很容易地计算出实际利率：

实际利率 = 名义利率 - 通货膨胀率

8. 债券到期前，债券需要每年支付固定数量的货币，称为息票支付。（实际上，大多数债券每6个月支付1次，但是我们在这里假设每年支付1次。）例如，如果你购买了一份10年期、面值为1000美元、利率为6%的债券，那么你每年会得到60美元的利息（息票支付），并在10年后收回1000美元（本金）。现有债券在到期前可以在债券市场上交易，即买卖。如果当前市场利率涨到6%以上，债券的市场价格就会下降（即债券价格与利率之间是反向关系）。不妨考虑一下债券到期前最后一年的情况。如果当时市场利率为8%，那么别人为什么要对你利率为6%的债券支付全价？既然他们在其他的金融投资上都可以得到8%。在第10年末，债券的所有者将会得到1060美元。现在我们需要计算出多少货币乘以1.08后能得到1060美元。由此，你拥有的债券的现值或它的当前市场价格应当为$1060/1.08 = $981.48。
9. 1997年，政府引入了通胀保值债券。这些10年期债券的利率与一般价格水平相关。另外，当债券到期后归还本金时，本金的价值会根据通货膨胀进行调整。你应该了解，当政府（或者任何其他组织）发行或卖出债券时，实际上是在借钱。购买债券是储蓄的一种形式。个人购买政府债券能够得到利息。

B. 资本、利润和利息理论

1. 对资本品的投资涉及到间接的迂回性。这意味着为了增加投资而放弃今天的消费，间接地导致将来更多的消费。
2. 资本的派生需求来源于它的边际产品。注意，收益递减规律也同样适用于资本，也就是说，随着企业在资本上不断投资，边际货币的回报率最终将下降。这使得对资本的需求向下倾斜。较高的利率减少了现值大于零的资本投资项目的数目，从而减少了对（新）资本的需求；较低的利率作用相反，因此会刺激资本密集型投资。
3. 在短期均衡中，固定数量的资本的分配使得资本的收益率等于市场利率。在短期内，依据过去的投资情况，资本的供给固定，因此，它的价格由需求曲线的位置决定。
4. 在长期均衡中，资本的供给向上倾斜，这意味着当利率上升时，储户愿意向市场提供更多的资金。这样，在长期内，均衡点是在资本需求曲线与资本供给曲线的交点。
5. 古典资本理论对供求结构的认识取决于与技术变革、不确定性和风险、通货膨胀、宏观经济波动相联系的一些限制条件。税收和通货膨胀能改变投资者的行为，因为它们降低了投资的实际收益。技术变革一般通过提高资源的生产率来增加投资收益。最后，我们必须记住，所有投资都带有风险和不确定性。任何决策都是基于对将来的最好的预期。因为将来是不确定的，不能保证一项既定投资的收益和预期完全相同。
6. 利润是收入减去成本。包括许多企业自有的、非劳动要素的隐含收益。它们也包括承担风险和创新的回报。经验研究表明，在过去的30年里，美国的公司赢得了适度的投资收益率。
7. 会计利润是会计在财务报表中计算的剩余收入。经济利润是减去所有成本之后的收入，包括货币成本和隐含成本（或曰机会成本）。对于一个企业应否继续留在该行业，经济利润是一种更中肯的衡量指标。
8. 隐含收益是利润的一项重要来源。企业拥有许多自己的生产性投入。自己拥有的投入的隐含收益是利润的一部分。

五、学习提示

1. 现值公式反过来可以计算终值。假定我们进行一个10美元的投资，并且预计在以后的3年中每年有10%的收益。在3年后我们会有多少钱？注意，每年的利息是下一年投资本金的组成部分。因此：

   第一年：$10.00 + ($10.00 × 0.1) = $11.00

   第二年：$11.00 + ($11.00 × 0.1) = $12.10

   第三年：$12.10 + ($12.10 × 0.1) = $13.31

   在每一年年末，我们将原始投资加上该投资获得的利息作为下一年的投资。

2. 资本是经济学家们所采用的专用术语之一。实物资本包括建筑物（如工厂和仓库）、设备（如钻床和铁锤）、投入和产出的存货（如汽车和衬衫）。人们有时用资本指代金融资本，或者指用于储蓄或投资的现金。注意，这并不是经济学家所指的资本这个词的含义。
3. 请记住，债券在存续期内支付固定利息。当前市场利率与债券的市场价格之间具有反向关系。
4. 无论你是借款还是贷款，总是要设法估计经济中的通货膨胀率。这恰恰是许多银行的贷款利率在贷款期间经常变化的原因。他们在保护自己免受通货膨胀的损害。
5. 定义和计算利润可有几种不同的方法。请记住会计们通过收入减去显性成本得到利润。如果利润是正数，一个企业在偿付它的所有账单后仍有盈余。经济学家通过收入减去显性成本再减去隐性成本而得到利润。隐性成本是生产中的机会成本，也就是企业将资源投入到它们的次优领域所能获得的收入。如果经济利润为正，那么一个企业不仅在偿付所有账单后有盈余，而且这个盈余比将资源投入到次优领域所获得的盈余还要多。这是一个非常重要的区别。

六、选择题

下列问题按照教材中的顺序安排，从各选项中选出一个最佳答案。

A. 利息和资本的基本概念

1. 资本包括：
   a. 建筑物，例如工厂和住房。
   b. 设备，如机器、工具和计算机。
   c. 产成品和投入的存货。
   d. 所有以上选项。
   e. 人们愿意借出的钱。
2. 如果要计算任何一项资本资产的收益率，需要几项信息。下面哪一项将是不需要的？
   a. 购买或建造该资产的原始成本。
   b. 原始购买的融资方式。
   c. 为了保持该资产在其使用年限中处于正常的运行状态，估计必须支付的维护或运行成本。
   d. 在其生命周期内，估计该资产将产生的收入。
   e. 预计收入的风险程度，即未来收入的不确定性。
3. 一项资产的现值是：
   a. 它的原始成本加上预计的使用年限中的维护费。
   b. 与其原始成本相同。
   c. 所有折现净收入之和。
   d. 在没有折现的情况下，所有净收入之和。
   e. 使资产恰好值得购买或者建造时的利率。
4. 如果一项投资的收益为800美元一年，年利率是10%，则其现值为：
   a. 10 000美元。
   b. 8 000美元。
   c. 720美元。
   d. 以上选项都不是。
5. 利率与资产价格之间具有什么关系？
   a. 反向。
   b. 正向。
   c. 资产价格与利率之间无关系。
   d. 以上皆有可能，取决于经济是否处于衰退期。
   e. 信息不足，无法判断。
6. 假设货币利率为7%，通货膨胀率为2%，则实际利率为：
   a. 9%。
   b. 7%。
   c. 5%。
   d. 2%。
   e. 以上选项都不是。
7. 假设现有一份1年期债券，到期时支付100美元利息加上2000美元的本金。如果市场利率为8%，那么你愿意为此债券支付多少？
   a. 1888.88美元。
   b. 1944.44美元。
   c. 2000.20美元。
   d. 2160.50美元。
   e. 2268.68美元。
8. 假设一份1年期债券，到期时支付100美元利息加上2000美元的本金。如果市场利率为4%，那么你愿意为此债券支付多少？
   a. 1784.00美元。
   b. 1888.88美元。
   c. 2019.23美元。
   d. 2080.20美元。
   e. 2184.00美元。
9. 实际利率等于：

a. 名义利率减去通货膨胀率。
b. 通货膨胀率减去名义利率。
c. 名义利率加上通货膨胀率。
d. 通货膨胀率除以名义利率。
e. 名义利率除以通货膨胀率。

B. 资本、利润和利息理论

10. 根据古典理论，下面哪一项准确地描述了在利率的确定中，边际收益递减规律所起的作用？
 a. 随着资本品相对于土地和劳动的供给不断积累，新增资本的收益率一定下降。
 b. 生产新增资本品的成本一定上升（在没有创新的情形下）。
 c. 产出的稳定增长一定会降低消费品的价格，因此降低了资本收益率。
 d. 创新不能持续地阻止利率下降的长期趋势。
 e. 以上选项都不是。
11. 在古典投资理论中，决定利率的因素是：
 a. 各资本项目的预计收益率。
 b. 公众希望将他们的收入用于消费的程度。
 c. 各资本项目的预计收益率和公众希望将他们的收入用于消费的程度。
 d. 各资本项目的预计收益率和资本存量的多少。
 e. 各资本项目的预计收益率和技术变革的速度。
12. 古典投资理论认为：
 a. 应存在一个实现长期均衡的趋势，那时市场利率将为零。
 b. 应存在一个实现长期均衡的趋势，那时总投资将持续下降。
 c. 应存在一个实现长期均衡的趋势，那时净投资将保持在一个稳定的非零的水平。
 d. 应存在一个实现长期均衡的趋势，那时用于储蓄的收入将是零。
 e. 没有实现任何一种长期均衡的趋势。
13. 预期某项资产将产生一个稳定的 100 美元的永续年金（除去所有的成本或费用），如果市场年利率为 8%，那么这项资产的市场价值应该是：
 a. 800 美元。
 b. 1 250 美元。
 c. 8 000 美元。
 d. 10 000 美元。
 e. 无穷大。
14. 如果市场利率提高，其他情况不变，那么任何既定的资本资产的现值将：
 a. 提高，并且对未来资产收益的预期越多，现值提高得就越多。
 b. 提高，并且对现在而不是对遥远的未来的资产预期收入越高，现值提高得越多。
 c. 下降，并且对未来资产收益的预期越多，现值下降得越多。
 d. 下降，并且对资产现在而不是遥远未来的预期收入越高，现值下降得越多。
 e. 没有任何改变。
15. 市场的年利率是 9%，从现在起 1 年后，500 美元的现值是：
 a. 459 美元。
 b. 559 美元。
 c. 263 美元。
 d. 545 美元。
 e. 以上选项都不是。
16. 就决定任何资产价值的合理方法而言，对资本和利息的任何讨论都暗含着一种规则，这种规则指导我们：
 a. 根据购买或建造的原始成本，再扣除一个合适的折旧数，最后得到现值，以此来决定资产价值。
 b. 根据预期的未来产生的净收入来给资产估值。
 c. 根据预期的未来产生的净收入的贴现总额给资产估值。
 d. 决定代表资产净生产率的美元数，然后通过利率对净生产率进行贴现。
 e. 以上选项都不是。
17. 如果市场利率普遍下跌，那么任何资本资产的现值将：
 a. 下跌，因为较低的利率表明，在未来任一时期产生的收入量的现值较高。
 b. 下跌，因为较低的利率表明，在未来任一时期产生的收入量的现值较低。
 c. 保持不变，除非相关的成本或收入因素因此而改变。
 d. 增加，因为较低的利率表明，在未来任一时期产生的收入量的现值较低。
 e. 增加，因为较低的利率表明，在未来任一时期产生的收入量的现值较高。
18. 在通货紧缩时期（例如价格整体下跌），任何一个贷款人得到的实际利率将：

a. 大于名义利率。

b. 变成一个负数。

c. 虽然没有到变成负数的程度，但是下跌到规定利率以下。

d. 成为一个毫无意义、无法计算的数字。

e. 大于失业率。

19. 任何资本品的收益率被合理地描述为：

a. 资本品值得购买或建造的利率水平，即使预期收入现值正好等于预期成本现值的利率。

b. 资本品被购买或建造后将会增长的利润的美元数。

c. 与市场利率相同。

d. 资本品被购买或建造后增加的产出（与货币价值不同）。

e. 由资本品增加带来的所有净收益加总后除以其成本得到的百分比。

20. 如果企业对于从它们计划的投资项目中得到的收入变得更为乐观，那么该资本的收益率：

a. 将上升，因为收入参与收益率的计算。

b. 将下降，因为收益率是一种利率，而利率与投资项目的价值呈反方向变化。

c. 将不会改变，因为收益率是受技术因素影响的，而不受预期收入的影响。

d. 可能会下跌，尽管有一种特殊的情况可使它上升。

e. 可能得出上面的任何结果，因为预期收入的改变对利率的影响是不可预测的。

21. 利润被定义为：

a. 总收入与总成本之间的差异。

b. 达到均衡时边际收益与边际成本间的差异。

c. 一个企业从销售它的产品中获得的总收入。

d. 分配给股东作为红利的现金量。

e. 企业再投资于它的工厂和设备上的现金量。

22. 一个企业利润率的决定是通过：

a. 企业拥有的生产要素的隐含收益。

b. 企业从事行业的风险水平。

c. 企业能够达到的创新水平。

d. 所有以上选项。

e. 以上选项都不是。

七、解答题

下列问题旨在帮助你运用教材中提到的概念。

A. 利息和资本的基本概念

1. 一项资产将花费你 100 美元，现在正在考虑建造它。如果你建造它，两年之内不会获得报酬，但是从现在起两年后这项资产将给你带来 121 美元的收入——在这之前和之后都一无所得。这 121 美元不包括任何成本或支出；它是你 100 美元支出的净报酬。这 121 美元的报酬是必得的，这一点毫无疑问。此项资本资产的年收益率为____%。100 美元的本金在第一年内将获得 10 美元的利息。将这 10 美元作为“额外的本金”记入账户，这些利息也将获得利息，所以在第二年共获得 11 美元的利息。在第二年末，最初 100 美元的总价值将是 121 美元——100 美元本金加上 21 美元（= \$10 + \$11）利息。

a. 本例中涉及了两个不同的美元数：一个是现在的 100 美元的本金，另一个是从现在开始两年以后 121 美元的收入。利率与这两个不同的数字有关，因此资本收益率最好表述为（**美元数/利率**）。

b. 如果你不得不借 100 美元来建造 a 中所提到的资产，且年利率为 5%。你会这样做吗？（**会/不会**）

c. 你（**会/不会**）以 9% 的年利率借这笔钱吗？那么以年利率 11% 呢？（**会/不会**）

2. 假设你有钱可以外借或用于购买能带来收益的资产，市场年利率为 10%，但是该市场中的借款人有非常好的信用，以至于任何借款人拖欠其借款的风险是根本不存在的。一个所有者拥有第 4 题中所描述的资产（一项能保证在第二年末获得 121 美元回报的资产），想把它卖给你。

a. 如果这项资产花 90 美元可以买到，你会购买它吗？（**会/不会**）如果你购买了它，那么你在投资上获得的利率将（**大于/小于**）10%。

b. 如果这项资产要价 100 美元，那么它将是（**一次很有利的购买行为/一次很不利的购买行为/同其他可选方案一样好，但不会更好**）。

c. 你会花费 102 美元购买该项资产吗？（**会/不会**）如果你购买了，那么你在投资上所获得的利率将（**小于/等于/大于**）10%。

3. a. 假定你拥有一块每年能给你带来 5 000 美元净租金

收入（扣除保养费等）的土地，并且你希望在未来继续保持该租金收入，那么这块土地的现值将是（选择1项）：

(1) 5 000美元。

(2) 所有5 000美元的未来预期收入之和。

(3) 所有未来的预期收入分别按市场利率折现后的和。

b. 假设a中的那项资产在将来能够带来每年5 000美元的收入，即拥有"永久性收入流"。如果每年的利息收入是5 000美元且年利率是4%，那么投入的本金将是____美元。

c. 有一个简单公式可以计算永久性资产的价值，把它写下来，并且确定公式对b题的情况也适用。

4. 你必须确定资产A还是资产B有较高的现值。资产A承诺分别在1、2、3、4年末进行4次收入支付，每年支付1 225美元。资产B承诺分别在1、2、3、4、5年末进行5次支付，每年支付1 000美元。对于这两项资产，预期支付的可信度是相同的。市场利率为10%。计算A和B的现值：资产A = ____和资产B = ____。你决定投资于（**资产A/资产B**）。

5. 理解利率与资产价格的关系很重要。理解利率和通货膨胀之间的关系也很重要。

a. 资产价格与利率之间的关系是（**正向/反向/不确定**）。

b. 保持其他条件不变，当名义利率随着通货膨胀率上升而上升时，实际利率（**上升/下降/保持不变**）。

c. 假设美国财政部发行了一种5%的通胀保值债券（TIPS）。2010年，债券的价值为10000美元。2010年至2015年间的通货膨胀率为10%。2015年，财政部需要对（**10000/11000/12000/15000**）美元，而不是10000美元支付5%的利息。

d. 假定2012年，一份标准的10年期国债的名义收益为8%，而一份10年期通胀保值债券的实际收益为3%。在接下来的10年里，投资者预期通胀率平均每年为（**3%/5%/6%/8%**）。

B. 资本、利润和利息理论

6. 下表（表15-1）给出了生物制药行业中，资本的派生需求和不同时期的资本供给。为简单起见，假设市场完全竞争，无风险，无通货膨胀，无人口增长，无技术变革。

a. 资本具有递减的收益吗？你是如何判断的？

b. 在第1、2、3年，均衡的资本收益率是多少？

c. 在本例中，是什么导致了利率的变化？

表 15-1

资本的单位	资本的边际产品（%/年）	资本的供给		
		第1年	第2年	第3年
10	50	20	40	60
20	45	20	40	60
30	40	20	40	60
40	35	20	40	60
50	30	20	40	60
60	25	20	40	60
70	20	20	40	60

7. 图15-1描绘了资本的供给和需求曲线。需求曲线描述了经济体中借钱进行投资的企业行为，供给曲线描述了这些企业在不同的利率上可获得的资本存量。图(a)描述了短期的这种关系，图(b)描述了长期的这种关系。

a. 这两幅图中的需求曲线都向下倾斜。这是什么原因造成的？

b. 给出了图15-1(a)中的资本存量之后，该经济体中短期均衡利率为____。

c. 随着时间的推移，资本品的存量将（**减少/保持不变/增加**），因为短期利率（**高于/低于**）长期均衡利率。根据(a)图，垂直的SS曲线将（**向左移/保持不变/向右移**），市场利率将（**上升/保持不变/下降**）。在图15-1(a)中表示出这种移动。

d. 图(b)中的供给曲线是向上倾斜的，这是什么原因造成的？资本的短期供给曲线和长期供给曲线有什么不同？

e. 资本的短期供给曲线将不断调整，直到短期利率等于（**0/通货膨胀率/长期均衡利率**）。在图15-1中，表示出这种关系。

八、讨论题

回答下列问题，并解释你这样回答的原因。

1. 当利率上升时，任何收入流的现值都将会下降。用你自己的话来解释这一现象，并用现值方程式加以说明。

2. “迂回性”指的是什么？为什么在做投资决策时考虑它很重要？

图 15－1

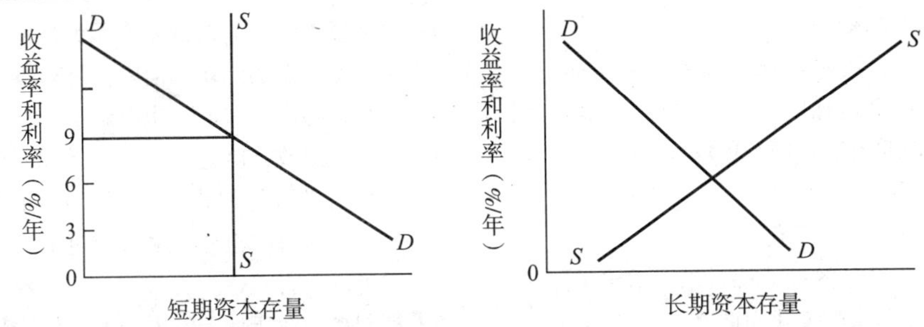

(a)　　(b)

3. 为什么短期资本供给曲线是完全无弹性的，而长期资本供给曲线是向上倾斜的？
4. 假定你经营一个位于自己土地上的路边水果和蔬菜摊。你将把你的净收入归纳成“利润”。这是正确的吗？在你所定义的利润中，隐含租金和工资扮演着什么角色？
5. 在本章中区分了 3 种重要的利润来源，它们分别是什么？
6. 如果有部分利润在不完全竞争的情况下不能转化为隐性工资、隐性租金或隐性利息，那么有必要回答另外一个问题：获得利润的个人承担哪些职能？利润是做什么的回报？你应该如何回答这些问题？

九、答案

三、关键概念复习

3	利润
4	TIPS
8	资本
12	租费
9	资本收益率
13	无风险利率
5	实际利率
11	名义利率
2	现值
7	迂回性
1	资本的边际产品
10	风险溢价
6	隐含收益

六、选择题

1. D　2. B　3. C　4. B　5. A　6. C　7. B　8. C　9. A　10. A　11. C　12. D　13. B　14. C　15. A　16. C　17. E　18. A　19. A　20. A　21. A　22. D

七、解答题

1. a. 利率
   b. 会
   c. 会，不会
2. a. 会，大于
   b. 同其他可选方案一样好，但不会更好
   c. 不会，小于
3. a. (3)
   b. 125 000
   c. $PV = N/i$，其中 N 是定期支付，i 是利率。
4. 资产 A＝3 790 美元，
   资产 B＝3 882 美元，资产 B
5. a. 反向
   b. 保持不变
   c. 11000
   d. 5%
6. a. 是。因为资本的边际产品递减。

b. 第1年45%，第2年35%，第3年25%。

c. 长期看利率是趋于下降的。首先，在第1年，利率比较高。这会鼓励更多的储蓄（供给方），从而在第2年和第3年，使企业积累更多的资本。但是随着积累的增加，他们面临着递减的资本边际产品，会减少对资本的需求量。

7. a. 在长期和短期中，资本需求量和利率之间都呈反向关系。资本存量增加时，资本收益率下降。因此，为了使该项目有利可图，市场利率必须降低。

b. 9%

c. 增加，高于，向右移，下降

d. 在短期，资本是固定的投入品。然而在长期，资本的供给能根据需求的变化而调整。

e. 长期均衡利率

八、讨论题

1. 当利率上升时，任何收入流的现值将会下跌。从现值方程式能看出分母将变大，这就意味着现值会变小。当利率上升时，在未来得到现金流的机会成本将会增加，这就意味着收入流的现值一定下降。

2. 迂回性指资本品用于创造最终产品和服务的事实。资本品的生产要求放弃现在的消费以增加未来的消费。

3. 短期资本供给曲线是完全无弹性的，因为短期内资本存量是固定的。在长期内，所有投入品都是变量，资本存量随着利率的变化而调整。

4. 净收入或收入减去显性成本是利润的定义之一，但是这个定义可能忽视了你所拥有的投入品的价值。例如，你拥有的土地和水果摊可能没有其他用途，但是它可以获得租金。

5. 利润是企业所拥有的生产要素的隐性收益；利润是对承担风险和创新的回报；利润是对垄断力量的回报。

6. 利润是对企业家才能的回报，即利润是在市场经济中，资本家为了生产而必须承担的风险和进行创新活动而获得的回报。

第 16 章

政府的税收和支出

一、概述

在 20 世纪绝大多数工业化国家，政府已经是极度膨胀了。为了应对两次世界大战、深刻而残酷的大萧条、冷战、反恐战争以及无数其他社会和经济问题，面临日趋复杂的社会，政府的负担也日益加重。政府的支出在增加，税收、收入支持计划和管制性干预也增加了。

人们对政府规模和范围的扩大并非没有异议。在美国，那些反对大政府的人认为“山姆大叔”已经越俎代庖，该有人来管管它了。在开始讨论前我们必须承认一点：“政府不灵”和“市场不灵”发生的可能性是一样的，即政府项目不能以有效和平等的方式来分配资源。然而，为了得出这样的结论，我们需要开发一些分析工具。

首先，在本章，我们的目标是学习政府在混合经济中从事哪一类型的职能。其次，我们要把注意力转移到美国经济中，政府在各个层次实际所承担的职能。我们将要研究政府在各个层次的主要支出模式，这有助于界定财政联邦制——在地方、州和联邦政府之间划分职责。最后，我们将考察税收问题，并归纳出一些可用于增加收入的其他战略，这些收入专门用来资助全部政府支出。

二、学习目标

在你读完教材第 16 章之后，完成本书的习题，你将能够：

1. 描述 20 世纪**财政联邦制**（fiscal federalism）在美国的路径。
2. 列出政府必须考虑的 4 项主要职能，然后加以解释并给出例子：（a）提高经济效率，（b）减少经济不公平，（c）通过宏观经济政策稳定经济，和（d）执行国际经济政策。
3. 讨论有效率的财政联邦制体系的结构，以及在各级政府职权划分中必然出现的职责的模糊性。列出各级政府最主要的支出类型。
4. 描述税收的相互冲突原则——**受益原则**（benefit approach）和**支付能力原则**（ability-to pay approach）——以及美国是如何实现两者折衷与妥协的。将这些原则同**横向公平**（horizontal equity）与**纵向公平**（vertical equity）联系起来。
5. 将各种税收方案加以分类，如：**累进税**（progressive tax）、**比例税**（proportional tax）和**累退税**（regressive tax），还包括**直接税**（direct tax）和**间接税**（indirect tax）。
6. 理解联邦、州和地方的税收体系是围绕什么原则组织起来的。
7. 讨论税制设计中效率的问题。

三、关键概念复习

在 B 栏中寻找与 A 栏中术语相应的解释，并将序号填在术语前边。

A	B
__ 经济管制	1. 使贫困家庭的纳税额与收入额的比例高于富裕家庭的一种税收方案。
__ 社会管制	2. 认为政府应对那些供给和需求最缺乏价格弹性的投入和产出征收最重的税。
__ 自由放任	3. 关注的是不同收入水平的人们的税收待遇。

__ 收入再分配　4. 认为政府应尽可能少地干预经济活动，而让市场来做出决策。
__ 公共选择理论　5. 对生产的每一个阶段都要征税。
__ 财政联邦制　6. 旨在改善环境、提高收入的税收。
__ 福利专项计划　7. 在各级政府间划分财政职责。
__ 受益原则　8. 旨在保护公众健康和安全的政府政策。
__ 支付能力原则　9. 旨在加强价格控制、确立进出条件、设立市场安全标准的政府政策。
__ 横向公平　10. 等于总税额除以总收入。
__ 纵向公平　11. 认为实质上平等的人在纳税上也应该平等。
__ 累进税　12. 声称高边际税率的抑制因素要对国家的许多弊病——低储蓄、衰退等——负责。
__ 累退税　13. 旨在把更多的资源用于为穷人提供服务的政府政策。
__ 直接税　14. 研究政府决策方式的经济学分支。
__ 间接税　15. 直接向个人或企业征收的税。
__ 有效税率　16. 认为对不同个人征收的税应与他们从政府计划中得到的利益成比例。
__ 边际税率　17. 对商品和服务征收的税，因而对于个人来说是“间接的”。
__ 增值税　18. 向符合法律规定资格要求的人提供津贴和进行支付的计划。
__ 拉姆塞税收原则　19. 认为人们纳税的数额应与其收入或财富相联系。
__ 供给经济学　20. 使富裕家庭的纳税额占收入的比例高于贫困家庭。
__ 绿色税　21. 每1美元新增收入所支付的额外税收。

四、小结与本章提纲

本部分对教材第16章的关键概念进行总结。

A. 政府对经济的控制

1. 政府主要运用三大工具来影响私人经济活动：税收、支出与转移支付，以及管制。税收与政府支出经常被称为财政工具；政府以一个消费者的身份参与经济活动或尝试对收入进行再分配。管制就是建立规则，对企业追求自身利益最大化的能力进行限制。
2. 近50年来，在很多国家，政府的经济职能在各个层面上有了显著的增强。经济管制已经使政府涉入到定价、监督与激励竞争以及为很多行业制定安全标准等事务。这一领域的例子有最近对软件产业中的企业微软的裁决，还有建立职业安全与健康管理组织（OSHA）——对在职雇员的福利进行关注。社会管制包括了政府进入到公共安全与健康领域。这一领域的例子包括很多州制定的汽车安全带法规，以及《空气清洁法案》——为减少我们呼吸的空气中所含污染物的数量制定的一个洁净目标。
3. 在混合经济中，政府的职能主要有四个。第一，政府可以采取行动以提高经济效率。虽然“看不见的手”可以有效地解决经济问题，但市场不灵还是会经常发生。经济主体需要一种法律体系以确保合同的执行并确定游戏规则，还需要某种反托拉斯政策以限制不完全竞争的极端形式和垄断力量的出现。此外，还需要政府提高经济中的信息质量，对有关外部性和公共物品问题制定出有效率的协调解决方式。简言之，政府可以帮助经济走向以理想的竞争状态为代表的效率之路。

　　第二，政府可以采取行动进行再分配，以减少收入的不公平。记住效率与公平不一定会齐头并进。没有理由相信一个有效率的经济体会公平地分配收入与资源。当社会开始关注不公平问题时，政府通常通过税收与支出政策进行干预，以重新分配收入与财富。

　　第三，政府可以采取行动稳定经济。资本主义社会从它的最初阶段开始，经历了经济高涨的扩张时代，也经历了经济低迷的紧缩时代。通货膨胀与失业不仅引起经济问题，而且还导致社会的不安定。在这种情况下，政府的职责是采取改革措施，以抵消资本主义经济中的这些自然趋势所带来的影响，熨平商业周期的波动。

　　第四，在国际经济中政府作为国家代表扮演了一个重要角色。近年来，这意味着政府努力通过减少关税与配额壁垒来促进国际贸易的发展。富国已经在着手帮助较穷的国家，尤其在后者发生经济危机时。同样，各国政府的宏观经济政策也相互协调以使它们更加有效。

B. 政府支出

1. 美国采用财政联邦制来将各种政府支出计划分派给各级政府机构，各机构的权限对应于其政策效应能影响到的地理边界。因此，我们看到，联邦政府提供并管理像国防、太空探索和外交事务等支出项目；地方政府关心诸如警察、消防、公共教育以及其他“地方公共品”；而州政府管理公路、港口、福利计划、医疗以及司法系统。在州与地方层级，项目所需的资金通常由联邦政府划拨，但项目的管理则是在尽可能低的层级上进行的。

   必须指出的是，这种结构是处在一种不断变动的状态之中的。政府机构之间的管辖边界和计划的外溢效应通常很难界定，而计划永远是从某一层级的政府转到另一层级的政府。

2. 在各层级上的政府税收与支出大约占了 GDP 的 1/3，其中联邦支出占总支出的70%。最大的一笔联邦支出是国家安全与国际事务支出，但增长最快的支出则是福利专项计划，它为那些符合一定法律条件的人提供津贴或支付。社会保险、医疗和失业保险都是福利专项计划的例子。

C. 税收的经济学问题

1. 税收政策存在两种对立的观点——*受益原则*与*支付能力原则*。这里所隐含的问题是：对于公共物品，谁应该支付，并且谁应该支付最大的一部分。在受益原则下，我们将根据人们从政府计划中所获利益按比例进行征税。这一方式适用于州立公园等事物，那些使用公园的人应该支付公园维护费的较大一部分。但是，对各种福利专项计划来说，这一方式就显得有些不足。例如，如果福利的受益者能支付得起福利计划，他们就不需要依赖它了。

   在支付能力原则下，我们根据人们的收入或财富的多少按比例征税。收入或财富越多，税收也就越高。有一些人将支付永远不会使用的项目或服务；在这一体系下，公平的含义涉及资源的再分配。

2. 对公平的更进一步讨论反映在横向公平与纵向公平的含义中。横向公平意味着实质上没有差别的人必须平等地纳税。纵向公平则关系到对不同收入水平的人施以不同的税收待遇。总之，公平是非常难以用绝对的术语来描述的。

   一套税收体系必须在这些可选方式中做出权衡，以达到资源的公平分配。

3. 如果对较高的收入征收较大比例的税，则税收是*累进*的；如果对较高的收入征收较小比例的税，那么税收就是*累退*的。所得税一般趋向于设计成累进的；销售税与消费税一般采用累退的征收方式。无论如何，一个税种不能仅仅因为它从一个富人那里收到的钱比从一个穷人那里收到的钱多就被称为累进的。要确定一个税种是累进还是累退，你必须（1）找到不同收入水平纳税人的通常纳税数，（2）将这一纳税额用占收入的百分比来表示。如果这些百分比数字随着收入的上升而增加——收入中用来支付税收的比例随着收入的增加而增加——那么这种税就是累进的。另一方面，如果当收入水平上升而这一比例下降了，那么这种税就是累退的。如果这一比例在所有的收入水平上都是相同的，那么这种税既不是累进的也不是累退的，而是*比例税*。

   税收可以更进一步划分为*直接税*（直接对个人或企业征收）和*间接税*（对商品和服务征收，因而只间接作用于消费这些商品和服务的个人或企业）。直接税的例子是个人所得税，间接税的例子是汽油税。

4. 联邦政府从个人和企业所得税中得到收入的绝大部分。其他联邦税包括销售税和消费税、工薪税、公司所得税。销售税和消费税根据销售额或购买量的一定比例来征收；对此目前存在着争论，因为它们看上去属于累退税。因为比较穷的人在消费品上的花费占收入的比重比较大，因而他们支付的消费税占收入的比重也比较大。工薪税用于社会保险计划。公司还必须支付公司所得税；对此也存在着争论，因为它们对公司投资有消极作用。

5. 地方政府最主要依赖于财产税。实际上，州与地方政府大约有30%的收入来源于财产税。（亨利·乔治将很乐于听到这一点！）州政府主要依赖销售税，有时候是所得税。

6. 对美国税收做以上说明以后，那么就有必要问一下在这组政策之下，资源是否得到了有效的运用。理所当然，税收具有激励效应并影响到市场主体的行为。例如，提高所得税税率会有效降低工人的工资水平。我们知道，工资的下降会引起两种效应，即促使工人减少工时的替代效应和激励工人增加工时的收入效应。

在任何一种效应下，个人的行为都因为税收政策的变化而发生改变。对家庭分期付款的利息是免税的，可以鼓励人们投资于房地产市场。人们一旦知道税率将发生变化，就会调整自己取得收入的时间安排。当考察税收的有效性时，这些都是需要考虑的重要因素。

除了这些激励效应之外，我们还必须知道对哪些产品和服务征税最为有效。拉姆塞税收原则表明，对那些需求或供给价格弹性最低的收入或产出应该征最高的税。这样对跨市场交易数量的影响最小，并且会为政府带来最多的收入。但是，最缺乏弹性的产品一般都是必需品。提高对食品、汽油、水等的税率将会使人们对公平深感不安。

五、学习提示

1. 对政府财政政策（税收与支出）更全面的分析以及它们影响经济的模型，可以在宏观经济学课程中找到。学一学吧！
2. 即使是最极端的自由放任主义者也会同意在市场中建立和维护一个法律体系，并且政府应该扮演一定的角色。当出现分歧和矛盾时，如果没有一套规则和管理，也没有纠纷的最后仲裁者，则合同很难执行，不确定性将大大增加。以俄罗斯为例，社会主义的解体使得这个国家 80 年来第一次催生了私有财产理念。如果没有一个强有力的法律体系，当市场主体对合同权责进行把握时就会出现问题，会产生无休止的纠纷，令国外投资者望而却步。

图 16－1

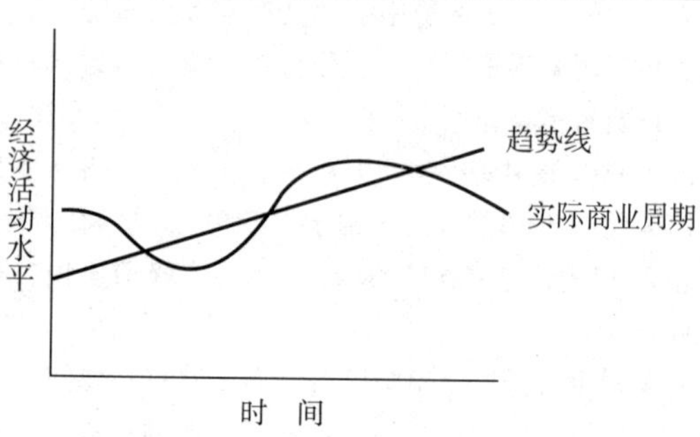

3. 本章用到了商业周期一词。它指的是经济运行过程中自然交替的紧缩与扩张。图 16－1 中的趋势线表示宏观经济平稳的增长路线。它表明经济水平一直在趋于增长。但是，在现实中，宏观经济的增长路线并不像图中这样稳定与平滑。实际上，经济活动遵循商业周期的规律。承担稳定经济职能的政府采取措施来减弱商业周期的影响，并使经济的运行更接近趋势线。
4. 有时很难理解为什么销售税是累退的。因为在各个州，每个人在购买时付相同的税收比例，因此有时看起来销售税是成比例的。但是，请记住，要确定一个税种是累进还是累退，你必须找到不同收入水平下的典型付税额并且把它表示为占收入的比例数。销售税是累退的是因为在较低的收入水平，人们所支付的税金与收入之比高于高收入水平时所支付的税金与收入之比。

六、选择题

下列问题按照教材中的顺序安排，从各选项中选出一个最佳答案。

A. 政府对经济的控制

1. 下面哪一项是政府管理经济的工具？
   a. 税收。
   b. 直接支出。
   c. 转移支付。
   d. 管制。
   e. 所有以上选项。
2. 下面哪一项是对美国政府支出历史的正确描述？
   a. 各级政府的花费从 1930 年占 GDP 的大约 10% 上升到 2007 年的约 15%。
   b. 各级政府的花费从 1930 年占 GDP 的大约 25% 上升到 2007 年的约 35%。
   c. 各级政府的花费从 1930 年占 GDP 的近 10% 上升到 2007 年的近 35%。
   d. 美国联邦政府的花费自 1930 年以来，基本保持在 GDP 的 10%。
   e. 以上选项都不是。
3. 在美国，税收：
   a. 在 20 世纪增长的速度远远超过政府支出增长的速度。
   b. 直到 1981 年，增长速度一直与政府公共支出大致匹配。
   c. 自 1939 年以来，占 GDP 的比例减少，但绝对数字增加了。

d. 在 20 世纪 80 年代，作为努力平衡联邦预算的结果，其数量大大增加了。
e. 以上选项都不是。

4. 美国的管制：
a. 仅由经济管制构成，涉及价格控制、市场进出入条件，以及安全标准。
b. 仅由社会管制组成，包括公共健康与安全。
c. 同时包括经济管制与社会管制。
d. 由于经济萧条的影响，在 20 世纪 30 年代被取消了。
e. 因为政策制定者忽视了管制的成本与收益，并且认为任何管制都比没有管制好，因此在 20 世纪 80 年代得到了进一步加强。

5. 在美国，管制增强了，因为有一点越来越明确，自由放任政策存在着以下缺陷：
a. 穷人受富人剥削。
b. 几乎扰乱了每个城市经济生活的商业周期。
c. 基于性别、种族以及其他因素的无效率及不公平的歧视。
d. 对环境资源的滥用。
e. 所有以上选项。

6. 在一个混合经济中，政府能扮演很多角色。这些潜在的角色包括：
a. 预先制定一个定义"游戏规则"的法律框架。
b. 在发生垄断或污染时，重新配置资源以提高效率。
c. 通过实施谨慎的财政、货币以及其他政策来影响宏观经济的稳定。
d. 重新配置资源，以实现进一步的公平。
e. 所有以上选项。

7. 根据萨缪尔森和诺德豪斯的理论，政府的职能是什么？
a. 提高经济效率。
b. 减少经济不公平。
c. 通过宏观政策稳定经济。
d. 执行国际经济政策。
e. 所有以上选项。

B. 政府支出

8. 现在美国联邦政府预算中最大的资金项目是：
a. 能源、科学和环境。
b. 国防与国际事务。
c. 公债利息。
d. 一般政府机构（包括司法系统）。
e. 社会安全。

9. 任何由政府修建的并且对公众免费的公路是______情况的代表。
a. 私人消费。
b. 转移支付。
c. 福利支出。
d. 货币政策。
e. 以上选项都不是。

10. 为了______，政府可能会合理地推出一项影响广泛的转移支付计划。
a. 使它的预算产生结余。
b. 对产品为谁生产这一问题的社会选择施加某些影响。
c. 提供更多的消费选择。
d. 使生产可能性曲线向外向右移动。
e. 减少通货膨胀。

11. 社会福利专项计划包括：
a. 社会保障。
b. 国防。
c. 国际货币活动。
d. 太空探险活动。
e. 所有以上选项。

12. 在 20 世纪 80 年代末和 90 年代初，美国公众逐渐为不断增加的联邦预算赤字担心，他们感觉：
a. 立法者通过增大财政赤字来使政府利润最大化。
b. 在没有竞争规则的情况下，政府没有动力去有效地利用资金。
c. 政府预算赤字使得社会资源得到有效配置。
d. 政府预算赤字使得社会资源得到公平配置。
e. 以上选项都不是。

13. 什么是财政联邦制？
a. 一个由联邦政府扮演主要角色的系统。
b. 一个由国会掌管财权的系统。
c. 一个由不同层级政府分权掌管财政权责的系统。
d. 一个总统起决定性作用的系统。
e. 以上选项都不是。

C. 税收的经济学问题

14. 假设美国的某个镇打算建一个溜冰场。镇政府打算通过向每个人征收 1% 的所得税来建这个溜冰场。该税收方案基于：

a. 税收的受益原则。
b. 税收的间接原则。
c. 税收的支付能力原则。
d. 税收的增值原则。
e. 拉姆塞税收原则。

15. 假如上题中的镇政府转而采用向用电量征税的方案为溜冰场筹资，则该方案基于：
a. 税收的受益原则。
b. 税收的直接原则。
c. 税收的支付能力原则。
d. 税收的增值原则。
e. 拉姆塞税收原则。

16. 公司所得税是对______所征收的税。
a. 只是支付给股东的红利。
b. 公司每件产品的增值部分。
c. 公司的净销售额。
d. 公司留存收益的增加部分。
e. 红利加上未分配利润。

17. 在美国所得税法中，不必纳税的一项收入是：
a. 因拥有股票得到的红利收入。
b. 因持有公司债券得到的利息收入。
c. 公司提供的医疗保险。
d. 经过最近年度通货膨胀调整后的实际收入。
e. 资本利得。

18. 下列观点中，支持公司所得税的一项是：
a. 它仅仅对高于投入资本正常收益的那部分收益征税。
b. 没有它，公司的部分收入目前可能根本不用纳税。
c. 从总体上看，它是累退税。
d. 它对债券持有者的收入征税。
e. 它意味着对公司收益（至少是部分的）双重征税。

19. 作为反对公司所得税的观点，第 18 题中的哪一项是正确的？
a. 它仅仅对高于投入资本正常收益的那部分收益征税。
b. 没有它，公司的部分收入目前可能根本不用纳税。
c. 从总体上看，它是累退税。
d. 它对债券持有者的收入征税。
e. 它意味着对公司收益（至少是部分的）双重征税。

20. 联邦政府年收入中最大的税收项是（不考虑从工资与薪金中筹集的社会保险金）：
a. 个人所得税。
b. 公司所得税。
c. 增值税。
d. 对烟草与酒的消费税。
e. 财产税。

21. 如果对 20 000 美元收入的征税额为 4 000 美元。再假定，如果收入增加到 22 000 美元，则纳税额增加到 4 800美元，隐含在这些数字中的边际税率是：
a. 20%。
b. 约（但不大于）21%。
c. 大于 21%，但小于 22%。
d. 40%。
e. 以上选项都不是。

22. 不包括任何免税品的一般销售税是：
a. 累进的，因为它同时对奢侈品与必需品征税。
b. 累退的，因为富人将收入的较小部分花在应税商品上，穷人纳税额占收入的比例大于富人。
c. 累进税，因为富人的支出比穷人多。
d. 累退税，因为从一个穷人征收到的税金多于从一个富人征收到的。
e. 比例税，因为每个人都根据他们的购买额付相同的纳税比例。

23. 比例税的正确定义是（从整体或典型纳税者角度看）：
a. 在各个收入水平上，纳税额与收入的比率相等。
b. 不论纳税人收入多少，每个纳税者都支付相同的税金。
c. 纳税额与收入之比随收入的上升而下降。
d. 纳税额随收入的下降而上升。
e. 以上定义都不正确。

七、解答题

下列问题旨在帮助你运用教材中提到的概念。

A. 政府对经济的控制

1. a. 自一战以来，政府的规模，以支出、税收和/或管制衡量，一直（**保持高度稳定/在两次世界大战之间高速增长，自二战以来有所下降/急剧增长**）。同一战前只略高于 GDP 的 10% 相比，到 21 世纪初，美国各级政府总预算已经（**由卡特执政期占 GDP 的 21%降到 10%/稳定增长至约占 GDP 的 25%/一直稳定在约占 GDP 的 35%**）。

在同一时期，各级政府的税收与支出相比，（**保持同步/前者增长稍慢/前者增长稍快**），且税收在（**大萧条时期/二战时期/2000～2007 年**）曾经急剧下降。无论如何，现在的税收收入比 20 世纪初增加了（**5%/50%/500%**）。

b. 美国政府管理某些公民行为的权限由美国宪法规定。在下面的空白处，列出至少 4 个在过去的 50 年里受到严格管制的行业。

(1) ________________

(2) ________________

(3) ________________

(4) ________________

2. 非常有趣的是，我们发现一个国家政府的规模似乎依赖于这个国家经济的规模；用占 GDP 的比例来衡量，穷国、欠发达国家的税收与政府支出（**少于/多于/大致等于**）发达国家。图 16－2 就是教材中的图 16－2，在下列每对国家中，圈出其政府支出占 GDP 较大的那个国家：

图 16－2

政府支出占 GDP 的百分比：国际比较	
瑞典	50%
法国	46%
意大利	43%
德国	42%
英国	38%
加拿大	35%
俄罗斯	32%
美国	32%
巴西	30%
阿根廷	21%
墨西哥	17%
泰国	16%
中国	15%
印度	14%

a. 美国/印度。

b. 美国/英国。

c. 美国/法国。

d. 美国/中国。

e. 美国/瑞典。

f. 俄罗斯/墨西哥。

g. 泰国/加拿大。

h. 巴西/阿根廷

i. 德国/意大利

注意，尽管存在对美国政府规模的政治抗议，但美国政府的规模与图中排在第一的发达国家相差甚远。从绝对意义上看，美国政府的规模当然是非常庞大的，但相对于 GDP 的比例，它的规模就算比较中等了。

3. a. 在混合经济中，政府有四个明显的职能，把它们列在下面空白处：

(1) ________________

(2) ________________

(3) ________________

(4) ________________

b. 下列行为至少属于你所指明的四个职能中的一种，指出它们属于哪一种：

(1) 减税以减少失业：

____

____

(2) 指明生产者对他（或她）的产品造成的损害负有责任：

____

____

(3) 对钢铁厂的污染征税：

____

____

(4) 立法规定性别歧视是非法的：

____

____

(5) 颁布一项收入政策，惩罚度大于特定工资上升的程度：

____

____

(6) 制定计划帮助有未成年儿童的家庭：

____

____

(7) 进行儿童看护，使妇女能参加工作：

____

____

(8) 制定法律对明知故犯、玩忽职守者进行 3 倍的惩罚：

____

____

B. 政府支出

4. 在 2009 年财政年度，美国联邦政府的预算约为（**1.1/1.8/2.0/3.1**）万亿美元，约合每个家庭（**20 000/27 000/32 000/40 000**）美元，在过去 20 年间，（**福利项目/国防/教育/国际事条**）计划是联邦预算中增长最快的。联邦医疗账户支出占所有联邦支出的（**5.2/9.6/13.1**）%。联邦政府支出占各级政府总开支的比例（**大于/小于**）一半。州和地方政府的支出主要是（**收入保障/教育/公共秩序/经济事务**）。州和地方政府支出中增长最快的类别是（**教育/医疗保健和监狱/文化事业/土地开发**）。

C. 税收的经济学问题

5. a. 税收的*受益*原则认为，在公民 A 与公民 B 之间纳税额的分配应该与他们从政府支出中得到的收益相匹配——“得到就要付出”的原则。下列哪（一个或两个）可能是对这一原则的有效批驳？
   (1) 上述原则假定某一种具体的税可以和某一种具体的支出相联系。如果政府支出庞大并且富于变化，这种联系是很难确定的。
   (2) 即使某种具体的税与某种具体的支出能够相联系（如联邦政府在国防上的支出），那也很难在数量上确定富人 A 和穷人 B 在这项支出上各获得了多少利益。

   b. 另一个原则认为，税收是公民所做出的牺牲，所以这一牺牲的分配应该与公民的*支付能力*相匹配，很难讲清楚根据“支付能力”到底要建立什么。但是其中一个解释是（选择一个）：
   (1) 每个公民应该付相同的税金，平等负担。
   (2) 应严格按照每个居民的收入水平征税。
   (3) 为了让政府从有钱人那里得到收入必须建立一个税收体系。

   c. 支付能力原则提出了两个完全不同的公平概念。第一，简单来说，认为公平就是平摊税赋，这种原则被经济学家称为（**横向/纵向/合理**）公平。虽然这句话看起来简单，但它掩盖了如何判定人们是否平等的基本问题。举例来说，两个年收入 30 000 美元的人，其中有一个花了 8 000美元的医疗费用，他们是否平等？税法对此说不。超过调整后毛收入一定比例的医疗费用可以从税前扣除（除非纳税人采用了标准扣除法）。

   第二个公平方面的话题涉及不平等的税收；它被归属到（**横向/纵向/再分配**）公平这一大标题之下。由于所得税的积极或消极作用，这是一个更具争议的话题。尚未产生严格有效的原则来描述纵向公平。

6. a. 要知道一种税是累进的还是累退的，知道对不同收入水平的人的一般征税额（**是必要的/严格地讲不是必要的**）。

   b. 有一个现有的美国税种很容易在累进或累退之间进行区分，即______税。这种税是（**累进/累退**）的。

   c. 有一种税对收入中的第一个 5 000 美元部分征 1%的税，对第二个 5 000 美元部分征 2% 的税，对第三个 5 000 美元部分征 3% 的税，以此类推，这种税是（**累进/比例/累退**）的。

   d. 有一种税对收入的第一个 1 000 美元部分免税，对其余部分征 10% 的税，这种税是（**累进/比例/累退**）的。

   e. 如果年收入 8 000 美元的吸烟者一般每周抽 4 包烟，而年收入 16 000 美元的吸烟者每周抽 6 包，那么对每包烟征 10 美分的税应该是（**累进/比例/累退**）的。

表 16－1

收入（$）	税收支付（$）	有效税率
5 000	50	___
10 000	200	___
15 000	750	___
20 000	2 000	___
25 000	3 750	___
30 000	7 500	___

7. 假定表 16－1 给出的联邦税表将用于下一个税收年度。

   a. 在表 16－1 的第 3 栏计算每种收入水平的有效税

率。

b. 在图 16－3 中，描出表示收入与纳税额占收入比率关系的点，这种税是（**累退/比例/累进**）的。你如何判断？

图 16－3

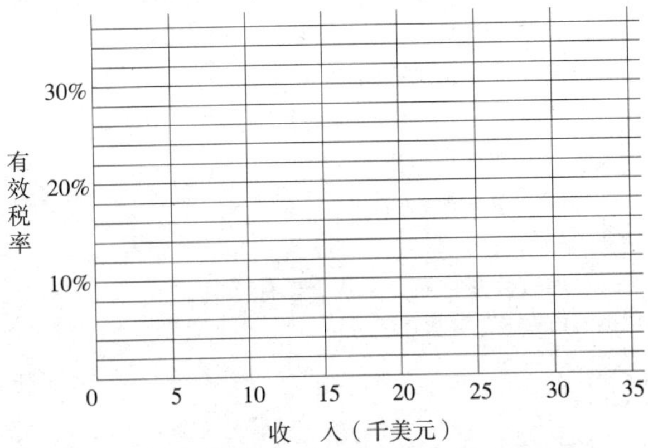

8. a. 除去社会保障方面的税，按收入重要性排列，在联邦政府收入中最重要的两个税种是：

　（1）________________________

　（2）________________________

b. 州政府中最重要的税是______税；地方政府中最重要的税是______税。

c. 对______的支出是州与地方政府最大的一项支出。

9. 增值税是根据不同企业在生产的不同阶段使产品支出的增值额来计算的。假如一家纺织厂为纱锭、原材料与织布工人支付 4 000 美元，而售价为 10 000 美元，那么它对这些投入的增值部分为（**4 000 美元/6 000 美元/10 000 美元/14 000 美元**）；增值税将对这个增值部分征税。

　　假定另一个公司（服装厂）按 10 000 美元的价格购买了所有的布，并花费了 2 000 美元来购买其他原材料，比如线，最后将成品外套以 20 000 美元的价格出售。这个公司产品的增值部分是（**2 000 美元/4 000 美元/6 000 美元/8 000 美元/10 000 美元/20 000 美元**）。

八、讨论题

回答下列问题，并解释你这样回答的原因。

1. 食品与药物管理局最近制定了新的标签指导法规。这一政策的目的是为了规范产品标签，以利于消费者进行区分。制定这项政策的目的是为了防止哪一种市场不灵？
2. 解释财政联邦制的含义。列出在美国，这一名词所包含的政府支出的 3 个层次，并对各个层次的某些功能进行描述。
3. 为什么政府在高效支出方面缺乏动力。如果巨大的联邦预算赤字来自于里根与布什时代，你会鼓励在政策中加入一些对联邦支出的限制吗？
4. 列出受益原则与支付能力原则的优缺点，你认为哪个原则更吸引人？
5. 阐述拉姆塞税收法则。找出 4 种产品，对它们可以根据拉姆塞法则进行征税。当采用拉姆塞法则时，为什么你可能会担心公平问题？
6. 当所得税上升时，纳税者应当怎样做？

九、答案

三、关键概念复习

9	经济管制
8	社会管制
4	自由放任
13	收入再分配
14	公平选择理论
7	财政联邦制
18	福利专项计划
16	受益原则
19	支付能力原则
11	横向公平
3	纵向公平
20	累进税
1	累退税
15	直接税
17	间接税
10	有效税率
21	边际税率
5	增值税

2 拉姆塞税收原则
12 供给经济学
6 绿色税

六、选择题

1. E 2. C 3. B 4. C 5. E 6. E 7. E
8. E 9. E 10. B 11. A 12. B 13. C 14. C
15. E 16. E 17. C 18. B 19. E 20. A 21. D
22. B 23. A

七、解答题

1. a. 急剧增长，一直稳定在约占 GDP 的 35%，前者增长稍慢，3 个都正确，500%
   b. 航空，汽车运输，各种公共设施，银行，有线电视等
2. 少于
   a. 美国
   b. 英国
   c. 法国
   d. 美国
   e. 瑞典
   f. 俄罗斯
   g. 加拿大
   h. 巴西
   i. 意大利
3. a. （1）收入再分配
   （2）稳定宏观经济
   （3）有效配置资源并提供法律框架
   （4）公平配置资源
   b. （1）稳定宏观经济
   （2）提供法律框架
   （3）增进效率
   （4）法律、效率和公平
   （5）稳定宏观经济
   （6）增进公平
   （7）增进公平与效率
   （8）提供法律框架
4. 3.1，27 000，福利计划，9.6，多于，教育、医疗保健和监狱
5. a. （1）与（2）
   b. （3）
   c. 横向，纵向
6. a. 是必要的
   b. 联邦所得，累进
   c. 累进
   d. 累进
   e. 累退
7. a. 有效税率是总纳税额与总收入之比。答案分别为 0.01，0.02，0.05，0.10，0.15，0.25。
   b. 将 a 的答案描在图中。
   c. 累进。当收入增长时，有效税率上升。
8. a. （1）个人所得税
   （2）公司所得税
   b. 销售，财产
   c. 地方公共物品，尤其是教育方面
9. 6 000 美元，8 000 美元

八、讨论题

1. 这项政策是用来帮助纠正买卖双方的信息不对称。
2. 财政联邦制指的是将政府责任在联邦、州与地方机构进行划分，联邦政府掌管国防与国际政策；州政府掌管很多转移支付政策与福利计划；地方政府征收财产税，并对 1 ~ 12 级的公共教育负很大的责任。
3. 因为在政策决策上没有利益动机，政府对高效运用资金几乎没有动力。在位官员可能会担心连任问题，但他们不必为激励私人行业高效运作的竞争压力而担心。限制联邦支出的政策可能是很好的，如果它们为立法者提供了限制；但是，在经济衰退期间，当政府运用赤字的能力可以帮助熨平商业周期效应的时候，这些政策可能会产生相反的结果。
4. 受益原则强制享受服务的人为此支付。但是，它忽略了这样一个事实，在很多情况下，人们因为收入有限才享受此项服务。支付能力原则根据人们的支付能力征税，所以高收入或财产多的人对这一税收体系贡献较大。但是，它忽略了这样一个事实，即很多有支付能力的人并未享受到政府提供的这些服务。
5. 拉姆塞原则表明，对需求弹性最小的产品征税是最有效的。诸如电、药、食品、汽油等都是符合这一定义的产品。这时又出现了公平问题，因为这些产品是必需品，我们应该确保这些产品的价格尽可能的低。
6. 所得税率的变化对工作时长影响不确定，因为工资变动的收入效应和替代效应方向相反。

第 17 章

效率与公平：重大权衡

一、概述

世界上许多国家在界定其经济体制时，主要出于两个明显不同的动机。一方面，大多数人都渴望能有机会努力工作并得到相应的回报，以改善生活状况，并为后代提供经济上的支持。这些目标经常导致政府有限的经济职能。

另一方面，人们还希望能有一些达到社会公平的措施。正如我们在前面几章中所学过的，每种经济体制都必须将社会和文化特征与历史情况结合起来，定义符合本国国情的公平。无论选择哪种定义，政府都必须以行政手段来干预公众决策。虽然这两种动机都很崇高，但在经济学的观点中，二者是相互抵触的。例如，要实行那些为处于经济劣势的人提供保障措施的计划是需要以金钱为后盾的，因此就要推行税收政策，并通过税收收入的再分配，将社会资源从那些已有经济成就的人手中分给尚未取得成就的人。福利计划一向被指责为对穷人产生了消极作用，使他们不愿意为改善生活而努力工作。著名经济学家阿瑟·奥肯把整个现象定义为重大权衡——所有的社会都必须应对的公平与效率的古典权衡。

很明显，这场辩论集中在公平与效率的理论权衡上，但是这场辩论必须置于由相互依赖的政府制定决策这样的现实政治环境之中。本章探讨了存在于收入与财富分配中的不公平的根源。由于这种不公平，许多反贫困政策被考虑进来。最后，本书还讨论了医疗改革的问题，在微观经济学的结束部分，它让你思考在医疗市场上，政府应当扮演什么样的角色。

二、学习目标

在你读完教材第 19 章之后，完成本书的习题，你将能够：

1. 理解经济学家在使用**收入**（income）与**财富**（wealth）这两个术语时的不同含义，并了解美国收入的主要来源和财富的主要储备。
2. 运用**洛伦茨曲线**（Lorenz curve）探讨在收入与财富分配中的相对（不）公平。归纳（a）这些曲线所传达的信息，（b）曲线的结构与它们所传达信息之间的联系，（c）它们经常表现出来的凸性的含义。用洛伦茨曲线比较国家或地区的收入分配。
3. 归纳并解释在美国和地球上其他任何一个地方，导致收入分配不公平的内在根源。
4. 定义术语**贫困**（poverty）并描述那些将变得贫困的人们的特征，追溯和描述贫困的历史趋势。
5. 对比三种公平的含义（政治权利的公平，机会的公平与经济结果的公平），并用阿瑟·奥肯的漏桶学说描述提高公平的成本。
6. 用**收入可能性曲线**（income possibility curve）说明收入再分配中必然发生的效率与公平的权衡。讨论由再分配产生的无效率。
7. 列出美国仍然在执行的主要福利计划（食品券与幼儿营养计划，老年人、盲人与残疾人援助计划，医疗资助，住房补贴等等）。关注实施各计划的相对费用，理解合格的标准为什么可能对工作的穷人施加较高的有效边际税率。
8. 定义两种贫困的观点，并追溯这两种观点对政府活动的含义。
9. 对用负所得税来取代现在过多的福利计划的看法进行周密分析，描述对穷人进行收入补贴的好处与坏处。
10. 讨论 1996 年福利改革计划的性质并列出它的正负面影响。

三、关键概念复习

在B栏中寻找与A栏中术语相应的解释，并将序号填在术语前边。

A	B
__ 个人收入	1. 显示当政府重新分配收入时，各群体的收入分布情况。
__ 可支配收入	2. 对收入低于某一水平的人提供收入补贴而不是征收所得税的计划。
__ 财富	3. 表明在收入分配中不公平程度的图形。
__ 收入分配	4. 无论个人是否选择购买，在整个社会中人人都可享受到益处的产品。
__ 基尼系数	5. 一个人或一个家庭在某一年的全部收入或所得。
__ 洛伦茨曲线	6. 对劳动收入提供的工资补贴。
__ 补贴费用	7. 表明收入的分布。
__ 贫困线	8. 个人收入减去所有的税赋。
__ 收入可能性曲线	9. 政府区分"贫困"与"非贫困"的界限。
__ 福利国家	10. 将家庭最小食品预算乘以3后所得的结果。
__ 负所得税	11. 政府调节市场以确保人们达到最低生活标准。
__ 劳动所得税抵免	12. 没有外部成本或外部收益的产品。
__ 公共品	13. 金融资产和有形资产的价值减去所欠银行或其他债权人债务后的货币数额。
__ 私人品	14. 衡量一国收入（分配）不公平的程度。

四、小结与本章提纲

本部分对教材第17章的关键概念进行总结。

A. 不公平的根源

1. 收入用某段时期内个人的货币流来衡量；主要来源包括：劳动收入、租金、红利、利息和转移支付。财富是在某个时点上有形资产与无形资产的净值，一方面包括住房、出租财产、其他房地产和汽车，另一方面包括持有的现金、银行账户存款、企业权益、股票和债券等等。
2. 洛伦茨曲线描绘了由x%的人口所赚取的收入或积累的财富，它反映了收入或财富分配的公平性。通过比较不同时期或不同国家的洛伦茨曲线，可以说明公平的发展趋势或国家之间公平程度的对比情况。
3. 贫困是人们收入不足的一种状况。为了在数字上界定贫困，政府定义了一条"贫困线"，它是家庭需要维持必要消费的最低收入水平线。在美国，这一水平被定义为一个家庭一个月内用以购买维持生存的食品所需货币的3倍。1998年，这个数字为16 800美元。贫困对某些群体的影响尤为明显。少数族群与单身母亲在美国有很高的贫困率，可能是因为这些群体所受教育与培训水平较低，使得他们不能胜任众多高薪工作。另外，雇佣与提升时的歧视也可能是造成妇女和少数族群工资较低、机会较少的原因。
4. 在20世纪的美国，关于贫困与不公平有一个有趣的发展趋势。在1930～1975年之间，收入分配的不公平与贫困率大幅下降。20世纪30年代，罗斯福总统推行的萧条期政策发展并完善了一张福利"安全网"。各种计划，尤其是像社会保障与医疗计划，大大降低了老年人的贫困率。另一个社会福利计划的浪潮发生在肯尼迪与约翰逊总统执政的"大社会"时期。在同一时期，生产率的增长和技术的进步使工人在企业的价值提高了，并带来了收入的增长。

   在1975～1998年，这种趋势发生了逆转，收入分配实际上变得越来越不公平了。这种趋势部分是由于政府政策的改变：很多福利计划被废除或者削减。另外，由于制造业的工作变得越来越稀缺，重新回去接受培训与教育的人数增加，导致有大学/中学文凭的人的薪资上升。高级管理人员与专业人员报酬的提高大大增加了高收入人群的所得。所有这些因素都促成了美国过去20年内不公平的加剧。
5. 注意，工业化只帮助富人这一观念并没有过时。工业化国家呈现出严重的不公平现象，世界上大多数国家财富分配集中在上层。但是，在大部分工业化经济中，收入分配并未产生一个巨大的赤贫阶层。

B. 反贫困政策

1. 在我们的考虑中，公平主要有3个含义。首先，政治的公平，包括投票权、陪审团制度和宪法所规定的其他自由。经济机会的公平意味着应该有受法律管制规定的、在某种水平上供经济主体活动的竞争领域或场所。经济结果的公平是最有争议的一个含义：它给所有的人提供相同的消费，无论他们对经济体系的贡献多大。

2. 经济学家已经认识到，追求公平必然导致效率的下降——奥肯对阻滞因素和管理成本的漏桶分析也说明了这一道理。这些漏洞有多大？它们来源于哪里？首先，实施福利与税收再分配计划需要管理成本；其次，福利计划有可能对工作产生消极作用；第三，累进税有可能阻碍储蓄与投资，从而阻止经济增长；最后，累进税与福利国家政策可能会滋生一种有害的态度和行为。越来越多的人可能会在税收上进行欺骗，或者到处撒谎，不工作等等。所有这些漏洞很难衡量出成本，而且还缺乏相应的法律措施。

   从这一争论的另一方面来看，也可以认为公平与效率的权衡被夸张到了极致。如果追求公平的动力为那些可能会被辞退但能力卓著的人提供了机会，那么会发生什么呢？如果为穷人提供医疗与营养计划实际上打破了赤贫圈，从而提高了生产率，又会发生什么？如果是这样，那么实施福利计划及其所发生的费用难道不是对未来扩张人力资本的一种投资吗？

3. 收入可能性曲线有助于说明在再分配中的无效率。此处的图 17－1 与教材中的图 17－5 相同。

图 17－1

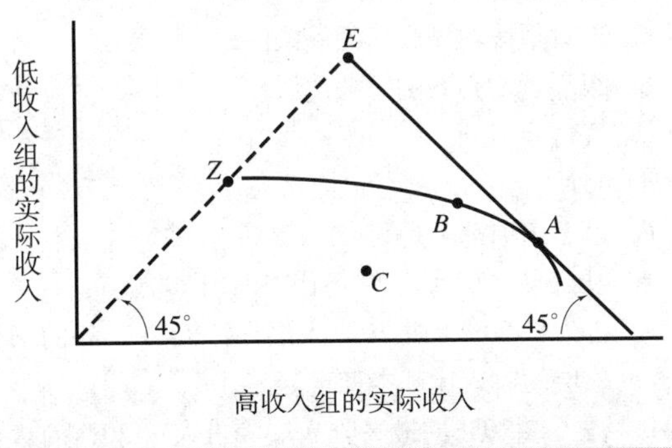

   基于收入，我们将人口分为两个同等规模的组。低收入组用 Y 轴表示，高收入组用 X 轴表示。点 A 表示各组在没有发生再分配时的收入分配，在这种情况下，各组消费各自的收入。如果市场是完全竞争的，那么这一点是有效率的，但是它不是公平的，因为高收入组比低收入组的消费要多得多。

   假定这个社会决定实施再分配计划。从点 A 移到点 E 描述了一个有效率的计划——从高收入组转移的每 1 美元都使得低收入组的收入增加了 1 美元。但是由于上述无效率的存在，大多数再分配会沿着 ABZ 曲线移动，这表明，从高收入组转移出的每 1 美元引起低收入组的收入增长都少于 1 美元。

4. 美国政府提供了一系列计划来减少贫困（如福利、食品券、医疗资助、对有儿童家庭的援助等等）。这些计划经常受到批评，因为必须对收入征收很高的有效边际税率。而实际上，今天所有的联邦反贫困计划只占整个联邦预算的大约 10%。

5. 关于贫困的两个一般观点描述如下。一些社会科学家认为贫困是穷人无力控制的社会与经济状况所导致的。经济中机会的根本不公平为大批人设置了不可逾越的障碍。另一些社会科学家声称，贫困是由于堕落的个人行为造成的。这一理论将贫困描述为懒惰，无所事事，不关心自身的生产率。大多数人认为，这两种理论中所提供的要素都描述出了贫困的实质。

6. 很多经济学家认为，美国当前实施的这套福利计划对穷人起了消极的作用。例如，为了维持孩子的福利收益，单身母亲就不能和孩子的父亲住在一起。这一举措导致了家庭的解体，实际上没有人鼓励这样做。

   为了调整这种情况，美国于 1996 年开始实行福利改革计划。主要针对原先的“需抚养儿童家庭的援助”计划（AFDC），对原来的许多专项进行了修正。授予各州在适当的情况下的“块状授权”（block grant）。每个家庭接受援助的时间现在被限定为 5 年。计划中的成年人在接受援助两年以后必须参加工作。合法移民者被排除在计划之外。虽然改革的本意是消除旧计划所带来的消极影响，但很多经济学家担心，这一变化将对生活在贫困之中的妇女和儿童的人数产生巨大的影响。教材中表 17－4 表明，在 1998 年，18 岁以下的儿童有 18.9% 生活在贫困之中。当 AFDC 计划的支出不再提供给那些已接受 5 年援助的家庭时，这一惊人的数字可能还会急剧上升。

7. 为了使这些消极影响得以逆转，很多人提倡实行负所得税作为解决贫困的方法。这一计划将为收入低于某一特定水平线的人提供现金补助或“负税收”。收入在这一水平线之上的家庭则缴纳正的税收。已经在美国实行的所得税抵免就是这个计划的派生产物。这种工资补偿增加了那些年收入低于13 000美元的家庭所得。

五、学习提示

1. 在本章，我们提到了中等家庭收入。中位数是定义一组数据的平均数的一种方法，它正好处于一种分布的中间，一半观察数据位于其上，另一半位于其下。还有其他方法来描述平均数。人们经常提到平均家庭收入，平均指的是将被观测对象的总和除以份数；人们也可能会提到家庭收入的众数，也就是最经常发生的收入。所有这些定义都有助于描述收入的分布。
2. 教材中提到了用洛伦茨曲线计算出来的基尼系数。这个系数可以让我们快速且方便地比较不同时期与不同地区的收入分布。若没有这个系数，我们只能试图用肉眼来观测不同图形的区别。

   要计算基尼系数，先要计算实际洛伦茨曲线与收入绝对公平曲线之间的面积。在图17－2中，它用灰色区域表示。将这一面积乘以2就得到基尼系数。这一指标量化了不公平程度，所以可以利用它来进行比较。

   很多批评家反对医疗保健的国家化和有管理的保健，因为这两个计划都对如何配给医疗保健制定了详细的条款。我们应该指出，在现行体系中，医疗保健是配给的！那些有钱支付保险的人能够付得起并得到医疗，那些极度贫困的人或老人则利用政府提供的纳税人的支付，所有其他人都是通过体系的有效率的配给。

图17－2

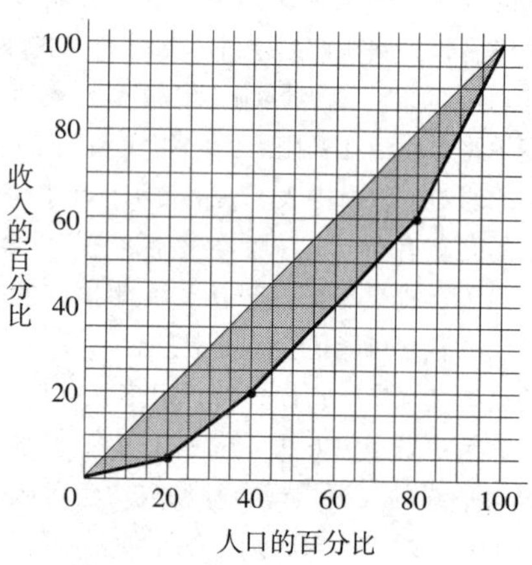

六、选择题

下列问题按照教材中的顺序安排，从各选项中选出一个最佳答案。

A. 不公平的根源

1. 洛伦茨曲线的坐标轴分别表示：
   a. 一条轴表示全部收入的美元数，另一条轴表示这一水平或低于这一水平的家庭或人数。
   b. 一条轴表示人口的百分比（10%、20%等），另一条轴表示收入最低的10%、20%等等的人口所得收入占总收入的比例。
   c. 一条轴表示某个收入水平的个人或家庭数，另一条轴表示这一收入水平所有人口所占的比例。
   d. 一条轴表示不同职业的个人或家庭数，另一条轴表示从事这一职业的收入的中位数。
   e. 一条轴表示收入层（比如，0～1 999美元，2 000～3 999美元），另一条轴表示这一收入层的个人或家庭的比例数。
2. 收入分配的绝对或完全的公平在洛伦茨曲线图上表现为：
   a. 从对角线明显凸出的一条曲线。
   b. 很靠近对角线的一条曲线。
   c. 直角线。
   d. 45°线。
   e. 以上选项都不是。
3. 如果第2题指的是收入的绝对不公平，即某个家庭或个人享有全部的收入，而其他人则得不到任何收入，那么正确的答案应该是哪个？
   a. 从对角线明显凸出的一条曲线。
   b. 很靠近对角线的一条曲线。
   c. 直角线。
   d. 45°线。
   e. 以上选项都不是。
4. 在美国，从20世纪70年代中期到2006年：
   a. 占人口20%的最高收入层和占人口20%的最低收入层的收入比基本稳定。
   b. 占人口20%的最高收入层和占人口20%的最低收入层的收入比下降。
   c. 占人口20%的最高收入层和占人口20%的最低收入层的收入比上升。
   d. 占人口0.1%的最富有人群都是亿万富翁。
5. 中等家庭收入指的是：

a. 将收入从低到高排列，取排在正中的那个收入数字。
b. 将所有家庭的收入在家庭之间平均分配的收入数。
c. 一个家庭能够达到“最低舒适”消费水平所必需的收入。
d. 洛伦茨曲线中间点的收入水平。
e. 以上选项都不是。

6. 如果问题指的是家庭收入的平均数而不是中位数，那么第 5 题的答案应该是：
a. 将收入从低到高排列，取排在正中的那个收入数字。
b. 将所有家庭的收入在家庭之间平均分配的收入数。
c. 一个家庭能够达到“最低舒适”消费水平所必需的收入。
d. 洛伦茨曲线中间点的收入水平。
e. 以上选项都不是。

7. 如果在收入分配中有任何的不公平，对于构成占人口 20% 的最低收入的人群来说，哪一点是正确的？
a. 它不可能得到整体收入的 20% 以上。
b. 它一定能得到全部收入的 20% 。
c. 它将经常，但并不总是，得到少于全部收入的 20% 。
d. 它将得到的一定少于所有人全部收入的 20% 。
e. 以上选项都不是。

8. 为反映最低维持生存收入而计算的贫困线：
a. 在 2008 年，对一个四口之家而言为 21 200 美元。
b. 只包括现金支付，不包括从政府得到的各种资助与其他来源。
c. 大约等于维持生存的最低食品预算的 3 倍。
d. 不包括以往发生的为了提高生活质量在其他方面而做的调整。
e. 所有以上选项。

9. 从 1929 年至今，占人口 20% 的最低收入层的平均收入已增加了 130% 之多：
a. 所以反贫困计划的需求是不存在的。
b. 但是这一增长所代表的收入占整体收入的比例一直稳定在 5% 左右。
c. 但是几乎所有的增长都用整体 GDP 的增长来解释。
d. 只有 b 和 c 正确。
e. 以上选项都不是。

10. 一般用能力的不同来解释收入的不同，这一解释：
a. 只包括了部分原因，因为在能力中发生的扭曲比在收入中发生的扭曲要多。
b. 只包括了部分原因，因为收入分配的图形与能力分配的图形大不相同。
c. 只包括了部分原因，因为个人能力之间的差别比收入之间的差别要大得多。
d. 对收入的差别提供了合理的完全的解释。
e. 几乎没有意义，因为不存在根据收入差异来比较能力差异的适当方式。

11. 下列哪一项不能解释当今美国发生的贫困现象？
a. 教育与培训程度的不同。
b. 非竞争人群的存在。
c. 经济环境的不同，包括财富分配的不同。
d. 衰退时期对人群的不对称影响。
e. 所有人的能力不同。

B. 反贫困政策

12. 一个贫困家庭的工作收入受到负所得税的资助，比如说 4 000 美元。在这一税收计划下，如果这个家庭的工作收入增加了 1 000 美元，它从负所得税中得到的收入一般会：
a. 下降 1 000 美元。
b. 下降多于 1 000 美元。
c. 下降少于 1 000 美元。
d. 下降 4 000 美元。
e. 增加某个数额，比如说 500 美元。

参考图 17－3 回答题 13～14。

图 17－3

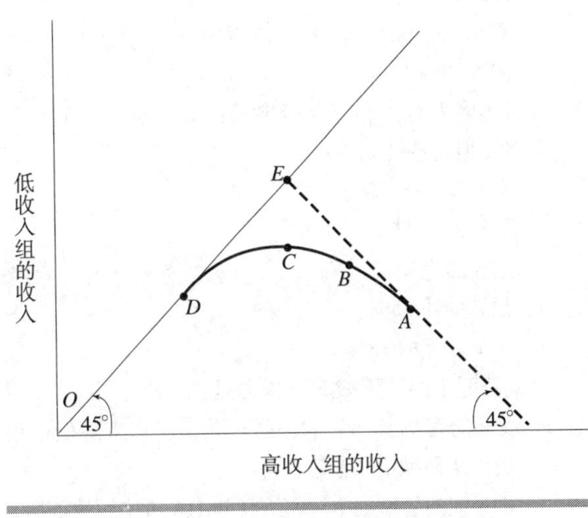

13. 将人群均分为高收入组和低收入组，假定点 A 表示在高收入组与低收入组之间的收入初始分配状况。如果没有漏桶现象，哪一点表示收入的公平分配点？
  a. A
  b. B
  c. C
  d. D
  e. E
14. 如果有漏桶现象，使曲线变为 $ABCD$，那么第 13 题中的哪一个答案是正确的？
  a. A
  b. B
  c. C
  d. D
  e. E
15. 在效率与公平的权衡中，下列哪一项不可能是漏洞的最重要来源？
  a. 实施福利收入再分配计划的管理成本。
  b. 累进所得税对工作的消极作用。
  c. 由累进所得税所产生的对储蓄与投资的消极作用。
  d. 态度有所转变，认为在税收中的欺骗可以接受。
  e. 虽然没有证据来支持选项 c，所有以上选项可能都是重要的。
16. 在 2000 年预算中，下列哪一项是旨在帮助穷人计划的最大的一项？
  a. 医疗援助。
  b. 援助需要抚养儿童的家庭。
  c. 食品券与儿童营养。
  d. 对老人、盲人和残疾人的援助。
  e. 住房补贴。
17. 尽管很多人对由联邦政府出资的穷人资助计划抱怨甚多，但这些计划占：
  a. 不到预算的 1%。
  b. 预算的约 5%。
  c. 预算的近 8%。
  d. 预算的约 15%。
  e. 多于预算的 25%。
18. 收入分配中的“无效率”指的是：
  a. 受再分配的负面影响，通过减少工作来降低纳税额，从而减少了总产出。
  b. 再分配的管理成本与它给联邦工人所施加的负担。
  c. 从再分配中获益者的技能下降。
  d. 从高收入层转移到低收入层的全部收入。
  e. 政府所得到的总税收的减少。
19. 所得税抵免：
  a. 是补助工资的一种行为。
  b. 是对劳动所得多达 40% 的资助。
  c. 可以既资助最贫困的家庭，又保持对贫困的工作者的激励作用。
  d. 所有以上选项。
  e. 以上选项都不是。
20. 在 1996 年，国会通过一项福利改革方案，改变了原先的“援助需要抚养儿童家庭”计划的性质与激励作用。下面哪一个目标或指导方针包括在这项改革方案中？
  a. 家庭不再得到福利专项的援助。
  b. 联邦政府负责管理这一计划并出资。
  c. 合法与非法的移民现在都能合法地得到资助。
  d. 包括在该计划中的成年人应该被鼓励去工作，但是并不一定要走出家门找工作。
  e. 生活在贫困之中的儿童将得到另外的援助。

七、解答题

下列问题旨在帮助你运用教材中提到的概念。

A. 不公平的根源

1. a. 考虑一个由 10 人组成的群体。第一个人每周收入是 1 美元，第二个人每周收入是 2 美元，依此类推，第十个人每周收入是 10 美元。第一个人收入最低，代表了在这一群人中占 10% 的最低收入者（按收入多少排列），这个受贫困之苦的人所得到的 1 美元收入占所有人全部收入 55 美元的 2%。计算表 17－1 所要求的比例。例如，占人口 20% 的最低收入的人群包括收入为 1 美元和 2 美元的人。他们的全部收入为 3 美元，大约是全部 10 个人收入的 5.5%，即 3 美元大约占 55 美元的 5.5%。所以在表 17－1 的第一个空填上 5.5。
  b. 在图 17－4 中画出这一收入分布的洛伦茨曲线。
  c. 如果收入分配状况比本题开始时更加不公平，那么洛伦茨曲线将（**更凸向于右下角/更靠近 45°对角线**）；如果更加公平，那么洛伦茨曲线将（**更凸向于右下角/更靠近 45°对角线**）。

表 17－1

最低收入人群收入所占的百分比：									
10%	20%	30%	40%	50%	60%	70%	80%	90%	100%
2	___	___	___	___	___	___	___	___	100

图 17－4

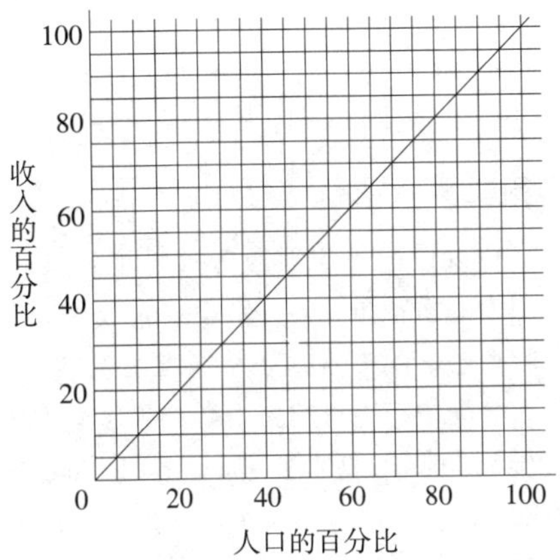

2. 假定用第 1 题所提供的数据，政府征收 20% 的所得税。

   假定没有任何消极影响，这一税收将得到 11 美元的收入。进一步假定税收的管理费用为 1 美元，剩下 10 美元作为 1 美元的“社会”支付分配给每个人。填表 17－2 中的空格，并在图 17－4 中画出新的洛伦茨曲线以说明税后收入的分配状况，为了以示区别，请用另外一种颜色的铅笔或钢笔。

3. 下列各项列出了当经济环境变化时，洛伦茨曲线将会做出的反应。

   （1）向 45°线移动。

   （2）离开 45°线。

   （3）没有任何移动。

   利用上述所给选项的数字，标出下列经济环境的变化将对表明收入分布的洛伦茨曲线产生的影响。

   a. 5% 的比例所得税，不进行再分配。

   b. 5% 的比例所得税，平均再分配给每个人。

   c. 累进所得税（对较高收入层征收较高税率），税收收入不再分配给每个人。

   d. 累进所得税（对较高收入层征收较高税率），平均再分配给每个人。

   e. 5% 的销售税，不进行再分配。

   f. 严重的经济衰退减少了对贫困的工人阶级的雇佣。

4. 考虑表 17－3 所示收入分配情况。

表 17－3

人口的累积百分比	收入的累积百分比
20	4.7
40	15.7
60	32.7
80	57.1
100	100.0

在图 17－5 中画出相应的洛伦茨曲线。

表 17－2

个人	第 1 个 10%	第 2 个 10%	第 3 个 10%	第 4 个 10%	第 5 个 10%	第 6 个 10%	第 7 个 10%	第 8 个 10%	第 9 个 10%	第 10 个 10%
收入	\$1.00	\$2.00	\$3.00	\$4.00	\$5.00	\$6.00	\$7.00	\$8.00	\$9.00	\$10.00
纳税额	\$0.20	___	___	___	___	___	___	___	___	___
税后收入	\$0.80	___	___	___	___	___	___	___	___	___
税后收入与支付	\$1.80	___	___	___	___	___	___	___	___	___
计划实行后最低收入层（从第 1 个人积累）的收入占总收入的百分比	3.3%	___	___	___	___	___	___	___	___	100%

图 17 – 5

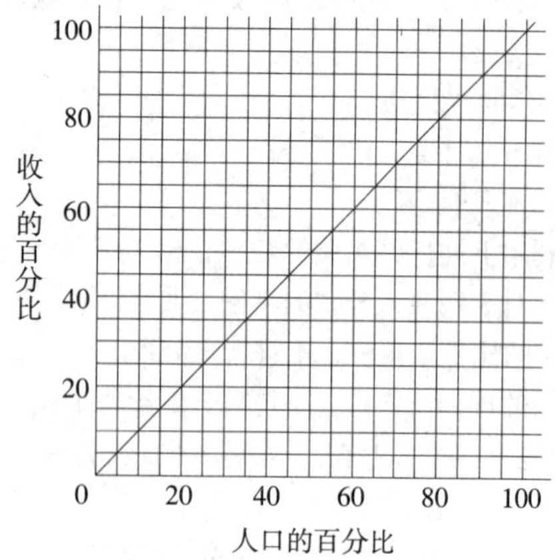

5. 贫困线是通过计算（**最大贫困指数/最低维持生存的收入/美国人均食品预算**）得到的。社会工作者为这一计算提供信息，他们的数字通过将仅能够维持生存的食品预算乘以（**2/3/4**）得到证实。为什么？因为收入较低的家庭一般花（**四分之一/三分之一/二分之一**）的收入在食品上。在 1962 年，一个四口之家的贫困线收入是 3 100 美元；在 2008 年，贫困线收入为（**10 625 美元/16 800 美元/21 200 美元/27 500 美元**）。

6. 表 17 – 4 记录了 1982 年和 2006 年在美国某些人群中的贫困现象。

表 17 – 4

人群	贫困人口的比例	
	1982 年	2006 年
白人	12.0	8.2
黑人	35.6	24.3
西班牙裔人	29.9	20.6
老年人	14.6	9.4
有配偶者	7.6	5.7
女性户主家庭	40.6	30.5
总人数	15.0	12.3

女性户主在表中排（**第一/第二/第三**），占 2006 年贫困线以下户数的______%，黑人居（**第二/第一/第四**），在 2006 年的比例为______%。

7. 公平的确切定义一直是一个有争议的话题。大多数人认为，机会平等、接受适度教育的平等以及选举权平等是美国民主的关键因素。但是一个更加公平的收入分配是什么样的呢？更具体一些，是否应该用累进所得税体系来进行收入再分配？对这一问题没有明确的答案。无论美国政府的经济政策怎样，在收入分配中都有着太多的潜在的不公平根源。在下面空格中列出至少 5 种这样的根源：

a. ______________________________

b. ______________________________

c. ______________________________

d. ______________________________

e. ______________________________

B. 反贫困政策

8. 图 17 – 6 可以用来说明收入再分配的消极或漏桶结果。图中的横轴与纵轴分别表示人数相同的高收入层与低收入层，图中有一条从原点出发的 45°线。如果在收入分配中有绝对的公平（如果每个人都和其他人一样得到相同的收入），那么名词“高收入组”与“低收入组”就毫无意义了，因为所谓的人口中的高收入组将和所谓的低收入组得到相同的收入，它们之间的分配情况将由 45°线上的某些点（如点 E）来表示。（记住，两条轴上的变量刻度是一致的。）

图 17 – 6

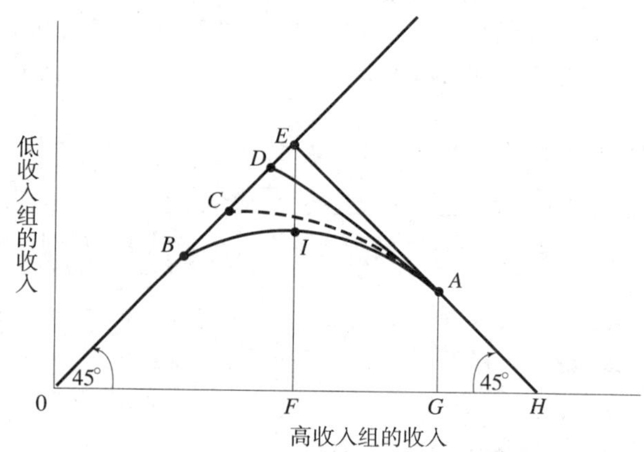

a. 事实上，收入并不是平均分配的。在这幅图上，表明这两部分收入分配状况的点一定位于 45°线的（**右下方/左上方**）。

假定两部分人的全部收入为 $0H$，高收入组的收入为 0*G*，低收入组的收入为 *GH*。从点 *H* 出发延伸另一条 45°线，点 *E* 为两条线的交点，在 *EH* 上，取点 *A* 使 *AG* 等于 *GH*。

现在我们进行分析，0*G*（横轴）表示高收入层的全部收入，*AG*（纵轴）是低收入层的全部收入，点 *A* 表示在这两个部分之间的收入分配，任何一个更加公平的收入分配意味着（**从点 *A* 移向点 *E*/偏离点 *A*，同时也偏离点 *E***）。假定有这样一个移动，没有任何消极的或漏桶效应，也就是说，假定全部人口的收入（**减少/没有减少**）。在图上，这次再分配表现为沿着直线 *EH* 从点 *A* 向点 *E* 移动。

b. 经常有人声称，任何直接趋向更公平收入分配的活动多少都会有一些消极影响。假定这一再分配是通过征收更重的累进所得税达到的，从高收入者手中征收到的额外税收将转移到低收入者手中。如果人们通过减少工作时间或其他方式减少工作收入，以避开这一更高的所得税，总体的实际 GDP 将（**下降/上升**），再分配的轨迹将不再沿着直线 *EH* 移动，从点 *A* 开始，它将移到 *EH*（**之上/之下**），总体实际收入将比在点 *A*（**多/少**）。再分配的数量越大，所谓的消极效应看起来就（**越小/越大**）。

c. 图 17 –6 中的三条曲线 *DA*、*CA* 和 *BA* 表示了 3 种可能的消极效应。在它们之中，最小的消极效应由（***DA*/*CA*/*BA***）表示。注意，在靠近点 *C* 的区域，*CA* 几乎是平的。这意味着如果施加足够的压力进行公平的再分配，由此带来的 GDP 的下降将足以与低收入层的实际收入相提并论。在绝对数上，低收入者的收入（**略微上升/根本没有上升/下降**），虽然在相对数上，低收入者所占的比例将（**上升/保持不变/下降**）。

9. 考虑依据下列定量规则制定的福利制度。

（1）基本的福利支持为 4 000 美元，在收入 4 000 美元以上到 8 000 美元的部分，每多挣 1 美元钱就扣去 0.5 美元。

（2）可以用 1 000 美元购买 3 000 美元的食品券，假如外来收入不超过 2 500 美元。

（3）提供 2 500 美元的住房补贴，但当收入超过 2 000 美元时，每超过 1 美元就要扣去 0.5 美元。

（4）对于外来收入不超过 3 999 美元的、需要抚养儿童的家庭，对每个孩子提供 1 000 美元的资助。

表 17 –5

	家庭 A	家庭 B	家庭 C	家庭 D
1. 基本福利	___	___	___	___
2. 食品券	___	___	___	___
3. 住房补贴	___	___	___	___
4. AFDC	___	___	___	___
5. 外来收入	___	___	___	___
6. 总计	___	___	___	___
7. 边际税率：				
对上 1 美元收入的边际税率	___	___	___	___
对下 1 美元收入的边际税率	___	___	___	___

根据这些规则，填写表 17 –5，以反映 4 个不同家庭所获得的利益。假定每个家庭都尽可能地充分利用了这 4 个福利计划（在实际中，这不是一个好的假定）：

家庭 A 有一个孩子，没有外来个人收入。
家庭 B 没有孩子，有 2 000 美元的个人收入。
家庭 C 有两个孩子，有 2 500 美元的个人收入。
家庭 D 有两个孩子，有 4 000 美元的个人收入。

八、讨论题

回答下列问题，并解释你这样回答的原因。

1. 区分财富与收入概念。这两个概念下的福利有何不同？比较收入分配的不公平与财富分配的不公平有什么不同？

表 17 –6

(1) 家庭收入档次	(2) 收入水平	(3) 占家庭总数的百分比	(4) 占家庭总收入的百分比
最低的 1/5	$ 11 551	20.0	3.1
第二个 1/5	$ 29 442	20.0	8.7
第三个 1/5	$ 49 968	20.0	14.8
第四个 1/5	$ 79 111	20.0	23.4
最高的 1/5	$ 169 971	20.0	49.7
最高的 5%	$ 362 514	5.0	21.2

资料来源：U. S. Bureau of the Census，Current Population Report.

2. 教材中表 17 –1 在这里为表 17 –6，表示的是美国

2006 年的收入分配情况。你能从这些数据中得到哪两个最重要的观察结果？

3. 图 17 –7 表示了不同国家的洛伦茨曲线。很明显，美国收入的不公平要大于其他发达国家。为什么？列出并解释两种可能的理由。

图 17 –7

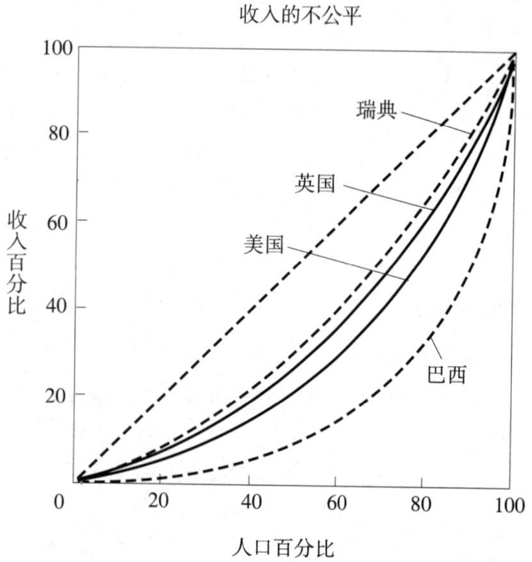

4. 复习本世纪美国收入不平等的趋势。负的收入所得税将如何扭转近期的收入不公平的上升趋势？

九、答案

三、关键概念复习

5	个人收入
8	可支配收入
13	财富
7	收入分配
14	基尼系数
3	洛伦茨曲线
10	补贴费用
9	贫困线
1	收入可能性曲线
11	福利国家
2	负所得税
6	劳动所得税抵免
4	公共品
12	私人品

六、选择题

1. B 2. D 3. C 4. C 5. A 6. B 7. C
8. E 9. D 10. B 11. D 12. C 13. E 14. D
15. E 16. A 17. D 18. A 19. D 20. A

七、解答题

1. a. 表中应填入的一行数字依次是：5.5，11，18，27.25，38，51，65.5，81.75
   b. 见图 17 –4。
   c. 更凸向于右下角，更靠近 45°对角线

图 17 –4

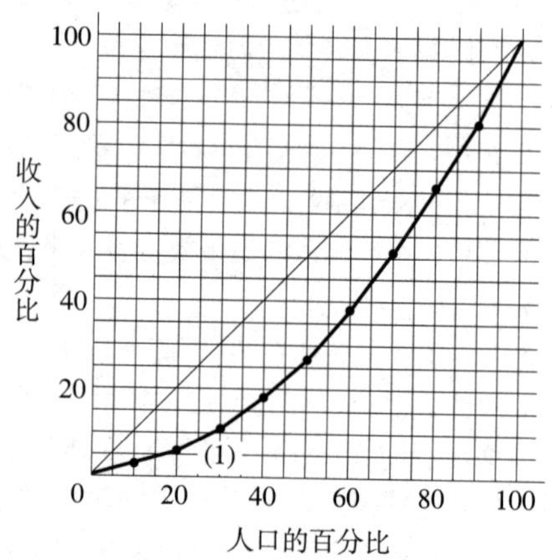

2. 表中应填入的各行数字依次是：
纳税额 = 0.40 美元，0.60 美元，0.80 美元，1.00 美元，1.20 美元，1.40 美元，1.60 美元，1.80 美元，2.00 美元
税后收入 = 1.60 美元，2.40 美元，3.20 美元，4.00 美元，4.80 美元，5.60 美元，6.40 美元，7.20 美元，8.00 美元
税收收入与支付 = 2.60 美元，3.40 美元，4.20 美元，5.00 美元，5.80 美元，6.60 美元，7.40 美元，8.20 美元，9.00 美元
占总收入的百分比 = 8.1%，14.4%，22.2%，31.5%，42.2%，54.4%，68.1%，83.3%
洛伦茨曲线应该更靠近 45°线，表示一种更公平的收

入分配。

3. a. 3
   b. 1
   c. 1
   d. 1
   e. 2
   f. 2
4. 见图 17－5。

图 17－5

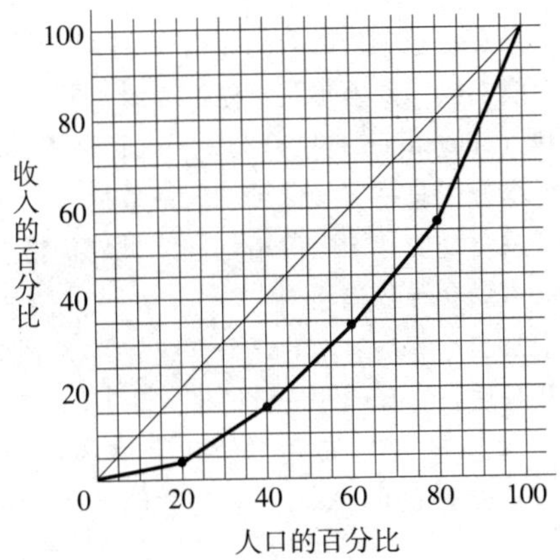

5. 最低维持生存的收入，3，三分之一，21 200 美元
6. 第一，30.5，第二，24.3
7. 能力、教育、职业、努力程度、财产所有权、遗产继承以及歧视都是这样的根源。
8. a. 右下方，从点 *A* 移向点 *E*，没有减少
   b. 下降，之下，少，越大
   c. *DA*，根本没有上升，上升
   d. 上升，下降
9. 见表 17－5

表 17－5

	家庭 A ($)	家庭 B ($)	家庭 C ($)	家庭 D ($)
基本福利	4 000	3 000	2 750	2 000
食品券	2 000	2 000	2 000	0
住房补贴	2 500	2 500	2 250	1 500
AFDC	1 000	0	2 000	0
外来收入	0	2 000	2 500	4 000
总计	9 500	9 500	11 500	7 500
边际税率：				
对上 1 美元收入的边际税率	NA	50%	100%	200,100%
对下 1 美元收入的边际税率	50%	100%	200,100%	100%

八、讨论题

1. 收入是指个人或家庭获得的总的款项或现金。财富是一个含义更广泛的定义，是金融资产和其他有形资产减去对债权人的欠款。这两个定义包含着差异很大的经济福利概念。财富是指来自于出售个人的有用要素或来自于运气或遗产的个人财产的积累。在美国，财富的分配要比收入的分配不公平得多。事实上，美国 1% 的人口拥有全国 33% 的财富。
2. 收入最高的五分之一家庭获得的收入是收入最低的五分之一家庭获得的收入的 15 倍多。收入最低的五分之一家庭仅分配到总收入中非常小的一部分。
3. 美国有着比许多其他发达国家更不公平的收入分配。美国政府限制了通过税收和转移支付进行再分配。接受教育和培训的机会也并不是对每个人都平等的。
4. 1930～1975 年间，美国收入分配不公平的程度降低了。然而，1975～2006 年间，不公平程度事实上又上升了。对生活在贫困线之下的人们可以实行负所得税，即给予其税收抵扣。通过使收入从富人流向穷人的收入再分配，可以改变最近的趋势。

第 18 章

国际贸易

一、概述

在本章，萨缪尔森和诺德豪斯提出了贸易的基本经济模型，其基本观点是，国际贸易可以提高大多数国家的福利（即生活水平），即使它们早就是最具生产力的国家。大卫·李嘉图对国际贸易的研究做出了巨大贡献，其中一点是他认为无效率地生产所有商品虽然将导致一国贫穷落后，但这不会使贸易机会完全消失。有效率的和无效率的国家还是可以进行贸易，并能使双方都获益，前提是各自生产的相对成本存在差异。本章第一部分将解释李嘉图关于贸易的具有创新性的观点。

完成了对自由贸易部分的解释之后，萨缪尔森和诺德豪斯将讨论转向问题的对立面——贸易保护主义。既然自由贸易有这么多好处，为什么在现实世界中存在如此多的贸易壁垒？为了回答这个问题，分析贸易壁垒的运作方式是很重要的。只有这样，我们才能清楚它们的效果并评估它们的价值。本章第二部分就致力于此。确切了解了贸易保护主义的效果之后，我们将批判性地分析各种支持和反对保护的争论。本章还论述了近期离岸外包的增长现象。

二、学习目标

在你读完教材第 18 章，完成本书的习题之后，你将能够：

1. 讨论近期的国家贸易的一些趋势，并理解国际贸易模式背后的经济因素。
2. 区分**绝对优势**（absolute advantage）和**比较优势**（comparative advantage）。
3. 以两种商品的简单经济模型为例，解释一个国家是如何通过专门生产具有比较优势的商品（目的是出口），并进口具有比较劣势的商品而增加实际收入的。
4. 理解李嘉图模型能够很容易地扩展到多国贸易协定。
5. 将**外包**（outsourcing）解释为另一种贸易机制。
6. 利用供求分析总结贸易保护的经济效果。说明某种产品的开放贸易使其国内价格趋同于世界价格。解释**关税**（tariff）会导致福利损失。
7. 总结主张实行贸易限制的经济学或非经济学方面的论点，并对它们的合理性进行评价。
8. 列出美国在过去几年采用的几个**非关税贸易壁垒**（nontariff barriers to trade），解释它们是如何发挥作用的。

三、关键概念复习

在 B 栏中寻找与 A 栏中术语相应的解释，并将序号填在术语前边。

A	B
__ 比较优势原则	1. B 国企业所生产的商品在 A 国的售价低于其平均成本，或者说低于 B 国的国内价格。
__ 绝对优势	2. 阐明了贸易前后的生产和消费以及某国的贸易替代。
__ 比较优势	3. 以牺牲他国利益为代价来保护本国经济的项目或政策。
__ 贸易条件	4. 为了实现一国国内实际收入的最大化，根据自己的需要调整贸易条件而征收的关税。
__ 消费可能性曲线	5. 每个国家都将专门生产和出口其成本相对较低的商品而进口其生产成本相对较高的商品。

__ 多边贸易　6. 为使国内新产业免受来自发展完善的国际竞争者的冲击而征收的关税。

__ 关税　7. 存在于一国能以相对较低的成本生产一种商品时。

__ 配额　8. 存在于某国能以较高的绝对效率或以较低的资源成本生产一种商品时。

__ 重商主义　9. 诸多国家之间的商品和服务的交换。

__ 倾销　10. 出口价格与进口价格之比，它为两国之间的商品贸易规定了价格的上、下限。

__ 最优关税　11. 李嘉图之前的经济哲学，其鼓吹贸易盈余和黄金流入的好处。

__ 幼稚产业关税　12. 对进口的商品和服务征收的税。

__ “以邻为壑”的政策　13. 对进口商品的数量进行限制。

__ 外包　14. 自由贸易将提高一国出口品中密集使用的要素的价格，同时降低该国进口品中密集使用的要素的价格。

__ 斯托珀—萨缪尔森定理　15. 将服务或生产过程安排在国外进行。

四、小结与本章提纲

本部分对教材第 18 章的关键概念进行总结。

A. 国际贸易的实质

1. 本章的基本知识点就是国际贸易能够增进大多数国家的福利（即生活水平），即便这些国家在生产任何产品上都具有最高效率。
2. 国际贸易与国内贸易两者有一些区别，当一个国家进行国际贸易时，它：
   a. 将有更多的产品选择。
   b. 一定会涉及另一个主权国家的法律和规定。
   c. 一定会在外汇市场上兑换本国货币。
3. 使各个国家发现从事国际贸易有益的原因有很多，主要有三个经济方面的原因：
   a. 生产条件的多样化。
   b. 规模经济和平均成本递减。
   c. 偏好的差别。

B. 国家间的比较优势

1. 如果美国不产锡，毫无疑问，它将进口所需要的锡。然而，为什么美国或其他国家进口本国能够生产的商品，似乎就不那么显而易见了。本章的基本内容就在于，强调一国如想使其资源得到最优利用，应该进口本国能够生产的某些商品。每个国家都应致力于生产本国最具优势的产品，而将其他的产品让给别国生产。各国也应出口一部分产品以换取本国不具生产优势的产品。
2. 在理解为什么某些常见的有关国际贸易的观点是错误的之前，必须掌握**比较优势**（comparative advantage）的基本含义。只有它解释了为什么基于国家真实收入，各国应专门生产某种或某些产品，然后出口这些产品，并以出口这些产品的收益为进口融资。如果一国能以较其贸易伙伴更低的成本生产 X，我们就说，该国在 X 的生产上具有**绝对优势**（absolute advantage）；而如果一国生产 X 的成本低于其生产其他可交易产品的成本，我们则说，相对于其他产品而言，该国在 X 的生产上具有**比较优势**（comparative advantage）。
3. 来自贸易的潜在收益源于比较优势。一国可通过集中精力生产本国具有比较优势的产品，并将其部分地或全部用以出口，来交换本国存在比较劣势的产品，从而获益。即使一国在任何产品的生产上都具有绝对优势，它仍可以通过集中生产本国最具绝对优势的产品，然后借助于贸易来增进本国的福利。
4. 李嘉图模型最早分析了比较优势及贸易的潜在收益，被称为古典的充分就业模型。然而，旨在充分利用潜在优势的产品组合的调整，却在中期和短期中造成被替代资源的闲置。即使在长期中，均衡与充分就业同时达到了，也仍有一些人的境遇较以前变坏了。这一理论所指出的，只不过是*总的*福利水平提高了。
5. *重商主义者*强调的是，适合一个家庭的原则同样适用于一个国家。对于一个家庭而言，将收入的一部分用于储蓄是审慎的，而国家，在重商主义者看来，不过是更大的家庭。重商主义者将国家层次上的储蓄等同于黄金的积累。

   上述观点并非毫无道理，任何国家都期望能够拥有一定的黄金储备（或外汇储备），以应付一些导致国际收支赤字的突发事件。但是，即使是从家庭的角度而言，如果简单地将“审慎”理解为所有的家庭必须储蓄，也是错误的。不用于投资的储蓄最终只能导致经济萧条和储蓄的减少。

6. 自由贸易也将对收入分配产生影响。根据斯托珀—萨缪尔森定理，由于熟练劳动力丰富的国家在密集使用熟练劳动力的商品上具有比较优势，该国将出口这些商品，因此自由贸易将增大对熟练劳动力的需求，并提高熟练工人的工资。同理，该国将进口其具有比较劣势的商品，即密集使用非熟练劳动力的商品。因此对非熟练劳动力的需求，以及非熟练工人的工资，在该国将会下降。由此可见，自由贸易有可能扩大熟练和非熟练工人之间的工资差距，从而加剧收入分配的不平等。
7. 外包贸易变得日益重要是国际贸易领域的另一重要趋势。通过外包贸易，或者说离岸外包，美国将其生产机构设置在国外。奥巴马总统在其竞选期间，将外包贸易称为“向海外输出就业机会”。因此外包对于美国公民来说自然很容易产生一种忧虑，他们担心贸易将会造成工作机会的流失。然而，一些经济学家也将外包称为另一种贸易形式，或者说是一种进一步发挥比较优势的渠道，尤其是在国外的生产成本的确较低时。尽管如此，仍然有许多人担忧外包会对国内就业产生影响。面对传统的进口竞争，人们担心自由贸易将造成非熟练工人就业机会流失。而面对外包，人们则担心自由贸易会造成熟练工人工作岗位的流失（因为印度和中国熟练工人的工资要低于美国或欧洲）。

C. 贸易保护主义

1. 一般而言，实践中或拟议中的主张限制对外贸易的理由主要有相互联系的三个方面：
   a. 一国惧怕失业，并将进口竞争视为造成失业的潜在原因之一。
   b. 一国缺乏外汇储备，并将提高关税视为收入的又一新的潜在来源。
   c. 从贸易保护中直接获益的国内特殊利益集团向政府施加政治压力。
2. 在高失业时期，很难向立法者和商业人士宣扬比较优势和自由贸易。人们会强调，尽管是以降低总需求和提高国外的失业率为代价，但是减少进口确实可以提高国内的就业率，因此，他们会主张提高保护性关税。当然，这种“出口失业”的企图会由于外国提高关税的报复行为而破产。
3. 一味地坚持进口限制不会减少失业的观点是错误的。正确的主张是，在失业控制方面，财政政策和货币政策更为有效。而且，使用上述政策还可避免将国内失业强加给他国的嫌疑，自然地，也不会引发他国的报复。
4. 只要给出可信的理由，证明除贸易保护以外，其他方法同样可以控制失业，许多发达国家的人们便能够很容易地接受自由贸易原则。但这对于欠发达国家的人们来说就显得相对困难一些。那里的人们看到世界上最发达国家的情况，希望有一天自己的国家也能拥有像发达国家一样高的生产和收入水平。他们认为，为了扩大生产能力、增加就业、促进工业的增长，实行某些进口限制也许是必要的。
5. 简单的供求分析便能表明，贸易保护措施由于：(a) 导致国内生产的无效率，(b) 减少消费，从而提高了国内的价格水平并带来总体福利水平的下降。
6. 除非保护性措施是禁止性的，否则都能够为政府带来收入（如关税、进口许可证拍卖款等在这个问题上是等价的）。
7. 有时，存在一些与经济无关的赞成贸易保护的论点：如国家利益和/或安全，文化和/或地区统一性等等。国内补贴在这些方面往往更加有效。
8. 下述经济论点都是错误的，具体包括：保护国内就业、特殊利益保护以及重商主义者对于有利贸易条件的追求等。事实上，为达到上述目的，国内的经济政策将更加有效。
9. 赞成贸易保护的动态性的解释很具吸引力，但其是有风险的。例如，最优关税壁垒以及幼稚产业保护等做法往往会遭到他国的报复。

五、学习提示

1. 绝对优势意味着低的资源成本，或者说可以更有效率地利用资源。比较优势则意味着较低的相对成本，也就是说，相对于所放弃的生产，当前的成本较低。请看下面的例子。假设有两个国家 A 国和 B 国。贸易前，两国都生产两种商品，机器人（R）和木琴（X），表 18－1 表明了两国生产每单位商品的劳动成本（这里假定劳动是惟一的生产要素）。

表 18－1　生产每单位商品所需的小时数

	A	B
R	1 小时	10 小时
X	3 小时	20 小时

如上表所示，A 国在两种商品的生产上都具有绝对优势，都能以较少的资源进行生产。至于比较优势，则需要对各国、各种产品的相对生产成本进行衡量。

在 A 国，生产一个机器人的相对成本是 0.33 把木琴，因此，当 A 国决定生产机器人时，1 小时的劳动可以生产 1 个机器人，而如果用这 1 小时劳动生产木琴，则只能生产 1/3 把。

在 B 国，R 的相对成本是 0.50X，那么相对而言，A 国在 R 的生产上具有比较优势。

同样，A 国生产 1 把 X 的相对成本是 3R，B 国的相对成本则是 2R。因此，B 国的比较优势在于 X 的生产上，相对而言，B 国生产 X 的成本较低。

2. 显然，在只有两种产品的世界里，一国不可能在两种产品的生产上都具有比较优势。然而，当存在若干品种时，一国总会在某些产品上拥有比较优势。
3. 价格并不是必须由货币来表示的，它们完全可由其他商品来表示。

六、选择题

下列问题按照教材中的顺序安排，从各选项中选出一个最佳答案。

A. 国际贸易的实质

1. 各国从事国际贸易是为了：
   a. 利用规模经济。
   b. 获得额外的资源。
   c. 满足公民的偏好。
   d. 所有以上选项。
   e. 只有 a 和 b 两项正确。
2. 国内贸易与国际贸易之间的重大区别之一是：
   a. 距离，因此交通成本更高。
   b. 外国人更难打交道。
   c. 货币必须经过兑换。
   d. 所有以上选项。
   e. 以上选项都不是。
3. 国内贸易和国际贸易的区别在于：
   a. 一国可以选择更多（供消费的）商品种类。
   b. 跨国贸易将涉及到不同的风俗习惯，这将对贸易产生影响。
   c. 一国必须在外汇市场上兑换外汇。
   d. 所有以上选项。
   e. 以上选项都不是。

B. 国家间的比较优势

4. 根据比较优势原则，对美国选择进口而非自己生产香蕉的最佳解释是：
   a. 温带不能生产香蕉。
   b. 美国生产香蕉需要付出大量的努力。
   c. 其他国家生产香蕉的代价较之美国要少。
   d. 美国的资源优势在于生产其他商品，而热带国家的资源优势在于生产香蕉。
   e. 美国的气候不适合生产香蕉。
5. 在从事国际贸易以前，一国的任何两种商品之间都会存在一个均衡的价格比率（其大小取决于古典的李嘉图模型中的相对生产成本）。如果与他国发生了贸易，那么在什么情况下，这一价格比率将改变？
   a. 只有当生产成本在本国内发生变化时。
   b. 在任何情况下（除非贸易量太小以至于不会对其产生任何影响）。
   c. 只有当国际贸易量很小的时候。
   d. 任何时候都不会，因为它是一种均衡关系。
   e. 只有当国际贸易量足够大的时候。

根据表 18－2 回答第 6～10 题。该表记录了 A、B 两国在葡萄酒和布匹生产上劳动（假定劳动是唯一的投入）的产出情况。

表 18－2

每小时产出	A 国	B 国
布（码）	5	15
葡萄酒（公升）	10	20

6. 比较上述两国，并以生产优势为基础分析其贸易可能性。回答下列哪种说法对 A 国而言是正确的？
   a. 在生产布匹方面具有绝对优势。
   b. 在生产葡萄酒方面具有绝对优势。

c. 在生产布匹方面具有比较优势。
d. 在生产葡萄酒方面具有比较优势。
e. 在任何商品的生产上都没有比较优势。

7. 假定最初两国间并不存在贸易。此时，A 国的货币单位为“donaro”，B 国的货币单位为“gelt”，贸易前两国的布匹价格分别为 20donaro 和 60gelt。那么，为使两国都继续生产两种产品并达到均衡，两国葡萄酒的价格应分别是：
a. 5 donaro，20 gelt。
b. 40 donaro，45 gelt。
c. 10 donaro，45 gelt。
d. 10 donaro，80 gelt。
e. 40 donaro，80 gelt。

8. 如果两国间出现了贸易的可能（假定国际运输成本为 0 或忽略不计），那么，B 国将会：
a. 进口葡萄酒。
b. 出口葡萄酒。
c. 进口全部两种商品。
d. 出口全部两种商品。
e. 既不出口也不进口，因为 B 国的生产条件决定了它与 A 国的贸易是无利可图的。

9. 在贸易机会出现以前，按照国内的生产成本，每个国家都会有本国的价格比率。如果 A 国和 B 国间发生了贸易，那么这一比率（以葡萄酒对布匹为例）将如何发生变化？
a. A 国上升，B 国下降。
b. B 国上升，A 国下降。
c. 两国都上升。
d. 两国都下降。
e. 除了均衡得以重建前的短暂时期内，在任何国家都不会发生变化。

10. 一旦国际贸易得以进行，并形成新的均衡，那么，布匹价格与葡萄酒价格之比（仍假定运输成本为 0）将是下列哪种情况？
a. 两国都是 1.2。
b. 两国都是 1.6。
c. A 国 1.3，B 国 2.1。
d. A 国 2.1，B 国 1.3。
e. 两国都是 2.3。

11. 通常，生产成本的相对差异都被看做是开展国际贸易的基本原因，导致国际交换的另一可能因素是：
a. 气候的差异。
b. 固定外汇汇率。
c. 运输成本的差异。
d. 劳动技能的差异。
e. 规模生产的经济性。

12. 在规模大体一致，但生活水平存在差异的国家间开展贸易：
a. 将会以生活水平高的国家的付出为代价，生活水平低的国家将获益。
b. 只要两国的价格比率不同，那么，两国就都将从中获益。但是，一旦两国（通过贸易）确立相同的价格，那么两国就都无利可言。
c. 即使两国（通过贸易）确立相同的价格，也都会有一定程度的获利。
d. 因为一国在所有产品的生产上都处于绝对劣势，所以两国均无利可获。
e. 将会以生活水平低的国家的付出为代价，生活水平高的国家将获益。

13. 根据比较优势原则，对美国进口咖啡最正确的解释是：
a. 美国无法生产咖啡。
b. 种植咖啡须有充足的化肥。
c. 咖啡在美国的需求量很少。
d. 当美国的资源用于生产一些在美国生产成本相对较低、在其他国家相对较高的产品上，将更为有效率。
e. 以上选项都不是。

14. 近期有研究表明，与工资水平较低的发展中国家所进行的全球性竞争，是导致近三十年来美国非熟练工人工资水平下降的一个原因。然而，应当指出：
a. 其他的部门或行业因国际贸易而扩张，并且其扩张程度高于受损部门的收缩程度。
b. 许多从低工资部门中流散出的工人，经过一段时间，找到了工资水平较高的工作。
c. 国际贸易对工人造成的损失微不足道。
d. a 和 b 均正确。
e. 上述选项均正确。

C. 贸易保护主义

15. 一种观点认为，应对那些来自工资水平明显低于本国国家的进口品征收关税，以帮助本国的生产者同外国的竞争者相抗衡，你认为这种观点：
a. 大多数经济学家都承认这种观点是正确的，尽管有时为了支持某一水平的关税而有所夸大。

b. 一派胡言，因为事实上没有什么能够证明国内外之间存在着任何的实际工资差异。

c. 忽略了作为构成国际贸易基本原则的相对成本差异这一事实。

d. 相对于国内外的货币工资而言，可能是正确的，但就实际工资而言，则是错误的。

e. 以上选项都不是。

16. A 国向来自 B 国的产品加征新关税后，B 国正在考虑对 A 国的产品实施报复性关税。从经济角度看，B 国应该：

a. 打消增加关税的念头。

b. 加征低于 A 国的关税。

c. 加征高于 A 国的关税。

d. 只有当 B 国处于充分就业时，才会采取报复性的关税措施。

e. 调整本国货币对 A 国货币的汇率。

17. 重商主义者的外贸政策强调：

a. 进口应超过出口。具体而言，“本国得到的应比付出的要多”，从而尽可能地提高本国的实际收入。

b. 出口超过进口以获得更多的黄金。

c. 既然这里的贸易意味着商业，所以重商主义者最大限度地鼓励贸易，换句话说，就是主张自由贸易。

d. 进出口应保持在最低的平衡水平上。

e. 农产品贸易比工业品贸易更为重要。

18. “对于美国高工资的劳动来说，不应通过向源自其他低工资国家产品征税的方法来寻求保护。” 支持这一观点的主要理由是：

a. 即使是实行零关税，美国的劳动者也不会因此而失业。

b. 美国工人在许多产业中具有很高的每小时劳动生产率，抵消了其他国家在低工资方面的优势。

c. 相对于外国生产的产品而言，美国人更愿意购买美国生产的产品。

d. 可以这样认为：相对于外国竞争者而言，美国高工资的产业具有比较优势。

e. 以上选项都不是。

19. 美国受保护产业的工人强调，自由贸易会使美国工人收入状况恶化，这一论点：

a. 尽管考虑到更便宜的进口品会增加实际收入，但对该产业的工人而言，这种说法也是不正确的。

b. 尽管考虑到增加出口对就业的影响，但对该产业的工人而言，这种说法也是不正确的。

c. 尽管对该产业的工人而言正确，但对全美工人来说，则可能是错误的。

d. 对该产业的工人来说无疑是正确的，对全美工人而言也可能是正确的。

e. 尽管对该产业的工人而言可能是正确的，但对全美工人来说，无疑是错误的。

20. 就纯经济角度而言，最佳关税水平（以不变数据计）应是：

a. 禁止进口点。

b. 使得国外的成本提高到国内的成本水平。

c. 0。

d. 使其他国家不会采取报复的临界水平。

e. 能够为国家带来最大收入的点。

21. 一种主张实施关税保护的观点认为，关税可以改善本国的贸易条件，此观点：

a. 是重商主义者所谓“出口应大于进口”说法的翻版。

b. 如果征收关税的国家相对较强大，且征收的关税相对较低，则上述说法可能正确。

c. 是“幼稚产业保护论”的翻版，因此是错误的。

d. 如果施加关税国的某种或全部贸易品在世界贸易中所占份额很小，则上述说法可能是有效的。

e. 如果一国无一例外或几乎无一例外地对所有进口品都征收关税，则上述说法可能有效。

22. 有人指出，如果某商品关系到国计民生，并且/或者外国供给方有可能以此作为要挟来达到某种政治目的，那么就应对其征税。对此，大多数经济学家认为：

a. 如果该商品确实很重要，那么可以对其征收关税。

b. 如果该商品确实很重要，那么采用补贴的办法将优于采用征收关税的办法。

c. 对付政治讹诈的最佳方法就是坚持全方位的自由贸易。

d. 尽管可以采用关税的办法作为一种威胁的手段，但是政治上的问题还是应该采用政治手段（即使对付战争威胁也应如此）而非经济手段来解决。

e. 如果该商品确实很重要，那么它在国内的生产应该国有化。

23. 如果一国通过加重关税的办法来抑制进口，那么将可能对出口产生哪些影响?

a. 除了由于其他国家报复性地征税而引起该国的出口减少外(这种情况很有可能发生),不会有其他的影响。
b. 由于报复性征税措施通常被证明是无效的,所以出口应不会受到什么影响。
c. 由于其他国家发现必须购买更多的该国产品,以补偿其居民为进口所支付的高成本,所以该国的出口将增加。
d. 如果关税提高了本国的就业水平和国民产出,那么,出口将有望增加,此外不会有其他影响。
e. 出口可能全面或几乎全面地下降。

24. 对于“关税导致被保护产业工人的货币工资上升”的有力驳斥是:
a. 该产业的工人完全有可能遭受实际工资下降的痛苦。
b. 其他产业工人的实际工资将下降。
c. 被保护产业内货币工资的上升将引致失业。
d. 关税不会导致任何产业的货币工资上涨。
e. 任何实际工资水平的上升都可能导致通货膨胀。

25. 支持保护性关税的观点通常包括:(a)保护本国产业免受外来竞争的冲击;(b)给政府带来收入。对此,反对方的答案可能是:
a. 关税减少而非增加了国内产业的销售额。
b. 如果目标产业在生产能力方面具有绝对优势,那么它不需要关税保护。
c. 对政府收入的强调可能会导致附于每单位产品上的关税高于特定产业所需保护的程度。
d. 一项有效的关税实际上不会为政府带来任何收益。
e. 以上选项都不是。

26. 进口关税与进口配额之间的差别是:
a. 配额不能为政府带来收入,而关税能为政府带来收入。
b. 关税不能为政府带来收入,而配额能为政府带来收入。
c. 配额可用于限制所有商品的进口,关税则无此功能。
d. 关税可用于限制所有商品的进口,配额则无此功能。
e. 如果是以拍卖的方式发放配额,那么可获得等量的收入。

27. 禁止性关税:
a. 使用于美国禁酒时期(1920~1933 年)。
b. 能有效地限制所有商品的进口。
c. 禁止对某些特定的商品施加关税。
d. 其限制功能弱于非禁止性关税。
e. 以上选项都不是。

七、解答题

下列问题旨在帮助你运用教材中提到的概念。

A. 国际贸易的实质

1. 下列问题基于 2006 年美国的贸易构成。
a. 美国贸易的主要组成部分是商品,尤其是(**农产品/工业品/服务**)。
b. 美国资本品的出口(**高于/低于**)进口,美国机动车的出口(**高于/低于**)进口。
c. 外国人在美国的旅游和旅行活动,占美国服务业出口的(**10%/20%/30%**)。

B. 国家间的比较优势

下列问题通过对贸易前状况的考察,来检验比较优势理论的合理性。具体而言,首先明确在一国贸易前的生产状况和生活水平,然后说明通过对外贸易能够提高一国的实际收入水平。

这里的假设和教材中的假设相同:有两个地区,美国和欧洲;只有两种商品,食品(F)和服装(C)。生产 F 和 C 的全部成本都用劳动时间来衡量。由于某种原因,上述两地区每小时劳动的产出并不相同。

2. 表 18-3 分别给出了美国和欧洲 1 小时所能生产的 F 和 C 的数量,表 18-4 将这些数据转换成了单位产出的投入量。
a. 假定这里的“1 小时的劳动”对于美国和欧洲而言是相同的,那么,上述数据表明美国在(**食品/食品和服装/服装/两者都不**)上具有更高的生产率。

表 18-3

每小时产出	F	C
美国	20	6
欧洲	10	8

表 18－4

	生产所需的劳动时间（分钟）	
	1 单位 F	1 单位 C
美国	3	10
欧洲	6	7.5

b. 欧洲在（**食品/食品和服装/服装/两者都不**）上具有更高的生产率。

c. 如果 1 天以 8 小时计，那么，一名美国工人要么生产 8×20＝160 单位的食品，要么可生产（**10/48/64/80**）单位的服装。

d. 在欧洲，一名工人一天要么生产 64 单位的服装，要么生产（**10/48/64/80**）单位的食品。

3. 本题假定，每个地区生产每种商品的成本都以劳动计，而所有来自商品销售的收入都将支付给劳动者。

a. 如果美国 1 单位 F 的市场价格为 1 美元，那么，美国生产 F 的工人的小时工资应为（**0.05 美元/0.10 美元/1.00 美元/10.00 美元/20.00 美元**）。

b. 如果美国 1 单位 F 的市场价格为 0.05 美元（5 美分），那么，相应的工人的小时工资应为（**0.05 美元/0.10 美元/1.00 美元/10.00 美元/20.00 美元**）。

c. 同样地，如果美国 1 单位 C 的市场价格为 2 美元，那么，相应的工人的小时工资应为（**0.30 美元/0.60 美元/2.00 美元/10.00 美元/12.00 美元**）。

d. 如果欧洲 1 单位 F 的市场价格为 1 英镑，那么，欧洲生产 F 的工人的小时工资应为（**1 英镑/4 英镑/6 英镑/8 英镑/10 英镑**）。

e. 如果欧洲 1 单位 C 的市场价格为 1 英镑，那么，相应的工人的小时工资应为（**1 英镑/4 英镑/6 英镑/8 英镑/10 英镑**）。

4. 假定美国食品和服装的价格都为 1 美元。

a. 对于 1 名可以自由择业的工人来说，如果选择生产（**服装/食品**），收入会更高。具体而言，生产 F 的小时工资为（**1 美元/6 美元/8 美元/10 美元/20 美元**），生产 C 的小时工资为（**1 美元/6 美元/8 美元/10 美元/20 美元**）。在工人可以自由择业（不同职业之间没有优劣之分）的前提下，上述的价格（均为 1 美元）（**能够/不能**）代表一种均衡的情况。如果现实真的是这样，比如说，政府通过某种行政命令做到这一点，那么，将（**只有食品/只有服装/食品和服装都**）能够得以生产。

b. 假定欧洲 F 和 C 的价格都为 10 英镑（工人仍然可以自由择业），那么，（**所有的工人都将选择生产服装/所有的工人都将选择生产食品/食品和服装原有的生产格局不会发生变化**）。

c. 除非 F 和 C 的价格彼此间存在某种恰当的比率，换句话说，除非它们的价格反映了相对边际成本，否则，生产要素（这里即为劳动）将从价格被低估的产品上撤出。在美国，如果期望 F 和 C 都能被生产，那么在 F 的价格为 3 美元的前提下，C 的价格将为（**1 美元/3 美元/8 美元/10 美元/12 美元**）。如果 C 的价格为 2 美元，那么 F 的价格将为（**0.30 美元/0.60 美元/1.00 美元/1.50 美元/2.00 美元**）。如果 F 的价格为 2.40 美元，C 的价格为 9 美元，这一组合（**能够/不能**）达成均衡。

d. 这里的问题在于相对价格。在美国，只有当 F 和 C 的比价为（**1∶1/3∶10/5∶10/10∶3**）时，才与以劳动时间衡量的每单位产品的生产成本比率相匹配。价格的绝对水平将取决于流通于该国的货币数量等因素。

e. 相应地，如果 F 和 C 的价格分别停滞于 2.40 美元和 9 美元上，那么，工人将由（**食品/服装**）的生产转到（**食品/服装**）的生产上去。同样地，在欧洲，也要求上述关系的匹配。

f. 在欧洲，如果 F 的价格为 4 英镑，为了支持上面我们讨论的所谓均衡，C 的价格必须为（**1 英镑/2 英镑/3 英镑/4 英镑/5 英镑**）。更一般地讲，欧洲的价格比率（F∶C）应为（**3∶10/5∶10/4∶5/5∶4**）。上述各题中，我们假定在美国和欧洲之间不存在国际贸易。现在，假定两地之间突然出现了贸易机会。为简化起见，我们假定两地间的运费非常之小，因此可以忽略不计。此时，美国 F 和 C 的价格分别为 60 美分和 2 美元。

5. 在美国（欧洲亦如此），开展对外贸易将打破贸易前的国内均衡。例如，在美国，贸易将增加 C 的国内供给。

a. C 的价格将因此而（**上升/保持不变/下降**）。而这意味着 F 对 C 的价格比率将（**上升/保持不变/下降**）。

b. 如前所述，如果美国的食品与服装的价格比率不是 3∶10（或 0.3），工人们就会离开产品价格被低估的行业。本题中，随着价格比率的提高，工人们将由（**食品/服装**）的生产转向（**食品/服装**）

的生产上去，无疑，这种转变是合理的。为什么呢？原因就在于美国出口贸易的展开使得出口品 F 的生产需要更多的工人。

c. 欧洲由于进口了美国的出口品，因此国内价格将会相应地（**发生变化/保持不变**）。这里，食品与服装的价格比率将（**上升/保持不变/下降**）。F 的价格将由于美国进口品的到来而下降，与此同时，由于美国对 C 产生的新的需求，使得 C 的价格趋于上升。

d. 欧洲的工人们将离开（**食品/服装**）的生产，转而生产出口品 C。

6. 上述问题也可以通过图形加以说明。按照问题 1 给出的投入要求，假定欧洲和美国都拥有 10 小时的劳动（尽管不现实，但有利于构建模型），进一步假定两地间开始时不存在贸易，且它们都将劳动资源平均地分配给了 F 和 C 两种产品。

a. 请在图 18－1（a）中描绘出美国的生产可能性边界，并确定最初的生产组合点 *A*；在（b）幅中描绘出欧洲的生产可能性边界，并确定最初的生产组合点 *B*。

图 18－1

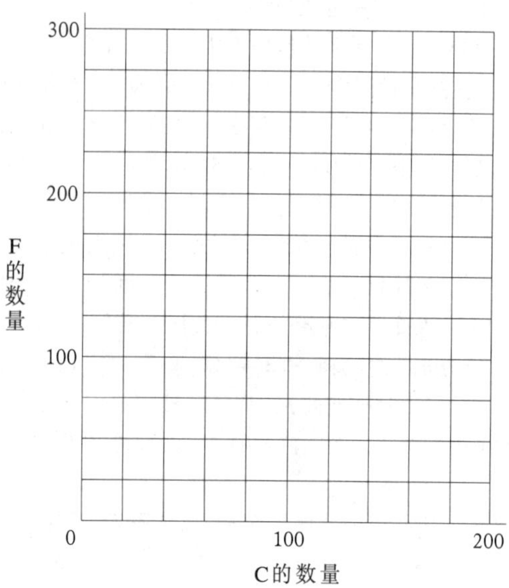

(a)

b. 美国的生产可能性边界的斜率为______，它代表了美国国内食品和服装的相对价格比率；欧洲的生产可能性边界的斜率为______，它同样代表了欧洲国内的相对价格比率。

c. 美国生产了______单位的 F 和______单位的 C；欧洲生产了______单位的 F 和______单位的 C；C 的世界总产量为______单位，F 的世界总产量为____单位。

7. 现在假定，经过协商，美国同意专门生产 F，并以欧洲的国内价格比率同欧洲进行贸易。

a. 在图 18－1（a）中画出预算线（以专门生产 F 并以 F 交换 C 的分工为基础的消费边界）。如果美国仍然只消费 30 单位的 C，那么，它便能够通过出售______单位的 F 来换取 30 单位的 C，从而将 F 的消费量由原来的 100 单位增加到______单位。那么，在美国的劳动分工由原来的 50∶50 生产 F 和 C 顺利地转变为全部生产 F 时，美国的总体福利水平（**下降/保持不变/上升**）了。对欧洲做相同的练习。假定欧洲决定将全部资源都用于生产 C，并按照美国国内的比价从美国购买自己所需的 F。

b. 在图 18－1（b）中画出预算线。

c. 如果欧洲仍然只消费 40 单位的 C，那么，它便能够通过出售 40 单位的 C 来换取______单位的 F，从而将 F 的消费量由原来的 50 单位增加到______单位。那么，欧洲在保持了充分就业的同时，其总体福利水平（**下降/保持不变/上升**）了。

图 18－1

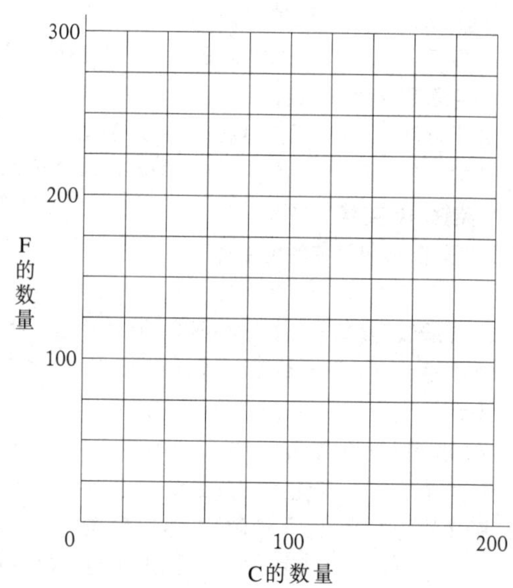

(b)

8. 现在，世界的生产可能性边界可以建立了。
   a. 首先，假定两地都专门生产F，那么，美国的产量将为______单位，欧洲的产量为______单位，从而F的总产量为______单位，而C的总产量为______单位。
   b. 在图18－1（c）中描绘出这一组合，并用字母 *D* 表示。
   c. C的产出量最大值为______单位时，F的总产量为______单位。

图18－1

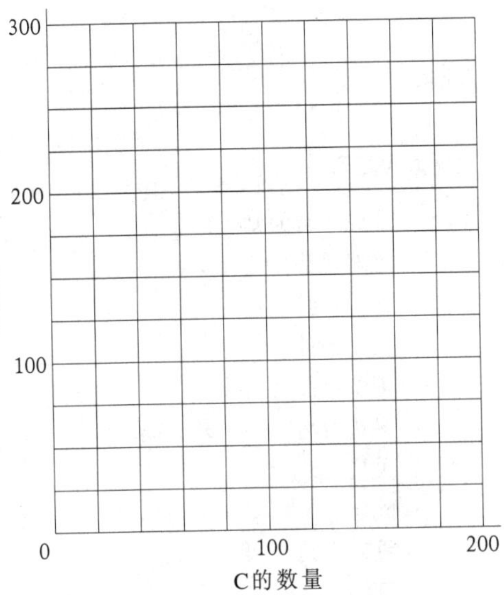

(c)

   d. 在图18－1（c）中描绘出这一组合，并用字母 *E* 表示。这两个极端点之间的中点是非专业化生产中的两种平均状态。
   e. 如果欧洲专门生产C而美国专门生产F，那么，将有______单位的F和______单位的C被生产出来。
   f. 在图18－1（c）中将此点描绘出来，并用字母 *G* 表示。
   g. 如果具体的专业分工刚好相反，那么，欧洲将生产______单位的F，而美国将生产______单位的C。
   h. 在图18－1（c）中描绘出来，并用字母 *H* 表示，*H* 点将（**在/不在**）生产可能性曲线上，因为在 *H* 点上，（**食品/服装/既不是食品，也不是服装/食品和服装**）的生产水平要低于 *G* 点的生产水平。现在，我们可以绘出世界的生产可能性边界了。
   i. 连接点 *D* 和 *G* 的直线代表了（**美国/欧洲**）在（**食品/服装**）上的专业化分工，以及（**美国/欧洲**）在食品和服装的生产上的某个中间组合；同理，连接点 *G* 和 *E* 的直线代表了（**美国/欧洲**）在（**食品/服装**）上的专业化分工，以及（**美国/欧洲**）在食品和服装的生产上的某个中间组合。
   （注意：你所描绘的可能性边界应类似于教材中的形状。）
   j. 最后，在图18－1（c）上画出贸易前的国内生产点，并用 *I* 表示，它（**在/不在**）生产可能性边界上。实行自由贸易后的生产组合点应为（***D/E/G/H***），它将（**在/不在**）生产可能性边界上，可见，对于两地而言，该点都优于各自贸易前的状况。

C. 贸易保护主义

9. 如图18－2所示，*SS* 代表 *X* 产品的国内供给曲线，如果 *X* 属竞争性行业，则 *SS* 代表众多公司的边际成本曲线的水平加总。*DD* 代表 *X* 产品的国内需求曲线。这里，我们假定，消费者并不关心产品究竟是在哪生产的，他们所希望的，只是按照既定的价格购买到既定数量的产品。

图18－2

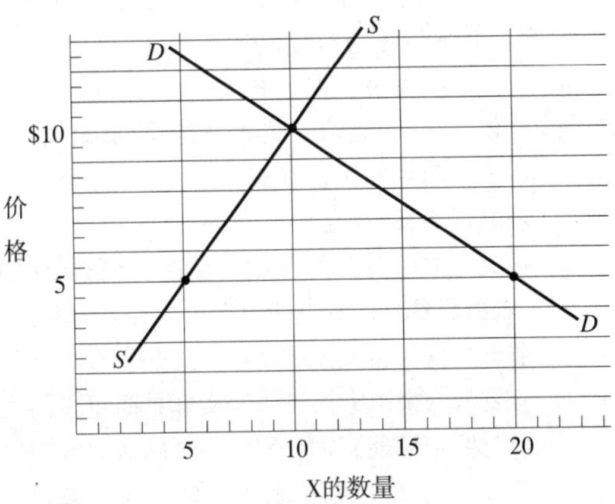

   a. 无贸易时，市场出清的价格为______美元，在这一价格水平上，国内的供给量和需求量均为______

单位。如果该价格被5美元的世界价格所取代，那么，对X的需求将为______单位，其中，国内生产______单位，从外国进口______单位。

现在，假定由于某种原因，该国政府决定削减50%的进口。

b. 为达到上述目标，应对每单位进口品征收______美元的关税，征税后，国内价格将升至______美元。在这一价格水平上，将有______单位的国内需求，其中，国内供给______单位，从外国进口______单位。由上可见，征税的影响在于（**提高/降低**）X的价格，（**增加/减少**）国内的生产和就业，以及（**增加/减少**）进口。

c. 按照问题b中的征税标准，政府将获得______美元的收入，这一收入是国内税收收入之外的额外收入。（提示：可以通过图来考察税收的情况。在供求曲线下画一个矩形，其长度等于进口的7.5单位，高度为2.50美元的关税。）

然而，较高的国内价格将导致国内（**更高/更低**）的生产效率，并由此带来______美元的效率（**损失/收益**）。相应地，生产X的国内边际成本将高出国外水平50%。换句话说，在X的生产上，国内经济较之其他地区将耗用更多的资源，而这些资源本可以用来更有效率地生产其他产品。

d. 如果政府采取的并非关税而是配额的方法，则发放的许可证将允许进口______单位X。

e. 如果政府没有征收关税，但进口的运费为每单位2.5美元，那么，问题b的答案（**将会/将不会**）发生改变，而问题c中的政府收入（**将会/将不会**）转入运输公司的口袋。

10. a. 关于国际贸易，重商主义者的主张是，一国应尽力使（**出口/进口**）超过（**进口/出口**），以获得所谓"有利的贸易差额"，而所得盈余便可用于获取（**商品/黄金**）。

b. 可见，重商主义者是强烈地支持（**贸易保护主义/自由贸易**）的观点的。它成为许多（**生产者/消费者**）保护主义团体反对外国竞争的常用论点。

c. 若要每一个国家都成功地实施重商主义的主张是（**可能/不可能**）的，因为每个国家都实现贸易盈余显然是（**现实/不现实**）的。通常来说，力图使出口超过进口的做法最终将导致（**出口/进口/进出口**）的大幅（**上升/下降**）。

八、讨论题

回答下列问题，并解释你这样回答的原因。

1. 请回顾教材在本章开头所引用的巴斯夏的话，你认为大卫·李嘉图是否会同意蜡烛制造商的意见？
2. 请解释参加贸易的两国如何都能从贸易中获益。
3. 准确地描述当各国对进口品实行关税和/或配额时，谁是胜者？谁又是负者？
4. 你是否同意"增加关税会给政府带来更多的收入"这一说法？
5. 请列出两种支持贸易保护的非经济观点。你认为现实生活中存在可以替代关税和配额的方法吗？

九、答案

三、关键概念复习

5	比较优势原则
8	绝对优势
7	比较优势
10	贸易条件
2	消费可能性曲线
9	多边贸易
12	关税
13	配额
11	重商主义
1	倾销
4	最优关税
6	幼稚产业关税
3	"以邻为壑"的政策
15	外包
14	斯托珀—萨缪尔森定理

六、选择题

1. D 2. C 3. D 4. D 5. B 6. D 7. C
8. A 9. A 10. B 11. E 12. C 13. D 14. D
15. C 16. A 17. B 18. B 19. C 20. C 21. B
22. B 23. E 24. B 25. C 26. E 27. B

七、解答题

1. a. 工业品

b. 高于，低于

c. 20%

2. a. 食品　　b. 服装

c. 48　　d. 80

3. a. 20.00 美元（1.00 ×20）

b. 1.00 美元（0.05 ×20）

c. 12.00 美元（2.00 ×6）

d. 10 英镑

e. 8 英镑

4. a. 食品，20 美元，6 美元，不能，只有食品

b. 所有的工人都将选择生产食品

c. 10 美元（3.00 ×3.33），0.60 美元（2.00/3.33），不能

d. 3∶10

e. 食品，服装

f. 5 英镑，4∶5

5. a. 下降，上升

b. 服装，食品

c. 发生变化，下降

d. 食品

6. a. 见图 18 –1（a）和（b）中的虚线。

b. –3.33，–1.25

c. 100，30，50，40，70，150

图 18 –1

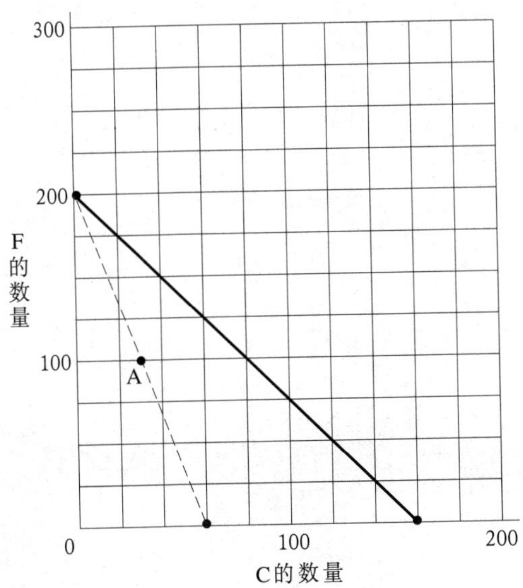

(a)

图 18 –1

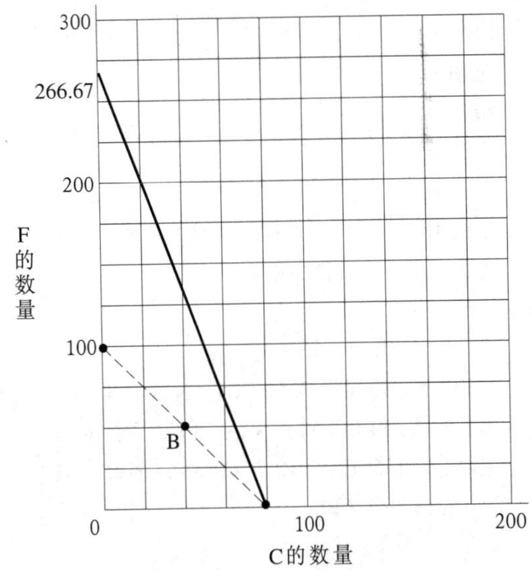

(b)

图 18 –1

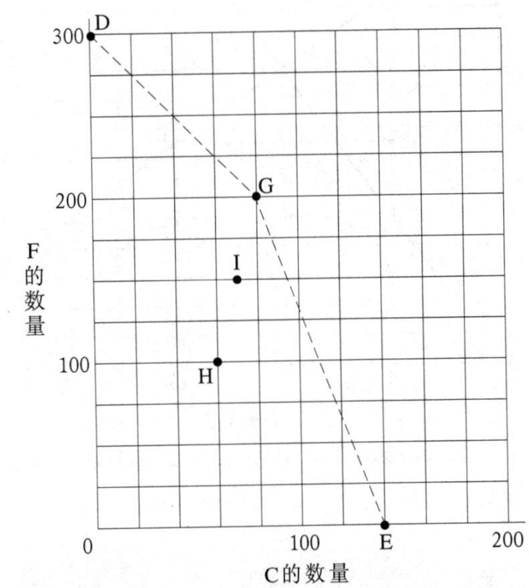

(c)

7. a. 见图 18 –1（a），37.5（37.5/30 =1.25），162.5，上升

b. 见图 18 –1（b）。

c. 133.33，133.33（40×3.33），上升

8. a. 200，100，300，0
   b. 见图 18－1（c）
   c. 140，0
   d. 见图 18－1（c）
   e. 200，80
   f. 见图 18－1（c）
   g. 100，60
   h. 见图 18－1（c），不在，食品和服装
   i. 美国，食品，欧洲，欧洲，服装，美国
   j. 见图 18－1（c），不在，*G*，在

9. a. 10，10，20，5，15
   b. 2.50，7.50，15，7.5，7.5，提高，增加，减少
   c. 18.75（2.50×7.5），见图 18－2 中的矩形 CEFG；更低，3.125（2.5×2.5×0.5），损失，见图 18－2 中的三角形 ABC
   d. 7.5
   e. 将不会，将会

图 18－2

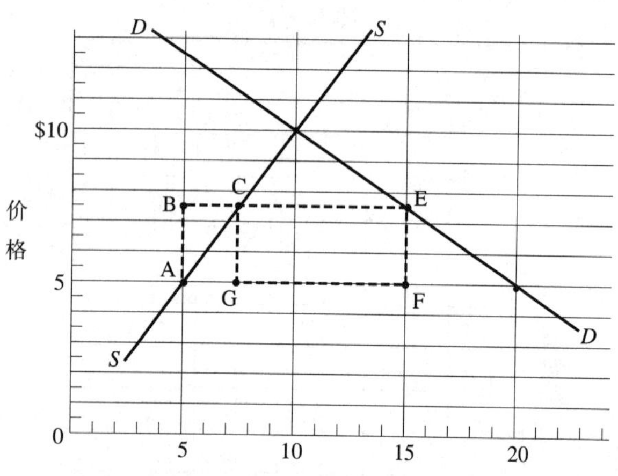

10. a. 出口，进口，黄金
    b. 贸易保护主义，生产者
    c. 不可能，不现实，进出口，下降

八、讨论题

1. 大卫·李嘉图绝对不会同意蜡烛制造商的意见。李嘉图的比较利益学说强调，即使一国较之另一国而言非常富有，贸易双方都能从贸易中获得收益和财富。
2. 当国家间发生贸易时，每个国家都集中生产成本相对低的产品，从而，各国的资源都流向了生产率高的行业，如此的结果就是总产出增加了。当然，如果贸易使各国的情况变差，那么各国就将不再进行贸易。
3. 受益的是受到保护的国内产业和获得关税收入的政府，受损的则是其他所有人：国内的消费者将支付更多；有效率的外国出口商出口变少；如果别国政府采取报复性关税措施，则本国高效行业的出口将会变少。
4. 关税确实会给一国政府带来收入。但是同时必须看到的是，关税将导致效率损失和消费者剩余的减少。
5. 有关关税保护的非经济观点包括：国家安全、环境保护以及传统或文化遗产的保护等。关税和配额的某些替代方法包括：自动出口限制、许可证限制以及官方红头文件等非关税壁垒。

后　记

历经两年译校编辑，萨缪尔森《经济学》教科书第19版《学习指南》校样终于摆上了主译人的案头。应该说这的确有点姗姗来迟，甚至有负读者。

萨缪尔森《经济学》教科书第19版是先生在世亲订的最后一部。国外出版社、国际代理机构，国内出版团队包括新曲线出版咨询公司、商务印书馆和人民邮电出版社等，应该说都特别重视。所出中译本品种也属空前，俨然形成了一大家族。

就主书而言，2012年最先问世的是人民邮电出版社的《宏观经济学》和《微观经济学》，然后是商务“汉译世界名著”系列中的“学术版”；接着是悼念萨缪尔森逝世一周年的“最后的宣言译丛”，包括4本专论：《萨缪尔森谈效率、公平与混合经济》《萨缪尔森谈财税与货币政策》《萨缪尔森谈金融、贸易与开放经济》和《萨缪尔森谈失业与通货膨胀》问世。到2013年初，商务又出了“教材版”，以弥补“学术版”幅面偏小难以满足教学需要等问题。目前，也即2014年春，商务正隆重推出印制上“不再逊色于洋人”的“典藏版”。

就辅书而言，《学习指南》译稿于2012年初已基本收齐；2013年春节后我的审校润色工作告一段落，交由徐向娟和王涧秋两女士着手编辑。2014年春节前夕，“宏观部分”校样已递我手中，“微观部分”则到2014年3月初。速度上不尽如意的原因，除了无法分身和工作繁杂，也确实遇到一点意外。“微观部分”年轻责编累病，难寻替代，专抓此经典的出版社副总这期间又突逢高堂遇哀。尽管如此，诸多无私奉献精神仍值得大家尊重。

就翻译团队而言，主书、分册和专论完稿后，主译人已是身心俱疲。更需咬牙坚持的是，期间所积压的大量的工作和文债，还一直在盯着你快马加鞭、全力拼搏和认真兑现。经典翻译无疑意义重大而又深远，但毕竟不在高校教授的“岗位考核”和“规定动作”之列。好在北大年轻学生委实不无龙凤、富有悟性、善解忘我、令人欣慰。杜月、翟菲菲、杨镇瑀、陈凤平等同学，总是力图“做得比要求多一点”。而国经系主管教学的李权副教授，这方面则更是习以为常。

新曲线出版咨询公司的总裁刘力先生和副总裁陆瑜女士，长期以来都是不到完美不肯放行的制书人。敬业精神显然值得尊敬，然而翻译的确是件没有标准答案并永有遗憾的工作，经济学的“真谛”并非在于追求“完美”，而应该在于“适用”。15 年前第 16 版译稿三校之后，两位（当时还分别是华夏出版社的副社长和经济学部主任）竟然还要在全社“悬赏”（每个错奖 20 元）挑错……，真是不堪回首!

第 19 版微观经济学《学习指南》中文翻译具体分工如下：第 1 章及其附录，杜月；第 2 章，杜月；第 3 章，韩鹏飞；第 4 章，杨镇瑀；第 5 章及附录，翟菲菲；第 6 章，刘博；第 7 章，陈凤平；第 8 章，韩鹏飞；第 9 章，陈凤平；第 10 章，韩鹏飞、翟菲菲；第 11 章，杜月；第 12 章，刘叶、翟菲菲；第 13 章，刘叶、翟菲菲；第 14 章，杨镇瑀；第 15 章，翟菲菲；第 16 章，刘博、翟菲菲，第 17 章，刘博、翟菲菲，第 18 章，韩鹏飞。初稿收齐后，翟菲菲和我进行了修补与调整，最后再由我和李权共同审校定稿。

鉴于品种繁多和精力“瓶颈”，《学习指南》的质量一直是我的忧心之处。好在前几版反馈一直不错，这次应更有信心。不过还是需要重复我的一句老话：“在经济转型的岁月里，在‘自由骑士’难免的集体行动中，精品总是需要千呼万唤的。限于时间和精力，译者再次恳请各位切勿过于厚望”。不足之处，还要恳请各位不吝赐教。文字工作的终身烦恼恐怕是：对于过错和疏漏你几乎永远都无法斩尽杀绝！更何况，《学习指南》包括“习题解析”之类，更可谓有点“硬碰硬”，如果你不直接上课堂反复讲授的话。

最后请允许我代表大家沉痛地提议：向“20 世纪最后一位经济学通才”、美国首位诺贝尔经济学奖得主，本书作者萨缪尔森教授，表示最诚挚最真切的哀悼！老人于 2009 年 12 月 13 日在美国家中永远地离开了我们，享年 94 岁。但是，他的精神财富，包括本书在内，必将在全世界永垂不朽!

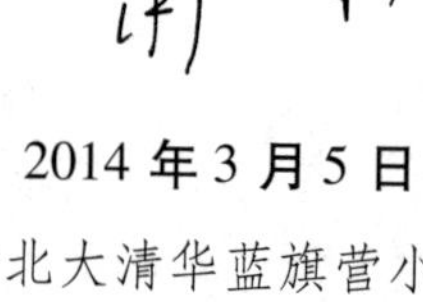

2014 年 3 月 5 日

于北大清华蓝旗营小区